100가지 필수 용법으로 완성하는
실용영문법 테마 100

100 Essentials of Practical English Grammar
-Toward its Complete Mastery

100가지 필수 용법으로 완성하는
실용영문법 테마100 Vol. 2

2008년 7월 10일 초판1쇄 인쇄
2008년 7월 15일 초판1쇄 발행

저자 조용남
펴낸이 정정례
펴낸곳 삼영서관
디자인 디자인클립

주소 서울 동대문구 답십리3동 469-9 1F
전화 02) 2242-3668 팩스 02) 2242-3669
홈페이지 www.sysk.kr
이메일 sysk@paran.com
등록일 1978년 9월 18일
등록번호 제1-261호

책값 15,000원
ISBN 978-89-7318-313-5 13740

※ 파본은 교환하여 드립니다.

100가지 필수 용법으로 완성하는
실용영문법 테마 100

100 Essentials of Practical English Grammar
-Toward its Complete Mastery

조용남 저

Samyoung Publishing House

머리말

이 책은 필자가 수년 전에 출판한 「실용영문법 100문 100답」의 개정 보완판이다. 다만 기존의 문답 형식을 취하지 않고 직접 문법 항목들을 다루었다. 우리가 영어를 옳게 말하고, 읽고, 쓰려면 반드시 알고 이용해야만 하는, 그러나 우리 대부분이 잘 모르거나 잘못 알고 있는 그러한 실용영문법의 필수 주제 100가지에 대한 상세하고 심층적인 설명과 풍부한 용례들을 제공한다. 다시 말하면 이 책은 그것들을 이용하지 않고는 영어를 할 수 없는 영문법의 필수적 원리들, 규칙들, 구조들의 용법을 실용적으로 다루고 있다.

이 책은 '문법을 위한 문법'이 아니라 '실용을 위한 문법'이다

다루어진 주제들은 영어를 모국어로 쓰는 사람들의 많고 다양한 일상적인 영어사용의 현장에서 수집된 영문법의 용법들을 망라한 것이다. 이들 영문법 주제들은 어린이들의 동화책에서부터 각종 회화 교재들, 영화와 드라마 대본, 신문, 시사 잡지, 수필, 소설 그리고 학술 서적과 논문에 이르기까지 실로 다양하고 방대한 현대 영어사용 전 분야에서 수집되었다.

필자는 오랜 기간에 걸쳐 중고등학교, 대학 등의 정규 교육기관에서뿐만 아니라 학원, 기업체, 정부 기관 등에서 많은 다양한 수준의 학생들에게 언어의 세 가지 기능, 즉 독해, 작문, 회화를 모두 가르쳤다. 이 중 특히 작문은 필자에게 학생들의 영어능력의 실상을 나타내는 자료들을 제공해 주었다.

어디에서나 수강자들의 최대 약점은 문법이었다. 영어로 생각과 느낌을 자유롭게 표현하기에는 우선 그들의 실용 문법지식의 레퍼토리가 너무 작았고 부정확한 것이 많았다. 따라서 표현하는 데 제약을 갖게 되어 생산된 문장들은 많은 경우 구조가 너무 단순하고 너무 초보적인 데다 그 의미마저 불분명했다. 동료 영어 모국어 화자들이 교정한 한국 사람들의 영작을 보아도 거의 언제나 교정된 것들의 대부분은 문법에 관한 것이었다. 그리고 비영어적 표현과 잘못된 어휘 선택이 나머지 작은 부분을 차지했다. 이런 현상은 우리의 최대 약점이 실용적인 문법지식과 그 응용능력의 부족임을 현실적으로 입증하는 것이다.

그럼에도 불구하고 '그동안 우리는 너무 문법에만 의존하며 벙어리 영어만 배웠다.'라는 자조적인 개탄을 주변에서 흔히 들으며 또 공감하고 있다. 이 개탄은 또 다른 중요한 현실을 반영한다. 전통적으로 학교문법은 많은 경우 가령, 품사나 문장의 정의와 분류, 문법 항목들의 이론적 분석과 용법의 기계적 나열 등 문법 항목들에 대한 학문이론을 세우는 것을 목적으로 하며 학습자는 그런 분류와 이론들을 암기하는 데 공부의 초점을 맞추었다. 이런 문법은 언어를 실용적으로 쓰기 위해 배우는 사람들을 위한 것이 아니고 해당 언어를 이미 다 배워 아는 학자들이 종사하는 학문이며 따라서 '문법을 위한 문법' 이라고 할 수 있다. 우리는 영어를 배운다면서 이러한 학문적 연구를 흉내 낸 문법을 공부해 온 것이다. 이런 문법은 영어를 사용하기 위해 배우는 우리에게는 전혀 쓸모가 없다. 학문적 문법을 통해 자기 모국어를 습득한 사람은 세상 어디에도 없기 때문이다.

모든 어린이는 두 살만 넘으면 말을 배우기 시작한다. 먼저 주변에서 들리는 말소리 중에서 자신과 제일 밀접한 관계가 있는 단어들로부터 시작하여 어휘 습득 범위를 점점 빠르게 넓혀가면서 이렇게 습득한 단어들을 연결하는 법을 배워 결국 문장을 만드는 것이다. 어휘는 그 자체만으로는 언어 구실을 못한다. 이것은 우리가 가령 영어사전을 송두리째 외웠다고 해도 그것만으로는 영어 문장을 만들 수 없는 경우와 같다. 어휘는 언어 그 자체가 아니라 언어의 도구이기 때문이다. 어휘를 연결하여 문장을 만드는 법이 곧 문법이고 언어이다. 세상 모든 어린이는 이렇게 자신의 모국어를 배워 열 두세 살이면 문법을 거의 완성한다. 우리도 영어를 배우는 목적이 영어를 말하고, 읽고, 쓰기 위한 실용 목적이므로 우리가 배워야 하는 문법도 어린이가 영어를 모국어로서 완성하는 과정에서 습득하는 바로 이 실용문법이라야 한다.

다루는 주제들에 대해서는 철저하고 심층적인 설명을 붙였다. 여기서 '심층적' 이라 함은 영어의 모국어 화자들이 그들의 문법 항목들에 대해서 내적으로, 즉 무의식적으로 갖고 있을 것으로 여겨지는 언어적 관점의 인식에 근거함을 의미한다. 이것은 우리도 결국 심층적으로 그들과 동일한 문법적 인식과 관점에서 영어를 이해하자는 것이다. 비교적 단순한 항목들, 가령 **some**과 **any**, **this**와 **that**, **come**과 **go** 등의 상호 용법 차이로부터 시제의 분류, 가정법 동사의 의미, 전치사 용법, 관사의 기능, 표현의 스타일 등 우리 한국 사람들에게는 대단히 혼란스러운 항목들에 이르기까지 영어 문법의 많은 부분이 우리와 그들 사이에 사물과 개념의 인식과 분류에 있어 상당한 차이가 있음을 보여주기 때문이다. 그러나 설명이 아무리 심층적이고 철저하다 할지라도 설명만으로는 부족하다. 읽거나 듣는 순간에는 이해하지만 돌아서면 잊어버리기가 십상이다.

언어습득에 있어서는 어린이가 어른의 선생이다

여기서 우리는 어린이들이 모국어를 배우는 환경에 유의할 필요가 있다. 어린이는 주변에서 자신들에게 쏟아지는 말들 속에 묻혀 산다. 어린이의 모국어 습득에는 설명하는 '교사' 가 따로 없다. 모든 것

머리말

을 어린이 스스로가 한다. 이것을 가능하게 하는 것은 언어 사용에의 전면적인 노출이다. 주변에서 끊임없이 들려오는 문장들은 그들이 짐작으로 알아차린 단어와 문법의 예문들인 것이다. 다시 말하면 어린이는 주변의 언어 환경, 즉 예문들에 노출되어 자신의 언어 지식을 확인하고 문장들을 생산하고 기대한 반응을 얻음으로써 자신들의 지식을 재확인, 재삼 확인하며 또 확장한다. 이처럼 모국어에의 완전 몰입 환경이 그들에게는 선생이요 설명이요 연습인 것이다.

언어는 인간의 무의식에 내재하는 정신 구조이다. 우리가 나타내고자 하는 의미는 우리의 의식 속에서 결정되지만 그것을 전달하는 문장 구조는 무의식적으로 결정된다. 언어 행위를 할 때 우리의 의식은 무엇을 말할 것인가를 생각하는 데 온통 바쳐지며 그것을 어떻게 문장화할 것인가는 의식할 여지가 없는 것이다. 만일 문장의 문법마저 일일이 의식하며 결정해야 한다면 현실적인 언어 소통은 불가능할 것이다. 이 때문에 인간은 언어 지식을 무의식화, 기계화, 자동화해야 하는 것이다. 어린이가 언어를 배우면서 주변의 언어 환경에 완전 몰입하는 것도 그것이 자신이 배우고 있는 언어지식이 무의식적으로 작동하도록 기계화, 자동화 하는 것이다. 유아들이 뒤집고, 앉고, 두 발만으로 일어서고, 걷고, 뛰는 것은 하느님이 인간 어린이들에게만 내린 생물학적 프로그램이다. 단순히 언어에 노출만 되어도 어휘와 문법을 정확하게 짐작하여 배우는 능력 역시 하느님이 인간 어린이들에게만 내린 지적 프로그램이다. 그러나 이 언어적 초능력은 사춘기가 지나면 사라져 버린다.

성인으로서 외국어를 공부하는 우리들에게는 불행히도 어린이의 모국어 습득 환경이 제공되지 않는다. 또 설사 그것이 제공되더라도 어린이처럼 그런 무질서하고 혼란스러운 언어 환경으로부터 어휘와 문법의 정확한 의미를 짐작해낼 수는 없다. 그러나 다행인 것은 이 단점은 어린이는 가질 수 없는 성인의 장점으로 상당 부분 보상받을 수 있다는 사실이다. 책이 있고 교사가 있으며 문법 항목 하나하나에 대한 설명을 통한 이해가 가능한 지적 장점이 있다. 그러나 이것만으로는 충분하지 않다. 원리의 이해가 실용성을 가지려면 그것이 작동되는 실례들에 수없이 노출되어 확인되고 강화됨으로써 그것이 영구적인 우리의 지식으로 자동화, 기계화되어 남아 있어야 한다. 이것이 영문법을 배우는 일이 지적 이해로만 끝나서는 안 되는 이유이다. 이것을 해결하기 위한 수단으로 필자는 문법 항목들의 설명과 더불어 다른 어느 책에서도 볼 수 없는 풍부한 예문들을 제시했다. 예로부터 'Example is better than precept.(실례를 보이는 것이 가르치는 것보다 낫다.)'라고 했다. 예문들은 1, 2권을 합쳐 약 6천 개 정도가 될 것이다. 이들 중 상당수는 그 예문들을 제시하는 과정에서 각기 그 예문의 특성에 맞는 설명을 다시 부연했다.

Grammar

그러나 언어 습득의 완전한 성공 사례인 어린이는 언어지식을 형성하는 수동적 과정으로 배움을 끝마치지 않는다. 그들은 일단 이해한 지식을 계속 수없이 반복하는 능동적 과정을 밟는다. 모국어를 습득하는 어린이는 전원 성공하는데 외국어를 배우는 성인은 대부분 실패하는 이유가 여기에 있다. 이것은 물론 어린이와는 달리 성인의 경우에는 자신이 습득한 외국어 지식을 이용할 수 있는 환경이 주어지기 어렵기 때문이다.

이 책을 이렇게 이용해 보자

일단 14~5세를 넘으면 영어권 국가에서 영어를 배워도 생각만큼 효과적이진 않다. 그러므로 성인으로서 영어를 배우는 우리는 차선의 방법을 찾아야 한다. 필자는 이 차선의 방법으로 독자들이 이 책에 나오는 그 많은 예문들을 원리를 이해하는 수동적 목적으로만 이용하지 말고 습득한 지식을 적용하여 영어 문장들을 생산하는 적극적인 목적으로도 이용할 것을 권한다. 가령 일단 읽어서 이해한 다음 예문들이 동반하는 우리말 번역문들 전부를 따로 옮겨놓고 우리가 얻은 지식이 희미해지기 전에 그 우리말 문장들을 반복적으로 다시 영어문장으로, 즉 원래의 예문으로 되옮기고 원래의 영어 예문과 대조해 봄으로써 이해한 지식의 능동적 활용 능력을 얻는다면 아주 효과적인 영어 습득 방법이 될 것이다. 이것은 어린이의 모국어 습득을 모방한, 말하자면 성인판 외국어 학습이라고 할 수 있을 것이다. 이 과정에서 독자가 만든 문장들이 원 예문들과 반드시 완전히 일치할 필요는 없다. 주된 원리의 적용이 맞으면 물론 좋지만 원리 적용이 맞지 않아도 자신의 실수나 착오를 스스로 발견하는 기회를 얻게 되는 것이기 때문이다. 이것은 배움의 필수 과정으로서 사실은 우리 영어능력의 향상 과정에서 겪는 '성장통' 이다.

이렇게 영어를 배운 독자는 어느 날 영어 모국어 화자와 실제로 대화를 할 때 자신의 영어 능력에 스스로도 놀라게 될 것이다. 그러나 사실은 자신보다도 상대 화자가 더 놀랄 것이다. 그는 아마 영어를 단순히 유창하게 하는 한국인은 많이 보았겠지만 영어를 유창하면서도 정확하게, 그리고 거의 모국어 화자 수준의 실용 영문법을 구사하는 그런 한국인은 한국에서든 자기 모국에서든 별로 보지 못했을 것이기 때문이다.

목차

Vol.2

- **051** two-word verbs에 대하여 (1) _ 14
- **052** two-word verbs에 대하여 (2) _ 20
- **053** [in case + 절]의 의미 _ 26
- **054** urge, demand, prefer, insist 등 권고적/명령적 의미를 갖는 동사 다음에 오는 that절의 동사에 대하여 _ 30
- **055** [come/go 등 + and + 동사]와 [come/go 등 + 동사]의 표현 형태에 대하여 _ 36
- **056** 본동사 have의 의미와 용법 _ 42
- **057** had better와 may as well에 대하여 _ 46
- **058** 우리말과 의미가 다른 this와 that의 용법 _ 50
- **059** 직접화법에 대하여 _ 56
- **060** 간접화법에 대하여 _ 62
- **061** 구어체 영어(colloquial expressions)에 대하여 _ 72
- **062** over와 above – 그 의미와 용법의 차이 _ 88
- **063** under와 below – 그 의미와 용법 _ 96
- **064** '감정' 형용사와 함께 쓰이는 should _ 102
- **065** 영어의 come/go와 우리말의 '오다' / '가다' 의 의미 비교 _ 104
- **066** 배수와 분수의 표현 방법 _ 110
- **067** '하물며' 의 의미 much more, much less, still more, still less, let alone 등의 용법 _ 116

Grammar

- **068** — [by/through/in +~ing]의 형태에서 이들 전치사의 의미 차이 _ 120
- **069** — 전치사가 절을 목적어로 할 수 있는 경우 _ 124
- **070** — get 수동(get +pp)의 의미와 용법 (1) _ 130
- **071** — get 수동(get +pp)의 의미와 용법 (2) _ 140
- **072** — 명사(구)의 반복을 피하기 위하여 쓰이는 대명사 one의 용법 _ 148
- **073** — '교통수단' 의 전치사 by, on, in 등의 용법 _ 158
- **074** — 감각동사의 목적보어로 원형동사가 오는 경우와 ~ing동사가 오는 경우의 의미 차이 _ 162
- **075** — as/so far as, as/so long as, 그리고 [as + 명사 + go]형태의 의미와 용법 _ 166
- **076** — '기간'을 의미하는 for와 in의 용법 차이 _ 170
- **077** — 두 가지 부정 응답 형태 I don't think so 부류와 I think not 부류에 대하여 _ 174
- **078** — wh-word와 연결되는 전치사의 전치와 후치에 대하여 _ 178
- **079** — so ~ that, such ~ that, such that, so that 등의 용법 _ 182
- **080** — do so, do it, do that, do the same, so 등의 의미와 용법 차이 _ 192
- **081** — can과 be able to의 의미와 용법 차이 _ 206
- **082** — 부가 어구들(tags)에 대하여 (1) _ 212
- **083** — 부가 어구들(tags)에 대하여 (2) _ 226
- **084** — a long time과 long 그리고 a long way와 far의 용법 차이 _ 232

목차

Vol.2

- **085** ── '피하다,' '안하다,' '막다' 등의 의미로 쓰이는 help의 용법 _ 234
- **086** ── must, have to, have got to 등의 의미와 용법 _ 236
- **087** ── sure와 certain의 의미와 용법 차이 _ 244
- **088** ── [There is A about/in/to/behind B]의 문장구조에서 각 전치사의 의미와 용법 _ 250
- **089** ── [can + 감각동사]의 의미 _ 258
- **090** ── '~에 관한'의 의미로 on, about, of, in의 용법 차이 _ 264
- **091** ── whole, all, entire의 의미와 용법 차이 _ 268
- **092** ── It was silly of me와 It was difficult for me에서 of와 for의 기능 차이 _ 274
- **093** ── these/this kind of dogs에서 kind of의 문법적 기능 _ 278
- **094** ── [소유대명사 + 최상급 형용사] 구조의 의미 _ 280
- **095** ── 제한적 의미의 because/when절에 대하여 _ 282
- **096** ── should와 ought to에 대하여 _ 286
- **097** ── rather than의 의미와 용법 _ 290
- **098** ── 무관사(zero article) 명사의 의미 _ 294
- **099** ── 정관사의 의미와 기능 _ 308
- **100** ── 부정관사의 의미와 기능 _ 328

Grammar

어구나 문장을 선행하여 붙은 기호들의 의미

*   그 뒤에 오는 문장 또는 어구는 문법적으로 잘못되었거나, 문법적으로는 하자가 없으나 영어에서는 쓰이지 않는 문장 또는 어구임을 나타냄.

   * She'll be angry unless she's invited.

→   다음과 같이 바꾸라는 기호

   * She'll be angry unless she's invited.
   → She'll be angry if she's not invited.

?   그 뒤에 오는 문장 또는 어구는 영어 모국어 화자들에게 자연스럽게 들리지 않는 문장 또는 어구임을 나타냄.

   ? Excuse me a little.
   → Excuse me.
       Excuse me a moment/a second.

/   or 또는 and를 대신하는 기호

   It's time/about time/high time that we came to the aid of our country.
   (= It's time that we ... 또는 It's about time that we ... 또는 It's high time that we ...)

…   문장의 한 부분이 생략되었을 경우

   You'd be better to go abroad…

~   우리말의 "무엇의"의 의미일 경우

목차

Vol.1

- **001** 장소의 전치사 (1) – at
- **002** 장소의 전치사 (2) – in
- **003** 장소의 전치사 (3) – on
- **004** some과 any의 용법
- **005** [have+목적어+(원형동사/~ing동사/과거분사)]의 구조에 대하여
- **006** with tears in her eyes와 같은 [with+단축절]의 의미와 용법
- **007** If(조건)절에 대하여 (1)
- **008** If(조건)절에 대하여 (2)
- **009** 언어행위 동사 speak, talk, say, tell의 의미 및 용법의 차이
- **010** be 수동(be+pp)에 대한 모든 것
- **011** 목적어로 to-infinitive를 취하는 동사들과 ~ing 형태를 취하는 동사들
- **012** 관계대명사의 용법 (1)
- **013** 관계대명사의 용법 (2)
- **014** when, where, why, how, that 등 '시간,' '장소,' '이유,' '방법' 의 관계사절에 대하여
- **015** no부정과 not부정의 의미 차이에 대하여 (1)
- **016** no부정과 not부정의 의미 차이에 대하여 (2)
- **017** hit him on the head, kick him in the stomach, 등의 표현 형태에 대하여
- **018** 정적 의미의 동사와 진행형
- **019** can과 could의 의미와 용법
- **020** 도치에 대하여 (1) – 주어와 본동사의 도치
- **021** 도치에 대하여 (2) – 주어와 조동사의 도치
- **022** 현재완료의 모든 것 (1) – 단순 완료형
- **023** 현재완료의 모든 것 (2) – 단순 완료형
- **024** 현재완료의 모든 것 (3) – 단순 완료형
- **025** 현재완료의 모든 것 (4) – 진행 완료형

Grammar

- 026 ----- [go + ~ing]와 [no + ~ing]의 의미
- 027 ----- need와 dare의 용법
- 028 ----- [be + going to + 동사] 형태와 [be + ~ing] 형태의 의미와 용법
- 029 ----- '~으로 임명하다,' '~이라고 부르다,' 등의 '으로,' '이라고'를 나타내는 방법
- 030 ----- 간접 목적어를 나타내는 전치사 to, for, with, of, on 등에 대하여
- 031 ----- '이유' 접속사 because, since, as, for, now that의 의미와 용법
- 032 ----- [진행형 주절 + when절]의 의미와 용법
- 033 ----- 문장 중간위치 부사의 의미에 대하여
- 034 ----- 표현의 비문법성과 부자연성에 대하여
- 035 ----- may와 might의 용법
- 036 ----- 분사구문에 대하여
- 037 ----- politeness의 표현 방법
- 038 ----- Excuse me와 I'm sorry의 용법 차이
- 039 ----- '돕다' 의미의 help의 용법
- 040 ----- 표현의 격식성과 비격식성에 대하여 (1)
- 041 ----- 표현의 격식성과 비격식성에 대하여 (2)
- 042 ----- 과거 습관을 나타내는 used to와 would의 용법 차이
- 043 ----- 강조의 do와 exactly의 용법
- 044 ----- 상태 변화를 나타내는 동사들 get, become, grow, come, go, turn의 의미와 용법
- 045 ----- 동명사의 주어 표시 방법
- 046 ----- worth의 용법
- 047 ----- [no use/no good/no sense/no point + ~ing] 형태에 대하여
- 048 ----- '제외'의 의미 except, except for, but의 용법
- 049 ----- '택일'의 접속사 if와 whether의 용법 차이
- 050 ----- 관계대명사로서의 as, than, but의 용법

two-word verbs에 대하여 (1)

turn on/off처럼 일부 동사들은 adverbial particles(부사적 불변화사)라고 하는 across, away, by, down, in, off, on, out, over, through, up 등과 연결되어 두 단어로 된 하나의 새로운 동사 two-word verb(또는 phrasal verb '구동사')를 형성한다. '숙어' 라는 개념으로 우리가 이해하는 이들 동사들은 영어 동사의 의미 세계, 특히 일상생활에 필수적인 동사의 의미 세계를 풍요하게 만들어 준다. 따라서 이들 two-word verb들을 많이 쓰면 쓸수록 우리의 영어는 자연스러워지며 적게 쓰면 쓸수록 어색해진다.

물론 두 단어가 상호 연결되어 새로운 의미를 나타내지만 이 '새로운'의 개념에는 정도 차이가 있다. 동사와 particle이 각자의 의미를 버리고 완전한 새 의미를 나타내는가 하면, 두 단어의 의미를 단순히 합쳐 놓은 것 같이 보이거나, particle의 의미는 사라지고 동사의 의미만 남아 있는 것 같이 보이는 경우도 있다. 그러나 모든 two-word verb는 사실 그 구성 단어의 개별 의미를 버리고 새로운 제 3의 의미로 탄생한 것이다. 이들 동사들에는 자동사도 있고 타동사도 있다:

1. 자동사 two-word verbs

- **The two girls have fallen out.**
  그 두 여자 아이들은 사이가 틀어졌다.
  - fall out은 '사이가 틀어지다' 를 의미한다. 개별 단어들의 의미는 '밖으로 떨어지다', '떨어져 나가다' 이다. 그러나 이들이 합쳐져 전혀 새로운 의미를 나타내는 하나의 동사가 된 것이다.

- **He passed out when he heard the news, but came to in a few minutes.**
  그는 그 뉴스를 듣고 정신을 잃었지만, 곧 의식을 회복했다.
  - pass out '의식을 잃다', come to '의식을 회복하다'

- **The bank clerk made off with five billion won.**
  그 은행원은 50억 원을 가지고 도망쳤다.
  - make off '도주하다'

- **He has grown up now.**
  그는 이제 성인이 되었다.
  - grow up은 '성인이 되다' 이다. grow는 단순히 성장한다는 뜻인데 up과 결합하여 '성인이 되다' 라는 새로운 의미가 되었다.

- **I didn't call him up that day.**
  나는 그 날 그에게 전화하지 않았다.

- 물론 call만 가지고도 '전화하다'의 의미가 될 수 있다. 그러나 call만으로는 그 의미가 너무 다양하여 그 중 어느 의미가 의도되었는지 확인할 수 없는 경우도 생길 수 있다. 그러나 up과 결합하면 거의 언제나 '전화하다'로 그 의미가 고정된다.

2. 타동사 two-word verbs

two-word verb가 자동사일 경우에는 사용하는 데 특별한 문제가 없지만 그것이 타동사일 경우에는 유의해야 할 점들이 있다. 목적어가 일반 명사일 때 particle은 목적어가 특별히 길지 않으면 동사와 분리되어 목적어 뒤로도 올 수 있다. 그러나 목적어가 인칭대명사인 경우에는 particle은 언제나 목적어 뒤로 가야 한다. 단, someone, somebody, anyone, anybody, no one, nobody, something, anything, nothing 등 부정 대명사는 일반 명사로 취급되어 particle은 반드시 목적어 뒤에 와야 한다는 규칙이 적용되지 않는다:

- They made up the story.
    그들은 그 이야기를 날조했다.
    = They made the story up.
    = They made it up.
    *They made up it.
    - make up은 [동사 + 부사] 형태의 two-word verb이다.

- He turned on the light.
    그는 전등을 켰다.
    = He turned the light on.
    = He turned it on.
    *He turned on it.
    - turn on은 [동사 + 부사] 형태의 two-word verb이다.

- I didn't call up anybody that day.
    나는 그날 아무에게도 전화하지 않았다.
    = I didn't call anybody up that day.

문법적으로는 particle은 목적어 앞에 올 수도 있고 뒤에 올 수도 있지만 양 형태간에는 두 가지 차이가 있다. 우선 particle은 부사이기 때문에 동사와 목적어 사이에 끼는 것은 그리 자연스럽지 못하다. 영어에서는 일반적으로 부사는 목적어 뒤에 오게 되어 있기 때문이다. 그러므로 turn on the light보다 turn the light on이 더 일반적인 형태이다. 다음으로는 더 일반적이냐 덜 일반적이냐의

문제를 떠나 이 두 형태간에는 잠재적 의미 차이가 있다. **turn on the light**는 불을 켜는 행위만을 의미하는 데 비하여 **turn the light on**은 불을 켜는 행위와 그 행위로 인한 결과적 상태까지도 의미한다. 그러므로 **He turned on the light.**는 그가 불을 켰다는 사실에 초점을 맞추기 때문에 그 후 그가 불을 다시 껐는지도 모른다. 그러나 **He turned the light on.**은 행위와 그 결과까지 암시하여 의미하기 때문에 그가 불을 켰고 그 결과로 불은 그 후에도 켜진 상태로 있었음을 암시하는 것이다.

　particle이 목적어 뒤에 오면 비록 문법적으로는 목적어 앞의 동사와 결합하여 하나의 동사로 역할을 하지만 그래도 위치상으로 목적어와 붙어 있기 때문에 **particle**이 자기 바로 앞에 있는 목적어의 보어 같은 느낌을 주게 된다. 그래서 상태의 의미가 행위의 의미에 추가되는 것이다. 그러나 어떤 행위를 하면 그 결과적 상태는 상식적으로 전제되는 것이기 때문에 보통은 이 두 형태간의 차이는 무시되기 마련이지만 그렇다고 이 차이가 없어지는 것은 아니고 잠재 상태로 있을 뿐이다. 그러므로 경우에 따라 두 형태 중 어느 하나만 가능하고 다른 형태는 쓸 수 없을 수도 있다:

- **Put** your cigarette **out** before you fall asleep.

    Put out your cigarette before you fall asleep.
    잠들기 전에 담뱃불을 꺼라.

    - **put out** '(화재나 담뱃불을) 끄다'
      첫째 문장이 더 일반적으로 쓰이는 형태이다.

- **A: What did you turn off?**
    너는 무엇을 껐느냐?

    B: I turned off the radio.
    나는 라디오를 껐다.

    　I turned the radio off.

    - **turn off** '(전등, 전자 제품 등을) 끄다'
      질문의 동사가 **turn off**로 되어 있어 행위에 초점을 맞춘 것이므로 대답도 행위에 초점을 맞추는 것이 정상이다.

- **A: What did you do to the radio?**
    당신은 라디오에 무엇을 했소?

    B: I turned the radio off.

    　I turned off the radio.
    나는 라디오를 껐습니다.

    - 질문의 동사 **do**를 어떻게 해석하느냐에 따라 대답의 동사 형태가 결정된다. 즉, 질문의 **do**가 행위를 묻는(radio에 무슨 행위를 했느냐?) 것으로 이해한다면 대답은 **turned off the radio**가 될 것이고, radio의 상태 변화를 묻는(radio를 어떻게 해 놓았느냐?) 것으로 이해한다면 대답은 **turned the radio off**가 정상일 것이다.

- **The fishermen hauled in the lines but didn't get them in.**
  어부들은 줄을 끌어들였지만 그 줄을 저장실에 넣어두지는 않았다.

  *The fishermen hauled the lines in but didn't get them in.

  - hauled in the lines는 낚시 줄들을 끌어들인 행위만을 의미하므로 그 뒤에 이어서 '그러나 저장실에 넣어 놓지는 않았다'고 말할 수 있다. 그러나 hauled the lines in은 끌어들였고 그 결과로 줄들이 저장실 안에 놓여있다는 뜻이므로 '그러나 저장실에 넣어 놓지는 않았다'고 말하는 것은 논리에 맞지 않는다.

- **Look. The last class left the room in a terrible mess. Someone come and help me clean it up. And someone erase the board and pick the papers and chairs up, please.**
  이봐라. 앞 반 아이들이 교실을 엉망으로 해 놓았구나. 누가 와서 나를 도와 방을 치우자. 그리고 누가 칠판을 닦고 휴지들과 의자들을 치워 놓자.

동사와 particle을 분리시킬 수 없는 경우가 있다. 목적어가 길거나 목적어가 ~ing 형태이거나 동사와 목적어가 결합하여 숙어가 된 소수의 경우가 이 예외에 속한다. 이 때는 물론 결과의 의미는 나타낼 수 없다:

- *He turned the TV he had bought on.
  - adverbial particle은 아무 동사나 가까이 있는 것에 걸리기 마련이어서 on은 엉뚱하게도 bought와 연결되는 것처럼 보인다.
  → He turned on the TV he had bought.
    그는 자기가 산 TV를 켰다.

- *He had to give dancing up.
  - up이 give와 연결되기 보다 dancing과 연결되어 마치 dancing up이라는 영어에 없는 동사구를 말하는 것 같이 들린다.
  → He had to give up dancing.
    그는 춤을 포기하지 않으면 안 되었다.

- *I have given smoking up.
  - smoking up으로 들린다.
  → I have given up smoking.
    나는 담배를 끊었다.

- *We'll put deciding off until next week.
  - deciding off로 들린다.

→ We'll put off deciding until next week.
우리는 결정내리는 것을 다음 주까지 연기할 것이다.

- Don't give up hope yet.
아직은 희망을 버리지 마라.

  - give up hope는 마치 한 단어처럼 취급되는 숙어이다. up을 hope 뒤로 옮길 수 없을 뿐만 아니라 hope 앞에 가령 your 같은 단어를 삽입할 수도 없다. 이러한 숙어로 또 하나 lay down one's arms '무기를 버리다'가 있다. 이 경우에는 물론 one's 자리에 상황에 맞는 소유격 대명사가 들어간다.

---

adverbial particle들이 동사와 결합할 때 이들 각 particle이 어떤 정해진 의미를 부여하는 것은 아니다. 즉 경우마다 다르다. 그러나 대충 다음과 같은 일반적인 특징을 가려내 볼 수 있다:

(1) up은 'completely'의 의미를 보태주는 경우가 많다: clean up '완전히 청소하다,' drink up '다 마시다,' eat up '다 먹다,' burn up '다 타다,' grow up '다 자라다 (성인이 되다),' shut up '말을 완전히 중지하다,' close up '(하루의 일을 완전히 끝내고) 문을 닫다,' dress up '잘 차려입다,' fill up '다 채우다,' mix up '완전히 섞다,' write up '다 쓰다' 등.

(2) down도 up과 같이 'completely'의 의미를 부가할 수 있다: burn down (= burn up), tear down '(건물을) 완전히 철거하다,' take down '(기계를) 완전히 분해하다,' close down '(사업이나 가게를 장기간) 완전히 닫다,' run down '(기계가) 완전히 멈추다.'

(3) 청소와 관련된 동사와 결합하면 off는 '표면'을, out은 '속'을 나타내는 경우가 많다: wipe off a table '식탁을 닦다,' sweep out a closet '찬장을 쓸어내다,' clean out a drawer '서랍을 청소하다,' dust off a desk '책상(표면)의 먼지를 털다,' wash off a speck '얼룩을 씻어내다.' clean off the windshield '차 앞 유리를 닦다' 등.

go Dutch

'각자가 자기 몫의 돈을 지불하다'

일반적으로 서양 사람들은 가령 식당에 여럿이 같이 가서 음식을 먹을 때 우리처럼 한 사람이 일행의 몫을 다 지불하는 것이 아니고 각자가 자기 몫을 지불하는 것이 습관화되어 있다. 이미 관행이 되어 있다면 이와 같은 표현이 굳이 존재할 필요도 없을 것 같은데도 존재하는 것은 서양에서도 이 표현이 필요한 경우가 있기 때문이다. 남자가 여자를 식당이나 극장에 데려가면 보통은 남자가 여자의 몫을 낸다. 그러나 사실은 각자가 자기 몫을 내는 경우도 많다. 지금처럼 남녀 평등이 강조되는 시대에는 더더욱 그렇다. go Dutch는 주로 이런 경우에 쓰인다. 이렇게 하는 것을 우리는 흔히 'Dutch pay'라고 하는데 이것은 영어가 아니고 우리가 만든 표현이다. 이 관행이 화란에서 시작되었는지는 확실하지 않지만 어쨌든 영어의 표현은 이렇게 굳어져 있다.

- Thank you for asking me to go to lunch with you, but I won't go unless you promise that we **go Dutch**.

  점심을 같이 먹으러 가자고 불러주셔서 감사합니다. 그러나 각자가 자기 몫을 내도록 하겠다는 약속을 하지 않으면 나는 안 가겠습니다.

- I always **go Dutch** with my girl friend when we go out to restaurants. She doesn't like me to pay for her. She is strongly opposed to the idea of a man paying for a woman when they go out together.

  내 여자 친구와 식당에 가면 나는 언제나 자기 몫은 자기가 내는 방식을 따른다. 내 여자 친구는 내가 자기 몫을 내는 것을 좋아하지 않는다. 그녀는 남녀가 데이트할 때 남자가 여자 몫을 지불한다는 생각에 강하게 반대하고 있다.

two-word verbs에 대하여 (2)

two-word verb의 또 하나의 형태인 [동사 + 전치사]의 형태를 보자. 두 개의 단어가 합쳐져 새로운 제 3의 의미를 형성한다는 점에서는 [동사 + 전치사] 형태의 two-word verb와 앞 051에서 설명한 [동사 + 부사] 형태의 two-word verb가 서로 같지만 이 두 형태 사이에는 문법적 차이가 있다. 전치사는 자기 뒤에 목적어를 동반해야 하기 때문에 [동사 + 전치사] 형태의 two-word verb는 모두 타동사일 수밖에 없다. 또 목적어가 일반 명사든 대명사든 전치사는 목적어 뒤로 갈 수 없다. 이제 이러한 특징을 가진 [동사 + 전치사] 형태의 '두 단어 동사'의 구체적 용례들을 보자:

- She called on her friends./called on them./*called her friends on./*called them on.
  그 여자는 그의 친구들을 방문했다.

- In his speech he didn't touch on the problem of unemployment/touch on it/*touch the problem on/*touch it on.
  그의 연설에서 그는 실직 문제는 언급하지 않았다.

- Korean people cannot do without kimchi./do without it./*do it without.
  한국 사람들은 김치를 먹지 않고는 못 산다.
  - without은 전치사로 밖에는 쓰이지 않는다.

- I often run across the man/run across him/*run the man across/*run him across at the bowling alley.
  나는 볼링장에서 그와 가끔 우연히 만난다.

- She takes after her mother/*her mother after/*takes her after.
  그 여자는 자기 어머니를 닮았다.

그러나 문제는 이처럼 동사와 결합하여 two-word verb를 만드는 상호 용법이 다른 두 종류의 particle(작은 단어들)을 어떻게 구분해 내느냐 하는 것이다. 전치사 중 상당수(about, above, across, after, along, around, by, down, in, off, on, out, over, past, round, through, under, to, up, 등)가 부사로도 쓰이기 때문이다. 불행하게도 이들 부사와 전치사를 겸하는 particle과 결합한 two-word verb는 우리가 그것 자체만의 외형을 보아서는 그 종류를 구분할 수 없다. 물론 부사로는 쓰이지 않고 오직 전치사로만 쓰이는 것들(against, among, as, at, beside, for, from, into, like, of, onto, upon, with, without, 등)도 있다. 그러나 일단 용법상의 차이를 알면 이들이 쓰이고 있는 현장에 접했을 때 어느 종류의 two-word verb인지 알 수 있다:

- **That horse was wild, but the cowboy broke him in.**
  그 말은 사나웠으나 카우보이가 그 말을 길들여 놓았다.
  - break in '길들이다'
    in이 대명사 him 다음에 와 있으므로 부사로 쓰였음을 알 수 있으며 따라서 break in은 [동사 + 전치사] 형태의 two-word verb이다.

- **The robbers broke in the house.**
  강도들이 그 집에 침범했다.
  - break in '침입하다' -- break in은 break into와 같은 뜻이므로 여기서 in은 into처럼 전치사이다. 따라서 *broke the house in이라고는 할 수 없다.

- **She broke into laughter when I told her the story.**
  내가 그 이야기를 했을 때 그 여자는 갑자기 웃음을 터뜨렸다.
  - break into는 a run/a trot/a smile/a song/applause/laughter 등을 목적어로 하면 그 명사의 행위를 갑자기 시작한다는 뜻이다.

또 하나의 문제는 동사 다음에 전치사구가 오면 전부 two-word verb인가 하는 것이다. 물론 그렇지 않다. 두 단어가 각각의 개별적 의미를 버리고 새로운 제 3의 의미를 창출하는 것이 two-word verb이다. 그러나 소수의 경우에는 전치사가 자기와 결합하는 자동사를 타동사로 만드는 문법적 역할만 하고 그 동사에 아무런 의미 변화도 주지 않는 경우도 있다(look at, wait for, 등). 또한 타동사가 된 two-word verb들은 대부분의 경우 수동형이 가능하다. 다음의 예들을 통해서 이 원리들을 확인해보자:

- **They went into the house.**
  그들은 그 집으로 들어갔다.
  - 여기서 into는 went와 결합한 것이 아니고 the house와 결합한 것이다. 이것은 went와 into가 각 각의 의미를 그대로 유지하고 있는 것으로 알 수 있다. 그러므로 이 문장에서의 went into는 하나의 타동사가 아니고 자동사와 전치사구가 나란히 있는 것이다. 그러므로 수동형이 될 수 없다.

  *The house was gone into.

- **They went into the affair.**
  그들은 그 문제를 조사했다.
  - went into는 그들 개별 의미와 관계없는 제 3의 의미인 '조사했다'로 바뀌었다. 그러므로 이 문장에서의 went into는 two-word verb이다. 따라서 수동형으로 전환될 수 있다.

  The affair was gone into.
  그 사건은 조사되었다.

- **He agreed with her about the problem.**
  그는 그 문제에 대해서 그 여자와 동의했다.
  - agree with는 two-word verb가 아니다. 즉 '누구와 동의하다'로 각각 독립적인 의미를 갖는 두 개의 단어이다.
  - *She was agreed with by her husband.

- **He agreed on the terms.**
  그 사람은 그 조건을 따르기로 합의했다.
  - 이 문장은 사람에 따라 '그 조건에 대해 동의했다'로도 번역될 수 있겠지만 표현이야 어떻든 근본 의미는 '그 조건을 따르기로 했다'이다. on은 agree를 타동사로 만드는 문법적 기능까지 하고 있다. 그러므로 agree with와는 달리 agree on은 [동사 + 전치사] 형태의 two-word verb이다.

- **The terms were agreed on by them.**
  조건들이 그들에 의해 동의되었다.

- **We finally arrived at the station.**
  우리는 드디어 정거장에 도착했다.
  - arrived at은 '(어디)에 도착했다'의 뜻이므로 arrived의 의미와 at의 의미가 각기 독자적으로 살아 있다. 따라서 이들은 two-word verb가 아니다.
  - *The station was finally arrived at.

- **We finally arrived at the expected result.**
  우리는 드디어 기대했던 결과를 얻었다.
  - 이 문장의 arrived at도 그 앞에 나온 예와 같은 의미로 쓰인 것처럼 보인다. 그러나 결과나 결론에 이르는 것은 정확히 말하면 '결론 또는 결과를 얻다'라는 의미로 arrive의 원래의 의미인 '장소의 이동'과는 다르다. 그러므로 이 문장의 arrived at은 [동사 + 전치사] 형태의 two-word verb이다.

  The expected result was finally arrived at.
  기대되었던 결과가 드디어 나왔다.

- **Look at that picture over there.**
  저기 있는 저 그림을 보라.
  - at은 자신의 의미를 버리고 look을 타동사로 만드는 살신성인(?)의 기능을 한 것이다. 그러나 look at이 완전한 two-word verb인가에 대해서 의문을 갖는 사람들도 많다. 그들은 at이 look에 걸리는 것이 아니고 그 뒤의 명사와 결합하는 것으로 본다.

  The picture was looked at by many people.
  그 그림은 많은 사람들에 의해 관람되었다.
  - look at을 이처럼 수동화하는 것이 가능하긴 하지만 잘 쓰이지는 않는다.

간혹 하나의 two-word verb가 [동사 + 부사] 형태로 분석될 수도 있고, [동사 + 전치사] 형태로 분석될 수도 있는 경우들도 있다. 다음을 보자:

- The President turned on the press.
  대통령은 언론을 갑자기 공격했다.
  - turn on을 [동사 + 전치사] 형태로 보면 이 two-word verb는 '(말로나 신체적으로) 갑자기 공격하다'의 의미이다.
  - = The President turned on them.
  - *The President turned the press on.

- The President never turns on his people.
  대통령은 자기 국민으로 하여금 자기에게 관심을 갖게 하지 못한다.
  - turn on을 [동사 + 부사] 형태로 보면 이 two-word verb는 전자용품을 켠다는 뜻 외에 '(사람이나 사건, 사물에) 관심을 갖게 하다'의 뜻이 된다.
  - = The President never turns his people on.
  - *The President never turns them on.

자동사 two-word verb에 전치사가 따라 붙어 사실상 타동사 three-word verb가 되는 경우도 있다: run out of ~ '~을 다 쓰다,' add up to ~ '합쳐져서 ~에 이르다,' come up with ~ '~을 따라가다,' hold out against ~ '~을 저항하다,' walk out on '배반하다,' put up with '참아내다,' 등:

- The man got out of the bus when it was waiting for the traffic light.
  그 사람은 버스가 신호를 기다리고 있을 때 버스에서 내렸다.
  - got out이라는 two-word verb에 전치사 of가 합쳐져서 three-word verb가 된 것이다.

- On my way home I dropped in on my friend.
  집에 오는 길에 나는 친구한테 들렸다.

- We're looking forward to your visit.
  우리는 당신의 방문을 기대하고 있습니다.

---

two-word verb의 동사와 전치사는 하나의 동사로 결합하는 힘이 강하기 때문에 의문문과 관계대명사절에서도 서로 분리되지 않는다. 그러나 부사(구)는 이들 동사와 전치사 사이에 올 수 있다:

- Who(m) did you run into on the street?
  당신은 길에서 누구와 마주쳤소?
  - [run + into] '누구와 우연히 마주치다'

  *Into whom did you run on the street?

- This is the conclusion which we finally arrived at.
  이것이 우리가 결국 얻게 된 결론이다.

  *This is the conclusion at which we finally arrived.

- She looked in astonishment at the picture.
  그 여자는 깜짝 놀라며 그 그림을 쳐다보았다.

- The audience waited eagerly for the beginning of the show.
  관객들은 쇼가 시작하기를 고대하며 기다렸다.
  - 위의 예문에서 보듯이 two-word verb의 동사와 전치사 사이에는 방법을 의미하는 부사(adverbs of manner)가 삽입될 수 있다: slowly, quickly, carefully, politely, heartily, eagerly, easily 등

- My children laughed heartily at the clown.
  내 아이들은 그 광대를 보고 실컷 웃었다.

on the spur of the moment

'즉흥적으로,' '앞 뒤 생각하지 않고'

spur는 승마용 장화 뒷굽에 부착된 톱니 모양의 바퀴, 즉 '박차' 이다. 박차는 말을 달리도록 자극을 주는 데 쓰이는 것이므로 이 표현의 직역은 '순간의 자극을 받아' 가 된다.

- When she goes shopping at a department store, my wife is apt to buy needless things on the spur of the moment. When she comes home, however, she always regrets buying them.

  내 처는 백화점에서 쇼핑할 때 불필요한 것들을 즉흥적으로 사는 경향이 있다. 그러나 집에 돌아오면 그런 것들을 산 것에 대해서 항상 후회한다.

- Yesterday I went to a real estate agent to buy an apartment, but on the spur of the moment I changed my mind and decided to rent one and made a temporary contract.

  어제 나는 아파트 한 채를 사기 위해 부동산에 갔었다. 그러나 즉흥적으로 마음을 바꾸어 빌리기로 하고 가계약을 체결했다.

[in case + 절]의 의미

in case절이 미국영어에서는 조건절의 의미로 쓰이기도 하지만 영미영어에서는 일반적으로 조건절과는 다른 의미로 쓰인다:

1. 가능성이 희박한 조건 즉 '혹시 어떤 일이 발생한다면'의 의미 (미국영어)

- **In case I forget**, please remind me of it.
  혹시 내가 잊거든 내게 상기시켜 다오.

  • in case I forget = if it should happen that I forget

- **In case the house burns down**, we'll get the insurance money.
  혹시 집이 불타면 우리는 보험금을 받게 될 것이다.

- I'll let you know **in case he comes by here**.
  그가 혹시 여기에 들르면 너에게 알려주겠다.

- **In case I should be late**, don't wait for me.
  만일 내가 늦으면 나를 기다리지 마라.

---

if절은 어떤 일이 일어날지 안 일어날지 전혀 모르는 상태에서의 조건이지만 in case절은 '그런 일이 일어날 가능성은 별로 없지만 그래도 혹시 일어난다면'과 같은 조건을 나타내는 것이다. 그러나 in case가 이처럼 조건의 의미로 쓰이는 빈도는 높지 않다. 그나마도 영국영어에서는 거의 안 쓰인다. 미국영어에서 in case는 격식적 표현으로 only나 just와 결합하여, 가령 The verb is plural only/just in case the subject is plural.처럼 제한적 조건으로 쓰이기도 한다.

2. '우연한, 돌발적 상황'의 의미 (미국영어, 영국영어)

영국영어와 미국영어에서 다 같이 in case는 '혹시 ~이 일어날지 모르므로 (because it may happen that~)'라는 우연한, 돌발적 상황을 가정하는 의미로 쓰인다:

- **Take your umbrella in case it rains**.
  혹시 비가 올지도 모르니 우산을 가지고 가라.

  • = Take your umbrella because it may rain.

- When playing baseball, the catcher has to wear a helmet in case he gets hit on the head by the ball.
  야구를 할 때 포수는 그가 혹시 공으로 머리를 맞을지도 모르므로 헬멧을 써야 한다.
    - 이 경우의 in case절은 lest절 또는 for fear절('~ 않도록')과 그 의미가 비슷하다.

- You should write a will in case something happens to you.
  당신에게 혹시 어떤 일이 일어날지도 모르니 유서를 써두시오.
    - = You should write a will because something may happen to you.

- Don't let the baby play with your glasses in case he breaks them.
  아기가 당신의 안경을 가지고 놀게 하지 마시오. 혹시 망가뜨릴지도 모르니.
    - = Don't let the baby play with your glasses because he may break them.

- Turn the gas off in case there is an explosion.
  혹시 폭발사고가 날지도 모르니 가스를 끄시오.
    - = Turn the gas off because there may be an explosion.

- I came just in case there was anything for me to attend to.
  혹시 내가 돌봐야 할 일이 있을까 해서 왔다.

- Before leaving the house, lock up everything in case someone tries to break in.
  집을 떠나기 전에 모든 것을 자물쇠로 채워라. 혹시 누군가 침범하려 할지도 모르니.
    - 같은 in case절인데 이 문장에는 some이 쓰였고 그 앞 문장에는 any가 쓰였다. any를 쓴 것은 가능성이 적음을 전제하는 in case절의 의미와 용법을 따랐기 때문이고, some을 쓴 것은 가능성은 희박하지만 그래도 있을 수 있다는 긍정적 의미에 초점을 맞추었기 때문이다.

---

if절과의 차이를 이해하기 위해서 다음의 예들을 대조해 보자:

- You should insure your car in case there is an accident.
  혹시 사고가 날지도 모르니 차를 보험에 들어라.
    - 영국영어, 미국영어

- You should phone your insurance company if there is an accident.
  사고가 나면 보험회사에 전화해야 한다.
    - 조건의 의미 – 미국영어

- I'll come in case he wants me.
  그가 혹시 나를 원할지도 모르니 나는 가겠다.

- **I'll come if he wants me.**
  그가 만일 나를 원하면 나는 가겠다.

---

in case절은 원래 발생 가능성의 희박함을 의미하지만 should를 동반하면 그 희박성이 더욱 강화된다. 그러나 과거지사에 대해서 말할 때에는 이런 차이에 상관없이 should를 동반하는 경우가 많다:

- **I'll get some beer in case my friends come to visit me today.**
  혹시 내 친구들이 오늘 나를 방문할지도 모르니 맥주를 좀 준비하겠다.

- **I'll stay home today in case there should be a telephone call from my son staying abroad.**
  혹시 해외에 나가 있는 내 아들로부터 전화가 올지도 모르니 나는 오늘은 집에 있겠다.

- **I always kept candles in the house in case there should be/was a power cut.**
  혹시 정전이 있을지 모르므로 나는 늘 집에 초를 준비해 두고 있었다.

- **I packed a swimsuit in case I should have/had time to go to the beach.**
  혹시 바다에 갈 시간이 날지 몰라 나는 수영복을 챙겼다.

전치사구 in case of는 if의 의미로도 많이 쓰인다. 특히 게시문 같은 데서 흔히 볼 수 있는 표현이다. 주의할 점은 in case of구가 문장의 머리에 나오면 if의 의미이며, 문미에 나오면 '~할지도 모르니'의 의미가 된다는 것이다. 또 in case of 다음의 명사에는 관사가 붙지 않는다:

- **In case of fire, dial 119.**
  불이 난 경우에는 119로 전화하라.
  - = If there is a fire/In the event of a fire, ...

- **We'd better insure the house in case of fire.**
  불이 날지도 모르니 집을 보험에 드는 것이 좋다.
  - = ... because there may be a fire.

- **Fasten your baby securely to her seat in case of a sudden stop.**
  혹시 있을지도 모를 급정거의 경우를 대비하여 아이를 좌석에 안전하게 매도록 하라.

---

in case절이 because it may happen that …의 의미로 쓰일 때는 주절 뒤에 오며, 조건의 의미로 쓰일 때는 주절 앞에 오는 것이 원칙이지만 언제나 그런 것은 아니다. 두 절의 상호 논리적 연결에

있어 오해가 있을 수 없는 경우에는 I'll let you know in case he comes by here. '그가 만일 여기에 들르면 알려주겠다.' 에서 보는 것처럼 이 원칙이 지켜지지 않을 수도 있다. 그러나 다음의 문장은 양쪽 모두의 해석이 가능하기 때문에 그 의미가 불명확하고, 모호한 문장이다:

- ?**Do this** in case a fire breaks out.
    - '불이 나면 이렇게 하라' 인지 '불이 날지도 모르니 (즉 불이 나지 않도록) 이렇게 하라' 인지 알 수 없다.

054. urge, demand, prefer, insist 등 권고적/명령적 의미를 갖는 동사 다음에 오는 that절의 동사에 대하여

목적어로 that절을 지배하는 동사들 중에는 that절의 내용대로 되도록 '의도,' '권고,' '충고,' '제안,' '설득,' '요구(간접 명령)' 등을 하는 의미를 갖는 동사들이 있다. 이런 동사들은 '권고 내지 간접 명령적 의미의 동사'라고 말할 수 있다. 이러한 동사의 목적절인 that절의 동사는 주절 동사의 시제에 상관없이 가정법 현재형 즉 원형동사가 되는데 영국영어에서는 특별히 격식적 표현이 아닐 때는 동사가 should를 동반하기도 한다. that절의 동사가 이처럼 [(should+) 원형동사]의 형태를 취함으로써 that절의 내용이 어떤 사실을 말하는 것이 아니고 그렇게 되도록 권고 내지는 요구하는 것임을 의미하게 된다:

- She urged that he (should) accept the offer.
  그 여자는 그가 그 제의를 받아들이기를 권했다.
  - that절은 she의 권고 내용이다.

- She asked that we (should) not tell anyone about it.
  그 여자는 우리가 누구에게도 그것에 대해 말하지 않기를 요청했다.

- Congress has voted that the present law (should) be amended.
  의회는 현행법이 개정되도록 표결했다.

- People are demanding that the ex-President (should) keep shut up.
  사람들은 전직 대통령이 입을 다물고 있기를 요구하고 있다.

- The King ordered that the man (should) be released immediately.
  왕은 그 사람이 즉시 석방되도록 명령을 내렸다.

- The law requires/stipulates that driver's licenses (should) not be/be not issued without an eye test.
  법은 시력 검사 없이 운전 면허증이 교부되지 않기를 명하고/규정하고 있다.
  - that절의 be동사는 부정될 때 다른 일반동사와는 달리 not이 be 앞 또는 뒤에 올 수 있다.

- It was advised/recommended/decided/urged/demanded that these punitive real estate taxes (should) be abolished.
  이들 과도한 징벌성 부동산세가 철폐되도록 충고/권고/결정/촉구/요구되었다.
  - 이 문장은 They advised/recommended/... that ....의 수동 형태이다.

- Chairman, I move that the meeting (should) be continued after lunch.
  의장님, 점심식사 후 회의가 속개되기를 동의합니다.

권고나 명령의 의미를 갖는 동사의 목적절에 나오는 동사는 위에서 보는 것처럼 원형동사, 즉 [(should+) 동사]의 형태가 되지만 비격식적 상황, 특히 영국영어에서는 원형동사 대신 직설법 동사도 쓰인다. 그러나 이것은 우리가 따를 것은 아니다:

- **Most people are demanding that the President steps out immediately.**
  대부분의 사람들은 대통령이 즉시 하야하기를 요구하고 있다.

- **I recommend you don't argue with him about anything political.**
  네가 그와는 정치적인 것에 대해서는 논쟁하지 않기를 권한다.

권고나 명령의 의미를 갖는 동사의 종류에는 다음의 동사들이 포함된다: ask '요청하다,' beg '간청하다,' decide '결정하다,' decree '포고하다,' desire '갈망하다,' insist '주장하다,' instruct '지시하다,' intend '의도하다,' move '동의하다,' order '명령하다,' prefer '더 좋아하다,' propose '제안하다,' recommend '권고하다,' request '요청하다,' require '요구하다,' suggest '제의하다,' urge '권하다,' vote '표결하다,' '제안하다' 등. 이들 동사 중 insist와 suggest는 직설법 목적절을 취할 수도 있다. 그러나 어떤 목적절을 취하느냐에 따라 다음과 같은 의미 차이가 발생한다:

- **They insisted that we (should) not eat meat.**
  그들은 우리가 육류를 먹지 말 것을 강하게 요구했다.
  - that절은 they의 요구 사항이다.

- **They insisted that they did not eat meat.**
  그들은 자신들은 육류를 먹지 않는다고 강하게 주장했다.
  - that절은 they가 주장하고 있는 사실이다.

- **We insist that he (should) be admitted to hospital immediately.**
  우리는 그가 당장 입원할 것을 강하게 요구한다.
  - that절은 we의 요구 사항이다.

- **We insist that he is guilty of fraud.**
  우리는 그가 사기죄가 있다고 강력히 주장한다.
  - that절은 we가 주장하는 사실이다.

- **He suggested that I (should) be responsible for the arrangements for the event.**
  그는 내가 이벤트 준비의 책임을 맡을 것을 제의했다.
  - that절은 he의 제의, 즉 하라는 암시이다.

- **He suggested that I was responsible for the arrangements for the event.**
  그는 내가 이벤트 준비에 책임이 있다고 넌지시 말했다.
  - that절은 he가 암시하는 사실이다.

- **I'd prefer that Mary drive the car.**
  Mary가 차를 운전했으면 좋겠다.

이들 동사 중에는 목적절 대신 [목적어 + to-infinitive]의 형태를 취할 수 있는 것들(ask, beg, desire, instruct, intend, order, request, require, urge 등)도 있다. 두 가지 용법이 다 가능한 경우에는 목적절 대신 to-infinitive 형태가 일반적으로 사용된다. that절 형태는 격식적인 경우에 쓰이는 딱딱한 표현이다:

- **They intended that the news (should) be suppressed.**
  They intended the news to be suppressed.
  그들은 그 소식이 은폐되도록 의도했다.

- **I'd prefer Mary to drive the car.**
  나는 Mary가 차를 운전했으면 좋겠다.

- **I'd prefer that you not smoke.**
  담배 좀 안 피워주시면 좋겠습니다.

권고 내지 간접 명령의 동사들로부터 파생되었거나 또는 그렇게 파생된 것이 아니더라도 그런 종류의 의미를 갖는 명사나 형용사도 그들과 연결되는 that절의 동사는 가정법 현재형, 즉 원형동사가 된다. 이런 경우 that절과 명사가 연결되는 형태는 격식적 표현이다. 그러나 형용사와 that절을 연결하는 형태는 일반적으로 쓰이는 표현이며 따라서 딱딱한 느낌이 없다:

- **Their recommendation/demand/decision was that these taxes (should) be abolished.**
  그들의 권고/요구/결정은 이들 세금이 폐지되어야 한다는 것이었다.

- **The Government was faced with the people's demand that the university (should) be set free from its bureaucratic control.**
  정부는 대학이 정부의 관료적 통제로부터 해방되어야 한다는 국민의 요구에 부딪쳤다.

- **It is advisable/recommended/desirable that these taxes (should) be abolished.**
  이들 세금이 폐지되는 것은 권할 만한/권장될 만한/바람직한 일이다.

- It is appropriate/fitting/essential/imperative/important that these taxes (should) be abolished.
  이 세금이 폐지되는 것은 적절한/합당한/필수적인/긴요한/중요한 일이다.

  • = These taxes should be abolished.

- Was it necessary/important/imperative/essential that he (should) inform you of it?
  그가 당신에게 그것을 통고하는 것이 필요한/중요한/절대적인/필수적인 일이었습니까?

- It is imperative that a politician (should) think before he or she talks.
  정치인은 말하기 전에 생각을 먼저 하는 것이 필수적이다.

이렇게 쓰일 수 있는 형용사들을 더 열거해 보면 다음과 같다: compulsory '의무적인,' crucial '중대한,' good '좋은,' (only) just '지당한,' obligatory '강제적인,' preferable '바람직한,' proper '적절한,' recommendable '권할 만한,' (only) right '지당한,' '당연한,' vital '불가결한,' well '좋은' 등. 이들 형용사는 설득의 의미가 있기 때문에 이들이 [It is + 형용사 + that절]의 구조에 쓰이게 되면 화자는 that절의 내용이 이루어져야 한다고 주장하는 것이다.

1. 감정 형용사와 should

어떤 사실에 대하여 화자가 감정적으로 평가하며 말할 때 [It is + 감정 형용사 + that + 주어 + should + 동사]의 문장 형태를 쓸 수 있다. that절의 내용에 대한 화자의 감정적 반응을 나타내는 것이다. 여기서 감정은 슬픔, 유감, 기쁨, 불쾌감, 놀람, 이상함, 의외성 등을 의미한다. 이들 감정 형용사(emotive adjectives)는 그 감정의 원인인 that절에 should를 씀으로써 감정의 원인을 더욱 뚜렷하게 노출시키고 강조한다. 대부분의 경우에 '~하다니, ~이다니'로 번역될 수 있다. that절에 should 없이 그냥 직설법 동사를 쓸 수도 있는데 이렇게 하면 '~하는 것, ~인 것'이라는 평범한 표현이 되어 화자의 감정이 강하게 나타나지는 않는다. 다음 예들을 보자:

- It's shocking that a father should cut off his own son's fingers for money.
  아버지가 돈 때문에 자기 친아들의 손가락을 자르다니, 충격적인 일이다.

- It's unthinkable that he should deny my request.
  그가 나의 요구에 응하지 않다니, 상상할 수 없는 일이다.

- It is strange that he should keep silent about it.
  그가 그 일에 대해서 침묵을 지키다니, 이상한 일이다.

- It is strange that he keeps silent about it.
  그가 그 일에 대해서 침묵을 지키는 것은 이상한 일이다.

- It is impossible that he should have made a remark like that.
  그가 그런 말을 했다니 믿어지지 않는/있을 수 없는 일이다.
  - impossible은 감정 형용사로 쓰일 수 있지만 possible은 그렇게 쓰이지 않는다.

- It's funny/strange/peculiar that the burglars should have left/left some money on the desk.
  도둑들이 책상에 돈을 남겨 놓다니/남겨놨다는 것은 수상한/이상한/특이한 일이다.

- It is logical that he should demand/demands to be paid for the work he did for the company.
  그가 회사를 위해 한 일에 대한 보수를 달라고 요구하는 것은 합당한 일이다.

잘 쓰이는 감정 형용사들은 다음과 같다: admirable '경탄할 만한,' alarming '경종을 울리는,' amazing '놀라운,' annoying '성가신,' astonishing '놀라게 하는,' commendable '칭찬받을 만한,' deplorable '개탄할,' despicable '비열한,' disappointing '실망스러운,' disastrous '비참한,' embarrassing '당혹스러운,' extraordinary '보통 일이 아닌,' (un)fortunate, '(불운한) 다행스런,' frightening '놀라게 하는,' funny '수상한,' impossible '있을 수 없는,' incomprehensible '이해할 수 없는,' incredible '믿어지지 않는,' interesting '재미있는,' irrational '불합리한,' irritating '화나게 하는,' lamentable '개탄스러운,' logical '논리에 맞는,' '합당한,' natural '당연한,' odd '괴상한,' peculiar '특이한,' queer '괴상한,' regrettable '유감스러운,' remarkable '특기할 만한,' ridiculous '말도 안 되는,' shocking '충격적인,' surprising '놀라운,' understandable '이해가 가는,' unjustifiable '정당화될 수 없는' 등.

또 감정 형용사는 It is ... that 구조에 주로 쓰이지만 언제나 그런 것은 아니다. 가령 I am 다음에서도 감정 형용사 amazed, glad, sorry, surprised, pleased, delighted 등이 오면 이들 형용사 뒤에 오는 that절에 should가 쓰여 that절의 내용에 대한 화자의 강한 감정적 반응을 나타낸다. [It is a pity/a shame]도 should를 포함하는 that절을 동반하여 그 같은 기능을 한다:

- I'm glad/sorry/surprised that he should feel like that.
  그가 그렇게 느끼다니 나는 기쁘다/기분이 나쁘다/놀랬다.

- It's a pity that he should feel like that.
  그가 그런 식으로 느끼다니 유감스러운 일이다.
  - 이 문장에는 약간의 모호성이 있다. 그가 지금 그런 식으로 느끼고 있다는 것인지 아니면 앞으로 그런 식으로 느끼게 되면 하고 미래의 일을 가정하는 말인지 확실하지 않다. 그러므로 만일 후자의 의미라면

that절 대신에 if절을 써서 It's a pity if he should feel like that.으로 표현하는 것이 안전할 것이다.

- **I'm surprised that he should feel lonely.**
  그런 사람이 외로움을 느끼다니 놀랍구나.
  - 즉 믿어지지 않는다는 의미로 should는 that절의 내용이 '예상 밖의 일'임을 나타낸다. 그러나 가령 I'm told that he feels lonely. '그 사람이 외로움을 느끼고 있다는 말을 듣고 있다.'의 경우는 그러니 우리가 좀 더 자주 찾아가서 그를 외롭지 않게 해야겠다는 뜻을 함의한다.

주절이 과거일 때 that절의 동사구는 [should + 동사]의 형태를 유지할 수도 있고 [should + 완료형 동사구]를 써도 된다. 그러나 과거의 의미를 강조하려면 물론 완료형이 더 적합하다:

- **I was surprised that he should feel/should have felt like that.**
  그가 그런 식으로 느꼈다니 놀라운 일입니다.

- **I am surprised that anyone of your intelligence should believe/should have believed such a lie.**
  당신 정도의 지능을 가진 사람이 그 따위 거짓말을 믿었다니 놀랍군요.

055 [come/go 등 + and + 동사]와 [come/go 등 + 동사]의 표현 형태에 대하여

가령 우리말의 '가서 무엇을 하다'를 영어로는 go and do something 또는 go do something이라고 말할 수 있다. 그리고 이 외에 물론 go to do something이라고도 할 수 있다. 그러나 이 형태들 간에는 미묘한 의미 차이와 각 용법마다 고유 특성이 있다.

우선 두 형태를 비교해 보자. 가령 I'll go to help him.에서 문장의 동사는 go이다. 따라서 의미 초점도 go에 있다. 한 마디로 말하면 '나는 가겠다'라는 뜻이다. to help him은 go의 목적을 말하는 부수적 역할을 할 뿐이다. 반면 I'll go and help him.이라고 말한다면 형식상으로는 이 문장의 동사가 go와 help 두 개가 되지만 의미상으로는 go and는 표현 관행이고 실제 의미 초점은 and 다음에 있는 동사 help에 있다. 이 문장의 초점은 한 마디로 말해서 I'll help him.이다. 즉 go to help는 '돕기 위해 가다'이고, go and help는 '가서 돕다'이다. 화자의 마음속에서는 go가 아니라 help가 중요하기 때문에 이 같은 화자의 마음을 잘 표현하는 go and help가 구어에서는 to help보다 훨씬 더 선호될 수밖에 없다.

이런 형태를 수학 용어를 써서 이항(binomial) 표현이라고 하는데, go 이외에도 come, try, be sure, run, hurry up 등이 이항 표현 형태로 자주 쓰인다. 다음의 이항 표현의 문장들을 보자:

- **John, come and see my new car.**
  John, 여기 와서 내 새 차를 좀 봐라.
  - = John, see my new car.

- **Why don't I come (to your house) and try your new computer game?**
  내가 (너의 집에) 가서 너의 새 컴퓨터 게임을 해보면 어떻겠니?
  - = Let me try your new computer game.

- **I'll go and visit my mother this weekend.**
  나는 이번 주말에 나의 어머니를 방문할 것이다.

- **Run and tell him to come here at once.**
  빨리 가서 그에게 이리로 즉시 오라고 말하라.

- **Let's go and get a drink.**
  우리 가서 한 잔 하자.

- **Let's go and have lunch now.**
  이제 가서 점심을 먹자.

- Shall I come and help you?
  제가 가서 도와드릴까요?

- Let's hurry up and climb down the mountain. It's getting dark.
  서둘러 하산하자. 날이 어두워지고 있다.

- A: I'll try to come to your party this evening.
  내가 오늘 저녁 너의 파티에 가도록 해볼게.

  B: Don't just 'try to' come. You must come.
  그냥 오도록 '해보지' 말고 꼭 와야 해.

  • 만일 A가 try to come을 쓰지 않고 try and come을 썼더라면 A의 의미 초점이 try가 아니라 come에 있기 때문에 B는 A가 파티에 온다는 말로 받아들였을 것이다. 그러나 위 A 문장에서는 A가 try에 의미 초점을 맞추었기 때문에 B는 A가 꼭 온다는 말로 받아들이지 못한 것이다.

그러나 위의 동사들이 see와 결합하는 경우에는 to see나 and see가 의미 차이 없이 쓰인다. 또 명령형인 Be sure는 뒤에 see뿐 아니라 어떤 다른 동사를 동반해도 to와 and간에 의미 차이가 없다. Be sure는 그 의미가 '(무엇을 하는 것을) 잊지 말라'는 뜻이다. 따라서 잊어버리는 대상인 어떤 행위를 동반하지 않고는 Be sure는 그 자체만으로는 완전한 의미가 성립될 수 없으므로 뒤에 [to + 동사]가 오든 [and + 동사]가 오든 의미 차이가 생길 수 없는 것이다:

- Can I come to/and see your new house tomorrow?
  내일 너의 새 집을 보러 가도 되겠니?

- I'd like to go to/and see the play.
  나는 그 연극을 가보고 싶다.

- I'll try to/and see him tomorrow.
  나는 내일 그를 만나도록 하겠다.

- If you have a chance, come to/and see me anytime.
  기회가 있으면 언제든 나를 찾아와 다오.

- Be sure to/and lock the door when you leave the room.
  방을 떠날 때는 잊지 말고 문을 잠그시오.

이항 표현으로 가장 많이 쓰이는 형태는 [go and + 동사]인데 and 다음에 오는 동사들은 주로 see, get, have, do이고 이 외에도 일상적으로 자주 쓰이는 것들은 make, buy, tell, ask, find, take, look, watch 등이다.

come과 go는 과거형, 과거분사형, 진행형 또는 완료형으로 쓰이면 뒤에 [and + 동사] 형태를 동반할 수 없다. 이런 경우에는 [to + 동사]를 쓸 수밖에 없고 또한 [to + 동사]가 의미의 중요성을 가진다:

- I didn't come to talk to your father; I came to talk to you.
  나는 너의 부친과 이야기하기 위해 온 것이 아니다. 너와 이야기하기 위해 온 것이다.
  - didn't come은 'not came'의 의미이므로 come은 과거형으로 쓰인 것이며 문장의 의미는 I'm not here to talk to your father; I'm here to talk to you.와 같다.

- I went to visit my mother last weekend.
  나는 지난 주말 내 어머니를 찾아뵈었다.
  - = I visited my mother last weekend.

- I've come to help you.
  나는 너를 돕기 위해 왔다.
  - = I'll help you.

- She's gone to get a regular medical checkup in the hospital.
  그 여자는 병원에 정규 검진을 받으러 갔다.
  - = She's getting a medical checkup in the hospital.

---

try는 원형동사로만 그 다음에 [and + 동사]를 동반할 수 있다. 즉 tries, tried, trying 등의 형태로는 [and + 동사]를 동반할 수 없다는 뜻이다:

- *He tried and saw him every day.
  → Try and see him every day.
  날마다 그를 찾아보도록 하라.

- *She has tried and spoken to him.
  → She will try and speak to him.
  그 여자는 그 남자와 말을 걸어보려고 할 것이다.

- *He tries and sees her every day.
  → He may try and see her tomorrow.
  그는 내일 그 여자를 만나려 할지도 모른다.

또한 자주 쓰이는 이항 표현 중에는 sit and watch '앉아서 보다'와 wait and see '기다려 보다'가 있다.

- The TV program VJ, which once was very popular, is no longer the sort of show you can sit and watch with your family.
  한 때 인기가 대단했던 TV 프로그램 VJ가 지금은 가족과 같이 앉아 볼 수 있는 그런 류의 프로그램이 되지 못한다.

- I'm just going to wait and see what he says about it now.
  이제는 그가 그것에 대해서 뭐라고 말할 것인지 두고 볼 작정이다.

원래 and는 등위 접속사로서 그 앞에 있는 단어와 그 뒤에 있는 단어를 동등하게 연결하는 기능을 하지만 구어표현에서는 위에서 보다시피 자기 앞에 나온 동사를 자기 뒤에 나온 동사의 수식어 정도로 격하시키는 기능도 할 수 있는 것이다. 이 기능은 형용사를 연결하는 경우에도 발휘될 수 있는데 주로 [nice and + 형용사] 또는 [good and + 형용사]의 형태로 나타난다. 이 경우 nice and는 [naisn], 그리고 good and는 [gudn]으로 줄여 발음한다:

- His speech was nice and short.
  그의 연설은 참(좋게도) 짧았다.
  - nice and = nicely

- The weather is nice and warm.
  날씨가 아주 따뜻하다.
  - nice and = to just the right degree

- He was good and drunk.
  그는 매우 취했다.

- I hit him good and hard.
  나는 그를 아주 세게 때렸다.

---

and는 등위 접속사로서 그 앞 뒤 단어들을 똑같은 무게로 연결하는 기능을 하지 못하는 경우에는 발음도 [ən] 또는 [n]으로 줄어든다. 이러한 경향이 더욱 발전하여 동사 go와 come은 그 뒤에 and를 아예 생략해 버리고 바로 동사를 동반하는 현상까지 생겼다. 특히 go get와 go see는 아주 흔하게 쓰인다. 이것은 두 동사를 접속사 없이 연결하여 새로운 의미를 갖는 하나의 새 동사로 탄생시키는 것이나 같다. 이러한 2 동사구(bi-verbal phrase), 즉 두 개의 동사로 이루어진 동사구는 처음에는 비격식적 구어에서만 쓰였으나 지금은 상당히 보편화되어 구어에서는 교육, 사회적 지위나 발화 환경에 상관없이 많이 쓰이고 있다:

- Bush (the father, after an interview with Time magazine): All right. Let's get our pictures taken, and then let's go get a pizza.
  Bush (아버지 부시, 시사주간지 Time과의 인터뷰를 마치고 나서): 자 이제 사진을 찍고 피자나 먹으러 갑시다.

- Mother to Tom: Come take out the garbage.
  엄마가 Tom에게: 와서 부엌 쓰레기를 치워다오.

- John, go fetch the ball.
  존, 가서 이 볼을 물어와.
  - 주인이 John이라는 개에게 하는 명령이다.

- Let's go get coffee/a drink/a beer, if you have any time.
  시간 있으면 커피 한 잔/술 한 잔/맥주 한 잔 하러 갑시다.
  - = Let's go for coffee/for a drink/for a beer.

- The teacher made his class go see the procession of Presidential candidates who came through town.
  선생은 자기 반 학생들로 하여금 시내를 통과하는 대통령 후보들의 행렬을 보게 했다.

- A: Can I come see your new car now?
  지금 내가 너의 집에 가서 너의 새 차를 볼 수 없을까?

  B: Yes, come see it now.
  그래 지금 와서 봐라.

- I should go do some filing now.
  나는 이제 가서 서류 정리를 해야겠다.

- Tom, would you go get some coffee or something for me, okay?
  Tom, 커피같은 것 좀 사다 주겠니?

- Dinner's ready. Come eat!
  저녁식사 준비 됐다. 와서 먹어라!

- "Beat it, you kids! Go play somewhere else!" yelled the storekeeper.
  "얘들아, 당장 딴데로 가. 딴데 가서 놀란 말이야!"라고 상점 주인이 소리를 질렀다.
  - beat it는 'go away at once'의 의미인데 원래는 slang으로 출발했으나 지금은 사람들이 화날 때 일상적으로 쓰는 말이다. 또 누가 사람을 계속 귀찮게 하면 '내 옆에 있지 말고 어디로든 사라져 버려라'라는 의미로 구어에서 숙어화한 표현들이 있는데 모두 2 동사구를 이용한 것들이므로 참고로 열거한다: Go chase yourself! '네 그림자나 쫓아가라,' Go climb a tree! '어디 가서 나무에나 올라가라!,' Go fly a kite! '어디 가서 연이나 날려라!,' Go jump in the lake! '가서 호수에나 뛰어들어라!' 특히 go see, go get, go look, go do 등은 일상 영어생활에서 자주 쓰이는 2 동사구들이다.

turncoat

'변절자'

옛날 영국에서 귀족의 시종들은 자신의 주인에 따라 각기 다른 종류의 제복을 입었다. 만일 시종이 다른 주인을 섬기게 되면 전에 입었던 제복을 버리고 새 종류의 제복으로 갈아입어야 했다. 다시 말하면 **coat**를 바꿔 입었던 것이다. 이 같은 사실에서 유래하여 지금은 정치적, 사교적, 또는 학문적 변절자를 의미한다. 즉 충성이나 믿음, 애정의 대상을 바꾼 사람을 의미한다.

- Recently, several National Assembly members of the Democratic Party changed their party and joined the Free Democratic Association. Are they then turncoats? Certainly not. They simply did so to reestablish the partnership between the two parties. They didn't turn against their former party. Didn't the D.P. accede to power in partnership with the F.D.A. in the first place? Didn't the popular will allow them to work together?

  최근에 몇몇 민주당 의원들이 그들의 당적을 바꾸고 자유민주연합에 들어갔다. 그러면 이들 의원들은 변절자들인가? 물론 아니다. 그들은 단순히 양 당 간의 공조를 복원하기 위해서 그렇게 한 것뿐이다. 그들은 그들이 전에 속했던 당을 배반한 것이 아니다. 애초에 민주당은 자민연과 제휴하여 정권을 잡은 것이 아닌가? 민의가 그 두 당이 같이 나가도록 허락한 것이 아닌가?

- Lee Wanyong, the last Prime Minister of the Chosun Dynasty, betrayed our country to Japan and thus went down in history as the national traitor. He is not a turncoat, not even a simple traitor but the traitor of traitors.

  조선왕조 마지막 총리대신 이완용은 우리나라를 일본에 팔아 넘겨 역사상 국가적 반역자로 남게 되었다. 그는 변절자가 아니고 또 단순한 반역자도 아니며 반역자 중의 반역자이다.

본동사 have의 의미와 용법

본동사 have의 의미는 크게 다음 두 가지로 구분된다.

1. 정적 의미 (stative meaning)

정적인 상태를 의미하는 '소유'의 뜻으로 have의 가장 일반적인 의미이다. 이 의미로는 have와 have got이 의미 차이 없이 쓰이지만 후자가 전자보다 '소유'의 의미가 더 강하게 느껴진다. 구어체에서는 have got 대신 그냥 got만 쓰는 경우도 많다. 이 때의 got은 그 형태와는 상관없이 현재의 의미이다. 물론 have got도 현재이지 현재완료가 아니다. 또한 have got의 과거형은 had이며, *had got은 영어에 없는 형태이다:

- **He has (got) a lot of books on economics.**
  그는 경제학에 관한 책을 많이 갖고 있다.

- **This room has (got) five windows.**
  이 방은 다섯 개의 창이 있다.
  - = There are five windows in this room.

- **Mary has (got) blue eyes.**
  Mary는 파란 눈을 가졌다.

- **I got a bicycle.**
  나는 자전거가 한 대 있다.
  - = I have got a bicycle.

부정문과 의문문에서는 원래 영국영어와 미국영어간에 차이점이 있었다. 그러나 이 차이가 지금은 사라져 가고 있다:

How many books have you (got)?　원래 영국영어
How many books do you have?　원래 미국영어

I haven't (got) much money.　원래 영국영어
I don't have much money.　원래 미국영어

긍정문보다는 부정문이 더 강한 의미를 갖는다. 이 같은 의미의 강도를 나타내기 위해서 부정문에서는 단순한 haven't 대신 haven't got이 일반적으로 훨씬 더 선호된다. 따라서 가령 **He has a car.**의 일반

적인 부정문은 He hasn't a car.가 아니라 He hasn't got a car. 또는 He doesn't have a car.이다.

2. 동적 의미 (dynamic meaning)

동적 의미란 움직이는 활동을 나타내는 의미를 말하는데 사실상 '소유' 이외의 모든 have의 뜻은 여기에 속한다. 이러한 동적 의미로 have가 쓰이는 경우에는 영국영어와 미국영어의 차이가 없다. 의문문과 부정문에 do를 사용하며 have got의 형태는 쓰이지 않는다:

■ Do you have coffee for breakfast?
  당신은 아침식사에 커피를 마십니까?
  • have = drink
  *Have you coffee for breakfast?
  *I haven't coffee for breakfast.

■ At what time do you have breakfast?
  당신은 몇 시에 아침식사를 합니까?
  • have = eat

■ Did you have difficulty finding my house?
  당신은 나의 집을 찾는 데 어려움을 겪었습니까?
  • have = experience

■ We have English lessons twice a week.
  우리는 일주일에 두 번씩 영어 수업을 받는다.
  • have = receive

■ I had a short talk with her at the party last evening.
  나는 어제 저녁에 파티에서 그 여자와 잠깐 이야기를 했다.
  • had = engaged in

■ He had a bad accident yesterday.
  그는 어제 좋지 않은 사고를 당했다.
  • had = suffered
  *Had he (got) a bad accident yesterday?

전통적인 영국영어에서는 가령 Do you have much time for tennis?와 Have you (got) time for tennis?는 상호 의미가 다르다. 전자는 통상적인, 일반적인 경우를 묻는 말인 데 반하여,

후자는 현재 시점의 상황을 묻는 말이다. 전자는 '어느 특정 시점의 상태'를 묻는 것이 아니고 '상태의 반복'을 묻는 것이다. '반복'은 동적인 의미이다. 다음 예들을 더 보자:

- **Do** poor North Koreans usually **have enough** to eat?
  불쌍한 북한인들은 보통 먹을 것이 충분히 있습니까? (일반적인 경우)

- **Have** poor North Koreans (**got**) **enough** to eat now?
  불쌍한 북한인들이 지금 먹을 것이 충분히 있습니까? (특정한 경우)

- You often **have colds**, **don't** you?
  당신은 자주 감기에 걸리지요, 그렇지요? (일반적인 경우)

- You **have** (**got**) **a cold now**, **haven't** you?
  당신은 지금 감기에 걸려 있지요, 그렇지요? (특정한 경우)

영국영어에서는 이 같은 특정한 경우와 일반적인 경우의 구별이 have to의 용법에도 적용된다:

- At what time **do you have to be** in the office **every morning**?
  당신은 매일 아침 몇 시까지 사무실에 가야 합니까? (일반적인 경우)

- At what time **have you** (**got**) **to be** in the office **tomorrow morning**?
  당신은 내일 아침 몇 시까지 사무실에 가야 합니까? (특정한 경우)

- You **have to get to the office** before nine **every morning**, **don't** you?
  당신은 매일 아침 9시 이전에 사무실에 도착해야 되지요?

- You **have** (**got**) **to leave** now, **haven't** you?
  당신은 지금 떠나야 되지요, 안 그런가요?

  *Have you (got) to be in the office so early every morning?
  *You've got to leave now, don't you?

전통적인 영국영어에서는 Had she her baby at the clinic?는 '그 여자의 아이도 그 여자와 함께 병원에 있었습니까?'이고, Did she have her baby at the clinic?는 '그 여자는 자기 아이를 병원에서 낳았습니까?'이다. 미국영어에서는 Did she have…?가 그 두 가지 의미를 다 나타낸다. 이 같은 영미 간의 언어 차이 때문에 과거에는 통화상의 문제가 생기는 경우가 흔히 있었다. 지금은 영미인들이 서로의 어법을 이해할 뿐 아니라, 적어도 have의 용법에 있어서는 영국인들이 미국식 어법에 많이 접근해 가고 있어서 그럴 가능성은 적다.

그러나 우리가 참고할 수 있는 episode들이 전해지고 있다. 한 가지 소개하면, 어느 미국 사람이 어느 영국 여자에게 "Do you have many children?"이라고 물었다. 물론 아이들이 많으냐는 의미였다. 그러나 영국 여자는 뜻밖에도 얼굴을 붉히며 잠시 망설이다가 퉁명스럽게 "Yes, one a year."라고 대답했다. 영국 여자가 화난 것은 미국인의 질문 속에 나온 '소유'라는 정적 의미로 의도된 have가 영국 여자의 귀에는 do와 같이 쓰임으로써 동적 의미가 되어 '(아이를) 낳다'라는 뜻이 되어 결국 "당신은 아이를 많이 낳소?"라는 대단히 예의없는 질문으로 들렸기 때문이었다. 따라서 영국 여자도 "그래요. 일 년에 하나 씩 낳아요"라고 대답한 것이다.

have의 용법에 있어서는 미국영어가 영국영어보다 훨씬 단순하다. 미국영어는 특정한 경우와 일반적인 경우를 구분하지 않는다. 그러나 미국영어도 정적인 의미와 동적인 의미를 구분하여 후자의 의미에는 have got을 쓰지 않는다.

- I have a cold shower every morning.
  나는 매일 아침 찬물로 샤워를 한다. (동적 의미)

  *I have got a cold shower every morning.

had better와 may as well에 대하여

had better는 '~하는 편이 더 좋다'의 의미이다. better가 비교급이므로 어떤 것보다 더 좋다는 의미일 텐데 그렇다면 무엇보다 더 좋다는 뜻일까? 아마 그렇게 안 하는 것보다 더 좋다는 의미일 것이다. 그러나 현실적으로 이 표현은 비교의 의미가 아니고 무엇을 하라는 강한 충고를 나타내는 조동사로서 근본적으로는 should나 ought to와 같이 '바람직함'을 의미하지만 행위 수행의 요구가 강하여 전후관계에 따라서는, 특히 3인칭을 주어로 하는 경우는 '경고'나 심지어는 '위협'의 뉘앙스까지도 내포한다. 그러므로 경우에 따라 단순한 명령보다 더 강하고 함축적인 명령을 나타낼 수도 있다.

had better는 비록 일상적으로 많이 쓰이는 표현이기는 하지만 주로 비격식적 구어에서 사용되는 말이어서 윗사람이나 사교적인 대화에서는 쓰지 않는 것이 안전하다. 그러나 친한 사이에서나 허물없는 사이에서는 오해의 소지가 없으므로 had better를 사용하는 데 아무런 문제도 없다. had를 생략하고 better만 쓰거나 had better 대신 had best를 쓰는 것을 볼 수도 있는데 had better의 이런 변종들은 오직 비격식적인 구어에서만 볼 수 있는 표현들이다.

may/might as well도 '무엇을 하는 편이 더 좋다'라는 의미이다. 그러나 had better와는 달리 부드럽고 사교적이고 격식적인 표현이다. 뿐만 아니라 이 표현은 문장 끝에 [as + 동사]의 형태를 동반하여 '~하는 것보다'라는 의미를 부가하여 두 행위를 비교하여 말할 수 있는 장점이 있다.

- **We had better leave now.**
  지금 떠나는 것이 좋겠다.
  - 이 문장은 가령 or we'll miss the bus 같은 의미를 암시하고 있다.

- **If you have a test tomorrow, you'd better not spend your time watching TV tonight.**
  내일 시험이 있다면 너는 오늘 밤 TV를 보며 시간을 보내지 않는 것이 좋을 것이다.
  - 안 그러면 시험을 망칠 수 있음을 경고하는 것이다.

- **A: Hadn't we better lock the door?**
  문을 잠궈야 되지 않겠어요?
  - 안 그러면 도둑이 들 수도 있다는 것을 암시한다.

  B: Yes, we had (better).
  네, 그게 낫겠군요.
  - 대답하는 경우에는 had만 써도 되고 또는 better까지 써도 된다.

- **It's midnight. I'd better be off. Bye, John.**
  자정이 되었구나. 이제 떠나야겠다. 안녕 John.

- **A:** Oops! I spilled coffee on my shirt.
  이런! 내 셔츠에 커피를 쏟았어.

  B: You'd better run it under hot water before the stain sets.
  얼룩이 자리 잡기 전에 더운 물에 넣어 커피가 빠져나오게 해야 해.

- **A:** I'm afraid I'll have to cut Prof. Kim's class today.
  나는 오늘 김 교수의 강의에 못 나가겠다.

  B: You'd better not. You'll miss a lot of important things.
  그렇게 안 하는 것이 좋을 걸. 많은 중요한 것들을 놓치게 될 테니.

- You better try it again.
  다시 한 번 시도해 보는 것이 좋겠다.
  - 구어에서 had better의 had는 [had → 'd → 소멸]의 과정을 겪고 있는 중이다. had의 생략뿐 아니라 주어의 생략도 흔히 보는 현상이다.

- You had best forget this incident.
  너는 이 일을 잊어버리는 것이 좋을 것이다.
  - = You had better forget this incident.

- **A:** John says he found out what you'd given your boss for his birthday.
  John이 그러는데 네가 너의 상사의 생일에 그에게 무엇을 주었는지 알았다고 하더라.

  B: He had better keep quiet about it!
  그 친구 입 다물고 있는 것이 좋을 텐데.

---

had better를 이용한 부정 의문문은 not의 위치에 따라 의미가 다르다:

- Had we better not go?
  안 가는 편이 더 좋겠지요?

- Hadn't we better go?
  가는 편이 더 좋지 않겠어요?

---

had better는 두 가지 행동 가능성을 비교하는 데는 쓰이지 않는다. 이러한 비교에는 [It would be better to + 동사] 또는 [행위자 + would be better to]를 쓴다:

- **A:** Do you think I should find a job and settle down here or go abroad and continue studying after my graduation?

당신 생각으로는 내가 졸업하고 여기서 직장을 얻고 자리 잡는 것이 좋겠소 아니면 해외에 가서 공부를 계속하는 것이 좋겠소?

- **B:** *You had better go abroad and continue studying.
  - → It would be better to go abroad ....
  - → You'd be better to go abroad ....
    해외에 나가 공부를 계속하는 것이 좋을 것이오.

• had better는 주어진 선택 중의 하나를 택하는 경우에는 쓰일 수 없고 그냥 무엇을 하라는 뜻이므로 위 문장은 질문에 대한 답으로는 잘못된 것이다.

- **A:** Shall we walk or take a bus?
  걸을까요? 아니면 버스를 탈까요?
- **B:** We'd be better to walk.
  걷는 편이 더 좋겠습니다.

- It's getting dark; we may as well go home now.
  날이 어두워지고 있다. 이제 집에 가야겠다.

- We may just as well stay here for the night (as look for a better place elsewhere).
  (딴 곳을 찾아다니지 말고) 오늘밤은 여기서 머무는 것이 좋겠다.

- You might just as well tell the truth (as continue to tell lies).
  (계속 거짓말만 할 것이 아니라) 진실을 말씀하시는 편이 이로우실 것입니다.

- It's not very far, so we may as well go on foot as take a taxi.
  그 곳은 별로 멀지 않으니 택시를 타는 것보다 걸어가는 것이 좋겠습니다.

---

might (just) as well은 그 의미의 강도가 아주 약하기 때문에 비현실적인 의미를 나타내는 데도 쓰일 수 있다:

- What a slow bus this is! We might just as well walk.
  이 버스 정말 느리구나. 차라리 걸어서 가는 편이 낫겠다.
  • 이 문장은 실제로 버스에서 내려 걸어서 가자라는 의미는 아니고 답답해서 하는 말일 뿐이다.

- You never listen. I might as well talk to a wall.
  너는 내 말에 통 귀를 기울이지 않는구나. 차라리 벽에 대고 말하는 편이 낫겠다.

keep one's fingers crossed

'일이 잘 되기를 기원하는 마음을 갖다'

cross one's fingers는 '집게손가락 위에 가운데 손가락을 교차시켜 얹어놓다' 라는 의미인데 영·미인들은 행운을 비는 마음을 비록 미신적이기는 하지만 이러한 몸짓으로 나타내는 데 길들여 있다. 위 표현은 이 몸짓을 말로 나타내는 것으로, 손가락을 그 같은 상태로 유지하는 것은 일이 잘 되기를 바라는 마음을 유지하는 것이다.

- A: Are you sure of passing the driving test today?
  B: I'll do my best. Please keep your fingers crossed for me.
  A: 오늘 운전시험에 합격할 자신이 있니?
  B: 최선을 다 할거야. 행운을 빌어다오.

- My wife is very unhappy with me today. I've been forgetting her birthday for the past few years! I sincerely apologized to her and promised her never to forget it. I will keep my fingers crossed.
  내 처는 오늘 나에 대해서 대단히 언짢아하고 있다. 나는 내 처의 생일을 과거 몇 년 동안 계속 잊었다. 나는 진지하게 사과하고 이제 다시는 내 처의 생일을 잊지 않겠다고 약속했다. 나는 내 약속을 지킬 수 있기를 바라며 마음을 졸이고 있을 것이다.

우리말과 의미가 다른 this와 that의 용법

영어의 this와 that은 그 의미와 용법에 있어 우리말의 '이것,' '저것'과 완전히 일치하는 것은 아니다. 그럼에도 불구하고 우리는 영어를 배우는 기초 단계에서 이 두 대명사가 우리말과 완전히 일치하는 것으로 배웠고 그 후에는 이 단어들에 대해서 관심을 갖지 않고 계속 오해하고 또 오용하고 있는 경우가 많다. 물론 this는 가까운 것을, that는 멀리 있는 것을 가리키는 데 쓰인다. 이 점에 있어서는 우리말의 '이것'과 '저것'에 그대로 대응된다. 그러나 영어의 this와 that은 물리적 거리만을 가리키는 데 쓰이는 것이 아니라 심리적 거리를 가리키는 데도 쓰인다.

1. 영어 화자의 심리적 거리에서는 물리적 거리와는 상관없이 화자에게 다가오는 것은 가까운 것이며 따라서 this로 가리키고, 화자로부터 떠나가고 있는 것은 먼 것이어서 that로 가리킨다:

   ■ **Who is this man coming toward us?**
   우리 쪽으로 오고 있는 저 사람은 누구냐?

   • 이 문장에서 this man 대신 that man을 써서는 안 된다. that man이 화자 쪽으로 접근해 오는 사람을 가리킬 수는 없기 때문이다.

   ■ **Who's that lady that's just left?**
   방금 떠난 저 여자는 누구냐?

   ■ **Ladies and gentlemen, this is Sterling Moss, that was.**
   신사 숙녀 여러분, 지금 들어오고 있는 선수는, 아니 지나가 버린 선수는 Sterling Moss였습니다.

   • Sterling Moss는 영국의 전설적인 자동차경주 선수이다. 그의 차가 어찌나 빨리 오던지 중계 아나운서가 그의 차가 중계석 쪽으로, 즉 자기 쪽으로 들어오고 있다고 말하는 순간 그 앞을 지나쳐 떠나고 있기 때문에 this is로 시작했다가 that was로 고쳐 말한 것이다. 이 문장은 영어권의 어린이들이 장난감 경주차를 가지고 놀면서 흔히 중얼거리는 말이다. 또한 이 예문은 영어 모국어 화자들의 경우에는 서너 살만 되어도 this와 that의 의미를 정확히 구분하여 쓴다는 사실을 입증한다.

2. 어떤 대상에 대해서 화자의 마음의 거리가 가깝다면 화자가 그것에 대해서 친근감을 느끼고 좋아하며 관심을 가지고 있다는 의미이다. 그러한 대상은 this로 지칭된다. 그 반대의 경우로 어떤 대상이 화자의 마음에서 멀게 느껴진다면 이것은 화자가 그 대상을 싫어하며 멸시하며 관심도 없다는 뜻이며 그러한 대상은 that로 지칭된다.

   ■ **Then I saw, away in the distance, this lovely granddaughter of mine.**
   그 때 저 멀리서 이 귀여운 내 손녀가 보였다.

- 멀리 있지만 this lovely granddaughter이다.

■ **Here's that awful Jones**.
여기 그 불쾌한 Jones가 있다.

■ It's **that man again**. Let's pretend we don't see him.
또 그 사람이다. 그를 못 본 척하자.

■ You should **go and see this film** if you get the opportunity.
기회가 나거든 이 영화를 가서 보십시오.
- 화자는 그가 언급하고 있는 영화를 좋다고 생각하는 것이다. 만일 그 반대의 경우라면 You shouldn't go and see that film even if you have the opportunity.라고 했을 것이다.

3. this는 방금 한 말이나 방금 발생한 일 또는 지금 하려고 하는 말을 가리킨다. 반면 that은 이미 한 말이나 과거에 발생한 일을 가리킨다.

■ The local TV and radio stations in the city had one very important piece of news that evening. It was **this**: John Bird the cruel serial murderer had just escaped from prison.
그 도시의 TV 방송과 라디오 방송들은 그 날 저녁 아주 중요한 뉴스 하나를 입수했는데 그 내용은 다음의 내용이었다: 잔인한 연쇄 살인범 John Bird가 방금 교도소에서 탈출했다는 것이었다.

■ **A:** The Minister will resign.
장관이 사임할 것이다.
B: Who said **that**?
누가 그 말을 하더냐?

■ Listen to **this**!
이 말을 잘 들어라.
- '지금 내가 하려고 하는 말을 잘 들어라.' 라는 뜻이다.

■ **That's** what I mean.
그것이 (즉 지금 내가 한 말이) 내가 의미하는 것이다.

■ **A:** How about eating out this evening?
오늘 저녁에는 외식하는 것이 어떨까요?
B: Okay, **that's** fine.
네, 그것 좋습니다.

- **Please let this not happen again.**
  제발 이런 일이 다시는 발생하지 않도록 해다오.
  - this는 방금 발생한 일이다.

- **I know this, that he will not come.**
  나는 그가 오지 않으리라는 것을 안다.
  - this는 뒤에 나오는 that he will not come을 가리킨다.

- **This is how you do it. First, turn the start switch; then, press the red button; and then pull the string down.**
  이렇게 (즉 다음과 같이) 하시오. 먼저 시작 스위치를 돌리고, 다음에는 빨간 단추를 누른 다음, 끈을 아래로 끌어당기시오.

- **And that was the Nine O'clock News.**
  아홉 시 뉴스를 마칩니다. (즉 지금까지 읽은 것은 아홉 시 뉴스였습니다.)

- **Ok, well, if you understand these points, I think that's all for today.**
  자, 여러분이 이런 점들을 이해한다면 오늘 강의는 이것으로 끝입니다.
  - these points는 교수가 지금 강의하고 있는 내용으로 지금 여기에서 행하여지고 있는 것이기 때문에 these를 썼지만 강의를 끝내면서 하는 말인 that's all의 that은 이미 행하여진 강의를 가리킨다.

- **This is what I mean.**
  이것이 내가 뜻하는 것이다./내 말의 뜻인즉. (설명할 테니 들어보라.)
  - 이 말을 한 상황이 주어지지 않은 상태에서는 this가 그 앞에 나온 말을 의미할 수도 있고 앞으로 하려는 말을 의미할 수도 있다. 그러나 후자의 의미가 더 강하게 느껴진다.

- **I'm sorry, but what was that?**
  죄송합니다만 지금 뭐라고 말씀하셨는지요?
  - that은 화자가 듣지 못한 상대방의 말이다. 그 말은 이미 지나갔기 때문에 that로 받은 것이다.
    = I'm sorry. Could you repeat that? '지금 뭐라고 말씀하셨나요? 방금 하신 말씀을 다시 해 주시겠어요?'

- **That house is too expensive for us, and that's that.**
  저 집은 우리에게는 너무 비싸다. 그러니 (저 집에 대해서는) 더 이상 이야기하지 맙시다.
  - that을 두 번이나 쓴 That's that.은 '그건 이미 끝난 것'이라는 의미를 강하게 나타내는 표현이다.

4. 물리적 거리는 지리적 거리뿐만 아니라 시간상의 거리도 포함한다. 그래서 과거지사나 그것에 관련되는 것은 that로 받는다. 그러나 사건 자체는 비록 과거지사라 할지라도 그것이 현재 논의의 초점이 되어 있을 경우에는 that 대신 this를 쓸 수 있다. 마치 지금 발생하고 있는 일처럼 표현하는 것이다.

- **You saved my life by lending me that $10,000 when I was in a very difficult situation.**
  내가 아주 어려운 상황에 있었을 때 당신은 나에게 그 일만 달러를 빌려줌으로써 나의 생명을 구해 주셨습니다.
  - that $10,000는 발생의 과거성에 초점을 맞춘 것이다.

- **Whatever became of that nice girl you used to share a room with?**
  네가 방을 같이 쓰던 그 마음씨 좋은 여자는 어떻게 되었니?

- **That's 30 dollars.**
  30달러 주십시오.
  - 이 말은 방금 제공된 서비스나 상품에 대한 청구 액수를 나타낸다.

- **And that was Loretta King's new hit, "I'm happy." Now let's listen to this message from our sponsor.**
  방금 들으신 것은 Loretta King의 새 히트곡 "I'm happy"였습니다. 자 이제 우리 프로그램의 후원자(광고주)로부터의 다음 메시지를 들어봅시다.
  - 라디오 프로그램 진행자의 말

- **Oh well, that's life!**
  그런데 말이야, 세상 일이 다 그런 거다. (그러려니 해라.)
  - 사람의 고통이나 고민거리를 듣고 하는 위로의 말로 일반적으로 쓰이는 표현이다. Such is life.라고도 한다.

- **Ah, this is the life! Lying on the beach, sipping cool drinks.**
  그래. 이것이 (우리가 바라는) 인생이지! 해변에 누워서, 시원한 음료를 마시며.
  - this는 지금의 행복한 시간을 가리킨다. life가 the를 동반한 것은 '우리 모두가 갈망하는 바로 그런' 인생이라는, 즉 어떤 특정 인생을 가리키기 때문이다.

- **In my view, this accident could have been prevented.**
  내 견해로는 이 사고는 막아질 수도 있었다.
  - this accident는 지금 논의의 초점이 되고 있는 사고를 의미한다.

- **Why have you done this terrible thing? Your brother's blood is crying out to me from the ground.**
  너는 왜 이런 무서운 짓을 저질렀느냐? 네 동생의 피가 땅 밑에서 나에게 외쳐 대고 있다.
  - 하느님이 인류 최초의 살인자인 Cain에게 왜 그의 형제를 죽여 지금의 이 상태를 만들었느냐고 꾸짖으며 지금 크게 노하고 있음을 보여주고 있다.

5. 전화 통화를 시작할 때 자신의 신분을 밝히거나 상대방의 신분을 물을 때, 영국에서는 자신은 this로, 상대방은 that로 지칭하는데 미국에서는 자신이나 상대방 모두 this로 지칭한다. 전화 통화 상대는 멀리 있기 때문에 당연히 그를 that로 지칭해야 겠지만 다른 한편으로 보면 그 목소리가 내 귀전에서 나고 있기 때문에 나와 가까이 있는 것으로 느껴져 상대를 this로 지칭할 수도 있는 것이다.

■ This is Tom here. Who is this/that, please?
  나는 Tom인데 댁은 누구신가요?

  • 전화하는 경우가 아니더라도 우리가 노크 소리를 듣고 '거기 누구세요?'라고 묻는 경우도 Who's that (at the door)?라고 할 수 있다.

■ Hello, is this/that John?
  여보세요. (지금 전화받는 사람이) John이니?

6. 영어 화자들과 우리의 사고 방식이 달라서 영어의 표현과 우리말의 표현이 다른 경우도 있다:

■ What's that smell?
  이 냄새는 어디서 나는 것이냐?

  • that smell이 '이 냄새'로 번역되어 있다. 우리는 지금 내가 맡고 있는 냄새를 '이 냄새'로 말하지만 영어 화자들은 이 경우에 그 냄새가 나는 원천 즉 여기서 내가 보지 못하고 있는, 그러니까 '여기'에서 떨어져 있는 다른 곳을 전제하며 묻는 것이다. 그래서 우리말의 '이 냄새'가 영어로는 that smell이 된 것이다.

■ What's that aroma?
  이 향내는 어디서 나는 것이냐?

■ Get a whiff of this.
  이 냄새 한번 맡아보라.

  • 이 경우에는 화자가 화자 가까이에 있는 냄새의 원천을 가리키며 말하는 것이므로 this를 쓴 것이다. 화자는 이어서 Do you like this smell?이라고 부연할 수도 있다.

rub a person the wrong way

'사람을 화나게/신경질 나게/기분 나쁘게 하다'

고양이나 개 등은 털이 누워있는 반대 방향(the wrong way)으로 문지르면 아주 싫어한다. 사자나 호랑이는 아직 아무도 시도해 보지 않았기 때문에 잘 모르긴 하지만 아마도 사나운 반응을 보일 것이다. 이 점에 있어서는 사람도 마찬가지가 아닌가 싶다. 한국사람들은 귀여운 어린애를 보면 머리를 쓰다듬는 경우가 많은데 서양 아이들은 이런 것을 당하기를 싫어한다. 아이들 본인보다 그들의 부모들이 더 싫어한다. 우리가 외국에 가면 이것도 조심해야 할 항목이다.

- There is something queer about his nature. In his conversation with people, he always says something that rubs them the wrong way. As a result no one likes to talk with him.

  그의 천성에는 무언가 좀 괴상한 면이 있다. 그는 사람들과 이야기할 때는 언제나 듣는 사람의 비위를 상하게 하는 말을 꼭 한다. 그래서 아무도 그와 이야기하기를 원치 않는다.

- Diplomats never needlessly rub people the wrong way. They always say things that are pleasing to the hearers. To them talking is an art.

  외교관들은 쓸데없이 사람들을 신경질 나게 하는 언동을 하는 법이 없다. 그들은 듣는 사람들에게 듣기 좋은 말만 한다. 그들에게는 말하는 것이 하나의 기예이다.

직접화법에 대하여

직접화법은 누가 한 말을 직접 들은 사람이 제 3자에게 그것을 원래 발화된 대로 인용하여 전달하는 화법을 말하는 것으로, 직접화법의 문장은 '전달하는 말(reporting clause)'과 '전달되는 말(reported clause)'로 구성된다. 전달되는 말은 글로 쓸 때는 인용부호 속에 넣는다는 것만 빼면 발화된 말 그대로이므로 특별히 설명할 것이 없다. 문제는 전달하는 말을 어떻게 만드느냐이다. 직접화법은 바로 이 전달하는 말을 만드는 방법이다.

1. 문장 속에서 전달하는 말이 차지할 수 있는 위치는 문두, 문 중간, 문미의 세 가지이다. 그러나 현실적으로 전달하는 말의 동사가 say가 아닌 경우에는 전달하는 말은 거의 문두에 오지 않는다. 전달하는 말의 동사가 '~에게'라는 간접 목적어를 동반하는 경우에도 전달하는 말은 문두에 오지 않는다:

- She said, "This is the house where the President was born."
  "This," she said, "is the house where the President was born."
  "This is the house where the President was born," she said.
  그 여자는 "이것이 (현)대통령이 태어난 집입니다"라고 말했다.

- "Where were you born?" asked Henry.
  "당신은 어디에서 태어났소?"라고 Henry가 물었다.

- "Your information," I replied, "is out of date."
  "당신의 정보는 낡은 것이오"라고 내가 대답했다.

- *He said to me,/He told me, "I'm tired."
  → "I'm tired," he said to me./he told me.

2. 문두 위치를 빼고는 전달하는 말의 주어와 동사는 도치되는 경우가 많다. 그러나 다음의 경우에는 도치되지 않는다: (1) 전달하는 말의 주어가 인칭 대명사(I, you, he, she, we, they)일 때; (2) 전달하는 말의 동사가 목적어를 동반하거나 단순형이 아닌 완료형이나 진행형으로 되어 있을 때; (3) 전달하는 말의 동사가 부사의 수식을 받고 있을 때:

- "This homework is too difficult for me," said the student.
  "이 숙제는 나에게는 너무 어렵습니다"라고 그 학생은 말했다.

- "Your TV is too loud," we protested.
  "라디오 소리가 너무 커요"라고 우리는 항의했다.

- "I'll keep my promise at any cost," Tom told me./Tom has said./Tom is saying.
  "나는 어떤 대가를 치르더라도 내 약속을 지킬 것이다."라고 Tom이 나에게 말했다/말하고 있다.

- "Go away!" the storekeeper said angrily.
  "꺼져라."라고 그 상점 주인은 화난 목소리로 말했다.
  - said가 angrily의 수식을 받고 있다. 다시 말해서 하나의 의미로 묶여 있어 said를 주어 앞으로 도치시킬 수 없다.

간접 목적어가 [to + 사람]의 형태로 되어 있는 경우에는 전달하는 말의 주어와 동사의 도치가 가능하다:

- "Don't take me the wrong way, but I really don't like your new hair style," said John to his wife.
  "내 말을 오해하지 말고 들어줘요. 그렇지만 당신의 새 머리 스타일이 내 맘에 들지 않아요."라고 John이 자기 부인에게 말했다.
  - 간접 목적어가 to를 동반하고 있기 때문에 said John이라고 주어와 동사를 도치해도 said가 to his wife에 걸리는 것이 명백하게 나타난다. 그러나 만일 said 대신 told를 쓴다면 도치는 불가능하다. told John his wife로 하면 어느 것이 told의 간접 목적어인지 금방 드러나지 않기 때문이다.

도치의 기본 원칙은 정보량이 많거나 정보의 중요성이 큰 단어를 뒤에 놓는 것이다. 그러나 주어, 동사 두 단어가 정보량이나 중요성 면에서 비슷하다고 느낄 때는 도치는 해도 되고 안 해도 된다. 전달하는 말의 주어로서 그 정보량이나 중요성이 가장 적은 단어는 인칭 대명사이고 전달하는 말의 동사로서 그 정보량이나 중요성이 가장 적은 단어는 say이다. 그러나 say는 인칭 대명사보다는 정보량이나 중요성이 더 크다. 따라서 현대영어에서는 가령 say가 인칭 대명사 앞으로 나오는 법은 없다:

- President Bush, flying out of Florida, put in a call to his father. "Where are you?" the son asked. "I'm in Milwaukee," reported the father. "What are you doing there?" the son wanted to know. "This is where you grounded me," explained the father.
  - 부시 대통령은 플로리다로부터 비행기로 나오면서 그의 아버지에게 전화를 걸었다. "지금 어디에 계세요?"라고 아들이 물었다. 아버지는 "나는 지금 밀워키에 있다."라고 보고했다. "거기서 뭐하고 계세요?" 아들은 알고자 했다. "여기가 네가 나를 착륙시킨 곳이다."라고 아버지는 설명했다. (9/11 사태 직후 부시 대통령이 미국 영공에 떠있는 모든 비행기를 착륙시키고 난 다음 있었던 그의 아버지와의 전화

대화이다. the son asked, reported the father 그리고 explained the father의 경우에는 주어 동사의 정보량이나 정보의 중요성 면에서 별 차이가 없다. 따라서 도치는 해도 되고 안 해도 된다. 그러나 the son wanted to know의 경우에는 동사가 목적어를 동반하고 있기 때문에 도치는 불가능하다.

- "A freight train to St Louis left an hour ago," the stationmaster said.
  "St Louis로 가는 화물 열차는 한 시간 전에 떠났습니다."라고 역장이 말했다.
  - 여기서 the stationmaster는 바로 앞에 나온 사람을 가리키는 역할만 한다. 즉 새로 등장시킨 인물이 아닌 것이다. 따라서 의미에 있어서는 the stationmaster는 he 또는 she나 마찬가지이다. 이런 경우에는 도치는 해도 되고 안 해도 된다.

- "I'll be back before dark," he said./said her husband.
  "어두워지기 전에 돌아오겠소."라고 그는 말했다/그 여자의 남편은 말했다.

- "I'm sorry," Jack apologized./apologized Jack.
  "미안하다."라고 Jack은 사과했다.

- "The assignment," the teacher insisted/insisted the teacher, "must be handed in by tomorrow."
  "숙제는 내일까지 제출되어야 한다."고 선생은 고집했다.

3. 전달하는 말의 동사는 전달되는 말의 내용에 따라 달라진다. 전달되는 말이 보통의 서술적인 언명(statement)일 때는 say와 tell, 의문문일 때는 ask, 명령문일 때는 tell과 order가 가장 일반적으로 쓰인다. 그러나 화자의 관점에서 자신이 전하는 말 내용의 의미 성격에 대한 해석을 부가하여 전달하는 경우가 많이 있을 수 있다. 이런 경우에 흔히 사용되는 동사들은 admit '인정하다,' answer '대답하다,' apologize '사과하다,' assure '확언하다,' complain '불평하다,' cry '외치다,' explain '설명하다,' declare '선언하다,' exclaim '외치다,' grumble '투덜거리다,' insist '주장하다,' object '반대하다,' promise '약속하다,' reply '응답하다,' shout '소리치다,' wonder '알고 싶다' 등이다. 예들을 보자:

- "Be quiet!" I told him.
  "조용히 있어라"라고 나는 그에게 말했다.

- "What do you mean?" asked Henry.
  "무슨 말이오?"라고 Henry는 물었다.

- "I've been playing tennis," he told me./he said./he explained.
  "나는 테니스를 하고 있었습니다."라고 그는 말했다/설명했다.

- "I won't do that again," Tom promised.
  "나는 그런 짓을 다시는 안 할 거야."라고 Tom은 약속했다.

- "The new project won't cost too much," the engineer assured us.
  "새 프로젝트는 별로 많은 비용이 들지 않을 것입니다."라고 그 기사는 우리에게 확언했다.

- "But it will cost too much!" objected the president.
  "그러나 그것은 너무 많은 비용이 들 것이오!"라고 사장은 반대했다.
  • president가 현직 대통령을 가리킬 때는 p를 대문자로 쓴다: the President of the U.S.

- "The people upstairs make too much noise," they complained.
  "위층 사람들은 너무 시끄러워요."라고 그들은 불평했다.

위의 모든 문장에서 전달하는 말의 동사로 say를 쓸 수 있다. say는 입을 열어 말소리를 낸다는 뜻이므로 전달되는 어떤 내용과도 연결될 수 있기 때문이다. 그러나 그렇게만 하면 문장이 무미건조할 수밖에 없으므로 전달되는 말의 의미에 따라 전달하는 말의 의미 성격을 적절하게 전달하는 동사를 선택하여 씀으로써 문장에 힘과 생기를 주는 것이다. 이러한 원리에도 불구하고 예외적인 현상도 있다. 짧은 질문이나 명령을 전달하는 말에는 일반적으로 say가 쓰인다:

- "Are you all right?" he said./he asked.
  "괜찮습니까?"라고 그는 말했다/물었다.

- "Don't touch that!" he said./he told them.
  "그것에 손대지 말라"고 그는 그들에게 명령했다.

4. 문두 위치에서는 전달하는 말의 주어와 동사가 도치되지 않는 것이 문법이지만 신문, 시사 잡지 등의 journalism에서는 전달하는 말의 주어가 긴 경우에는 문두에서도 통상적으로 도치된다. 이것은 정보량이 상대적으로 적은 동사를 정보량이 상대적으로 많은 긴 명사구 뒤로 놓을 수는 없기 때문이다. 또 이런 경우에는 전달하는 말이 끝나는 곳에 comma 대신 colon을 찍는다:

- "Says University of Michigan economist Paul McCracken: "inflation should be brought down to below 3 percent."
  미시간 대학의 경제학자 Paul McCracken은 "인플레이션이 3퍼센트 이하로 내려와야 한다."고 말한다.

- Declared tall, nineteen-year-old Napier: "The show will go on."
  키가 큰 19살의 Napier가 "흥행은 계속될 것이다."라고 선언했다.

- **Says** Minister of Transport Agum Gumelar, a three-star general who is expected by many to head the military one day: "There are still a lot of time bombs left by the old regime."

  교통장관 Agum Gumelar는 많은 사람들에 의해서 언젠가는 군부를 이끌 것으로 기대되고 있는 3성 장군인데 그 사람은 "구 정권이 남겨놓은 시한폭탄이 아직도 많이 있다."라고 말한다.

  - 이 문장은 전달하는 말의 주어가 대단히 길다. 이런 경우에 도치를 하지 않으면 아마 듣는 사람 또는 읽는 사람은 전달하는 말 자체를 이해하기 어려울 것이다.

5. 화법에 관련하여 구어 영어에서만 볼 수 있는 두 가지 현상이 있다.

(1) 전달하는 말의 동사로 진행형을 쓸 수도 있다. 이것은 과거형에서 볼 수 있는데 단순형과는 기능적 차이가 있다. 단순형은 전달되는 말의 내용에 초점을 두기보다 발화자의 말에 힘을 주어 전달하는 기능을 하는 데 비하여 진행형은 전달되는 말의 내용에 초점을 맞추는 기능을 한다:

- When I proposed to come to his office at three, he said, "Well, how about three-thirty?" and then he **said**, "Well, you'd better make it four."

  내가 그의 사무실에 3시에 가겠다고 제의하자 그는 "3시 반이 어떻겠소?"라고 말했다가 그 다음 "4시에 오시는 것이 좋겠소"라고 말했다.

- I had a little chat with an old man today about his flowers. He was cutting his flowers off, so I **said** "Oh, they are really nice." He **was telling me**, "They died of the frost."

  나는 오늘 어느 노인과 그의 꽃에 대해서 잠깐 이야기를 했다. 그는 그의 꽃들을 잘라내고 있었다. 그래서 나는 "꽃들이 참 좋군요."라고 말했더니 그는 "이 꽃들은 서리를 맞아 죽은 거라오."라고 말했다.

- My wife **was saying** on my wages I wouldn't get a mortgage!

  내 처는 나의 노임에 대해서 말하기를 나는 담보 대출을 받을 수 없을 것이라는 것이었다.

  - 진행형 용법은 직접화법뿐 아니라 위와 같이 간접화법에도 적용된다.

- I **was saying** to dad I'm rapidly running out of my allowance.

  나는 아버지에게 나의 용돈이 급히 바닥나고 있다고 말했다.

  - was saying과 I'm running이 상호 시의 일치가 안 되어 있는 것은 용돈이 떨어지고 있는 것이 지금 순간에도 사실이기 때문이다.

(2) 복수 주어의 동사로도 say 대신 says가 쓰이는데 특히 I says가 잘 쓰인다:

- "Are you in agreement with the President on his economic policies?" I **says**. And **they says** "No!"

"당신들은 경제 정책에 관해서 대통령과 같은 의견이오?"라고 내가 말했는데 그들은 "천만에요!"라고 대답했다.

- says가 현재와 과거 시제를 겸한다. 과거의 행위를 현재형으로 나타내는 것을 '역사적 현재형(historic present)'이라고 하는데 이것은 과거지사를 현재형으로 묘사함으로써 발생한 사건에 박진감을 주어 마치 현재 발생하고 있는 것처럼 생생하게 들리게 하기 위한 어법이다.

6. 전달되는 말은 이중 인용부호(" ")나 단일 인용부호(' ')로 나타낼 수 있는데 전자는 주로 미국 출판물에서, 후자는 주로 영국 출판물에서 사용된다. 그러나 인쇄물이 아닌 손으로 쓰는 글에서는 영국과 미국에서 모두 이중 인용부호를 쓰는 것이 일반적이다.

060 간접화법에 대하여

간접화법은 어떤 사람의 말을 들은 사람이 그것을 제 3자에게 간접적인 어법으로 전하는 화법이다. 여기서 '간접적인 어법'은 말의 전달자가 '전달하는 시점과 장소에서, 자신의 단어들로' 발화자의 말을 전하는 것을 의미한다. 남의 말을 전하는 어법은 그것이 비록 간접적인 방법을 통해서 행해진다 해도 원 발화자의 말에 충실해야 한다. 다시 말하면 듣는 사람이 원 발화자의 문장이 무엇이었는지 알 수 있을 정도의 충실성을 지녀야 하는 것이다. 이 목적을 위해 문법은 여러 가지 규칙을 마련해 놓고 있다.

1. 동사의 시제 관계

전달하는 말의 동사가 현재, 현재완료, 또는 미래의 의미일 때는 전달되는 말의 동사는 원래 발화된 시제를 쓴다:

- He says "This work is too difficult."
    → He says (that) this work is too difficult.
    이 일은 너무 어렵다고 그는 말한다.

- She is saying/has said/may say, "I was too busy to join you."
    → She is saying/has said/may say (that) she was too busy to go to the concert.
    그 여자는 자기는 너무 바빠서 음악회에 갈 수 없다고 말하고 있다/말했다/말할지도 모른다.

전달되는 말의 내용이 발화 시점에만 국한되는 것이 아니고, 전달하는 시점에서도 사실인 현상 즉 영구적인 상태나 사실, 또는 반복되는 행위나 습관, 만고불변의 진리로 여겨질 때 이것을 나타내는 동사의 시제는 전달하는 말의 동사 시제에 관계없이 현재형이 된다:

- She told me the other day that she is only 28.
    그 여자는 자신은 이제 겨우 스물여덟이라고 며칠 전 나에게 말했다.
    - 이 말을 하는 시점에서도 그 여자는 스물여덟 살이다. 만일 위 문장을 말하는 시점에서 더 이상 스물여덟 살이 아니라면 she was 28라고 했어야 할 것이다.

- The science teacher said that the sun is 92 million miles away.
    과학 선생님은 태양은 9천 2백만 마일 떨어져 있다고 말했다.

- Copernicus concluded/said that the earth goes round the sun.
    Copernicus는 지구는 태양 주위를 돈다고 결론 내렸다/말했다.

- Alexander Pope said that fools rush in where angels fear to tread.
  Alexander Pope는 천사들이 발을 들여놓기를 무서워하는 곳으로도 바보들은 돌진해 간다고 말했다.

- He said/says (that) he gets up at six o'clock every morning.
  그는 자기는 매일 아침 6시에 일어난다고 말했다.

- She said/says (that) she never drinks coffee for dinner.
  그 여자는 자기는 저녁식사에 커피를 마시는 법이 없다고 말했다.
  - 주절의 동사가 과거형이더라도 목적절의 동사가 현재형인 것은 목적절의 내용이 현재에도 적용됨을 의미하기 때문이다.

그러나 '만고불변'이란 더러는 생각하기 나름일 수도 있고, 시대에 따라 인식이 달라질 수도 있다. 또 어떤 내용을 전하는 사람이 그 내용을 확실한 사실로 전할 수도 있고 아니면 단순히 들은 대로 전할 수도 있는 것이다. 다음 예들을 보자:

- Their teacher told them that the earth moves/moved around the sun.
  그들의 선생은 지구가 태양의 주변을 돈다고 말해 주었다.
  - moves는 전달되는 내용을 만고불변의 진리로 제시하는 경우이고, moved는 그 말이 사실이 아닐 수도 있음을 암시한다.

- Socrates said that nothing can/could harm a good man.
  Socrates는 어떤 것도 선한 사람을 해칠 수는 없다고 말했다.
  - 이 문장을 말하는 사람이 Socrates의 말을 진리로 믿고 있다면 can을 쓸 것이고, 단순히 Socrates가 그렇게 말했다는 것만 전하고 싶다면 could를 쓸 것이다.

- Socrates said that he was a citizen, not of Athens, but of the world.
  Socrates는 자기는 아테네의 시민이 아니고 세계의 시민이라고 말했다.
  - 이 문장은 단순히 Socrates가 자기 자신에 대해서 한 말이므로 동사의 시제가 현재가 될 이유가 없다.

- She told me that she is/was getting married next month.
  그 여자는 자신이 다음 달에 결혼한다고 나에게 말했다.
  - 이 말을 하는 사람이 자기가 전하는 내용을 확실한 사실로 믿고 있으면 is를 쓰고, 그렇지 않고 단순히 들은 것을 전하는 경우라면 was를 쓴다.

어떤 말이 처음 발화된 시점과 그것을 전하는 시점은 다르므로 전달되는 말의 동사와 그 동사에 연결된 시간부사는 주절인 전달하는 말의 시제에 따른 논리적 변화를 해야 한다. 즉 전달하는 말의 동사가 과거형이면 전달되는 말의 현재형 동사는 과거형으로, 과거형 동사는 과거완료형으로 바꾸고, 과거완료형은 그대로 둔다:

- He said, "I like peaches."
    - ➡ He said he liked peaches.
        그는 자신이 복숭아를 좋아한다고 말했다.
    - 그가 지금은 복숭아를 좋아하지 않을 수도 있음을 의미한다.

- "I didn't recognize you," he said.
    - ➡ He said that he hadn't recognized me.
        그는 자기가 나를 알아보지 못했었다고 말했다.

- "I've been playing tennis," he said.
    - ➡ He said he had been playing tennis.
        그는 테니스를 하고 있었다고 말했다.

- He says, "I may not be able to go."
    - ➡ He said he might not be able to go.
        그는 자기는 갈 수 없을지도 모른다고 말했다.

- "I met her a few days ago," he told me.
    - ➡ He told me he had met her a few days before.
        그는 그 여자를 며칠 전에 만났다고 나에게 말했다.
    - before는 그가 내게 말한 날로부터 며칠 전을 의미한다. 그러나 그가 내게 말한 날이 오늘이라면 '며칠 전'은 오늘부터 계산되므로 ago를 써야 한다.

- "The whole city had been ruined," he said.
    - ➡ He said that the whole city had been ruined.
        그는 전 도시가 파괴되었었다고 말했다.

- He said, "I am a good tennis player."
    - ➡ He told me he was/is a good tennis player.
        그는 자기는 테니스를 잘 한다고 내게 말해 주었다.
    - was를 쓰면 그가 지금도 테니스를 잘 하는지는 말하지 않는다. 그러나 is를 쓰면 그가 지금도 테니스를 잘 한다는 것을 의미한다. 이처럼 원 발화 시점의 상태가 그것을 전달하는 시점에도 사실인 경우에는 시제의 규칙이 무시될 수 있다.

가정법 현재형으로 된 원 발화문의 동사는 전달하는 말의 시제에 영향을 받지 않는다:

- She said, "They insisted that she leave at once."
  → She protested that they had insisted that she leave at once.
  그 여자는 그들이 자기가 당장 떠나도록 요구했다고 항의했다.

- They say, "We demand that the election law be amended."
  → They said that they had demanded the current election law be amended.
  그들은 자기들이 현행 선거법이 개정되기를 요구했다고 말했다.

원 발화문이 조건문인 경우에는 간접화법 문장의 시제 설정이 좀 복잡하다. 일반 원칙은 이미 설명한 대로 전달하는 말의 동사가 과거이면 원 발화문의 현재형 동사는 과거형으로, 과거형 동사는 과거완료형으로 바꾸고, 과거완료형 동사는 그 이상의 과거로 바꿀 수 없으므로 그대로 두는 것이다. 그리고 원 발화문의 [would/could/might + 동사]는 [would/could/might + 완료형 동사]로 바꾸어야 한다. 그러나 이렇게 하면 원 발화문의 의미를 왜곡시킬 수도 있다. 이런 경우에는 시제 변화를 하지 않고 원 발화문의 시제를 그대로 쓰는 것이 안전하다. 뿐만 아니라 간접화법 형태의 조건 문장은 그 의미가 애매할 수밖에 없는 경우도 있다. 다음의 예들을 보자:

- "If I see your boss at the party," he said to me, "I will put in a word for you."
  → He promised that if he saw my boss at the party, he would put in a word for me.
  그는 파티에서 나의 상사를 보면 나를 위해 한 마디 해 주겠다고 약속했다.

- He said, "If I had a car, I could drive you to the airport."
  → He said that if he had had a car, he could have driven me to the airport.
  그는 차가 있다면 나를 공항에 태워다 줄 것이라고 말했다.
  - 이 간접화법 문장은 '그는 차가 있었다면 나를 공항에 태워다 주었을 것이라고 말했다.'라는 과거 사실의 반대적 의미도 될 수 있다. 어느 쪽이 의미되어 있는지는 문장의 전후 관계로 파악할 수밖에 없다.

- "If she were here," he said, "she would probably help me."
  → He said that if she had been there, she would probably have helped him.
  그는 만일 그 여자가 거기에 있다면 아마도 자기를 도와줄 텐데라고 말했다.
  - 이 간접화법 문장 역시 that절의 의미가 과거 사실의 반대일 수도 있다. 그리고 발화문에 장소의 here가 나오는 경우에는 그 말을 간접화법으로 옮길 때 장소가 그대로인 경우가 아니면 원 발화문의 here는 there로 바꾸어야 한다.

- "If I had seen your boss at the party, I would have put in a word for you," he said.
  → He said that if he had seen my boss at the party, he would have put in a word for me.
  그는 만일 파티에서 나의 상사를 만났더라면 나를 위해 한 마디 해주었을 것이라고 말했다.

- **A:** Did you say you have/had no money?
  돈이 없다고 말했소?
  - 이러한 질문도 간접화법 문장이다.
  - **B:** Yes, I'm completely broke.
  네. 나는 완전히 빈털터리입니다.
  - A의 질문이 과거형이기 때문에 고전적 문법원칙에 의하면 you had가 맞지만 지금 돈이 없다는 의미라면 이런 경우 일반적으로 have를 쓴다.

- **A:** How did you know I am/was with this company?
  내가 이 회사에 다닌다는 것을 어떻게 알았습니까?
  - '내가 이 회사에 다닌다' 는 것이 현재 상황이라면 현대영어에서는 am이 적절하다.

- My father said, "If you pass your exam, I'll buy you a car."
  "네가 시험에 합격하면 너에게 차를 한 대 사주겠다."고 나의 아버지는 말씀하셨다.
  - 이 문장에는 미래에 대한 것에 직설법 동사가 쓰였으므로 시험에 합격할지 떨어질지 전혀 모르는 상태에서 발화된 문장이다. 말하자면 합격할 가능성과 떨어질 가능성을 반반으로 전제한 것이다.
  - → My father said that if I pass my exam, he'll buy me a car.
  - 이 간접화법 문장에서는 원 발화문의 동사를 시제 변화 없이 그대로 옮겨 썼다. 만일 시제 변화를 하여 if I passed ..., he'd buy ...로 하면 원 발화문의 동사가 그렇게 되어 있는 경우와 혼동될 것이다.

- My father said, "If you passed your exam, I would buy you a car.
  "만일 네가 혹시 시험에 합격하는 일이 생긴다면 내가 너에게 차를 한 대 사줄 텐데."라고 나의 아버지는 말씀하셨다.
  - 이 문장에는 미래에 대한 것에 가정법 과거형 동사가 쓰였으므로 그 일이 실제로 발생할 가능성을 희박하게 보고 하는 말이다.
  - → My father said that I passed my exam he would buy me a car.
  내 아버지는 내가 시험에 합격하면 나에게 차를 한 대 사주시겠다고 하셨다./내가 혹시 시험에 합격하는 일이 생긴다면 나에게 차를 한 대 사주실 것이라고 말씀하셨다.

- "If we knew a little more about the causes of cancer," the doctor said with conviction, "we could probably find a cure in the next few years."
  - → The doctor expressed his conviction that if they knew a little more about the causes of cancer, they could probably find a cure in the next few years.
  그 의사는 만일 자기들이 암의 원인에 대해서 조금만 더 안다면 앞으로 몇 년이면 치료 방법을 찾을 수 있을 것이라고 확신을 표시했다.

위 예문에서는 간접화법 that 절의 동사들을 일반 규칙대로 시제 변화를 해서 if they had known ... they could probably have found로 하면 원 발화문이 If we knew ...인지 If we had known ...인지를 알 수 없게 된다. 즉 '지금 안다면 할 수 있을 텐데' 인지 아니면 '과거에 알았더라면 할 수 있었을 텐데' 인지 알 수 없는 것이다. 그러므로 이런 경우에는 간접화법의 문장에 원 발화문의 동사 시제를 그대로 써야 한다. 그렇다면 이 문장이 혹시 현재 불확실의 가정으로 이해되지는 않을까 하는 의문도 생길 수 있을 것이다. 다시 말하면 원 발화문이 "If we know ..., we can ...."인 것으로 생각할 수 있지 않겠느냐는 것이다. 그러나 이 문장은 그렇게 이해될 수 없다. 왜냐하면 '우리가 안다면' 은 당연히 현재 우리가 모르고 있다는 것을 전제하기 때문이다. 우리가 아는지를 우리 자신이 모를 수는 없기 때문이다.

2. 원문의 과거형 조동사와 It is time 다음에 나오는 절의 과거형 동사와 과거형이 없는 조동사(must, used to, ought to, need, had better 등)는 전달하는 말의 시제에 영향 받지 않는다:

- "You shouldn't smoke in here," he told them.
    → He told them that they shouldn't smoke in there.
    그는 그들에게 거기서는 담배를 피워서는 안 된다고 말했다.

- "We could be wrong," I told them.
    → I told them that we could be wrong.
    나는 우리가 잘못 생각하고 있을 수도 있다고 그들에게 말해주었다.
    • 원문의 could는 '실제적인 가능성' 을 의미하는 현재형 조동사로서 그 과거형이 따로 없다.

- "It's time we went to bed," he said.
    → He said that it was time they went to bed.
    그는 이제 그들이 잠자리에 들 시간이 됐다고 말했다.

- "When I was in college I would/used to study till two or three in the morning," he said.
    → He recalled that when he was/had been in college he would/used to study till two or three in the morning.
    그는 그가 대학에 다닐 때 새벽 두 세 시까지 공부하곤 했다는 것을 회상했다.
    • when절에 과거완료형을 쓰지 않더라도 그것이 recalled의 목적절 속에 들어 있으므로 recalled보다 먼저 발생했다는 것이 자명하다. 이러한 경우에는 문법에 충실한 과거완료형을 쓸 수도 있고 현실적인 과거형을 쓸 수도 있다.

- He said, "You must be hungry."
    → He said (that) I must be hungry.
    그는 내가 배가 고프겠다고 말했다.
    • 이 문장에서의 must는 '틀림없다' 의 의미이다. 이 의미로는 must는 과거형이 없지만 '해야 한다' 의 의미로는 have to의 과거형을 빌려 쓸 수도 있다.

- "You must be in by ten o'clock tonight," my father told me.
  → My father told me that I must/had to be in by ten o'clock that night.
  내 아버지는 나에게 그날 밤 열 시까지는 집에 돌아와야 한다고 말씀하셨다.

- "I would like an appointment tomorrow," I told my dentist.
  → I told my dentist (that) I would like an appointment the next day.
  나는 치과의사에게 그 다음 날로 예약을 하고 싶다고 말했다.

- "You ought to slow down a bit," my doctor told me.
  → My doctor told me (that) I ought to slow down a bit.
  의사는 나는 이제 일을 좀 천천히 해야 한다고 말했다.

---

ought to have done, must have done, need have done, needn't have done 등도 간접화법에서 그 형태가 변하지 않는다.

3. 원문의 this, here, today 등

전달하는 말의 동사가 과거형일 때는 원문에 쓰인 '가까움'을 의미하는 장소나 시간부사는 전달되는 말에서는 '멀리 떨어짐'을 의미하는 단어들로 바뀐다: here → there, now → then, this(these) → that(those), ago → before, today → that day, tomorrow → the next day, yesterday → the previous day(the day before). 그러나 원 발화문을 들었을 때와 그것을 전달할 때가 같은 장소이고 같은 날짜이면 장소나 시간부사는 물론 바뀌지 않는다:

- "I came here yesterday and will leave tomorrow," he said.
  → He said that he had come there the previous day and would leave the next day.
  그는 자기는 거기에 그 전 날 왔었고 그 다음 날 떠날 것이라고 말했다.
  → He said that he had come here yesterday and would leave tomorrow.
  그는 자기는 여기에 어제 왔었고 내일 떠날 것이라고 말했다.
  • 이 말은 원 발화문을 들은 사람이 들은 장소에서 들은 그 날 제 3자에게 전하는 문장이다.

- He said, "I saw the boy here in this room today."
  → He said that he had seen the boy there, in that room that day.
  그는 그 아이를 거기, 그 방에서 그 날 보았다고 말했다.

- He said, "I will do it here and now."
    → He said he would do it there and then.
    그는 그것을 거기서 그 때 하겠다고 말했다.

- He said, "I will teach the same lesson tomorrow that I taught two days ago."
    → He said that he would teach the same lesson the next day that he had taught two days before.
    그는 그가 이틀 전에 가르쳤던 똑같은 과를 그 다음 날 가르치겠다고 말했다.

4. 간접화법의 문장 형태는 원문의 종류에 따라 달라지며 서술문, 의문문, 감탄문, 명령문으로 구분될 수 있다. 지금까지 본 예문들이 거의 다 서술문이므로 여기서는 그 외의 문장 종류를 보자:

- "Are you ready yet?" he asked me. (yes-no 의문문)
    → He asked me if/whether I was ready yet.
    그는 내가 준비되었느냐고 물었다.

- "Did all my students do the exercise themselves?" the teacher asked. (yes-no 의문문)
    → The teacher asked/wondered if/whether all his students had done the exercise themselves.
    선생은 학생들이 모두 연습문제를 자기들이 직접 했는지 안 했는지 물었다/알고 싶어했다.

- "When will the plane leave?" I asked them. (wh-의문문)
    → I asked them/wondered when the plane would leave.
    나는 비행기가 언제 떠나는지 그들에게 물었다/궁금했다.

- "What a good boy you are!" exclaimed the old lady. (감탄문)
    → The old lady told me what a good boy I was.
    그 할머니는 내가 참 착한 아이라고 나한테 말했다.

- "Tidy up your room at once," I told him. (명령문)
    → I told/ordered/asked him to tidy up his room.
    나는 그에게 그의 방을 정돈하라고 말했다/명령했다/요청했다.

- "Have another cup of coffee," she said. (권유의 명령문)
    → She suggested that I have another cup of coffee.
    그 여자는 나에게 커피를 한 잔 더 마실 것을 권했다.

5. 직접화법에서 전달하는 말의 동사로 쓰이는 것들이 대부분 간접화법을 전달하는 말에서도 쓰인다. 그러나 어떤 동사들은 어느 한 화법에서 주로 쓰인다. 발화의 소리를 묘사하는 동사들, 가령 cry '소리 지르다,' gasp '헐떡거리며 말하다,' grunt '중얼중얼 불평하다,' growl '고함지르다,' yell '날카로운 고함소리를 내다,' scream '비명을 지르다,' roar '고함치다' 등은 주로 직접화법을 전달하는 말의 동사로 쓰인다. 반면 '주장'을 의미하는 동사들, 가령 assert '주장하다,' confirm '확인하다,' state '언명하다' 등은 주로 간접화법을 전달하는 말에 쓰인다. 그러나 이 구별은 일반적인 것이지 결코 절대적인 것은 아니다. 예를 들어 발화소리를 묘사하는 whisper '속삭이다'를 보자:

- "You are late," whispered Tom.
  "너는 늦었어."라고 Tom이 속삭였다.

- Tom whispered that I was late.
  Tom은 내가 늦었다고 속삭이며 말했다.

have a word / a few words with a person

'누구와 잠깐 이야기하다'
- have words with a person: '누구와 말싸움을 하다'
- word: '소식,' '전언'

누구와 말을 한 두 마디 또는 몇 마디(a word / a few words) 나눌 때는 대부분의 경우 우호적인 내용이다. 그러나 말을 여러 마디 (words) 교환한다면 많은 경우 흥분된 환경이 될 것이다. 반면에 수 개념이 들어있지 않은 말(word)은 추상개념으로 '소식,' '전언' 또는 '정보'를 의미한다.

- Are you busy now? I'd like to have a word/a few words with you.
  바쁘신가요? 잠깐 좀 이야기를 나누었으면 하는데요.

- I had words with my boss today. He assigned me too much work and too little time for it. I said it was impossible to finish it in the time given and that upset him, but I held my own against him. That's how we had words.
  나는 오늘 내 상사와 말싸움을 했다. 그는 나에게 너무 많은 일을 할당하면서 그것을 할 수 있는 시간은 너무 적게 주었다. 나는 주어진 시간에는 그 일을 끝낼 수 없다고 말했다. 이것이 그를 화나게 한 것이다. 그러나 나도 나의 입장을 지켰다. 이렇게 해서 우리는 말싸움을 하게 된 것이다.

- Someone came to see you while you were out. He left word with me that you should put in a call at this number.
  당신이 없는 동안 어떤 사람이 찾아왔었는데 이 번호로 전화해달라는 전언을 나에게 남겼습니다.

- There has been no word from him since he left here.
  그가 여기를 떠난 이후 아직 아무런 소식이 없습니다.

061 구어체 영어(colloquial expressions)에 대하여

구어체란 보통 비격식적인 일상생활에서 가까운 사람끼리 서로 허물없이 말할 때 쓰는 표현 방식을 의미한다. 이런 경우에 사용되는 언어 형태를 우리는 흔히 교육을 못 받은 사람들이 쓰는 '잘못된' 어법으로 치부하고 특히 우리처럼 외국어로서 영어를 배우는 사람들은 배워서는 안 되는 것으로 생각하기 쉽다. 그러나 구어체를 그렇게 여기고 넘어갈 일은 아니다. 구어체 표현 방식도 표준 학교문법과 똑같이 엄연히 하나의 언어 형태로 존재하며 일상적인 언어를 지배하고 있기 때문이다. 따라서 구어체 영어를 잘 모르고는 영어의 모국어 화자들과 친밀하게 대화하는 것은 거의 불가능한 일이다.

우리가 보통 말하는 grammar는 '학교문법' 또는 '표준문법'을 의미하는 것으로 희랍어 gramma에서 유래했고 이 단어는 writing, 즉 '글'을 의미했다고 한다. 이 어원에서 알 수 있듯이 문법은 글을 옳게 쓰고 또 옳게 이해하도록 하기 위해 발전된 장치인 것이다. 다시 말하면 문법은 의미의 애매함이나 오해의 소지를 막을 수 있도록 고안된 엄격하고 복잡한 규칙들의 체계로서 글을 쓰는 모든 사람이 따라야 하고 글을 읽는 모든 사람이 알아야 하는 문장의 구성법이다. 교육이란 바로 이 문장의 구성법을 배우고 응용하여 글을 읽고 쓰는 것으로부터 출발하는 것이다.

글은 대부분의 경우 쓰는 사람과 읽을 사람 간에 글의 내용에 대한 전후 상황이나 그 글의 배경적 지식이 공유되는 가운데 씌어지는 것이 아니다. 또한 시간적으로도 양자 간에는 큰 차이가 날 수 있다. 뿐만 아니라 읽는 사람이 글의 정확한 의미를 파악하지 못하는 경우 글쓴이가 옆에 있는 것이 아니므로 읽다가 즉시 물어볼 수도 없다. 그러므로 글을 쓰는 사람은 아예 처음 글을 쓸 때부터 세심하게 주의하여, 즉 문법의 세세한 규칙을 다 지켜서 언제 어디서 누가 그 글을 읽더라도 문장의 의미를 자신이 의미한 대로 이해할 수 있도록 해야 하는 것이다.

언어는 글자가 발명되기 오래 전부터 인간의 기본적인 통화 수단인 구어로 존재해 왔다. 이 구어를 다듬어 규칙들을 만들어 체계화한 것이 문법이다. 그러나 구어는 언어에 존재하는 모든 문법 규칙들을 다 사용하지 않으며 까다로운 규칙들을 다 지키는 것도 아니다. 구어를 할 때는 듣는 사람이 자기 앞에 있으므로 언어 상황이나 배경적 지식이 공유되어 있어 오해나 의미의 모호성이 발생할 가능성이 적고 또 못 알아듣거나 오해하면 말을 다시 고칠 수도 있으며, 실시간으로 말을 빨리 하게 되므로 자신의 말을 글 쓸 때처럼 길고 복잡하게 만들 시간적, 심리적 여유도 없다. 글은 교육 받은 사람들이 쓰고 읽는 것이지만 구어는 교육의 유무나 나이의 고하를 막론하고 누구나 하는 것이므로 말하기도 쉽고 알아듣기도 쉽도록 단순하게 표현하게 된다. 바로 이러한 언어 사용의 상황적 차이 때문에 '글 문법'과는 다른 구어 특유의 표현 형태가 생길 수밖에 없다. 이 표현 형태를 우리는 구어체 또는 회화체라고 부르는 것이다.

그러면 우리는 구어체 영어를 언제 접할 수 있는가? 우리로서는 가장 쉽게 접할 수 있는 경우가 영어를 모국어로 쓰는 나라들의 영화나 TV 드라마의 대사를 들을 때이다. 그러나 우리가 구어체에 가장 잘 노출될 수 있는 때는 영어의 모국어 화자들이 서로 허물없이 대화하는 현장에 참여하는 경우이다. 물론 이들 영어의 모국어 화자들은 영어가 서투른 외국인들과 대화할 때는 학교문법에 입각한 '표준영어'를 쓰려고 한다. 순수 구어적 형태들은 교과서로만 영어를 배운 외국인들은 잘못 알아듣거나 오해할 수 있다는 것을 그들이 잘 알기 때문일 것이다.

구어체 영어는 학교영어와는 많이 다르다. 모국어 화자들은 거의 누구나 이 구어체로 말하지만 이것은 아직 완전하게 연구되지 않아 그것을 학교영어처럼 체계적으로 설명하기는 아직 어렵다. 그러나 이 같은 구어체 영어가 그들 사이에서는 모든 계층에서 다 쓰이고 있다. 따라서 이 형태는 결코 '잘못된' 또는 우리는 '알 필요가 없는' 그런 영어가 아니라 엄연히 존재하며 구어 통화의 근간이 되고 있음을 인식해야 할 것이다.

영어를 배우는 외국인으로서 우리는 물론 구어체 영어의 모든 것을 다 알아야 할 필요는 없다. 우리가 표준문법에 맞게 영어를 구사하는 한 그들은 우리의 의미를 다 이해할 것이며 우리의 영어를 오히려 칭찬할 것이다. 그러나 분명한 것은 우리의 구어영어가 결코 그들의 것과 같지 않다는 것이다. 미국에서 오래 산 한국 사람들은 미국에 온 지 얼마 안 된 한국인을 쉽게 식별할 수 있다고 한다. 이들의 영어를 들어보면 그냥 알 수 있는 것이다. 영어를 잘 하고 못 하고 때문이 아니라 영어가 다르기 때문이다.

여기서 설명하는 것은 구어영어의 단편적인 소개에 불과하다. 이 설명은 독자들에게 자극이 되어 앞으로 구어영어에 대한 인식을 새롭게 하고 영어 학습 과정에서 구어체에 관심을 갖고 스스로 보충해 나가도록 하기 위한 것으로 구어체의 특징을 간추린 것이다.

1. 생략

생략 현상은 구어체 영어에서 가장 두드러진 특징이다. 가령 How are you?의 응답인 Fine, thank you. And you?라는 세 마디도 각기 다 생략의 예가 된다. 즉 이들을 생략 없이 말해야 한다면 I'm fine. I thank you. And how are you?라고 해야 할 텐데 이 얼마나 거추장스러운 일인가. 구어에서는 표준문법에 따라 문장 규칙을 세심하게 다 지킬 필요가 없고 청자가 오해 없이 알아만 들으면 그만인 것이다. 다음 예문들에서 괄호 부분은 생략되는 것이 일반적이다:

(1) 문두 부분의 생략

- Hey, John, (are you) doing/feeling okay?
  야, 존. 잘 지내니?

- (Are you) Ready to order, sir?
  주문하시겠습니까?

- (I've) Never heard of such a thing.
  이런 말 들어본 적이 없다.

- (Could/ Can I) Buy you a drink?
  내가 한 잔 사도 되겠니?

- (You'd) Better be late than never.
  아예 안 오는 것보다는 늦게라도 왔으니 됐다.

- (It's) Good to see you again.
  다시 만나서 기쁘군요.

- (It's been) Good talking/to talk to you.
  만나서 즐거웠습니다.

- A: (I wish the) Best of luck to you!
  행운을 빈다.

  B: (I wish the) Same to you!
  너에게도 행운이 따르기를.

  • 문두 위치가 아니면 관사는 생략되지 않는다. 가령 That's the way to go. '그렇게 해야지' 에서나 식당에서 음식을 주문할 때 흔히 쓰는 표현인 I'll have the same. '나도 같은 걸로 주세요' 등에서는 the가 생략되지 않는다. 그러나 명사구를 문두로 옮기면 (The) Way to go. (The) Same for me. 등으로 한다.

- (A) Nice Day!
  = It's a nice day, isn't it?
  좋은 날씨군요. (그렇지요?)

  • 이 앞 예문과 같은 종류로 문두에서는 관사가 생략되지만 그 외의 위치에서는 관사가 붙는다는 것을 나타낸다. 즉 *It's nice day!라고는 하지 않는다.

- **Kim:** I'm trying to locate a telephone number.
  Kim: 전화번호를 알고 싶은데요.

  Operator: (Is it a) Business or residence?
  교환수: 업체 번호인가요? 개인 집 번호인가요?

  Kim: It's a business.
  Kim: 업체 번호입니다.

- **Clerk:** You're in room 22. It's around the back, past the swimming pool.
  점원: 손님은 22호실에 배정되어 있습니다. 그 방은 뒷쪽으로 돌아가면 있습니다. 수영장을 지나서요.

  John: (A) Pleasant fellow.
  John: 상냥한 친구구만.

  Mary: Yes. A little brusque, but I suppose he has to give all that information dozens of times a day.

Mary: 그러네요. 약간 무뚝뚝하긴 하지만. 그러나 그 사람은 같은 말을 하루에도 수십 번씩 해야 되겠죠.

- A: What's concubine?
  concubine이 무슨 뜻이냐?

  B: (I) Don't know, get a dictionary.
  모르겠다. 사전을 찾아보라.

- (I'm/We're) Coming through please.
  나갑니다. (좀 비켜주세요.)

- (Do you) Know what I'm saying?
  내 말의 뜻을 알겠니?

- (Good) Morning/Afternoon/Evening/Night.
  안녕.

- (Do you) Mind if I sit here?
  내가 여기 앉아도 될까요?

- A: Shouldn't we leave now?
  지금 떠나야 되지 않을까?

  B: (We) Might/May as well.
  그래야 할 것 같구나.

- (Have you) Been okay?

  (Have) You been okay?
  그 동안 잘 지냈니?

- A: We're not open yet. Can you wait for ten minutes, ma'am?
  아직 문을 열 시간이 되지 않았습니다. 십분만 더 기다릴 수 있겠습니까, 부인?

  B: (I have) No problem (with that).
  문제없어요. (어려운 일이 아닙니다.)

- A: Are your parents well off?
  당신의 부모님들은 경제적으로 여유가 있으십니까?

  B: (It) Depends what you call well off really.
  (대답은) '여유' 라는 것이 무엇을 말하는지에 달려 있습니다.

(2) 문 중간 또는 문미 부분

- How (have) you been?
  어떻게 지냈니?

- How (are) you doing?
  어떻게 지내고 있니?

- What (did you) say?
  뭐라고?

- When (are) you coming back?
  너는 언제 돌아오니?

- You('d) better keep your present job.
  너는 지금의 일자리를 유지하고 있는 것이 좋을 것이다.

- I can't believe (that).
  나는 그것을 믿을 수 없다.

- Enjoy (yourself).
  즐겨라.

- Well, I (have) never (heard of such a thing).
  그런 것 들어본 적이 없는데.

- Give my best (wishes) to him.
  그에게 나의 안부를 전해다오.

- A: Tom, will you do this homework for me?
  Tom, 이 숙제를 네가 내 대신 좀 해 줄 수 있겠니?

  B: (There's) No way (I can do it); do it yourself.
  그건 안 되지. 네 스스로 해라.

  • No way는 강한 거부의 표현이다. Absolutely not와 같다.

(3) 음절 또는 자음의 탈락(생략)과 음의 동화

구어에서는 어구뿐만 아니라 단어 내의 특정 음절이나 자음을 생략하고 발음하는 경향이 있는데 이 현상을 세 가지로 구분하여 볼 수 있다. 첫째, 강세가 있는 음절 뒤에 강세 없는 두 음절이 오는 경우 첫 번째 강세 없는 음절을 발음하지 않는다. 가령 probably를 probly로, difficult를 diffcult로, family를 famly로, elementary를 elementry로 발음한다. 둘째, 강세 있는 음절 앞에 오는 강세 없는 모음을 발음하지 않는다. 가령 police를 plice로, perhaps를 praps로, baloon을 bloon으로 발음하는 것이다. 셋째, 세 개의 자음이 연속된 경우 중간 자음을 발음하지 않는다. 가령 mostly를 mosly로, facts를 facs로, asked를 ased[æːst]로 발음한다.

[수식어 + 명사]의 형태로 두 단어가 연결되는 경우 수식어의 끝 자음이 뒤에 오는 명사의 첫 자음과

동화되는 경향이 있다. 가령 good boy를 goob boy로, ten men을 tem men으로, that case를 thak case로 발음하는 경우이다. 물론 이 현상은 앞뒤 두 자음이 동화될 수 있을 만큼 상호 음성학적으로 유사성을 갖는 경우에 한한다. 가령 expensive computer를 expensik computer로 발음하는 것은 아니다.

2. 표준 문법이나 언어 논리에 배치되는 표현

- **A:** When do you need the report?
  그 보고서를 언제 받아야 합니까?

  B: I need it yesterday.
  시급합니다.

  - 이 말에서는 현재형 동사 need와 과거의 시간부사 yesterday가 같이 쓰여서 언어 논리에 맞지 않는다. 그러나 이 표현은 '당장 필요하다'를 강하게 나타내는 구어 표현이다.

- Hi, John. Long time no see. How you been?
  John, 오랜만이구나. 어떻게 지냈니?

  - Long time no see. = I haven't seen you in a long time. 이 표현은 한국식 영어 즉 Koglish를 닮아서 재미있다.

- **A:** John, can you lend me your car today?
  John, 오늘 너의 차를 좀 빌려 줄 수 있니?

  B: Sorry. No can do. I need it myself./Sure, can do. Here's the key, Tom.
  미안하지만 그럴 수 없어. 내가 써야 한다/물론, 빌려 줄 수 있지. 열쇠 여기 있다, 톰.

  - No can do. = I cannot do it. (Can do. = I can do it.)

- **A:** Can too.

  = I can, if you can.
  네가 할 수 있다면 나도 할 수 있다. (네가 할 수 있는데 내가 왜 못하냐?)

  B: No can do.

  = You cannot do it.
  너는 할 수 없다.

  - No can do.는 상황에 따라 I cannot do it. 또는 You cannot do it.로 이해될 수 있다.

- No fair! The referee counted too slowly and gave him enough time to come back.
  이건 공정하지 않다. 심판이 카운트를 너무 느리게 해서 그에게 회복할 시간을 충분히 준 것이다.

  - No fair. = That isn't fair.

- **I says** no to the President's proposal. It should be rejected by the National Assembly.

  나는 대통령의 제안을 거부한다. 그 제안은 국회에서 거부되어야 한다.

  - 복수 주어, 1인칭 주어, 2인칭 주어 다음에 오는 say의 현재형 동사에 -s가 따라 붙는 경우가 있는데 I says는 그 중에서도 흔한 경우이다.

- When I arrived home, **my children was** in bed but **they** still **was** not asleep.

  내가 집에 왔을 때 아이들은 잠자리에 들어있었으나 그들은 아직도 자고 있지는 않았다.

  - be동사의 과거형에 were 대신 was가 쓰이기도 한다.

- **She don't** know much about her husband's business, **do she**?

  그 여자는 자기 남편의 사업에 대해서 잘 모르지, 그렇지?

  - does 대신 do를 쓰는 경우가 있는데 부정형 don't가 특히 이렇게 쓰인다.

- **He don't** have no manners, **do he**?

  그는 예의가 없지, 맞지?

- **She give** me this the other day.

  그 여자가 전날 이것을 나에게 주었다.

  - 불규칙 동사들의 경우에는 그 원형을 과거형으로 쓰기도 한다.

- I just **come** up here to see if everything is okay.

  나는 모든 것이 잘 되어 있는지 보기 위해 여기에 왔을 뿐이다.

- This table here is eight foot long and three foot wide and weighs **two hundred pound**.

  여기 이 식탁은 길이가 8피트이고 너비가 3피트이며 무게는 200파운드이다.

  - 구어 영국영어에서는 수사 다음에 나오는 복수 계량명사에 복수형 어미 -s를 붙이지 않고 쓰는 것이 일반적이다.

- A: How **goes it**, John?

  John, 잘 지내고 있니?

  B: Great! How **goes it** with you, Bill?

  그럼! 너도 잘 지내고 있니, Bill?

  - 인사말인 How goes it?는 How are things going?, How are you doing?과 같은 뜻이다. 이 문장을 문법에 맞게 고치면 How does it go?이지만, 이 문장은 인사말로 쓰이지 않는다.

- I told her **not to say nothing to nobody**.

  나는 그 여자에게 아무에게 아무 말도 하지 말라고 당부했다.

  - 위와 같이 한 문장에서 부정사를 한 번 이상 쓰는 것, 즉 다중 부정은 역사적으로 오래 되고 따라서 흔히

보는 구어 현상이다. 이 같은 다중 부정은 한 번만 부정하는 것으로는 성이 차지 않아서, 다시 말하면 부정을 강하게 나타내기 위해 생긴 현상이다.

- **I wouldn't** go to that store again, **I don't think**.
  나는 다시는 그 상점에 가지 않을 것이다. 다시는 안 가.

- The refugees have no water, no food, no blankets – **no nothing**.
  피난민들은 물도 없고, 식량도 없고 이불도 없으며, 아무것도 없다.

- Don't say **I never** gave you **nothing**.
  내가 너에게 아무것도 준 적이 없다고는 말하지 말라.

- Believe **you** me!
  제발 나를 믿어다오.
  - Believe me를 강하게 하기 위해 You believe me!라고 할 수 있는데 구어에서는 이것을 더 강화하고자 you와 believe의 위치를 바꾼 것이다.

- Getting late. **I'm gone**. See you guys.
  늦어지고 있구나. 나, 간다. 너희들 다음에 보자.
  - I'm gone.과 I'm out of here.는 I'm leaving now. 또는 I must go now.와 같은 의미로 쓰이는 관용적 표현이다.

- And **I was going**, "Well, I need a lot of help with this work." **He goes**, "Well then look for somebody to help you."
  그래서 나는 "그런데 이 일에는 많은 도움이 필요합니다."라고 말했더니 그는 그러면 "너를 도와줄 사람을 찾아보라."고 말했다.
  - go는 직접화법의 인용문을 전달하는 동사 즉 표준문법의 say 대신에 쓰인다. 상황에 따라 go, goes, went, going 등의 형태로 쓰이지만 이 중에서 가장 일반적인 형태는 goes로서 3인칭 단수 현재형으로서뿐만 아니라 위 예문에서처럼 과거형 said의 의미로도 쓰인다.

- This morning **I was saying** to dad, "I'm running out of my pocket money." And **he went**, "What did you spend all the money on, Tom?"
  오늘 아침 나는 아버지에게 "용돈이 다 떨어져가고 있어요."라고 말했다. 그러자 아버지는 "어디에다 그 돈을 다 썼느냐, Tom?"이라고 물으셨다.
  - 직접화법의 인용문 전달 동사를 진행형으로 흔히 쓴다. 의미는 진행형이 아니고 단순형이다. 즉 위 예문의 I was saying은 I said와 마찬가지이다.

- **He goes**, "Some day you might have your own apartment." And **I'm like** "Sure, but not in the near future, I guess."
  그는 "언젠가는 너도 너의 아파트를 갖게 될 것이다."라고 말했다. 그래서 나는 "물론이지. 그러나 가까운 장래에 그렇게 될 것 같지는 않아."라고 말했다.

- [be+like]의 형태는 go와 마찬가지로 직접화법에서 say와 같은 역할을 한다. 즉 I'm like는 I said와 같다. 구어영어에서는 이런 경우 시제는 별로 중요하지 않다. 전후 관계가 시제를 명백하게 해준다.

■ **Wait, wait. I'm confused. Tell me again. Who's got married to who and who's divorcing who?**
  잠깐. 뭐가 뭔지 잘 모르겠다. 다시 말해봐라. 누가 누구와 결혼했고 누가 누구와 이혼한다는 거냐?
  - 표준영어에서도 who는 목적격으로 받아들여지고 있으나 전치사 바로 뒤에 오는 경우에는 whom을 쓴다. 그러나 구어체에서는 그런 경우까지도 who가 지배적이다.

■ **A: I'm tired now. I had a long conversation this morning.**
  나는 피곤하다. 오늘 아침 긴 대화를 했다.
  B: With who?
  누구와 말이냐?

■ **Like I was saying, you should be very careful where you park your car in this area of town. Traffic cops are everywhere.**
  내가 늘 말했던 것처럼 이 지역에서는 주차 장소를 선택하는 데 있어 아주 조심해야 한다. 교통순경이 사방에 깔려 있다.
  - 구어에서는 like가 접속사 as나 as if를 대신하는 경우가 많다.

■ **It looks like you've got some good things happening to you this morning.**
  너에게 오늘 아침 무슨 좋은 일들이 일어나고 있는 것 같구나.
  - 여기서 like는 as if와 같다.

■ **Come to think of it, you're right. You did well to be so angry with me.**
  생각해보니 네가 맞구나. 네가 나에게 그렇게 화낼 만도 하구나.
  - 위 첫 문장은 의미상으로는 As I come to think of it, I realize you're right.인데 구어에서는 이렇게 말하는 사람은 드물다. 그냥 Come to think of it.이라고 한다.

3. 대화 상대를 부르면서 하는 대화

성이 아닌 이름 즉 첫 이름(first name)을 부르는 것이 대부분의 경우 정상적인 사교상의 관행이다. 처음 만나는 사람끼리도 소개가 끝나면 대개는 서로를 첫 이름으로 부르도록 요구한다. 물론 나이 차이가 클 경우 나이 많은 사람은 나이 어린 사람을 첫 이름으로 부르지만 나이 어린 사람은 나이 많은 사람을 그렇게 부르기는 어렵다. 그러나 나이든 사람들도 젊은 사람들에게 첫 이름으로 불러달라고 하는 경우도 많다.

가족원이나 인척과 대화할 때의 호칭은 우리 문화에서와 같다. 그러나 그 외의 경우 우리는 상대를 부르며 말하는 문화가 아닌 데 비하여 영어권 문화에서는 대화 도중 자주 상대방의 이름을 부르거나

상호관계에 따라 애정의 호칭이나 사교적 호칭으로 부르면서 말한다. 이것은 사교 관계를 유지하고 또 대화 예의를 지키는 데 있어 대단히 중요하며 거의 필수적이다.

영어권의 문화에 익숙하지 않은 한국인 유학생이 영어의 모국어 화자들과 이야기할 때 하나의 두드러진 현상은 그 쪽에서는 거의 말끝마다 우리의 이름을 부르는데 우리는 그 쪽 이름을 부르지 않는 것이다. 영어권 사람들은 가령 길을 가다 넘어진 사람을 부추겨 일으켜 줄 경우, 도움 받은 사람이 그냥 Thank you.라고 말하면 인사로서 충분할 것 같은데 그들은 많은 경우 What's your name?하며 도와준 사람의 이름을 묻고, 가령 My name's Jim.이라고 대답하면 Thank you, Jim.이라고 감사의 인사말을 한다. 고마우면 고마울수록 상대의 이름을 부르고 싶어하는 것이다. Good morning, Tom.이나 Hi, John. 같은 아주 단순한 인사말조차도 상대의 이름을 부르지 않고 하는 경우는 많지 않다.

이 같은 문화에서는 상대의 이름을 모르고는 대화를 진행하기 어렵다. 소개는 받았지만 이름을 잊었거나 아예 소개를 받지 않았다면 대화는 우선 자신의 이름을 대고 상대의 이름을 묻는 것으로부터 출발해야 한다. 상대의 이름을 잊어버리고 다시 묻는 것은 실례가 되지 않는다. 그러나 영어권 문화에서는 자신이 접하는 사람들의 이름을 외우는 것은 중요한 사회생활의 일부이다. 우리가 우리 문화대로 말하게 되면 상대는 우리를 대단히 이상하게 생각하고, 예의가 없거나 무뚝뚝한 사람으로 오해할 수도 있다.

상대를 부르는 방법은 대화 당사자들의 상호 관계나 대화 상황에 따라 다양하지만 가장 대표적인 경우 몇 가지만 예를 통해 알아보자:

(1) 애정의 호칭

darling, dear, honey, sweetheart, sweetie 등이 주로 쓰이는데 이들은 원래 부부사이 또는 부모가 자식에게 또는 사랑하는 사이에서만 쓰였으나 지금은 가깝게 지내는 이성 간에도 이들 호칭을 자주 쓴다. dear는 가족원에게 쓸 때는 윗사람이 아랫사람에게 쓰며, 그 반대의 경우로는 쓰지 않는다. 부부끼리는 애정의 호칭도 쓰이지만 first name으로 부르는 경우가 더 많으며 형제간에는 first name이 일반적이다:

- **Is that you darling?**
  여보, 당신이오?

- **Husband: Gee, honey, that's a swell dress you've got on!**
  남편: 오, 여보, 당신이 입고 있는 그 드레스가 멋있구려!

  Wife: Thanks, darling.
  부인: 고마워요.

- **Honey, can I use that astray please?**
  여보, 저 재떨이 좀 집어주겠소?

- **I agree with you completely on that, Mary.**
  여보, 그 문제에 대해서 나는 당신과 완전히 의견이 일치하오.

- **Would you get some groceries on your way home this evening, Chris?**
  여보, 오늘 저녁 퇴근하는 길에 식료품을 좀 사다 주겠어요?

(2) 비 가족원에 대한 친근감을 나타내는 호칭

이름(first name), guys, folks, man, buddy, mate, 등이 일반적으로 쓰인다. 이 중에서 man, buddy, mate는 성인 남자를 부르는 데 쓰인다. 이름을 모르는 낯선 여자를 부를 때 상대가 어린 경우는 miss 또는 young lady가 나이가 어느 정도 이상이면 ma'am 또는 madam이 일반적으로 쓰이는 호칭이다:

- **How you been folks/guys?**
  친구들, 잘 있었나?
  - guy는 단수로 쓸 때는 남자를 의미하지만 복수로 쓰면 남녀를 의미한다.

- **What time is it buddy(미국) / mate(영국)?**
  친구, 지금 몇 시인가?

- **A: Are you Mr. Brown?**
  Brown 씨이신가요?
- **B: That's right. And who might you be, miss?**
  맞소만. 아가씨는 누구신가요?

- **A: What are you thinking about, Tom?**
  뭘 생각하고 있니, Tom?
- **B: Nothing, John.**
  아무것도 아니야, John.

- **What I'm gonna do Mike is I'm going to switch to the new Sonata.**
  내가 하려는 것은 말이야, Mike, 내 차를 새로 나온 소나타로 바꾸려는 거야.

- **A: Morning Sue.**
  안녕, Sue.
- **B: Hi, Mary, how are you?**
  잘 있었니, Mary?

- **Just come this way, George.**
  이리로 오시오, George.

- **A:** How do you like this weather?
  이런 날씨 어떻습니까?

- **B:** It's too hot and humid, isn't it? By the way, I didn't catch your name. I'm Bob Brown.
  너무 후덥지근하군요. 그렇지요? 그런데 당신의 성함을 놓쳤군요. 나는 Bob Brown입니다.

- **A:** I'm Bill Johnson. Nice to meet you Bob.
  나는 Bill Johnson입니다. 만나서 반갑습니다. Bob.

- **B:** Good to meet you too Bill.
  나도 마찬가지입니다. Bill.

(3) 경칭어

남자에게는 sir로, 여자에게는 ma'am/madam으로 호칭한다. 사회적으로 높은 지위에 있거나 나이가 많거나 또는 식당, 상점, 호텔, 기타 서비스 기관에서 손님에게 또는 학교에서 학생이 교사에게 쓰는 호칭이다:

- **Excuse me, sir/ma'am. What number bus do I take to get to the railroad station?**
  실례합니다, 선생님/부인. 기차역으로 가려면 몇 번 버스를 타야 하나요?

- **Are you ready to order now, sir, madam?**
  손님, 이제 주문하시겠어요?
  - sir, madam이라고 한 것은 남자와 여자 두 손님에게 동시에 묻기 때문이다.

- **Madam, may we have two glasses of water please?**
  물 두 잔만 가져다 주시겠어요?
  - 이 문장은 손님이 여종업원에게 한 말이다. 근래에는 민주화 바람이 불어 식당이나 기타 서비스 업소에서 손님들도 종업원들에게 똑같은 경칭어를 쓰는 현상이 일어나고 있다.

5. 구어에서 잘 쓰이는 특징적 어구들

(1) [(be) gonna[gənə] + 동사]

[be going to + 동사]의 구어체이다. 그러나 go가 '가다'의 의미로 [be going to + 장소]의 형태로 쓰이는 경우에는 going to 대신 gonna를 쓰지 않는다:

- **When you gonna do your homework?**
  숙제는 언제 할 작정이니?

  *I'm gonna Paris next week.

(2) [('ve/'s) gotta[gátə] + 동사/명사]

[have/has got to + 동사/명사]의 구어체이다:

- **I('ve) gotta go** home now. It's getting dark.
  나는 이제 집에 가야겠다. 날이 어두워지고 있다.

- **She's gotta do** the dishes.
  그 여자는 설거지를 해야 한다.

  • have 즉 've는 gotta 앞에서 생략되는 경우가 흔하지만 has 즉 's는 생략되지 않는다.

- **Gotta match**?
  성냥 있니?

  • 동사 앞에서는 gotta의 a가 to를 대신하지만 명사 앞에서는 a가 부정관사 a를 대신한다. 따라서 위 예문은 표준 문법으로는 Have you got a match?이다.

(3) aren't I?

am I not?의 구어체이다. be동사 are와 is는 부정사 not와 결합할 때 각기 aren't와 isn't로 단축되는데 am만은 그 단축형이 마련되어 있지 않다. 그래서 am은 자신의 단축형이 아닌 다른 단축형을 빌려 쓰는 것이다:

- **I'm right, aren't I?**
  내 말 맞지, 그렇지?

- **Aren't I** supposed to do the job?
  그 일은 내가 하도록 되어 있는 것 아니니?

  • am I not?는 너무 격식적이어서 일상의 구어에서는 거의 쓰이지 않는다. 따라서 구어에서는 거의 언제나 aren't I?가 그 대신 쓰인다.

(4) ain't[eint], [aint]

[be/have동사 + not], 즉 isn't/aren't/'m not/haven't/hasn't의 구어체이다:

- There **ain't** a tape in the video player.
  그 비디오 재생기에는 테이프가 들어있지 않다.

- They probably **ain't** at home now.
  그들은 아마 지금 집에 없을 것이다.

- I **ain't gonna do** it again.
  나는 다시는 그 일을 하지 않을 것이다.

- **Ain't you heard of the accident?**
  너는 아직 그 사고에 대해서 듣지 못했니?

- **Ain't it the truth?**
  세상사 다 그런 거지 뭐.

- Don't blame me. **I ain't done** nothing.
  내게 책임 돌리지 마라. 나는 아무것도 하지 않았다.

- He's left now, **ain't he**?
  그 사람 이미 떠났지요, 그렇지요?

- **He ain't** got no manners.
  그 사람은 예의가 전혀 없다.

(5) Yup[jup]와 Nope[noup]

각기 yes와 no의 구어체 대용어이다. 그러나 아랫사람이 윗사람에게 대답할 때나 아이가 어른에게 대답할 때는 쓰지 않는다. 친한 또래들끼리 말할 때나 아랫사람에게 말할 때 쓰인다:

- **A:** Want some more?
  좀 더 줄까?

- B: **Yup.**/**Nope.**
  그래./아니.

(6) boy와 man

이들은 둘 다 화자의 흥분, 놀람, 실망, 감탄, 기쁨 등을 나타내는 감정 표현의 단어들이다. boy는 문두, 문장 중간 또는 문미에 온다. 이렇게 쓰이는 boy는 '소년'이라는 의미가 아니고 감정만 표현하는 것이므로 상대가 남자든 여자든 가리지 않고 쓴다. 그러나 man은 '성인 남자'라는 의미를 그대로 유지하며 따라서 성인 남자를 상대로 말할 때 쓰인다. 위치는 문 중간이나 문미이다. 만일 문두에 오면 감정 표현의 단어가 아니라 성인 남자(아는 사람이든 낯선 사람이든)를 부르는 말로 '여보게,' '여보시오'의 의미가 된다:

- **John:** Hi, Tom.
  John: Tom, 잘 있었니?

  Tom: **Boy**! Am I glad to see you!
  Tom: 오 너구나! 너를 보니 반갑구나!

  • Am I glad는 I'm glad를 강하게 표현하는 구어체이다.

- **Boy**, what a hot day!
  정말로, 이 얼마나 더운 날인가!

- **Boy, oh boy**! This chicken tastes good.
  놀랍구나! 이 닭고기 정말 맛있다.

- **Boy**! Your room is a mess!
  이런, 이런! 너의 방은 난장판이구나!

- **Boy**, there's a lot of books in this room.
  야아, 이 방에는 책도 많구나.

- This party is really great, **man**!
  이 파티는 아주 훌륭하구나!

- Wake up, **man**, you can't sleep all day!
  여보게, 이제 그만 일어나게. 온종일 잠만 잘 순 없지 않나!

- Come, **man**, we gotta hurry up!
  자, 우리 서둘러야겠어.
  - 여기서 come도 간투사로서 실망과 재촉의 의미를 나타내는데 man 역시 같은 기능을 한다. 이처럼 서로 비슷한 의미를 갖는 단어들이 함께 쓰이는 경우가 많다.

- Hey, **man**, what's happening?
  이보게, 지금 무슨 일이 일어나고 있는 건가?
  - 여기서 hey와 man은 둘 다 상대를 부르는 말이다. 부르는 말을 그냥 두 번 쓴 것이다.

as luck would have it

'우연히,' '공교롭게도,' '재수 좋게도,' '재수 없게도'

재수와 관련된 표현으로서, 잘된 일에 쓰이면 '재수 좋게도'의 의미이고 잘못된 일에 쓰이면 '재수 없게도'의 의미가 된다. '우연히'와 '공교롭게도'는 양쪽의 내용에 다 쓰일 수 있는 표현이다.

- I am sorry I can't give a lecture today. To tell the truth, I made detailed notes for today's lecture, sitting up the whole night last night. But as luck would have it, I forgot to bring it with me. I can't give a lecture without looking at my notes.

  나는 오늘 강의를 할 수 없습니다. 어떻게 된 것인가 하면 지난 밤을 꼬박 새우면서 오늘의 강의를 위해 자세한 노트를 만들었습니다. 그러나 재수 없게도 그 노트를 가져오는 것을 잊어버렸어요. 나는 내가 만든 노트를 보지 않고는 강의를 할 수 없답니다.

- Yesterday morning, I just got on the bus to go to work, when I found I had left my wallet at home. I was very embarrassed at the situation, but as luck would have it, there was a colleague of mine sitting there and I was able to borrow the bus fare.

  어제 아침에 내가 버스에 막 올라탔는데 그 때 지갑을 집에 두고 왔다는 것을 알았다. 나는 그런 상황에 대단히 당황했다. 그러나 재수 좋게도 내 직장 동료 한 사람이 버스에 타고 있었다. 그래서 나는 그로부터 버스요금을 빌렸다.

over와 above – 그 의미와 용법의 차이

(1) 수량에 관한 의미

over와 above는 수나 양을 나타낼 때 어떤 수나 양보다 '더 많은'을 의미한다. 따라서 over/above 30 books '30권 이상의 책,' over/above a thousand people '천 명 이상,' people over/above sixty-five '65세 이상의 사람들,' over/above ten years ago '10년도 더 전에' 등에서처럼 수량이 더 많다는 의미로는 over와 above가 다 가능하다. 그러나 이 의미로는 over가 더 일반적으로 쓰인다.

- **She weighs just over/above 60kg.**
  그 여자의 몸무게는 60킬로그램을 조금 넘는다.

- **This swimming pool is only open to children of 12 and over/above.**
  이 수영장은 12세 이상의 아이들에게만 이용이 가능하다.
  - 여기서 over/above는 목적어 없이 부사로 쓰였지만 의미는 over/above 12와 같다.

- **Professor Brown has published over/above twenty articles on that subject.**
  브라운 교수는 그 주제에 대해서 20편 이상의 논문을 발표했다.

- **He was driving his car at over/above 100 mph.**
  그는 자기 차를 시속 100마일 이상으로 몰고 있었다.

- **Your baggage is five kg over/above the weight limit.**
  당신의 짐은 중량 한도를 초과했습니다.
  - 한도의 '미달'은 under/below the limit로 표현한다. kg은 단수로도 복수로도 쓰이지만 복수의 경우에는 kgs라고 쓸 수도 있다.

- **Here you have to be over/above 20 to buy cigarettes.**
  여기서는 담배를 사려면 스무 살이 넘어야 한다.
  - over/above 20은 20을 포함하지 않는다. 20을 포함하려면 20 or over/above로 해야 한다. 이 구별은 below와 under에도 다 적용된다.

- **Children under age 10 and senior citizens over/above age 65 are free of charge.**
  10세 미만의 어린이들과 65세 이상의 어르신들은 무료이다.

- **There were over/above 1,000 guests at the wedding.**
  그 결혼식에는 천 명 이상의 손님들이 참석했다.

- **The car cost over/above 10,000 dollars.**
  그 차를 사는 데 일만 달러 이상 들었다.

- **A TOEFL score of 600 and over/above is required to admission to our school.**
  본교 입학에는 600점 이상의 토플 성적이 요구된다.

- **There is nothing in this store above/over ten dollars.**
  이 상점에는 10달러 이상 나가는 물건은 없다.

- **Mt. Everest is over 8,000 meters above sea level.**
  에베레스트 산은 해발 8,000미터 이상이다.
  - over 8,000 meters의 over 대신에 above도 쓸 수는 있으나 바로 뒤에 above가 나와 같은 발음이 두 번 중복되므로 over를 쓰는 것이 좋다. '해발'은 지상의 고도 측정의 기준이다. 기준을 의미할 때는 above가 쓰인다.

(2) 위치 또는 장소에 관한 의미

over는 어떤 것의 똑바로 위 즉 '직상'을 의미하고, above는 직상의 의미도 갖지만 단순히 '위쪽에,' '상위에' 라는 의미가 더 강하다. 이렇게 이 둘의 의미가 중복되는 면이 있으므로 위치나 장소의 의미에는 많은 경우 두 단어 중 어느 것을 써도 상관없다. 또 이들은 추상적이거나 비유적인 의미도 갖는데 over는 계급 등의 위를 의미하기도 하지만 직상이라는 의미 때문에 누구에게 명령할 수 있는 위치 즉 직속 상관의 위치를, above는 위치의 방향을 의미하기 때문에 계급, 등급, 사회적 위치 등이 '더 높음' 또는 법이나 기준 등을 '초월하는' 등의 의미를 갖는다.

- **The water came up over/above our knees.**
  물이 우리 무릎 위로 차 올라왔다.
  - '무릎 똑바로 위' 와 '무릎 위쪽' 은 상호 구분할 수 없는 의미이다.

- **The lamp hung over/above the table.**
  등이 테이블 위에 걸려 있었다.
  - above the table은 글자 그대로의 의미로 보면 테이블 바로 위일 수도 있고 직상은 아니지만 테이블 보다 높은 곳일 수도 있다. 그러나 위의 문장에서는 사람들은 상식적으로 '바로 위' 즉 over the table 과 같은 뜻으로 이해할 것이다.

- **The helicopter hovered over/above us.**
  헬리콥터가 우리 위를 배회했다.
  - hover는 장소의 이동이 아니라 '같은 장소를 돌다', 즉 '머물다'는 뜻이므로 헬리콥터의 위치를 설명하는 부사구를 over us로 하든 above us로 하든 의미 차이가 생길 수 없다. 그러나 가령 '헬리콥터가 우리 위를 날아 지나갔다' 라는 장소 이동의 의미로 말한다면 위치만을 나타내는 above는 쓸 수 없고 The helicopter flew over us.라고 해야 한다.

- **We spotted two MiG 29s flying over/ above us.**
  우리는 두 대의 미그 29가 우리 위로 날아가는 것을/우리 위에서 날고 있는 것을 발견했다.
  - fly over us는 우리 위로 날아 지나감을 의미하는 데 반하여 fly above us는 우리 바로 위에서 또는 우리보다 위쪽에서 날고 있었음을 의미한다.

- **Can you see that bright star over/ above the hilltop?**
  언덕 꼭대기 위에 있는 저 밝은 별이 보이니?

- **The clouds above began to get thicker.**
  머리 위 구름들이 점점 짙어지기 시작했다.
  - 이 문장에서 above는 장소의 부사로 쓰였다. 그러나 over는 장소의 의미로는 부사로 쓰이지 않는다.

- **They live over/ above us.**
  그들은 우리 위층에서 산다.
  - over us는 우리 바로 위층을 의미하는 데 반하여 above us는 우리 바로 위층인지 아니면 위층에 있는 여러 방들 중 하나인지 알 수 없다. 위층 전체가 above us이기 때문이다. 따라서 우리 바로 위층을 의미하려면 over us로 하는 것이 오해의 소지가 없는 확실한 표현이 될 것이다. 그러나 가령 '우리 위층에는 방이 열 개 있다' 라고 말하려면 There are ten rooms above us.라고 해야 할 것이다. 이 때는 우리 위층 전체를 의미하기 때문이다.

- **In a democratic country no one is above the law.**
  민주주의 국가에서는 누구도 법을 초월할 수는 없다.

- **The lights over/ above the stage suddenly grew dim and the actors came on.**
  무대 위의 조명등들이 갑자기 희미해지더니 배우들이 무대 위로 나왔다.
  - 무대 위의 조명등은 무대 바로 위, 즉 무대 직상에 있다. 이런 경우 over가 제격이지만 above도 그런 의미로 쓰일 수 있으므로 양쪽 다 가능하다.

- **We hung the picture over/ above the fireplace.**
  우리는 그 그림을 벽난로 위에 걸었다.

- **Inflation has now risen above the acceptable level of 5%.**
  인플레이션이 받아들여질 수 있는 수준인 5%를 초과했다.
  - level이나 standard 등은 '직상' 보다는 '상위' 개념과 어울리는 의미이다.

- A: **How high over/ above the ground are we flying now?**
  지금 지상 얼마의 고도로 우리가 비행하고 있지요?
  B: **We are now flying at an altitude of 10,000 feet above sea level.**
  지금 우리는 해발 일만 피트 고도에서 비행하고 있습니다.
  - 가령 '지상 100미터에서' 의 '지상' 은 above the ground와 over the ground 둘 다 가능하다. 그러

나 '해발 100미터'에서 '해발'은 above sea level/the sea만 가능하다. 바다는 그 높이가 어디서나 불변하므로 높이 측정의 기준이 되기 때문이다. 그러나 땅은 그 높이가 일정하지 않아 일반적인 높이 측정의 기준으로 삼을 수 없기 때문에 over와 above가 다 쓰일 수 있는 것이다. 그럼에도 불구하고 over 보다는 above가 더 일반적으로 쓰이는데 이것은 일반적으로 땅도 바다처럼 그 고도가 일정한 것으로 의식하고 있기 때문으로 생각된다.

- **We used to value hard work above simple luck.**
  우리는 전에는 단순한 행운보다 열심히 일하는 것을 더 높이 평가했었다.
  - 열심히 일하는 것이 단순한 행운보다 더 상위 가치라는 뜻이므로 above가 쓰인 것이다.

- **Health is above wealth.**
  건강이 재산 위에 있다.

- **In military rank a major is above a captain.**
  군 계급에 있어 소령은 대위보다 더 높다.
  - above는 단순히 계급이 더 높다는 뜻이지 소령이 대위의 상사라는 뜻은 아니다.

- **The Minister of Defense is directly over the Chairman of the Joint Chiefs of Staff in the line of military command.**
  군 명령계통에서 국방장관은 합참 의장의 직속상관이다.
  - 만일 over 대신 directly above를 쓴다면 over와 같은 의미가 된다.

- **The commander called an emergency meeting for majors and above.**
  사령관은 소령 이상의 장교들에 대한 비상 회의를 소집했다.

- **We broiled over/above a fire the fish we caught by angling in the river.**
  우리는 강에서 낚시로 잡은 물고기들을 불을 지펴 구워 먹었다.
  - above는 over보다는 직상이라는 의미가 약하기 때문에 위의 경우라면 over가 일반적으로 쓰인다. 위 예에서 불과 물고기 사이에 공간이 있었는지 없었는지는 불명확하다. 불 위에 올려놓고 구운 경우라는 것을 명확히 하려면 on a fire로 해야 할 것이다. 그러나 가령 We warmed our hands over a fire. '우리는 불에 손을 녹였다' 라는 문장에서라면 over를 아무도 접촉의 의미로 이해하지는 않을 것이다.

- **The peak of the mountain rises above/over the clouds.**
  그 산의 정상은 구름 위로 솟아 있다.
  - above는 산꼭대기가 구름 위, 즉 구름보다 더 높이 솟아 있다는 의미이고, over는 구름 직상으로 솟아 오르고 있다는 뜻이다.

- **In government bureaucracy every official is responsible to the one over him.**
  정부 관료조직에서는 모든 관리가 자기 상사에게 책임을 진다.

- **She's above average in intelligence.**
  그 여자는 지능에 있어 평균을 상회한다.
  - average, normal 등은 level, standard처럼 over의 의미인 '위' 보다는 above의 의미인 '상회하는,' '넘는' 의 뜻으로 쓰인다.

- **Her blood pressure is far above normal.**
  그 여자의 혈압은 정상치보다 훨씬 높다.

- **Today's temperature is five degrees above zero.**
  오늘 기온은 영상 5도이다.
  - zero는 온도 측정의 기준이므로 above와 같이 쓰인다.

- **Many entrepreneurs in this country are not above bribery if it will get them what they want.**
  이 나라에서는 많은 기업인들이 뇌물증여가 그들이 원하는 것을 얻어줄 거라고 판단하면 그것을 서슴지 않는다.
  - above는 좋지 않은 행위 앞에 오면 그 행위를 하지 않는다는 의미가 되고 비난이나 의심의 의미를 목적어로 하면 그런 것을 받을 사람이 아님을 의미한다: above stealing '훔치는 짓을 하지 않는,' above reproach '나무랄 데 없는,' above suspicion '의심의 대상이 아닌'.

- **I'm not above helping a friend in need.**
  나는 곤경에 빠져 있는 친구를 안 도울 사람이 아니다.

- **He hung his camera over his shoulder and left the hotel.**
  그는 카메라를 어깨에 메고 호텔을 떠났다.
  - 카메라의 줄이 어깨에 접촉하므로 above는 쓸 수 없다.

- **The man who won second place in the piano contest was in reality head and shoulders above the first prize winner.**
  피아노 경연에서 2등을 한 사람이 실제로는 1등을 한 사람보다 훨씬 잘했다.
  - head and shoulders above는 직역하면 무엇보다 머리와 어깨 정도가 더 높다는 뜻이다. 가령 He's head and shoulders above me in height.는 그의 키는 내 키가 그의 어깨 정도밖에 미치지 않을 정도로 크다는 뜻이다. 그러나 이 표현은 일반적으로 상대보다 월등하다는 비유적 의미로 쓰인다.

- **Since I didn't have an umbrella with me, I put a newspaper over my head and took shelter in the nearest roadside store.**
  나는 우산이 없어 신문지 한 장을 머리 위에 펴들고 가까운 길가 가게로 들어가 비를 피했다.
  - 신문지가 머리를 뒤덮은 상태를 말하는 것이므로 over가 적절하다.

(3) above는 그 의미가 주로 정적인 위치에 국한되지만 over는 '무엇의 위를 넘어 (이동, 횡단)' 라는 동적 의미와 '무엇 위를 뒤덮은' 이라는 정적 의미로 쓰인다. over는 어떤 대상과의 접촉 상태를 나타낼 수 있지만 above는 대부분의 경우 비 접촉 상태를 의미한다.

■ Black clouds hung over the mountains.
까만 구름이 그 산들을 뒤덮고 있었다.

● above는 '~보다 더 높은 곳에' 라는 의미일 뿐 '뒤덮고' 라는 의미는 없다.

■ There is ice over the water.
물 위에는 얼음이 덮혀 있다.

■ The clothes-repair woman sewed the patches over the holes at the elbows of my sweater.
그 의류 수선 아줌마가 내 스웨터 양 팔꿈치에 난 구멍 위에 헝겊 조각을 붙여 꿰맸다.

● 구멍이 보이지 않게 덮어 꿰맨 것이므로 over가 쓰였다.

■ The accident happened while the plane was flying over a mountainous area.
그 사고는 비행기가 산악 지대 상공을 날아 지나가고 있을 때 발생했다.

● above는 이동, 횡단의 의미로는 쓰이지 않는다.

■ The pickpocket ran towards the wall and jumped over but fell in the ditch behind it.
그 소매치기는 벽쪽으로 달려가서 그 벽을 뛰어 넘었으나 벽 뒤에 있는 도랑에 빠졌다.

● 여기서 over는 이동, 횡단을 나타내는 동적 의미의 부사로 쓰였다.

■ Can you jump over this puddle/ hurdle?
너는 이 물웅덩이/장애물을 뛰어 넘을 수 있겠니?

● 여기서 jump는 뛰어 넘어 이동한다는 뜻이므로 above는 쓸 수 없다.

■ The player kicked the ball with all his might, but the ball flew just over the crossbar.
그 선수는 있는 힘을 다해서 볼을 찼으나 볼은 크로스바를 살짝 넘어 날아갔다.

■ They will build a new bridge over the river.
그들은 그 강에 새 교량을 건설할 것이다.

● 여기서 over는 across의 의미로 '한 쪽에서 다른 쪽으로' 이므로 이동의 의미를 가진다.

■ They will build a new bridge above the river.
그들은 강 상류에 새 교량을 건설할 것이다.

● above는 이동의 의미가 없으므로 above the river는 윗쪽, 즉 강의 상류라는 정적인 위치의 의미이다.

- **There isn't much fog over Gimpo now, but there is a thick fog all over Incheon.**
  지금 김포에는 안개가 많이 끼어 있지 않지만 인천에는 전역에 안개가 짙게 끼어 있다.
  - 어디에 안개가 끼어 있다는 것은 구름이 끼어 있는 경우와는 달리 안개가 지면과 상공을 뒤덮고 있다는 뜻이므로 above는 적합하지 않다.

- **All of the people at the dance party were wearing masks over their faces and thus it was impossible for them to know who they were dancing with.**
  그 무도회에 온 사람들은 모두 얼굴을 덮어 가리는 마스크를 쓰고 있었다. 그래서 사람들은 자신이 누구와 춤을 추고 있는지 알 수 없었다.

- **She felt so ashamed that she put her hands over her face.**
  그 여자는 어찌나 창피한지 두 손으로 얼굴을 감쌌다.
  - her hands와 her face는 접촉 상태이다. He pulled the blanket over his head. '그는 담요를 끌어당겨 그의 머리를 덮었다.' He felt so cold on the ears that he put his hands over them. '그는 귀가 어찌나 시리든지 두 손으로 귀를 감쌌다.' 등의 문장도 같은 경우이다.

- **They always kept the curtains pulled over their windows so that no one could look in from the outside.**
  그들은 아무도 밖에서 안을 들여다 볼 수 없도록 언제나 커튼으로 창문을 덮어 가려놓았다.
  - 창문에 커튼을 치는 것은 창문 전체를 덮는 것, 즉 가리는 것을 의미하므로 over를 써야 한다.

- **He looked back at me over his shoulder.**
  그는 어깨 너머로 나를 돌아보았다.
  - 몸은 돌리지 않고 고개만 돌려 나를 보았다는 것은 그의 시선이 그의 어깨를 넘어 내게로 이동해 왔다는 뜻이다. 그러나 가령 She wore a shawl over her shoulders. '그 여자는 목도리를 어깨에 걸치고 있었다' 라고 하면 이 경우의 over는 정적 상태로 접촉을 의미한다.

- **She struck him over the head with a frying pan.**
  그 여자는 프라이팬으로 그 남자의 머리를 때렸다.
  - over the head는 머리의 위쪽 면 전체가 프라이팬과 접촉됨을 의미한다. 물론 좀 과장된 표현이긴 하다. 만일 머리 한 면의 작은 일부가 의미된다면 over 대신 on을 써야 할 것이다. 가령 She struck him on the head with her fist. '그 여자는 주먹으로 그 남자의 머리를 때렸다.' 의 경우에서는 주먹이 사람의 머리 한 면 전체와 접촉하는 것을 상상하기 어려울 것이다.

- **Put your hands over/above your head!**
  손(을 머리 위로) 들어 (올려)!
  - over your head는 그 의미가 좀 애매하다. 머리를 감싸라는 것인지 아니면 손을 똑바로 들라는 것인지 알 수 없다. 상황에 따라 판단할 수밖에 없다. 그러나 above your head는 분명 후자의 의미이다.

- **Moles seldom come aboveground/overground.**
  두더지들은 지상으로 나오는 법이 거의 없다.
  - aboveground와 overground는 형용사와 부사를 겸하는 '지상의/에서'의 의미인데 이 의미가 발전되어 '공개적인,' '체제 내의(에서)'라는 의미도 갖는다. underground는 이들 단어의 반대어로 '지상의(에서)'라는 의미 외에 '비 공개의,' '반 체제의'라는 의미를 갖는다. 그 외에도 미국영어로는 지하철을 subway라고 하지만 영국영어로는 underground라고 한다.

- **See over.**
  다음 페이지를 보라.
  = Turn the page over.
  - over는 '이동'을 의미한다.

- **See above.**
  앞에 나온 설명을 참조하라.
  - above는 위의 위치를 의미한다.

under와 below – 그 의미와 용법

(1) 수량에 관한 의미

수량에 관한 표현에서 under는 over의 반대어이며, below는 above의 반대어로 수나 양이 '더 적은,' '이하인,' '미만인'의 의미이다. 이 두 전치사들은 의미에 있어서는 거의 같은데 용법의 차이가 좀 있을 뿐이다:

- The depression is bringing car prices down. You can buy any new medium-sized car for under/ below $10,000.
  지금의 불경기가 자동차 가격을 떨어뜨리고 있다. 지금은 어떤 중형 신차라도 만 불 이하로 살 수 있다.

- I'm sure I've been driving under/ below the speed limit.
  나는 제한 속도 이하로 달렸다고 확신합니다.

- This food must be kept at a temperature of under/ below 5 degrees centigrade.
  이 음식은 섭씨 10도 이하의 온도에서 보관되어야 한다.

- Today's temperature is under 10 degrees below/ under zero.
  오늘의 온도는 영하 10도 이하이다.

- Yesterday's temperature was below/ under/ above/ over 30 degrees.
  어제의 기온은 30도 미만/이상이었다.
  - 온도에 관한 표현으로는 위 4개의 단어가 다 쓰인다. 그러나 만일 이들 전치사들을 30 degrees 다음에 놓으면 이들 다음에 zero가 생략된 것으로 이해되어 '영하 30도' / '영상 30도' 라는 의미가 된다. 보통 회화에서는 zero를 흔히 생략하기 때문이다.

- The basket player is very tall, but he's below/ under seven feet.
  그 농구선수는 키가 대단히 크다. 그러나 그는 7척 미만이다.

- Can a human being run 100 meters in below/ under nine seconds?
  사람이 100미터를 9초 이하의 시간에 주파할 수 있을까?

- Children ten years old and below/ under must be accompanied by an adult.
  10세 미만의 아이들은 어른의 동반을 받아야 한다.

(2) 위치 또는 장소의 의미

under와 below는 위치나 장소의 의미일 때도 over와 above의 반대어이다. 이 둘은 근본적으로는 같은 의미이나 약간의 차이가 있다. under는 무엇의 바로 밑 즉 '직하'를 의미하고, below는 직하의

의미로도 쓰일 수는 있으나 원래의 의미는 '아래' 또는 '아래쪽'이다. 추상적이거나 비유적 의미로 쓰이는 경우 under는 누구의 '지배 하에'의 의미나 명령 계통에서 누구의 직속 부하임을 나타내며, below는 계급이나 사회적 위치가 보다 낮음을 나타낸다. 그리고 under는 어떤 물체와의 접촉된 상태나 접촉되지 않은 상태, 어떤 물체로 뒤덮인 상태나 그렇지 않은 상태 등을 모두 나타낸다. 그러나 below는 일반적으로 비접촉의 상태를 의미하며 무엇으로 뒤덮임의 의미는 없다:

- **There is nothing new below/under the sun.**
  태양 아래 새로운 것이란 없다.

- **The ship slowly disappeared below the horizon.**
  그 배는 천천히 수평선 아래로 사라졌다.
  - 해가 수평선 직하로 사라지기보다는 수평선 아래 방향으로 사라지는 것이기 때문에 below가 under보다 이러한 사실을 서술하는 데 더 적합하다.

- **They live on the fourth floor and we live on the floor below/above.**
  그들은 4층에서 살고 우리는 그 밑층에서/위층에서 산다.
  - below와 above는 이 문장에서처럼 부사로도 쓰인다.

- **At the office I have three persons under me and one over me.**
  사무실에서 나는 내 밑에 세 사람 내 위에 한 사람이 있다.
  - under와 over를 썼으므로 단순히 계급을 말하는 것이 아니고 명령 계통에 있는 사람을 의미한다.

- **She put a note under his pillow.**
  그 여자는 그의 베개 밑에 쪽지를 남겼다.
  - pillow가 note를 뒤덮은 상태이다. 여기서 below his pillow라고 말하면 '베개 아래 쪽'이라고 이해된다.

- **There is a bridge below/above the river.**
  강 하류에/상류에 다리가 있다.
  - below는 '아래쪽에,' above는 '위쪽에'라는 방향과 위치를 겸하기 때문에 강을 목적어로 하면 각기 '하류에,' '상류에'라는 의미가 된다: a villa high above the Hahn River '멀리 한강 상류에 있는 빌라,' the tribes living under below/above the equator '적도 바로 밑에(즉 적도에)/적도 아래쪽에(즉 적도로부터 남쪽에)/적도 위쪽에(즉 적도로부터 북쪽에) 사는 종족들.'

- **There is a village nestling under/below the mountain.**
  그 산 아래에는 아늑하게 자리 잡고 있는 촌락이 하나 있다.
  - under는 산 바로 밑을 의미하지만 below는 일반적으로 산으로부터 좀 떨어진 곳으로 이해된다.

- **He had an ugly scar under/just below his left eye.**
  그는 왼쪽 눈 바로 밑에 보기 흉한 상처 자국을 갖고 있다.

- just below 또는 directly below는 under와 그 의미가 같다.

■ He's not the kind of person who strikes his opponent below the belt.
그는 자기 적수를 이기기 위해 부정한 짓을 하는 그런 종류의 사람이 아니다.

- 단순히 '벨트 아래를 치다'라는 장소의 의미라면 under the belt라고도 할 수 있을 것이다. 그러나 이 표현은 글자 그대로의 뜻을 넘어 규칙을 위반하는 비열한 짓을 한다는 뜻으로 쓰이고 있다. 따라서 below the belt는 '규정,' '기준'이라는 추상적이고 비유적인 의미를 나타내므로 under는 맞지 않다.

■ Let's put the desk under/just below the window; then we'll have a terrific view.
책상을 창 밑에 놓자. 그러면 우리는 굉장한 경치를 보게 될 것이다.

■ Last night I felt so cold that I slept under three blankets.
어젯밤에는 어찌나 춥던지 나는 담요를 석 장이나 덮고 잤다.

- 어떤 것이 다른 것으로 덮여있다는 의미가 포함된 경우에는 under를 쓴다. below는 '덮여있다'는 의미는 없고 단순히 '어떤 것 아래에 있다'는 의미이기 때문에 위의 예에는 적합하지 않다.

■ In those days all the girl students had to wear skirts reaching under/below the knee.
그 당시 모든 여학생들은 무릎 아래로 내려오는 스커트를 입어야 했다.

- below the knee는 under the knee처럼 단순한 장소의 의미도 가질 수 있지만 under의 경우와는 달리 the knee를 위치의 기준으로 제시하는 기능을 갖는다.

■ If the atmospheric temperature continues to rise, most of the seaside cities will lie under the sea/below the surface of the sea in a century.
만일 대기의 온도가 계속 오른다면 해안가에 있는 도시들 대부분이 앞으로 한 세기만 지나면 바다 밑/바다 수면 밑에 놓이게 될 것이다.

■ Because there seemed to be no one in the room, I left a note under/below the door.
방 안에 아무도 없는 것 같아 나는 문 밑에 메모를 남겼다.

- under는 문 밑에 끼워놓은 것을 의미하는 데 반하여 below는 문으로부터 아래쪽으로 떨어진 곳 같은 느낌을 준다.

■ We sheltered from the rain under/below a store awning.
우리는 어느 상점의 차양 밑에서 비를 피했다.

■ As I walked across the hall, the boards creaked under my feet.
내가 그 홀을 걷고 있을 때 바닥 널빤지들이 내 발 밑에서 삐걱거렸다.

- 내 발에 밟혀서, 즉 발과 접촉하여 나는 소리이므로 below는 맞지 않다.

- The builders of the high-speed railway had to construct a series of tunnels under mountains.
  고속철도 건설회사들은 여러 산 밑에 일련의 터널을 뚫지 않으면 안 되었다.
  - under mountains는 '산들 밑으로'이다. 그러나 below mountains는 '산기슭에'로 이해되어 터널을 뚫는다는 의미와는 맞지 않는다.

- I can't open my eyes underwater/under the water.
  나는 물 밑에서는/물 속에서는 눈을 뜰 수 없다.

- Underwater archeology is a highly specialized branch of the science.
  해저 고고학은 고도로 전문화한 하나의 고고학 분야이다.
  - 여기서 the science는 일반적 의미의 '과학'이 아니라 앞에 나온 고고학을 가리킨다.

- The submarine quickly submerged below/under the surface of the water.
  그 잠수함은 재빨리 수면 밑으로 내려갔다.

- I'm wearing a sweater under my coat.
  나는 내 코트 안에 스웨터를 입고 있다.
  - under는 그것이 갖는 접촉의 의미 때문에 옷이나 피부 '안쪽에'란 의미도 된다: underclothes, underwear '내의,' an injection under the skin '피하주사'

- An overcoat is a long coat worn over the usual clothing and underwear is the clothes worn under it.
  오버코트는 통상 의류 위에 입는 긴 코트를 말하고 언더웨어는 의류 밑에 입는 옷을 말한다.

- The new office building has as much floor space underground/below ground as above ground.
  그 새로 지은 사무실 빌딩은 지하에도 지상만큼 많은 사무실 면적을 갖고 있다.
  - below ground와 above ground는 underground만큼 잘 쓰이지는 않아서 한 단어로 합쳐지지 않고 있다.

- We'll have to build bomb shelters underground/below ground.
  우리는 폭격 대피소를 지하에 건설해야 할 것이다.

- There were lots of white ants under the bark of the dead tree.
  그 죽은 나무 껍질 밑에 많은 흰개미들이 있었다.

- What are you carrying under your coat? Would you mind turning it inside out, please?
  당신은 코트 속에 무엇을 지니고 있소? 코트 속을 열어 보여주시겠습니까?

- 이것은 상점에서 웃옷 안에 무엇을 숨겨가지고 나가는 사람에게 점원이 할 수 있는 말로서, coat가 무엇을 감싸고 있는 상태를 의미하기 때문에 below는 쓸 수 없다. carry something under one's arm '무엇을 팔에 끼고 운반하다'의 경우도 마찬가지이다.

■ 'Food chain' means a group of animals arranged in a series in which each member eats the one below it and is eaten by the one above it.
'먹이사슬'은 각자가 자신보다 낮은 위치(계급)에 있는 동물을 먹고 자신보다 높은 위치(계급)에 있는 동물에게 먹히는 그런 사슬 형태로 나열된 동물 군을 의미한다.

- 여기서 만일 over나 under를 쓰면 '자신을 지휘하는/자신의 지휘를 받는' 위치에 있다는 의미로 느껴질 수 있어 적합하지 않다.

---

under는 '부족'의 의미로 접두어로도 잘 쓰인다: undernourished '영양 부족인,' underdeveloped '저개발된, 개발이 부족한,' undercooked/underdone '요리가 덜 된,' underweight '무게가 미달인,' underage '연령 미달인,' underpaid '저임금의,' underprepared '준비가 덜 된' 등. '부족'의 반대는 '과도'이므로 under 대신 over를 쓰면 그 반대의 의미가 된다: '영양 과잉인,' '과개발된,' '너무 익힌,' '과체중인,' '연령 초과한,' '과임금의,' '준비가 과한' 등.

above는 부사로서 '앞에서 언급한,' '앞에 있는'의 의미를 가지며 below 역시 부사로서 '다음에서 언급되는,' '다음에 나오는'의 의미를 갖는다: Please see the instructions above/below. '앞에 나온/다음에 있는 지시를 참고하시오.' See above. '앞에서 설명한 것을 참조하시오.' See over. '다음 페이지를 보시오.' See below. '다음을 참조하시오.' 그러나 이 두 단어는 용법상의 차이점이 있다. above는 형용사와 명사로도 쓰여 See the above instructions. '위 지시 내용을 보시오.' The above is a quotation from Keats. '위의 것은 Keats로부터 인용한 것이다.' All the above are based on hard facts. '위의 모든 내용은 엄연한 사실에 근거한 것이다.' 등처럼 쓸 수 있는 데 반하여 below의 형용사와 명사 용법은 현대영어에서는 거의 사라지고 있다.

above와 below에 대한 이러한 용법은 책이나 논문처럼 눈으로 읽는 글에서만 사용되어야 한다. 입으로 읽는, 즉 소리로 읽는 연설문 같은 경우에는 읽으면서 '앞 페이지에서 말한 바와 같이' 같은 표현은 할 수 없을 것이기 때문이다. 연설문에서는 대신 the preceding/earlier remarks '아까/방금 한 말', these remarks '이 같은 말', the following remarks '다음의 말' 등을 쓸 수 있을 것이다.

1. underneath와 beneath

underneath는 근본적으로는 under와 그 의미가 같다. 그러나 그 대상에 대한 덮음과 접촉의 의미가 더 강하다. beneath는 격식적이고 문어적 표현에서 쓰이는데 underneath와 비슷한 의미를 갖지

만 underneath와는 달리 두 물체가 상호 너무 가깝지 않음을 암시한다. beneath는 below처럼 계급이나 신분의 더 낮음을 의미하기도 한다. 이들 단어들은 부사로 문미에 쓰일 수 있다:

- **The diamond ring has been found on the sofa underneath a cushion.**
  그 다이아몬드 반지는 소파의 방석 밑에서 발견되었다.
    - underneath는 덮음의 의미가 강하여 그 반지가 방석 밑에 찾기 어려운 상태로 '숨어 있었음'을 암시한다. under를 쓰면 단순히 반지가 방석 밑에 있었다는 뜻일 뿐이고 숨어 있었다는 의미는 나타낼 수 없다.

- **A large gas duct goes right underneath the building.**
  대형 가스관이 그 건물 바로 밑을 통과하여 지나간다.

- **She wore a red coat with a blue dress underneath.**
  그 여자는 빨간 코트 밑에 파란 드레스로 받쳐 입었다.

- **Petroleum is found in natural deposits beneath the surface of the earth.**
  석유는 지표면 밑에 자연 침전 상태로 발견된다.

- **Don't be contemptuous of those beneath you at work.**
  직장에서 너보다 아래에 있는 사람들을 멸시하지 말라.

- **We stood on the cliff and gazed down at the raging sea beneath.**
  우리는 낭떠러지 위에 서서 저 아래에서 사납게 파도치는 바다를 내려다 보았다.

'감정' 형용사와 함께 쓰이는 should

어떤 사실에 대하여 화자가 감정적으로 평가하며 말할 때는 [It is + 감정 형용사 + that + 주어 + should + 동사]의 문장 형태를 쓸 수 있다. that절의 내용에 대한 화자의 감정적 반응을 나타내는 것이다. 여기서 감정은 슬픔, 유감, 기쁨, 불쾌감, 놀람, 이상함, 의외성 등을 의미한다. 이들 감정 형용사(emotive adjectives)는 그 감정의 원인인 that절에 should를 씀으로써 감정의 원인을 더욱 뚜렷하게 노출시키고 강조한다. 대부분의 경우에 '~하다니,' '~이다니'로 번역될 수 있다. that절에 should 없이 그냥 직설법 동사를 쓸 수도 있는데 이렇게 하면 '~하는 것,' '~인 것'이라는 평범한 표현이 되어 화자의 감정이 강하게 나타나지는 않는다. 다음 예들을 보자:

- It's shocking that a father should cut off his own son's fingers for money.
  아버지가 돈 때문에 자기 친아들의 손가락을 잘라 내다니, 충격적인 일이다.

- It's unthinkable that he should deny my request.
  그가 나의 요구에 응하지 않다니, 상상할 수 없는 일이다.

- It is strange that he should keep silent about it.
  그가 그 일에 대해서 침묵을 지키다니, 이상한 일이다.

- It is strange that he keeps silent about it.
  그가 그 일에 대해서 침묵을 지키는 것은 이상한 일이다.

- It is impossible that he should have made a remark like that.
  그가 그런 말을 했다니 믿어지지 않는다./있을 수 없는 일이다.

  • impossible은 감정 형용사로 쓰일 수 있지만 possible은 그렇게 쓰이지 않는다.

- It's funny/strange/peculiar that the burglars should have left/left some money on the desk.
  도둑들이 책상에 돈을 놓아 두었다니/남겨놨다는 것은 수상한/이상한/특이한 일이다.

- It is logical that he should demand/demands to be paid for the work he did for the company.
  그가 회사를 위해 한 일에 대한 보수를 달라고 요구한다는 것은/요구하는 것은 합당한 일이다.

많이 쓰이는 감정 형용사들은 다음과 같다: admirable '경탄할 만한,' alarming '경종을 울리는,' amazing '놀라운,' annoying '성가신,' astonishing '놀라게 하는,' commendable '칭찬받을 만한,' deplorable '개탄할,' despicable '비열한,' disappointing '실망스러운,' disastrous '비참

한,' embarrassing '당혹스러운,' extraordinary '보통 일이 아닌,' (un)fortunate '(불운한) 다행스런,' frightening '놀라게 하는,' funny '수상한,' impossible '있을 수 없는,' incomprehensible '이해할 수 없는,' incredible '믿어지지 않는,' interesting '재미있는,' irrational '불합리한,' irritating '화나게 하는,' lamentable '개탄스러운,' logical, '논리에 맞는, 합당한,' natural '당연한,' odd '괴상한,' peculiar '특이한,' queer '괴상한,' regrettable '유감스러운,' remarkable '특기할 만한,' ridiculous '말도 안 되는,' shocking '충격적인,' surprising '놀라운,' understandable '이해가 가는,' unjustifiable '정당화될 수 없는,' 등.

또 감정 형용사는 [It is ... that] 구조에 주로 쓰이지만 언제나 그런 것은 아니다. 가령 I am 다음에서도 감정형용사 amazed, glad, sorry, surprised, pleased, delighted 등이 오면 이들 형용사 뒤에 오는 that절에 should가 쓰여 that절의 내용에 대한 화자의 강한 감정적 반응을 나타낸다. It is a pity/a shame도 should를 포함하는 that절을 동반하여 그 같은 기능을 한다:

- I'm glad/sorry/surprised that he should feel like that.
  그가 그렇게 느끼다니 나는 기쁘다/기분이 나쁘다/놀랬다.

- It's a pity that he should feel like that.
  그가 그런 식으로 느끼다니 유감스러운 일이다.
  - 이 문장에는 약간의 모호성이 있다. 그가 지금 그런 식으로 느끼고 있다는 것인지 아니면 앞으로 그런 식으로 느끼게 되면 하고 미래의 일을 가정하는 말인지 확실하지 않다. 그러므로 만일 후자의 의미라면 that절 대신 if절을 써서 It's a pity if he should feel like that.로 표현하는 것이 안전할 것이다.

- I'm surprised that he should feel lonely.
  그런 사람이 다 외로움을 느끼다니 놀랍구나.
  - 즉 믿어지지 않는다는 의미로 should는 that절의 내용이 '예상 밖의 일' 임을 나타낸다.

- I'm told that he feels lonely.
  그 사람이 외로움을 느끼고 있다는 말을 듣고 있다.
  - 그러니 우리가 좀 더 자주 찾아가서 그를 외롭지 않게 해야겠다는 뜻을 함의한다.

주절이 과거일 때 that절의 동사구는 [should + 동사]의 형태를 유지할 수도 있고 [should + 완료형 동사구]를 써도 된다. 그러나 과거의 의미를 강조하려면 물론 완료형이 더 적합하다:

- I was surprised that he should feel/should have felt like that.
  그가 그런 식으로 느꼈다니 놀라운 일입니다.

- I am surprised that anyone of your intelligence should believe/should have believed such a lie.
  당신 정도의 지능을 가진 사람이 그 따위 거짓말을 믿었다니 놀랍군요.

영어의 come/go와 우리말의 '오다'/'가다'의 의미 비교

영어의 come과 go의 의미와 우리말의 '오다'와 '가다'와의 의미 및 용법 비교를 위해 다음의 우리말 예문과 영어 번역을 비교하여 보자:

(a) 오늘 오후에 내가 너의 사무실로 가겠다.

　　I'll come to your office this afternoon.

(b) 오늘 오후에 내가 그의 사무실로 가겠다.

　　I'll go to his office this afternoon.

(c) 좀 들어가도 되겠습니까?

　　May I come in?

(d) 당신이 산책을 나가신다면 제가 따라 가서 말동무가 되어 드리지요.

　　If you're going out for a walk, I'll come along and keep you company.

위의 예문들에서 쓰인 우리말 동사는 모두 '가다'인데도 영어로는 (a)에서는 come이고, (b)에서는 go, (c)에서는 come, (d)에서는 go와 come이 쓰였다. 이것은 우리말의 '가다'와 '오다'의 의미가 영어의 come과 go와는 다른 데가 있기 때문이다. 우리말에서는 무엇이 화자에게로/쪽으로 이동하는 경우에는 '오다', 그리고 청자나 제3의 장소로 이동하는 경우에는 '가다'이지만 영어에서는 무엇이 화자 또는 청자에게로/쪽으로 이동하는 경우에는 come을 쓰고 제3의 장소로의 이동에는 go를 쓴다. (d)에서 if절의 go는 제3의 장소로 가는 것을 말하고 주절의 come은 청자를 따라가는 것을 의미한다. 그러므로 우리말의 '가다'가 영어로는 경우에 따라 come이 될 수도 있고 go가 될 수도 있는 것이다. 다음의 예들을 보자:

- A: Come here quickly.

　　이리로 빨리 오라.

  - 여기서 come은 화자에게로/쪽으로의 이동이다.

  B: Yes, I'm coming.

　　네, 갑니다.

  - 여기서 come은 청자에게로/쪽으로의 이동이다.

- You go along with Henry now; I'll come shortly.
  너는 지금 Henry와 같이 가라. 나도 곧 갈 테니.
  - 여기서 첫째 절의 go는 화자나 청자에게로/쪽으로의 이동이 아니라 제3의 장소로의 이동인 데 반하여 둘째 절의 come은 청자에게로/쪽으로의 이동이다.

- I can't come to your wedding, but I'll be there in spirit.
  나는 너의 결혼식에 갈 수는 없다. 그러나 마음으로는 결혼식에 가 있을 것이다.

- The building is on your right as you come into the village.
  마을로 돌아오다 보면 그 건물은 (당신의) 오른쪽에 있습니다.
  - 이 문장에서 come을 쓴 것은 화자가 그 마을에 살고 있음을 의미한다. 만일 그렇지 않다면 go를 써서 마을을 제 3의 장소로 나타내야 할 것이다.

---

come과 go의 의미를 알면 다음 문장들이 발화될 때의 상황적 차이를 느낄 수 있을 것이다:

- He'll come to the party.
  그는 파티에 갈 것이다.
  - 이 문장에서는 the party와 듣는 사람이 동일시되어 있다. 즉 듣는 사람은 party의 주최자이거나 그 파티에 가 있을 사람이다.

- He'll go to the party.
  그는 파티에 갈 것이다.
  - 이 문장에서는 듣는 사람이 the party를 주최하는 사람이나 참석할 사람이 아니라 제 3자이다.

- I feel terrible today, so I can't come to work.
  나는 오늘 몸이 아주 안 좋다. 그래서 출근할 수 없다.
  - '출근하다'에 동사 come을 썼으므로 듣는 사람이 있는 곳으로 간다는 뜻이다. 다시 말하면 화자는 자기 직장에 전화를 걸고 거기 있는 사람에게 말하는 경우이다.

- I feel terrible today, so I can't go to work.
  나는 오늘 몸이 아주 안 좋다. 그래서 출근할 수 없다.
  - 이 문장은 집에서 가족에게 하거나 직장과 관계없는 제 3자에게 하는 말이다.

- I'll go to your house this afternoon.
  나는 오늘 오후에 너의 집에 갈 것이다.
  - 이 문장에서는 동사 go를 썼으므로 your house를 you와 동일시하지 않은 것이다. 다시 말하면 오늘 오후에 듣는 사람이 그의 집에 있지 않음을 알고 하는 말이 다. 그러나 만일 go 대신에 come을 썼다면 your house와 you는 동일 위치가 되므로 화자는 청자가 오늘 오후에 그의 집에 있을 것을 전제하고 하는 말이 될 것이다.

- I came to your house, but you were out.
  나는 너의 집에 갔었는데 네가 없었다.
  - 이 문장은 상대가 그의 집에 있을 것으로 생각하고 갔었던 것을 의미한다. 그런데 그가 집에 없었으므로

간 사람은 실망한 것이다. 그러므로 이 문장에서는 came대신 went로 바꾸어 쓸 수는 없다. went는 처음부터 상대방이 그의 집에 있지 않을 것을 전제하는 것이므로 but you were out이라는 실망의 표현은 맞지 않기 때문이다.

- **I can't come out today. I must get on with my homework.**
  나는 오늘 나갈 수 없다. 숙제를 계속해야 하기 때문이다.
  - 동사로 come을 썼으므로 이 말은 듣는 사람과 바깥이 동일시되어 있다. 다시 말하면 듣는 사람이 이미 밖에 있으면서 화자에게 나오라고 하고 있거나 듣는 사람이 지금은 밖에 있지 않지만 밖에서 만나자고 하는 경우임을 알 수 있다.

- **Oh, this is my floor. I'm coming through, please.**
  아, 여기가 내가 내릴 층이구나. 나갑니다(좀 비켜주세요).
  - 엘리베이터나 버스, 전철 같은 공중시설에서 내리면서 할 수 있는 표현으로 '나가다'에 come을 쓴 것은 청자 즉 같이 타고 있는 사람들을 향해 하는 말이기 때문이다. 만일 여기서 I'm going through 라고 한다면 듣는 사람들 입장에서는 자신들과는 상관없는 제 3의 사람들을 상대로 하는 말로 느낄 것이다.

- **Bill: Mom, the teacher says you have to go to school again for a conference.**
  Bill: 엄마, 선생님이 그러시는데 엄마는 상담 받으러 학교에 또 오셔야겠는데요.

  Mother: Oh, Billy, you'll be the death of me.
  어머니: 이런, Billy, (또 사고쳤구나) 너 때문에 엄마가 오래 못 살아.
  - 여기서 you have to go ....는 the teacher says의 목적절로서, 번역은 선생님의 입장에서 '오셔야겠다' 이다. 그러나 Bill이 go를 쓴 것은 엄마의 입장에서 말했기 때문이다. 만일 선생님의 입장에서 말했다면 come을 썼을 것이다. you'll be the death of me는 직역하면 '네가 나의 죽음의 원인이 될 것이다' 이다. 이 표현은 문미에 yet을 붙여 쓰기도 하는데 그러면 '조만간' 이라는 의미를 부가하게 되어 의미가 더 강해진다. 이것은 말썽장이 자식을 나무라면서 엄마가 흔히 쓰는 표현이다.

---

come과 go가 from, to를 동반할 때도 우리말과 다른 데가 있다. 우리말에서는 언제나 출발지가 먼저 오고 도착지가 그 다음에 오지만 영어에서는 come을 쓸 때는 도착지가 먼저이고 go를 쓸 때는 출발지가 먼저이다:

- **He came to London from Seoul.**
  그는 서울에서 런던으로 왔다.

- **He went from Seoul to London.**
  그는 서울에서 런던으로 갔다.

그러나 동사 come과 같이 쓰지 않는 경우에는 언제나 from구가 to구보다 먼저 온다: a letter from John to his wife, a present from the doctor to his nurse 등.

도착지는 문두에 나올 수 없으나 출발지는 문두에 나올 수 있다. 이 경우에 도착지는 come과 go 다음에 올 수밖에 없다:

- From Seoul he came/went to London.
  서울로부터 그는 런던으로 왔다/갔다.

from ~ to ~는 서로 분리되어 있는 두 장소 또는 개체들을 연결한다. 그러므로 서로 붙어 있는 두 지역을 연결하는 경우에는 from ~ to ~가 아니라 from ~ into ~를 쓴다:

- He went from the U.S. into Canada.
  그는 미국에서 캐나다로 갔다.

- He came into Canada from the U.S.
  그는 미국에서 캐나다로 왔다.

장소의 이동을 의미할지라도 go만 쓰이고 come은 쓰이지 않는 경우도 있다. 가령 어떤 물건이 집이나 사무실의 어느 장소에 놓여야 한다는 의미일 때가 그런 경우이다:

- Now, the piano goes over here and the chairs can go against that wall.
  자 피아노는 이리로 와야 하고(여기에 놓여야 하고) 의자들은 저쪽 벽에 붙여 놓으면 되겠구나.
  - over here는 화자가 있는 곳을 말하므로 당연히 come을 써야 할 것 같지만, come은 어떤 물건이 '어떤 장소에 놓이다' 라는 의미를 갖고 있지 않다.

- Which cupboard do these plates go in?
  이들 접시는 어느 찬장에 들어가야 되나요?

위에서 설명한 come과 go와 관련하여 bring과 take의 의미 차이도 보아두자. bring은 화자가 있는 곳으로의 이동을, take는 이 이외의 곳으로의 이동을 의미한다. 의미나 쓰임새에 있어서 bring('가져오다')은 come과 연결되고, take('가져가다')는 go와 연결되어 있는데 우리말 번역이 그것을 잘 보여준다:

- She came to my party and brought me a lovely present.
  그 여자는 내 파티에 왔는데 예쁜 선물을 가져왔다.

- I went to her party and took her a lovely present.
  나는 그 여자의 파티에 갔는데 예쁜 선물 하나를 가지고 갔다.

- I've brought some toys for your children.
  나는 당신의 아이들에게 줄 장난감들을 몇 개 가지고 왔습니다.
  - 여기서는 화자가 you와 함께 있으므로 화자가 있는 곳으로의 이동이다.

- Take an umbrella with you. It may rain today.
  우산을 가지고 가라. 오늘 비가 올지도 모른다.

- Take away these dirty dishes and bring me some coffee.
  이 다 먹은 접시들을 치우고 (즉 딴 데로 가져가고) 커피를 가져다 주시오.

- If you're going out, take me to the post office.
  외출하신다면 나를 우체국까지 데리고 가주십시오.

- I always bring my wife back home from her office on my way home.
  나는 언제나 집으로 오는 길에 내 처를 그의 사무실에서 데리고 옵니다.

- I always take my wife to her office on my way to work.
  나는 언제나 내가 출근하는 길에 내 처를 그의 사무실에 데려다 줍니다.

화자가 현재 있는 곳이 아니고 그가 자신을 어떤 곳에 있는 것으로 상상하고 말할 수 있는데 이 때의 화자를 향한 이동에도 bring이 쓰인다. 또 전화 통화나 편지에서는 상대방으로의 이동도 bring으로 나타낸다.

- Bring the foreign student to the party.
  그 외국인 학생을 파티에 데리고 오십시오.

  = Come with the foreign student.
  - 화자가 이미 the party에 가 있는 것으로 가정하고 말하는 경우이거나 아니면 the party를 화자가 주최하는 경우일 수도 있다. 만일 이런 경우가 아니라면 take를 써야 한다.

- A: Come and stay with us for the weekend and bring your wife.
  우리 집에 와서 주말을 보내십시오. 그리고 부인도 모시고 오세요.

  B: Thanks. Can we bring the children too?
  고맙습니다. 그런데 아이들을 데려가도 될까요?

  = Can we come with the children?
  - 위의 전화 통화에서 B가 한 말 bring the children을 우리말 표현에 맞도록 '아이들을 데려가다'로 했지만 이 문장의 직역은 '아이들을 데려와도 될까요?'이다. 만일 bring the children 대신 take the

children으로 한다면 아이들을 A의 집이 아닌 제 3의 장소로 데려가도 되겠느냐는 뜻이 될 것이다.

- **I don't know what I should take to the party this evening.**
  나는 오늘 저녁 그 파티에 무엇을 가져가야 할지 모르겠다.
    - 이 말은 그 파티에 가 있는 입장에서 하는 말이 아니고 앞으로 그 곳에 가야하는 입장에서 하는 말이다. 따라서 이 문장 뒤에 **when I go there** 같은 말을 덧붙일 수도 있는 것이다.

066 배수와 분수의 표현 방법

1. [배수/분수 + 명사(구)]

우리말에서는 '무엇의 두 배,' '무엇의 반,' '무엇의 3분의 1'과 같이 배수와 분수 둘 다 '~의'를 동반하지만 영어에서는 그렇지 않다. 배수(twice, double, three times, ten times 등)는 of를 동반하는 법이 없으며, 분수(half, one-third, two fifths, three-tenths 등)는 대명사와 같이 쓰일 때는 of를 동반하고 일반명사와 같이 쓰일 때는 of는 있어도 되고(미국영어) 없어도 된다(영국영어).

'한 번'의 의미로 one time은 쓰이지 않는다. 대신 once를 쓴다. '두 번'은 물론 two times라고도 할 수 있으나 특별한 경우(아래 2번 참조)를 제외하고는 twice가 쓰인다. 그러나 '세 번'은 thrice라고 하지 않고 three times라고 한다. 즉 배수의 표현에서 two times는 제한적으로만 쓰이고 one time과 thrice는 단어 자체가 폐기되어 가고 있다:

- I will pay you twice/double the amount he offers to pay you.
  나는 그가 너에게 주겠다고 제안하는 액수의 두 배를 주겠다.
  - *double/*twice of the amount

- His weight is twice/double what it was ten years ago.
  그의 체중은 10년 전의 두 배이다.

- Let's get the bigger box. It's twice the amount but costs less than twice as much, so it's cheaper than the smaller box.
  큰 상자를 사자. 양은 두 배이지만 가격은 두 배가 안 된다. 그러니 큰 것이 작은 것보다 더 싸다.

- The average per capita income in our country today is twice/double ten years ago.
  오늘의 우리나라 일인당 소득은 10년 전의 두배가 된다.

- He gets three times my salary.
  그는 내 봉급의 세 배를 받는다.
  - *three times of my salary

- In the war against Japan, B-29 bombers of the U.S. undertook bombing raids on Japan's cities, killing as many as 900,000 civilians – many times the combined death tolls of Hiroshima and Nagasaki.
  일본과의 전쟁에서 미국의 B-29 폭격기들이 일본의 도시들을 폭격하여 90만 명이나 죽였는데 이는 히로시마와 나가사키에서 (원폭 투하로) 죽은 사람들을 합친 것보다 여러 배 더 많은 수이다.

- He ate half (of) the meat.
  그는 그 고기의 반을 먹었다.

- He solved the mathematical problem in one-third (of) the time it took me.
  그는 그 수학문제를 내가 푸는 데 걸렸던 시간의 3분의 1의 시간에 풀었다.

- Give me half of it.
  그것의 반을 나에게 주시오.

- A: Have you read all those books?
  당신은 그 책들을 다 읽었습니까?
  B: No. I haven't read even one-tenth of them.
  아니오. 나는 그 책들의 10분의 1도 못 읽었습니다.

- More than a third of South Korea's 47 million people are logging into the Internet and over half of them have mobile phones.
  남한의 4천 7백만 인구의 3분의 1 이상이 인터넷에 접속하고 있고 또 그들 중 절반 이상이 휴대폰을 갖고 있다.

2. [배수 + 비교급 또는 동등비교] (as ~ as …)

이 형태는 '~보다 몇 배 더'의 의미이다. 다만 twice와 double은 비교급과는 같이 쓰이지 않는다. 이 경우에는 two times를 쓰거나 [twice + 동등 비교] 구조로 표현해야 한다:

- He makes ten times more money than I do.
  = He makes ten times as much money as I do.
  그는 나보다 돈을 열 배 더 많이 번다.

- I wish I were ten times richer than I am.
  = I wish I were ten times as rich as I am.
  나는 지금의 나보다 열 배 더 돈이 많았으면 좋겠다.

- He once ran two times faster than he does now.
  = He once ran twice as fast as he does now.
  * He once ran twice faster than he does now.
  한 때는 그가 지금보다 두 배 더 빨리 달렸다.

- Two times more people came to the party than did last time.
  = Twice as many people came to the party as did last time.
  * Twice more people came to the party than did last time.
  파티에 지난번보다 두 배나 많은 사람들이 왔다.

- His room is three times larger than mine.

  = His room is three times as large as mine.

  그의 방은 내 방보다 두 배가 더 크다.

- I paid three times more for the same service than he did.

  = I paid three times as much for the same service as he did.

  나는 똑같은 서비스에 대해서 그가 낸 돈보다 세 배를 더 냈다.

- The GNP today is four times more than a decade ago.

  = The GNP today is four times as much as a decade ago.

  오늘 국민 총생산은 십 년 전의 네 배이다.

- As far as language learning is concerned, recognition is ten times easier than production.

  = As far as language learning is concerned, recognition is ten times as easy as production.

  언어학습에 관한 한 알아듣는 일이 생산하는 일보다 열 배는 더 쉽다.

- Today apartment houses in certain areas cost three or four times more than a couple of years ago.

  지금 일부 지역의 아파트 가격은 2년 전에 비해 서너 배가 비싸다.

- Every year dogs – man's best friends – bite many thousands more people than sharks do.

  인간의 가장 좋은 친구라는 개들이 매년 상어들보다 수천 명 더 많은 사람들을 문다.

3. [분수 + 동등 비교]

이 형태는 '무엇의 몇 분의 몇'의 의미이다:

- Her husband makes only half as much money as she does.

  그 여자의 남편은 그 여자가 버는 돈의 반밖에 못 번다.

  - 이 경우 half as much money as she makes 대신 half the money she makes라고 할 수 있다. 그러나 이렇게 하면 '그 여자가 번 돈의 반'이라는 의미도 되므로 단순히 정도만 의미하는 데는 동등비교를 쓰는 것이 안전하다.

- A decade ago the GNP was one-fourth as much as it is this year.

  10년 전에는 GNP가 금년의 4분의 1이었다.

- There were half as many demonstrations this year as there were last year.
  금년에는 데모가 작년의 반밖에 없었다.

- Now that I'm retired, I live on an income which is one-tenth as much as I earned before.
  이제 나는 은퇴 상태이므로 나는 내가 전에 벌었던 수입의 10분의 1로 살고 있다.

- Petroleum cost one-tenth as much in the 1970's as it does today.
  석유 값이 1970년대에는 오늘의 10분의 1밖에 안 되었다.

4. [분수 + 동등 비교]가 again과 같이 쓰이는 경우

분수가 again과 같이 쓰이면 '몇 분의 몇 더'의 의미가 된다. 이것은 again의 '그만큼 더'라는 의미 때문이다. 이 의미는 물론 [분수 + 비교급]의 형태로도 나타낼 수 있다:

- Houses cost one-third as much again now as they did last year.
  = Houses cost one-third more now than they did last year.
  지금 집값은 작년 집값의 3분의 1이 더 올랐다.

- He makes half as much money again as I do.
  = He makes half more money than I do.
  = He makes one and a half times more money than I do.
  그는 나보다 돈을 한 배 반(50%) 더 번다.

- She makes as much money again as her husband.
  = She makes two times / twice as much money as her husband.
  그 여자는 자기 남편보다 두 배 돈을 더 많이 번다.

- I have a third as many students again in my class as I had last term.
  = I have a third more students in my class than I had last term.
  지난 학기 때보다 내 학생들 수가 3분의 1이 더 많다.

5. time은 배수의 의미가 아닌 횟수 즉 '몇 번'의 의미로도 쓰인다. 다만 '한 번'은 once를 쓰고 '두 번'은 twice를 쓴다. one time, two times 등으로는 표현하지 않는다:

- A: How many times have you been there?
  거기에는 몇 번 가보았소?

B: I have been there once/twice.
나는 거기에 한 번/두 번 가보았습니다.

*I have been there two times.

come near ~ing

'~할 뻔하다'

= a close call/shave: '위기일발,' '하마터면 발생했을 위험한 일,' '가까스로 모면한 일'

- When he was telling a whopping lie about me, I was so angry that I came near spitting in his face or slapping him across the cheek.

  그가 나에 대해서 터무니없는 거짓말을 하고 있었을 때 나는 어찌나 화가 치밀었는지 그의 얼굴에 침을 뱉거나 그의 뺨을 칠 뻔했다.

- When she just turned the corner following a left turn arrow, there was an old man jaywalking. She came near hitting him. She barely brought her car to a stop by stepping on the brake with all her weight. She felt cold sweat trickling down her forehead. It was really a close call.

  그 여자가 좌회전 신호를 받고 길 모서리를 막 돌았을 때 어느 노인이 무단횡단을 하고 있었다. 그 여자는 그 노인을 거의 칠 뻔했다. 그 여자는 자신의 온 몸무게로 브레이크를 밟아서 차를 간신히 세웠다. 그 여자는 식은땀이 이마로 흘러내리는 것을 느꼈다. 정말로 위기일발의 상황이었다.

'하물며'의 의미 much more, much less, still more, still less, let alone 등의 용법

우리말의 '하물며'에 해당하는 영어 표현은 긍정문에서는 much more 또는 still more이고, 부정문에서는 much less, still less, far less, even less, let alone이다. 우리말로는 긍정문에서는 '하물며'가 되지만 부정문에서는 '커녕,' '말할 것도 없이,' '말고도' 등으로 표현될 수 있다:

1. 긍정문에서

- He can write a novel in English, much more/still more speak it.
  그는 영어로 소설을 쓸 수 있다. 하물며 영어를 말하는 것 쯤이야 (일도 아니다).

- He can speak Latin, much more/still more (speak) French.
  그는 라틴어도 할 줄 안다. 하물며 불어야 말할 것도 없다.

- I can spend my money for you, much more/still more (spend) my time.
  나는 너를 위해서는 내 돈을 쓸 수 있다. 하물며 내 시간 내는 것 쯤 (무슨 문제겠느냐).

- He has a private plane, much more/still more a yacht.
  그 사람은 자가용 비행기가 있는 사람인데 요트야 말할 것도 없지.

2. 부정문에서

- He can't afford even his daily necessities, much less/still less/even less/far less/let alone (can afford) luxuries.
  그 사람은 그의 일용품 조차도 감당할 능력이 없다. 하물며 사치품이야 말할 것도 없다.

- He cannot speak English, still less (can speak) Latin.
  그는 라틴어는 커녕 영어도 못한다.

- I haven't finished even the first chapter, even less finished the whole book.
  나는 내 책 전체를 끝내기는 커녕 제 1장도 못 끝냈다.

- The old man could not even keep standing, much less walk.
  그 노인은 걷기는 커녕 서 있지도 못했다.

- I cannot afford even a bicycle, still less a car.
  나는 자동차는 커녕 자전거도 탈 형편이 못 된다.

- The project takes too much time, let alone the expenses.
  그 계획은 비용은 말할 것도 없고 시간이 너무 오래 걸린다.

3. 문장의 의미가 긍정인지 부정인지 혼란스러운 경우

어떤 부사, 형용사 또는 명사는 부정의 의미를 함축한다. 이들 부정어들 중에는 부정의 의미가 강한 것들도 있고 약한 것들도 있다. 가령 scarcely, hardly, little, few, too 등은 부정의 의미가 강하다. 이들을 포함하는 어구는 언제나 부정 어구이다. 그러므로 혼란은 없다. 그러나 reluctant, difficult, hard 등은 부정의 의미가 비교적 약하다. 다시 말해서 이들은 긍정과 부정의 중간에 있다고도 할 수 있다. 따라서 이들은 문장을 사실상의 부정문으로 만들 수도 있고 그렇게 하지 못할 수도 있다. 그래서 혼란스러운 것이다. 다음 문장들을 보자;

- He's reluctant to see any movie except comedies.
  그는 코메디 영화 외에 다른 영화는 보기를 꺼린다.

- It was difficult/hard for me to find anything new in the President's New Year speech.
  나는 대통령의 신년 연설에서 새로운 것을 찾기 어려웠다.
  = There was nothing new in the President's speech.

위 문장들에서는 reluctant, difficult, hard가 사실상의 부정어로 쓰여 some 대신 any가 쓰였다. 그러나 이들 형용사들은 그 의미가 부정으로 고정되어 있는 hardly 등과는 달리 긍정의 의미를 나타낼 수 없는 것은 아니다. more reluctant/difficult, harder에서 보듯이 이들 형용사는 비교급이 가능하다. 이것은 이들 형용사의 의미 강도가 고정되어 있지 않고 상위나 하위로의 이동이 가능하다는 뜻이다. 다시 말하면 이들 형용사는 상황에 따라 긍정의 의미와 부정의 의미로 쓰일 수 있음을 의미한다. 이같은 의미 정도의 유연성으로 인해서 reluctant, difficult, hard 등은 '하물며' 류의 의미와 연결될 때는 much more나 still more를 동반한다;

- It was difficult/hard for me even to keep standing, much more to walk.
  나는 서 있기도 힘들었다. 하물며 걷는 것은 말할 필요도 없었다.

- I had difficulty walking, still more running.
  나는 뛰는 것은 말할 것도 없고 걷는 것도 힘들었다.

- She's reluctant even to meet him, much more to date him.
  그 여자는 그 남자와 데이트하는 것은 말할 것도 없고 심지어 만나는 것 조차도 싫어한다.

- He hardly recognized my face, much less remembered my name.
  그는 나의 이름을 기억하기는 커녕 내 얼굴도 알아보지 못했다.

- Whom could that innocent girl marry? She has never dated a boy, much less kissed one.
  저 순진한 여자가 누구와 결혼할 수 있을까? 그 여자는 남자와 키스는 관두고라도 데이트 한 번 해본 적이 없는데.

- Few Korean students know these grammatical principles, much less use them in their English.
  한국 학생들 중 이들 영문법 원리를 그들이 영어할 때 쓸 수 있는 사람은 얼마 없고 알고 있는 경우도 드물다.

4. 기타

긍정문에서는 '~은 말할 것도 없이,' '~말고도'로 번역되고, 부정문에서는 '~은 커녕'으로 번역되는 영어 표현들로 to say nothing of, not to mention, without mentioning, not to speak of 등도 있다;

- I have three exams to take this week, not to mention/not to speak of/to say nothing of an essay to hand in.
  나는 제출해야 할 논물 말고도 이번 주에 치러야 할 시험이 세 개나 있다.

- I haven't been to Jejudo, not to mention Hawaii.
  나는 하와이는 관두고 제조두에도 못 가봤다.

- He speaks French, Spanish, and German, without mentioning English.
  그는 영어는 말할 것도 없고 불어, 스페인어, 그리고 독일어를 한다.

scratch the surface (of ~)/ get to the bottom (of ~)

'(~을) 오직 피상적으로만 공부하다' / '(~을) 철저히 파헤치다'

- The two students are very different from each other in personality. One just scratches the surface without ever going deep into any subject, whereas the other gets to the bottom of anything he studies.

  그 두 학생은 개성에 있어 서로 아주 다르다. 한 학생은 어느 과목이든 깊이 파고드는 법이 없이 그냥 피상적으로만 공부하는데 반면에 다른 학생은 그가 공부하는 것이면 무엇이나 철저히 파헤친다.

- I don't know the first thing about chemistry. I only scratched the surface of it just enough to pass the exam because I didn't like the subject when I was in high school. But I got to the bottom of mathematics, which I liked.

  나는 화학에 대해서는 기본도 모른다. 고등학교에 다닐 때 나는 그 과목을 좋아하지 않았기 때문에 겨우 시험에 통과할 정도로 피상적인 공부를 했다. 그러나 나는 수학 과목은 내가 좋아했기 때문에 철저히 파고들었다.

[by/through/in + ~ing]의 형태에서 이들 전치사의 의미 차이

1. [by + ~ing]

행위자가 어떤 일을 수행하기 위해 의도적으로, 직접적으로 사용하는 방법을 나타낸다:

- Open the packet by cutting along the dotted line.
  점선을 따라 잘라서 포장을 개봉하시오.

- We learn by doing.
  우리는 행함으로써 배운다.(해봐야 안다)

- The burglar escaped from the house by climbing down the drainpipe.
  도둑은 배수관을 타고 내려감으로써 그 집에서 빠져나갔다.

- He begins his day by having a cold shower.
  그는 자신의 하루를 찬물 샤워를 함으로써 시작한다.

- Children learn their language by listening.
  아이들은 그들의 언어를 들어서 배운다.

- A: How does she earn her living?
  그 여자는 어떻게 생계를 꾸려가고 있느냐?
  B: By selling insurance.
  보험 외판원을 하여 살아가고 있다.

- That kind of fire cannot be put out simply by pouring water on it.
  그런 화재는 단순히 물을 부어대는 방법으로는 진압될 수 없다.

- By seeing Hollywood movies I improved my English listening comprehension.
  나는 헐리우드 영화들을 보는 방법으로 나의 영어 청취능력을 키웠다.

- He tried to justify his being late for the meeting by saying that the streets were jammed with traffic.
  그는 교통이 막혔었다고 말함으로써 회의에 늦은 것을 정당화하려 했다.

- You stop the machine by pushing this button.
  이 단추를 눌러서 기계를 멈추십시오.

2. [through + ~ing]
처음부터 목적으로 한 것이 아니라 하다 보니 발생한 결과를 나타낸다:

- **He caught cold through going out without a raincoat.**
  그는 비옷도 안 입고 외출하여 감기에 걸렸다.
    - 감기에 걸리기 위해 의도적으로 비옷을 안 입고 외출한 것이 아니라, 이 행동이 본의 아니게 감기라는 결과를 발생시킨 것이다.

- **Through knowing their language he has come to understand their culture.**
  그들의 언어를 알다 보니까 그는 그들의 문화도 알게 되었다.
    - 그들의 문화를 알기 위해 그가 그들의 언어를 공부했다는 뜻이 아니라, 그가 그들의 언어를 배우고 나니 그들의 문화까지 알게 되는 의도하지 않은 결과를 얻었다는 뜻이다.

- **I improved my English listening comprehension through seeing Hollywood movies.**
  헐리우드 영화들을 즐겨 보다 보니 나도 모르게 영어 청취력이 증대하는 결과를 얻게 되었다.
    - through가 일반명사를 동반해도 같은 뜻으로 쓰일 수 있다.

- **The war was lost through bad organization.**
  그 전쟁은 조직이 잘못되어 패한 것이다.

- **Many working days are lost through sickness.**
  많은 노동시간이 병으로 인하여 상실된다.

- **I acquired all my possessions through years of hard work.**
  내 모든 소유물은 여러 해 동안 전력을 다한 노력을 하다 보니 얻어진 것이다.

- **People succeed through hard work.**
  열심히 일하다 보면 성공은 오는 것이다.

3. [in + ~ing]
동명사의 행위가 사실상 문장의 주 동사의 행위와 같다는 뜻이다:

- **He's making a big mistake in turning my proposal down.**
  그가 내 제의를 거부하는데 사실 그는 큰 실수를 하고 있는 것이다.
    - turning my proposal down = making a big mistake

- **In giving we receive; in dying we are born to eternal life.**
  주는 것은 곧 받는 것이며, 또한 죽는 것은 영생으로 태어나는 것이다.

- In protecting the President from terrorists, the guards sometimes have to put their own lives in danger.
  대통령을 테러분자들로부터 보호하는 데 있어서 경호원들은 더러는 자신들의 생명을 위험에 빠뜨려야 할 때가 있다.

  • protecting the President = putting their own lives in danger

- You're improving your English listening comprehension in seeing Hollywood movies.
  네가 헐리우드 영화를 보는 것은 네가 사실상 너의 영어 청취력을 키우고 있는 것이나 마찬가지이다.

(And the) same to you!

'당신도!'

누가 우리에게 행운을 빌어주거나 Xmas 또는 신년인사를 하면 우리도 같은 인사를 하게 되는데 이 때 상대의 말을 그대로 반복하는 것보다는 그 인사말을 대명사 same으로 지칭하여 하는 것이 듣기 좋다. 또 누가 우리에게 욕을 했을 경우에도 우리 입으로 똑같이 좋지 않은 말을 반복하기보다는 그것을 same으로 받아 되돌려줄 수 있다:

- **A:** Happy New Year!
  B: Same to you!
  A: 새해 복 많이 받으세요!
  B: 네, 선생님도요!

- **A:** Go to Hell!
  B: And the same to you!
  A: 지옥에나 떨어져라!
  B: 너도 (같이 떨어지자)!

전치사가 절을 목적어로 할 수 있는 경우

1. wh-절과 전치사

wh-절과 그 단축형은 전치사의 목적어가 될 수 있으며 전치사는 생략해도 된다:

- I inquired (about) whether tickets were available.
  나는 표를 살 수 있는지 문의했다.

- We haven't yet decided (on) which flight we will take/(on) which flight to take.
  우리는 아직 어느 비행기편을 이용할 것인지 결정하지 않았다.

- My wife and I argued (about) how much money we should spend/(about) how much money to spend for our vacation.
  나의 처와 나는 우리 휴가를 위해 돈을 얼마를 쓸 것인가에 대해서 논쟁을 했다.

- My wife and I never agree (on) how we should educate/(on) how to educate our children.
  나의 처와 나는 우리 아이들을 어떻게 교육시킬 것인가에 대해서 의견을 같이 하는 일이 없다.

- I hesitated (about) whether I should accept/(about) whether to accept the invitation.
  나는 그 초대를 받아들일 것인지에 대해서 망설였다.

- It depends (on) how hard you study.
  그것은 네가 얼마나 열심히 공부하느냐에 달려 있다.

- Look (at) what you've done!
  네가 한 일을 보라!

- Aren't you ashamed (of) what you did?
  네가 한 것에 대해서 부끄럽게 생각하지 않느냐?

- We were worried (about) where you were last night.
  우리는 네가 어젯밤에 어디에 가 있었는지 걱정했었다.

- She was not aware (of) how much money her fiance had.
  그 여자는 자기 약혼자가 얼마나 많은 돈을 갖고 있는지 알지 못했다.

- I'm not sure (about) whether I should go or not/(about) whether to go or not.
  나는 가야 할지 안 가야 할지 확신이 서지 않는다.

- I was unsure (of) what I should do/(of) what to do.
  나는 무엇을 해야 할지 확신이 서지 않았다.

- I was struck (by) how bizarre he looked.
  나는 그 사람이 얼마나 기이해 보였는지 놀랐다.

그러나 동사가 전치사와 결합하여 동사의 의미가 달라진 경우에는 전치사는 생략되지 않는다:

- Our minds tend to dwell on what has been happening to us.
  우리의 생각은 그 동안 우리에게 일어난 것들에 대해서 골몰하는 경향이 있다.
  - dwell은 혼자서는 '거주하다'의 뜻이지만 on과 결합하면 '골몰하다'의 의미가 되며 사실상 한 단어이므로 on을 생략할 수 없다.

- I'm looking forward to what he will say.
  나는 그가 이제 뭐라고 말할 것인지 기다려진다.
  - look forward to는 세 단어가 결합하여 하나의 동사가 된 경우이다.

2. [명사 + 전치사]의 형태와 wh-절

[명사 + 전치사 + wh-절] 또는 그 단축형의 형태에서는 전치사는 생략되지 않는 것이 원칙이다:

- The knowledge of how it should be done was not very common then.
  The knowledge of how to do it was ....
  그것이 어떻게 이루어져야 하는가에 대한 지식이 당시에는 일반적이 아니었다.

- We have no information about where she has gone.
  그 여자가 어디에 갔는지에 관한 정보를 갖고 있지 않습니다.

- His account of how he rescued the drowning boy was quite dramatic.
  그가 어떻게 물에 빠져 허우적거리는 아이를 구출했는가에 대한 그의 설명은 아주 극적인 것이었다.

- I have little insight into what he is thinking.
  나는 그가 무엇을 생각하고 있는지 알 수 없습니다.

- He and I had a bet as to who would stick out the longer in the water.
  그와 나는 물 속에서 누가 더 오래 버티는지 내기를 했다.

- Then came his explanation of why he had done it.
  그가 왜 그것을 했는지에 대한 설명이 그 때 나왔다.

- This instruction gives useful suggestions about how to use the book.
  이 지침이 이 책을 이용하는 방법에 대해서 유용한 암시를 줄 것입니다.

- I had no knowledge of what book I should read to pass the exam.
  I had no knowledge of what book to read ....
  시험에 합격하기 위해서 나는 무슨 책을 읽어야 하는지 몰랐다.

- Have you any idea (of) what I'm trying to explain?
  내가 지금 설명하려는 것이 무엇인지 아느냐?

  • idea of가 have의 목적어로 부정문이나 의문문에 쓰일 때 구어에서는 wh-절(구) 앞에서 of는 생략될 수 있는데 이것은 예외적인 현상이다.

- I have no idea (of) what you mean.
  나는 네가 무슨 말을 하는 것인지 모르겠다.

- Do you have any idea (of) how worried I was?
  내가 얼마나 걱정했는지 너는 아느냐?

한 가지 유의할 것은 question이나 problem이라는 단어 다음에 wh-절이 오면 wh-절은 그 앞의 명사와 동격이 된다. 이 경우 wh-절 앞에 동격을 나타내는 of를 넣어도 되지만 보통 생략한다:

- It is difficult to answer your question (of) how I did it.
  내가 그것을 어떤 방법으로 했느냐는 너의 질문은 대답하기 어렵다.

  • your question은 곧 how I did it이며, how I did it가 곧 your question이다. 이 같은 관계를 동격 관계라고 한다. 그러나 가령 his explanation of why he did it에서는 his explanation과 why he did it 사이에 이 관계가 성립되지 않는다. 따라서 of는 생략되지 않는다.

- The prosecution should solve the difficult problems (of) whether she bribed the then Minister of Defense and what he did for her in return.
  검찰은 그 여자가 당시의 국방장관에게 뇌물을 주었는가와 그 장관은 그 대가로 그 여자를 위해 어떤 일을 해주었는가라는 어려운 문제들을 해결해야 한다.

3. 전치사와 that절

that절은 전치사의 목적절이 되지 않는 것이 원칙이다:

- *He was unaware of that his lottery ticket had been drawn for first prize.
  → He was unaware that ..../ He was unaware of the fact that ....
  그는 자기의 복권이 일등에 당첨되었다는 것을 모르고 있었다.

- *I'm sorry about that I have to leave now.
  → I'm sorry that ..../ I'm sorry about my having to leave now.
  내가 지금 떠나지 않으면 안 되어 미안합니다.

- *He complained to the teacher about that the homework was too difficult.
  → He complained to the teacher that ..../ He complained to the teacher about the homework being too difficult.
  그는 숙제가 너무 어렵다고 선생님에게 불평했다.

---

see to는 '처리하다,' '돌보다'의 의미인데, 이 동사구가 that절을 목적어로 취해야 할 경우, 다시 말하면 'that절의 내용이 발생하도록 처리하다, 돌보다'의 의미로 쓰일 때는 전치사 to와 that 사이에 의미 없는 it을 끼워 넣어 그것을 형식적 목적어로 하거나 아니면 구어체에서는 전치사 to를 생략하고 [see + that절]의 형태를 취하기도 한다. 주로 부정문이나 의문문에 쓰이는 동사구인 swear to('맹세하다,' '단언하다,' '진실임을 증언하다')도 see to와 같은 용법으로 쓰인다:

- *Can you swear to that this man was at your house that evening?
  → Can you swear (to it) that this man was at your house that evening?
  이 사람이 그 날 저녁 당신의 집에 있었다는 것을 맹세할 수 있겠소?

- *I will see to that nobody disturbs you in school.
  → I will see (to it) that nobody disturbs you in school.
  학교에서 아무도 너를 괴롭히지 못하도록 해 주겠다.

---

depend upon('믿다'), answer for('책임을 지다'), rely on('의지하다')는 that절을 목적어로 할 때 that 앞에 가목적어인 it을 넣어야 한다:

- *You may depend upon that the newspaper accounts are exaggerated.
  → You may depend upon it that the newspaper accounts are exaggerated.
  우리는 그 신문기사가 과장되어 있다는 사실을 믿어도 된다.

- *I will answer for that this man is honest.
  → I will **answer for it that** this man is honest.
  나는 이 사람이 정직하다는 사실에 대해서 책임지고 말할 수 있다.

- **Rely on it that** you will have my full support.
  너는 나의 아낌없는 지원을 받게 될 것을 믿어라.

위의 예들은 모두 that절은 전치사의 목적어가 될 수 없음을 보여주는 것이다. 그러나 여기에 예외가 있다. '제외'의 의미인 except, save, but과 because의 의미인 in 등의 경우에는 전치사가 that절을 목적어로 할 수 있다. 이외에는 that절이 전치사의 목적어가 되는 법은 없다:

- He would have won easily **except** (that) / **save** (that) / **but** (that) he fell and broke his leg.
  넘어져서 다리를 다치지만 않았다면 그는 쉽게 이겼을 텐데.
  - 위와 같이 '제외'의 목적절에서는 가정적인 의미라도 직설법으로 나타낸다:

- I would go there **but** (that) I am busy.
  지금 내가 바쁘지만 않다면 나는 갈 텐데.
  = I would go there if I were not busy.

- I'm in a slightly awkward position, **in that** my secretary is on holiday now.
  나는 지금 내 비서가 휴가를 가고 없기 때문에 약간 곤란한 입장에 있다.

take ~ with a grain of salt/ at (its) face value

'~을 에누리해서 받아들이다,'
'액면대로 받아들이지 않다/액면대로 받아들이다'

- He is a very likable fellow, but I've learned to take everything he says with a grain of salt.
  그는 호감이 가는 사람이지만 그가 말하는 모든 것을 에누리해서 받아들여야 된다는 것을 나는 알게 되었다.

- No one seems to take what politicians say at its face value. Most of the politicians accused of bribery at first strongly deny it. But as pieces of evidence show up one after another, they admit it with all kinds of excuse.
  아무도 정치인들이 하는 말을 액면대로 받아들이지 않는 것 같다. 뇌물 수수죄로 기소된 정치인들 대부분은 처음에는 그것을 완강하게 부인한다. 그러나 증거가 하나씩 하나씩 나타남에 따라 그들은 온갖 변명을 붙여 뇌물 수수를 인정한다.

070 get 수동(get + pp)의 의미와 용법 (1)

[get + pp]는 직역하면 '어떻게 됨을 얻다' 이다. 이 구조의 get은 능동의 의미이고 pp는 수동의 의미이다. 그러므로 get 수동은 [능동 + 수동]의 구조이다. 얻는다는 것은 얻는 사람 즉 주어의 노력이나 바람이 있어야 된다. 그 얻는 것이 좋지 않은 것일 경우는 얻는 사람이 잘못한 결과인 것이다. 또한 주어가 어떤 수동 현상을 얻는다는 것은 변화를 얻는다는 것을 의미한다. 그래서 get 수동 문장은 주어의 변화에 대한 이야기가 된다.

반면에 [be+pp]의 be는 어휘적으로 별 의미가 없고 pp가 수동 행위를 의미하므로 be 수동은 완전한 의미의 수동이며 주어는 그 수동 행위의 발생에 전혀 개입되지 않으며 순수하게 당하는 입장이다. 따라서 의미 초점은 주어가 아니고 수동 행위를 일으킨 행위자에 맞추어진다. 이처럼 be 수동문은 단순히 수동 현상에 대한 객관적 서술인 것이다. 반면 get 수동은 수동 현상에 대해 화자가 자신의 판단이나 논평을 보탠 것이다. 여기서 화자의 논평은 수동문의 주어와 수동 현상과의 인과관계에 대한 것일 수도 있고 수동 현상에 대한 자신의 생각에 대한 것일 수도 있다.

get 수동의 구체적 의미와 용법들에 대하여 자세히 살펴보자:

1. get 수동에 사용되는 동사는 동적 의미를 갖는 것이라야 한다. 상태를 의미하는 동사들과는 결합할 수 없다. 동적 의미가 아니면 주어는 동사로부터 전달받는 행위가 없어 변화나 영향을 받을 수가 없기 때문이다:

- *She got loved.
    - → She was loved.
        그 여자는 사랑받았다.
    - 우리말로는 '사랑을 받았다' 로 번역되므로 마치 사랑이라는 것이 물건처럼 주고 받는 것으로 느껴질 수 있으나 영어에서 가령 like, dislike, hate, know, understand 등 감정동사 또는 인지동사들은 동적 행위를 의미하지 않는다. 마음의 상태를 나타내는 상태동사이다. 외적으로는 아무 것도 전달되는 것이 없다. 가령 I love her.의 love는 단순히 주어의 마음의 상태만 의미할 뿐 목적어인 her에게 어떤 행위를 전하는 것이 아니다.

- *He got watched.
    - → He was watched.
        그 사람은 감시 받았다.
    - watch '감시하다,' follow '추종하다,' keep prisoner '죄수 상태로 두다' 등은 지속적 의미의 상태동사이다. 예문의 주어인 he가 감시 받았다고 해서 그에게 변화가 발생한 것은 아니다.

- *John got considered a fool.
    - → John was considered a fool.
        John은 바보로 간주되었다.
    - regard, consider, think, believe 등은 마음의 상태를 의미하는 정적 의미를 나타내는 동사들이다. 예문에서 John은 남이 자신에 대해서 어떻게 생각하든 자신에게는 아무런 변화도 발생하지 않는다.

- The food got eaten quickly by the hungry children.
    그 음식은 배고픈 아이들에 의해 눈 깜박할 사이에 먹어 치워졌다.
    - 음식이 먹어치워져서 없어졌다는 뜻이다. 유가 무로 변한 것이다. 만일 be 수동을 썼다면 먹어 없어졌다는 주어의 변화에 의미 초점을 맞추지 않고 단순히 아이들이 음식을 빨리 먹었다는 뜻으로 의미 초점은 아이들의 행위에 맞추어진다.

2. get 수동은 수동 현상에 대한 주어의 능동적인 관여를 의미할 수 있다. 이런 경우라면 수동 행위가 일어나기 전에 우선 주어가 존재하고 있어야 한다. 그래야 수동 행위가 발생할 수 있을 것이고 그 결과로 주어가 변화할 수 있기 때문이다. 전에 없었던 것이 수동 행위의 결과 새로 창조되는 것은 get 수동의 의미에 맞지 않는다:

- *The baby got born on Christmas Eve.
    - → The baby was born on Christmas Eve.
        그 아이는 크리스마스 이브에 태어났다.
    - 태어나는 수동 행위가 있기 이전에는 the baby는 없었으므로 get 수동은 불가능하다.

- *A house got built on the vacant lot.
    - → A house was built on the vacant lot.
        그 공터에 집이 한 채 지어졌다.

- *Rome did not get built in a day.
    - → Rome was not built in a day.
        로마는 하루에 이루어진 것이 아니다.

- *The steam engine got invented by James Watt.
    - → The steam engine was invented by James watt.
        증기 기관은 James Watt에 의해 발명되었다.

- *The letter got written by my secretary.
    - → The letter was written by my secretary.
        그 편지는 내 비서에 의해 쓰여졌다.

위의 예문들에서는 주어가 수동 행위 이전에는 존재하지 않았다. 즉 수동 행위가 기존의 주어를 변화시킨 것이 아니므로 get 수동을 쓸 수 없는 것이다. 그러나 다음 문장을 보자:

- **Babies don't get born with silver spoons in their mouths anymore.**
  지금은 아이들이 (즉 오늘의 아이들은) 그들 입에 은수저를 물고 태어나지 않는다.
  - born with a silver spoon in one's mouth는 '부유한 집에 태어나다' 라는 의미로 본인의 합당한 노력 없이 부와 권력을 부모로부터 세습 받아 편하게 산다는 뜻이다. 위 예문에서 주어 babies는 그 이전 예문의 The baby got born ....의 the baby와는 달리 어느 특정 대상을 언급하지 않으며, 일반적으로 '아이들' 이라는 뜻이다. 특정적 의미인 '그 아이' 는 get born하기 전에는 존재하지 않았으나 일반적 의미인 '아이들' 은 위 문장의 주어 babies가 get born하기 전에도 언제나 존재했었다. 그러므로 이 문장은 '오늘의 아이들은 이전 아이들과는 처지가 다르다' 는 뜻으로 이해된다.

- **If the property gets run down because you do not take proper care, the landlord can charge you for repairs.**
  만일 (집에 비치된) 물건들이 당신이 적절하게 관리하지 않음으로 인해서 고장 나면 집주인은 수리에 드는 비용을 당신에게 물릴 수 있습니다.
  - 무생명체가 주어인 경우에는 그 소유자, 즉 여기서는 그 사용자의 책임을 암시하는 것이므로 get 수동이 쓰였다.

3. get 수동문은 의미의 초점을 문장의 주어에 맞추는, 주어에 관한 이야기로 주어가 수동 행위를 발생시킨 간접적인 행위자 또는 원인 제공자이다. 그러므로 수동 현상을 일으키는 행위자 즉 [by + 사람(행위자)]은 중요하지 않아 일반적으로 get 수동문에서는 제시될 필요가 없다. 또 제시되더라도 의미의 초점이 되지는 않는다. 반면에 be 수동문의 경우 의미 초점은 문장의 주어가 아니라 수동 행위를 발생시킨 행위자에게 있다. 행위자는 문장에 나타나 있지 않을 수 있으나 그런 경우에도 행위자가 누구인지는 암시되어 있거나 상식적으로 다 알 수 있어야 한다:

- ***He got fired by his boss.**
  → **He was fired by his boss.**
  그는 자기 상사에 의해서 해고되었다.
  - fire라는 행위를 한 사람(his boss)을 표시하면 주어 he는 완전한 의미의 '당하는 사람' 이 되므로 주어의 능동적 역할을 나타내는 get 수동은 맞지 않다.

- **John got married by the Pope.**
  John은 교황의 주례로 결혼했다.
  - 교황처럼 특별한 행위자를 제시할 경우에는 get 수동을 쓸 수 있으며 행위자를 부각시키기 위해 행위자 (by + 사람)를 나타내면서도 주어가 수동 행위를 발생시키기 위해 노력을 했다는 get 수동의 의미를 암시할 수 있다. 만일 이 문장에 be 수동을 쓰면 주어와 수동 행위의 발생과의 관계는 나타나지 않는다.

- **He was fired.**

  He got fired.
  그는 해고되었다.

  - 첫 번째 문장은 행위자가 중시되는 be 수동문임에도 불구하고 fire의 행위자가 나타나 있지도 암시되어 있지도 않아 비록 문법적인 하자는 없지만 의미상으로 불완전하다. 그러나 두 번째 문장에서는 fired되는 일에 주어가 개입되었다(원인 제공을 했다)는 뜻으로 이 문장에서는 행위자는 중요하지 않다. 의미상으로 완전하다.

- **He was fired unjustly/on false charges.**
  그는 부당하게/허위 죄목으로 해고되었다.

  - unjustly/on false charges는 행위자에 관한 의미이므로 이들 부사(구)는 어떤 부당한 행위자를 대신하고 있다. 즉 행위자가 문장에 나타나 있는 것과 같다. 따라서 get 수동은 맞지 않으며 be 수동으로 해야 한다.

- *****He got killed in cold blood.**
  → **He was killed in cold blood.**
  그는 냉혈적으로 살해되었다.

  - in cold blood가 간접적으로 '어떤 냉혈적인 인간'이라는 행위자에 초점을 맞추고 있으므로 get 수동은 맞지 않다.

- **He got shot on purpose.**
  그는 고의로 총에 맞았다.

  He was shot on purpose.
  그는 고의로 총에 맞았다.

  - 위 두 문장은 우리말로는 똑같이 번역되지만 첫째 문장의 got shot는 수동 행위, 즉 총에 맞는 행위에 주어가 자기 의지로 개입하였음을 의미한다. 즉 고의로 총에 맞았다는 뜻이다. on purpose는 주어의 행위를 수식한다. 반면 두 번째 문장의 was shot는 문장에는 나타나 있지 않은 어떤 살인 행위자의 고의를 의미한다. 여기서 on purpose는 나타나 있지 않은 살인자의 행위에 연결되어 있다.

- **He got caught by the police driving at 60 km/h through a back street.**
  그는 뒷길을 시속 60km로 달리다가 경찰에 붙잡혔다.

  - 여기서 행위자를 나타내는 by the police는 중요하지 않다. 동사가 '붙잡혔다'이므로 the police가 그냥 따라 붙은 것이다. caught/arrested by the police는 거의 관용적인 어구이다. 행위자가 나타나 있든 없든 이 문장은 주어에 대한 이야기로 got caught는 주어가 원인을 제공하여 자초한 결과이다. 주어의 위험한 운전 행위에 대한 화자의 감정적 반응도 내포되어 있다. got 대신 was를 썼다면 이 문장은 그를 누가 잡았는가에 대한 이야기일 뿐 그 외의 다른 의미는 모두 배제된다.

- **People who break the law almost always get caught by the police.**
  법을 어긴 사람들은 거의 언제나 경찰에 붙잡힌다.

- 범인은 아무리 자신을 감추려고 노력해도 결국 자신을 드러내기 마련이라는 뜻이다.

위의 예문들에서 보는 것처럼 get 수동은 그 행위를 실현하는 일에 주어 스스로가 직접 또는 간접으로 개입했거나, 원했거나, 부주의 했거나 또는 어떤 이유로든 일단의 책임이 있음을 의미하므로 수동 행위를 가져온 사실상의 행위자 속에 주어 자신도 포함되는 것이다. 다음 예들을 더 보자:

■ I'm afraid something is wrong with my stomach. I'll go to the doctor and get examined.
아무래도 배가 좀 이상한 것 같다. 의사한테 가서 진찰을 받아 봐야겠다.
- 수동 행위를 발생시킬 주어의 의지를 나타낸다.

■ Have you gotten vaccinated against influenza yet?
독감 예방접종을 받았느냐?
- 접종을 '당했느냐'는 순수 수동적 의미가 아니고 주어가 자기 스스로 접종을 받았는가를 묻는 것이다.

■ John got promoted.
John이 승진했다.
- 이 문장만으로는 주어가 자신의 승진을 단순히 바라기만 했는지, 그것을 얻기 위해 노력을 했는지, 또는 심지어 계략을 썼는지 알 수 없다. 그러나 이 문장에 instead of me나 before me 같은 말을 붙인다면 John이 계략을 써서 나를 제치고 승진했다는 뜻이 암시될 것이다. be 수동을 쓴다면 수동 행위와 주어와의 관계는 없이 승진했다는 객관적인 사실만을 의미하게 된다.

■ Communists must get arrested to prove their loyalty to the party.
공산주의자들은 당에 대한 자신들의 충성심을 증명하기 위해서 검거되어야 한다.
- 공산주의자들은 검거당하는 것을 원하며 또 그렇게 되도록 노력한다는 뜻이다.

■ Communists must be arrested to keep society free and democratic.
사회를 자유롭고 민주주의적 상태로 유지하기 위해서는 공산주의자들은 검거되어야 한다.
- 상식적으로 전제된 행위자, 즉 경찰은 공산주의자들을 검거해야 한다는 뜻이다.

■ Communists must be/*get exterminated ruthlessly.
공산주의자들은 무자비하게 박멸되어야 한다.
- ruthlessly는 박멸하는 행위자로서 국가나 사회를 암시하므로 이 문장은 완전한 수동 의미이다. 따라서 get 수동은 적합하지 않다.

■ I got paid yesterday.
나는 어제 봉급을 받았다.
- 이 문장은 I was paid yesterday.와는 약간 다른 어감을 준다. 즉 봉급 받는 일에 주어의 심리적 연결감

이 있다. 다시 말하면 그 행위는 주어가 원하고 좋아하는 일이라는 것이다. I received my pay.와 같다. 반면 I was paid.는 주어의 심리적 연결 없이 행위자에 초점을 맞춘 They paid me.의 의미이다.

- **Kim Dae Jung was/got awarded a Nobel Peace Prize.**
  김대중 씨는 노벨 평화상을 탔다.
  - 이 경우에는 was와 got 중 어느 것이 맞는지 알 수 없다. 오직 본인만이 알 것이다. 김대중 씨가 노벨상을 탈 목적을 가지고 김정일에게 돈을 주고 만나서 이산가족 상봉을 성취했다고 말하고 싶은 사람은 got를 택할 것이고, 그런 의도는 없었다고 말하고 싶은 사람은 was를 쓸 것이다.

- **Christ got/was crucified.**
  그리스도는 십자가에 못 박혔다.
  - 그리스도의 죽음이 하늘의 뜻이었다고 믿는 사람은 was를 택할 것이고, 빌라도와 타협했더라면 살 수 있었을 텐데 어리석게도 그렇게 하지 못한 실수로 그가 십자가에 못 박혔다고 즉 그리스도가 원인 제공을 했다고 말하고 싶은 사람은 got를 택할 것이다.

- **If you walk alone at night in that neighborhood, you might get attacked and robbed.**
  그 지역에서 밤에 혼자 걸으면 습격을 받아 돈을 빼앗길 수 있다.
  - 여기서 수동 행위는 주어의 부주의 또는 무지에서 발생하는 것이므로 결국 주어가 그 원인을 제공하는 것이다.

- **Asking for support from every social group during the election campaign, I did my best to get elected to the Presidency. But I was elected not to represent a few interest groups but to represent the people of my country.**
  선거 운동 기간에 나는 모든 사회 집단의 지지를 요청하며 대통령에 당선되기 위해 전력을 다했다. 그러나 나는 몇몇 집단들을 대표하기 위해서가 아니라 내 나라의 국민을 대표하도록 선출된 것이다.
  - elected가 두 번 나오는데 첫 번째는 주어가 그렇게 되려고 노력했다는 뜻이므로 get 수동을 썼으며, 두 번째는 당선시켜 준 유권자들 즉 행위자의 입장에서 당선의 의미를 말하는 것이므로 be 수동을 쓴 것이다.

- **Did anyone get hurt in the accident?**
  그 사고에서 다친 사람이 있나요?
  - 이 경우에는 주어의 책임을 의미하지 않는데도 get 수동을 썼다. 이것은 말하는 사람이 사고를 가져온 행위자에 대한 생각은 전혀 하지 않은 채 주어의 수동 상태, 즉 변화에만 관심을 보이기 때문이다.

- **How soon will the new dam get filled with water?**
  새 댐은 언제 물이 차게 될까요?
  - 이 문장 역시 행위자가 전혀 고려되지 않는 의미이기 때문에 get 수동이 된 것이다.

- **The President was/*got buried in state.**
  대통령은 장엄하게 매장되었다.
  - 여기서 the President는 '사람'이 아니고 '사람의 몸'이다. 죽은 자는 자신의 의지가 없는 무생명체이므로 be 수동을 써야 한다. 주어가 수동 행위에 직접적으로 또는 간접적으로 역할을 하는 get 수동은 불가능하다.

- **The dead were/*got buried quickly.**
  사망자들은 재빨리 매장되었다.

- **I used to get teased a lot at school by older children.**
  나는 나보다 나이가 더 많은 아이들에게 많은 놀림을 받곤 했다.
  - be teased로 하면 단순한 사실의 전달이지만 get teased로 쓴 것은 주어가 어느 정도 자신의 책임을 인정하는 것이다.

- **The question virtually all Mir crews get asked is whether they took showers during their stay in the spaceship.**
  사실상 모든 미르(러시아의 장기 우주체류 우주선) 탑승 우주인단들이 받는 질문은 미르에 머무는 기간에 샤워를 했느냐는 것이다.
  - 기자들이 우주인들에게 질문하도록 우주인 자신들이 무엇을 했다는 뜻은 아니다. 다만 그들이 겪은 장기간의 대단히 특이한 체험이 일반인들에게 여러 가지 문제에 대한 호기심을 갖게 한다. 그러므로 우주인들은 그들의 특별한 체험 때문에 본의 아니게 그런 질문을 받을 수밖에 없는 것이다. 따라서 원문의 감각을 살려 번역한다면 '우주인단들이 안 받을 수 없는 질문은'이 될 것이다.

4. get 수동은 원래는 [get + 재귀대명사 + pp]의 능동 형태로 출발했다. He got himself fired. ('그는 자신이 해고를 당하도록 만들었다.')와 같은 표현이 He got fired.가 되어 그 자신이 해고의 원인을 제공했음을 의미한다. 이처럼 아직도 get 수동에는 능동의 의미가 강하게 남아 있다. 그래서 우리말로는 완전한 능동의 의미가 영어로는 get 수동이 되는 경우들이 있다:

- **Get dressed/washed quickly. We have to hurry up.**
  빨리 옷을 입어라/씻어라. 서둘러야겠다.
  - get 수동이 명령문에 쓰이면 완전한 능동의 의미이다.

- **Get lost**!

    사라져 버려라!

- They **got married** last month.

    그들은 지난달에 결혼했다.

    - '결혼식을 했다'는 능동적 의미이다. They married last month.와 같은 뜻이다. 그러나 They were married last month.로 하면 결혼식을 올렸다는 것인지 '결혼한 상태였다'는 것인지 알 수 없다.

- *Be careful and don't be captured.
    → Be careful and don't **get captured**.

    조심해서 잡히지 않도록 하라.

    - get 수동은 주어가 그 수동행위의 발생에 능동적인 관계가 있는 것이므로 [Don't get + pp]의 형태로 써 부정 명령형으로 자주 쓰인다. 그러나 [Don't be + 동사] 형태는 화자의 명령을 듣는 대화의 상대방에 의미 초점을 맞추는 것이 아니라 수동 행위를 발생시키는 행위자에 초점을 맞추는 것이므로 명령문으로 쓰기에는 적합하지 않다.

5. **get 수동은 문장의 주어나 수동 행위 자체에 대한 화자의 평가, 태도 또는 감정적 반응을 나타낼 수 있다:**

- He **got taught a lesson**.

    그는 교훈을 얻었다.

    - 그런 짓을 하다가 그 사람 혼쭐났다는 의미로서 그 사람에 대한 화자의 경멸을 나타내고 있다.

- We *got/**were taught Lesson 10** yesterday.

    우리는 어제 제 10과를 배웠다.

    - 이것은 주어의 의지와는 상관없이 단순히 어떤 수동 사실을 전하는 말이므로 get 수동은 쓰일 수 없다.

- The boy had all the luck: he **got sent** to a private school in London.

    그 아이는 운이 좋았다. 그는 런던에 있는 사립학교에 보내진 것이다.

    - 화자는 수동 사실만을 말하고 있는 것이 아니다. 화자는 주어가 운이 좋았다는 것, 사립학교에서 공부하는 것이 주어에게 좋은 일이라는 것 등을 동시에 나타내고 있다. 단순히 수동 사실만을 말하려 했다면 be 수동을 썼을 것이다.

- My son **got arrested** again for possession of marijuana.

    내 아들놈이 마리화나를 소유한 죄로 또 체포되었다.

    - 잘못 가고 있는 자식 즉 주어에 대한 부모의 분노를 나타낸다.

- **The escapee went to meet his girl-friend and got captured.**
  그 탈옥수는 그의 여자 친구를 만나러 갔다가 붙잡혔다.
  - 화자의 탈옥수에 대한 동정을 나타낼 수도 있고 탈옥수의 어리석음을 개탄하는 의미일 수도 있다.

- **My son got admitted to Harvard!**
  내 아들이 Harvard 대학에 입학 허가를 받았다.
  - 화자의 자부심이 느껴진다.

IDIOMATIC EXPRESSIONS

Dog eat dog

'남의 입장을 고려할 수 없는 살벌한 생존경쟁'
동물의 세계에서 같은 종끼리는 서로 잡아먹는 일이 없지만 개가 개를 잡아먹는다면 도덕이나 윤리같은 것이 없는 상황을 의미한다.

Dog does not eat dog

'초록은 동색이다'
같은 직종에 있는, 같은 명분을 위해 일하는 사람들끼리는 서로 해치지 않으며, 서로 감싸주며 서로 돕는다는 뜻이다. 가령, 의사는 다른 의사를 진찰할 때 진찰료를 물리지 않거나 다른 의사에게 불리하게 증언하지 않거나, 또 신문들이 서로의 약점 때문에 타 신문의 약점을 터뜨리지 않는 것이 관행이라면 이것은 위 표현의 예가 될 것이다.

- It's dog eat dog in the business world today. Colleagues do not help one another anymore, because if they I achieve less than others, they may be forced out any time.
  지금 기업 세계에서는 서로 물어뜯을 만큼 살벌한 생존경쟁이 일어나고 있다. 동료들은 이제는 서로를 돕지 않는다. 왜냐하면 내가 다른 동료들보다 적게 성취하면 나는 언제든지 퇴출될 수 있기 때문이다.

- It is very difficult for a person to criticize another in the same occupation. There is an old saying that dog does not eat dog. If a doctor, for instance, criticizes another doctor or the medical profession, he is likely to be ostracized from the profession.
  한 사람이 자기와 같은 업종에 있는 다른 사람을 비판하기는 대단히 어려운 일이다. 초록은 동색이라는 속담이 있다. 가령 한 의사가 다른 의사 또는 의료계를 비판한다면 그는 아마 그 세계로부터 왕따를 당할 것이다.

071 get 수동(get+pp)의 의미와 용법 (2)

6. get이 재귀대명사를 목적어로 동반하면 수동 행위가 발생한 것에 대한 주어의 책임 내지는 노력이 더욱 뚜렷해진다. 물론 무생명체 주어는 의지를 갖고 있는 존재가 아니므로 재귀 대명사를 동반할 수 없다. 이 경우의 수동 행위는 일반적으로 주어에게 좋지 않은 일이지만 반드시 그런 것은 아니다:

- Jane got herself fired.
  Jane은 자신이 해고되도록 했다.
  - Jane의 해고는 전적으로 Jane의 잘못 때문이라는 뜻이다.

- If you say that elsewhere, you will get yourself slapped across the face.
  그런 소리를 딴 데 가서 하면 너는 빰을 맞을 것이다.

- He got himself kicked in the shin for the remark.
  그는 그 말 한 마디 한 것으로 인해서 정강이를 채였다.

7. '강도를 당하다,' '차에 치이다,' '상처를 입다' 등은 우리가 주의하면 사전에 예방할 수 있는 일로 간주된다. 즉 적어도 문법적으로는 그런 일을 당하는 주체인 문장의 주어에 책임이 일부 있는 것이다. 그래서 get 수동을 써야 한다. 그러나 만일 문장 안 또는 전후관계에서 행위자가 제시되어 있다면 의미 초점은 그 행위자에게 이전되므로 be 수동을 써야 한다:

- He got held up on the street.
  그는 길에서 강도를 당했다.

- He was starting to cross the street when two masked men approached him. He was/*got held up and robbed of all his money.
  그가 막 길을 건너려고 하는데 그 때 복면을 한 사람 둘이 그에게 다가왔다. 그는 강도를 당해서 가진 돈을 다 털렸다.
  - 문장 안에 강도질의 행위자 즉 two masked men이 나타나 있기 때문에 get 수동을 쓰지 않은 것이다.

- In this difficult time you can get robbed anytime anywhere.
  지금의 어려운 시기에는 우리는 언제 어디서나 강도를 당할 수 있다.
  - 요즘과 같이 살기 어려운 때에는 그저 조심하는 것이 상책이니 모든 사람이 다 그런 가능성에 능동적으로 대처하라는 뜻이다.

- How did you get hurt like that?
  어쩌다가 그런 상처를 입게 되었느냐?
  - 이 말은 좀 조심하지 그랬냐는 의미를 내포한다.

8. 어떤 동사들, 가령 hinder '방해하다,' slander '중상 모략하다' 등의 경우에는 주어의 동사행위 개입이 의미상으로 있을 수 없는 것이어서, 다시 말하면 어떤 사람이 일부러 자기 자신이 방해되고, 모략 받도록 하지는 않는 것이므로 get 수동은 사용할 수 없고, 완전 수동인 be 수동을 써야 한다:

- They were/*got hindered from working.
  그들은 일을 못하게 방해 받았다.

- He was/*got slandered malignantly.
  그는 악의적으로 중상모략을 받았다.
  - '악의적으로' 라는 의미가 문장의 주어가 아닌 다른 사람 즉 slander의 행위자에 대해서 언급하는 말이므로 주어 he는 당하는 입장이다.

9. 주어가 자신의 의지나 힘으로 예방할 수 없는 불가항력의 환경에서 발생하는 사고나 다른 사람의 통제 하에 놓여 자신은 아무런 힘을 쓸 수 없는 속수무책의 상태에서 당하는 것은 완전한 수동의 의미이므로 get 수동은 당연히 쓸 수 없다:

- Millions of innocent people were/*got killed by the socialist Pol Pot regime.
  수백만의 양민이 사회주의 Pol Pot 정권에 의해 살해되었다.
  - 무서운 독재를 하지 않으면 지탱할 수 없는 사회주의 체제 하에서는 국민은 대부분의 경우 예방할 수 없는 불가항력적인 정치 환경에서 당하는 것이므로 get 수동은 맞지 않다.

- The platoon was/*got ordered to take the hill.
  그 소대는 그 고지를 점령하라는 명령을 받았다.
  - 상위 단위인 중대나 대대로 부터 명령을 받으면 소대는 그대로 행해야 한다.

- Hundreds of slaves were/*got sold at the port alone.
  그 항구에서만 수백 명의 노예가 팔렸다.
  - 노예들은 자신들이 어떻게 거래되든 관여할 처지가 아니다.

10. 아직 자신의 의지나 판단이 성숙하지 않은 어린 아이는 get 수동문의 주어가 되기 어렵다(물론 앞의 2에서 제시한 예문들의 경우에는 어린이도 get 수동의 주어가 될 수 있지만). 일반적으로 동물도 get 수동문의 주어가 되기 어렵다. 이들이 자신의 의지나 이해관계로 어떤 수동 행위의 발생에 개입한다고 생각할 수 없기 때문이다:

- As she dashed out into the street after her ball, a car suddenly turned the corner; the child was/*got run over.
  그 아이가 자기 공을 따라 길로 돌진해 들어갔을 때 자동차 한 대가 갑자기 코너를 돌았다. 그 아이는 차에 치었다.
  - 코너를 돌아 나오는 운전자가 갑자기 길로 튀어나오는 어린애를 피하기는 어렵다. 물론 어린애가 잘못했지만 그렇다고 get 수동을 씀으로써 주어인 the child에게 책임을 돌릴 수도 없다. 책임은 그 때의 상황에 있는 것이다.

- He got kicked by a mule.
  그는 노새에게 채였다.
  - 주어가 잘못하여 노새에게 채였다는 뜻이다. 사람의 도발이나 잘못이 없는데도 동물이 스스로의 의지로 사람을 해친다고는 일반적으로 생각되지 않는다. 따라서 위 문장을 능동형으로 고친 A mule kicked him. 같은 말은 개그처럼 우습게 들린다. 우리말로도 '?노새가 그를 찼다.'는 부자연스러우며 '그는 노새에게 채였다.'가 자연스런 표현이다.

- The mule was/*got kicked by its owner.
  노새는 그 주인에 의해 채였다.
  - 노새는 잘잘못을 할 수 없는 대상이므로 완전 수동이라야 한다.

- He got bitten by a snake.
  그는 뱀에 물렸다.
  - by a snake가 행위자처럼 보이지만 행위자로 취급되지 않는다. 사람이 실수로 자극을 주었으므로 뱀은 자동적인 반응을 보인 것으로 느끼는 것이다. 따라서 A snake bit him.도 개그처럼 들린다.

- The snake was/*got immediately killed by the man.
  그 뱀은 그 사람에 의해서 즉시 죽임을 당했다.
  - 뱀에게 책임을 돌릴 수는 없으므로 be 수동을 쓴 것이다.

- He got hit on the head with a ball.
  그는 머리에 공을 맞았다.
  - 주어가 부주의하여 머리를 공으로 얻어 맞았다는 뜻이다.

- He got run over by a bus.
  그는 버스에 치었다.
  - by a bus는 행위자를 의미하지 않고 run over 당하는 수단을 의미한다. 또 이 일에는 주어에게 일부 책임이 있다는 것을 의미한다.

- He got run over by a drunken driver.
  그는 술 취한 운전자에 의해서 차에 치었다.

- 술 취한 사람은 자신의 멀쩡한 의지를 가지고 행동하는 것이라고 인식되지 않으므로 행위자로 취급되지 않는다.

■ **Didn't that dog get hit by a car?**

저 개는 전에 차에 치었지 않았느냐?

- 이 문제에서는 동물이 주어이지만 get 수동이 쓰였다. 이 경우는 앞 5번에서 언급한 바와 같이 수동 행위에 대한 화자의 심리적, 감정적 반응을 나타내기 위해서이다. 즉 '저 개는 전에 차에 치인 것으로 아는데 지금은 저렇게 멀쩡하구나.' 와 같은 의미이다. 단순한 수동 행위 자체만을 말하는 것이 아니다.

11. 무생명체는 비록 자체의 의지가 있을 수 없지만 get 수동의 주어가 될 수 있다. 이것은 그 수동 현상에 대한 화자의 반응, 그 수동문의 주어에 대한 화자의 태도, 그 무생명체의 소유자에 대한 화자의 논평, 또는 어떤 수동 현상이 쉬운 일이 아니어서 많은 노력이나 시도 끝에 이루어진 일이라는 사실의 암시, 또는 자연현상으로 발생하는 주어의 변화 등을 나타낼 때 쓰인다:

■ **The grass in my yard finally got cut yesterday.**

우리 집 마당의 잔디가 드디어 어제 깎여졌다.

- 그동안 미루어 오다가 드디어 깎았다는 뜻이다.

■ **The package finally got delivered.**

그 소포는 드디어 배달되었다.

- 소포의 배달이 그 동안 지연되어 화자가 걱정했었음을 암시한다.

■ **Nothing gets done around here.**

여기서는 아무것도 되는 것이 없다.

- 상황에 대한 화자의 신경질적인 반응을 나타낸다.

■ **After a lot of explaining to his boss, his project finally got approved.**

그의 상사에게 많은 설명을 한 다음에야 비로소 그의 계획이 승인되었다.

- 많은 노력의 결과로 발생한 수동 현상을 나타낸다.

■ **A primitive house like that can get built in a couple of days.**

저런 원시적인 집이라면 이틀이면 지을 수 있다.

- 앞에서 전에 없었던 것이 동사구의 행위로 인해서 새로 탄생하는 것은 get 수동으로 나타낼 수 없다고 했다. 여기서 a primitive house가 get built의 행위로 탄생하는 것이므로 get 수동은 맞지 않을 것 같기도 하다. 그러나 house를 경멸의 의미인 primitive가 수식하고 있어 화자가 주어에 대한 경멸을 강하게 나타내고 있다. 이처럼 주어에 대해서 화자가 강한 감정적 반응을 나타내고 싶을 때는 창조동사의 경우에도 get 수동을 쓸 수 있다. 그러나 primitive를 빼고 a house like that이라고만 해도 주어에 대한 화자의 폄하적 평가로 볼 수는 있지만 그 정도만으로 get 수동을 쓰기에는 무리가 있을 것이다.

- **To make sure the virus gets destroyed, the dead cows were burned.**
  바이러스가 박멸되도록 그 죽은 소들은 소각되었다.
  - gets destroyed 대신 is destroyed를 쓰면 '바이러스가 박멸되도록'이라는 어떤 목적만을 나타내지만 get 수동을 씀으로써 그 박멸이 쉽지 않은 일이라는 사실도 나타낸다.

- **The walls of the building got cracked in many places in less than a year after its completion.**
  그 건물의 벽들은 완성한 지 일 년도 못 되어 여러 군데에 금이 갔다.
  - 이 문장은 벽에 금이 가는 자연현상을 의미할 수도 있고 시공자에 대한 화자의 감정적 논평을 의미할 수도 있다. 그러나 어느 뜻으로든 be 수동은 적합하지 않다. be 수동은 수동 현상을 가져온 행위자에게 대한 이야기이기 때문이다.

- **The telephone booths outside the university building got smashed up during the students' demonstration.**
  학생들의 시위 중에 대학 건물 바깥에 있는 공중전화 시설물들이 박살났다.
  - 이 문장은 화자의 감정적, 신경질적 반응을 나타낸다. 따라서 일반 이용자가 하는 말이라기보다는 공중전화를 설치, 관리하는 임무를 가지고 있는 사람들이 보일 수 있는 반응이다.

- **How did that window get broken?**
  그 창이 어떻게 해서 깨졌느냐?
  - 창이 깨진 것에 대한 화자의 신경질적이고 감정적인 반응이다. 만일 be 수동으로 바꾸면 이 같은 화자의 감정이 없는 평범한 질문이 된다.

- **My son's bike got stolen last night.**
  내 아들의 자전거가 어젯밤에 도난 당했다.
  - 화자가 자전거의 주인인 my son의 부주의를 탓하며 하는 말이다.

- **The car got broken, and the purse got lost.**
  자동차가 부숴졌고 핸드백이 분실되었다.
  - 이 말은 수동 현상에 대한 화자의 감정적 반응이므로 십중팔구 차와 핸드백은 화자의 소유물일 것이다.

- **With age, less bone gets made than destroyed.**
  나이가 들수록 뼈는 만들어지는 양이 사라지는 양보다 더 적다.
  - get 수동이 쓰인 것은 bone의 주인인 사람의 마음을 나타내기 위한 것이다. 즉 아무리 뼈가 생산되기를 바라더라도 그렇게 되지 않는다는 뜻이다.

- **This room didn't get painted last year.**
  이 방은 작년에 페인트하지 않았다.
  - 동사구를 직역하면 '칠함을 받지 못했다'이다. 매년 새로 칠하는 것이 방을 위해 좋은 일인데도 작년에

는 이 방이 그런 대접을 받지 못했다는 뜻이다. 만일 be 수동을 쓴다면 방에 대한 화자의 이러한 개인적 판단이 배제되고 순수하게 사실적 서술이 된다.

- **The leaves get blown about by the wind in the fall.**
  가을이 되면 나뭇잎들은 바람에 이리저리 흩날린다.
  - the leaves를 의인화시켜 말한 것이다. 즉 나뭇잎들이 아무리 나무에 그냥 붙어 있기를 바래도 결국 흩날려 떨어지고 나무는 앙상한 모양으로 변한다고 화자는 주장한다. 만일 be 수동을 쓰면 나뭇잎들은 가을이 되면 바람에 흩날려 떨어진다는 자연현상만을 의미할 뿐 화자의 생각은 포함되지 않는다.

- **How did this door get opened?**
  이 문이 어떻게 열리게 되었지?
  - 이 문장은 문이 열리기를 원치 않는 화자가 문이 열린 것에 대해서 감정적 반응을 나타내며 묻는 말이다. 그러므로 이 질문에 대한 대답으로는 가령 단순한 사실의 진술인 I did it.보다는 질문자의 감정을 누그러뜨리는 I'm sorry, but I did it. 같은 표현이 어울릴 것이다.

- **How was this door opened?**
  이 문은 어떻게 열려졌느냐?
  - 이 질문은 화자의 감정이 내포된 것이 아니고 단순히 문을 연 방법을 묻는 것이므로 대답으로는 가령 I did it with a nail. 같은 말이 가능할 것이다.

- **Our house is being painted.**
  우리 집은 도장중이다.
  - 단순히 우리 집에 칠이 칠해지고 있다는 사실만을 나타낸다.

- **Our house is getting painted.**
  우리 집은 도장중이다.
  - 단순한 사실만을 전하는 것이 아니고 우리 집이 드디어 칠이 칠해져 새 집으로 변모하고 있어 기분이 좋다는 화자의 마음까지 전하고 있다.

- **My book finally got translated into English.**
  내 책이 드디어 영어로 번역되었다.

12. be수동은 일반적으로 행위와 그 결과로 인한 새로운 상태를 동시에 의미하는 데 비하여 get 수동은 행위나 동작 그 자체만을 의미한다:

- **Tom and Susan got married/divorced last month.**
  Tom과 Susan은 지난 달 결혼/이혼했다.
  - 이 문장은 결혼/이혼이라는 행위를 나타낸다. Tom and Susan married/divorced last month.라고

도 할 수 있지만 일반적인 표현은 아니다. 또한 They were married/divorced last month.는 적합하지 않다. 행위가 아닌 상태를 의미하기 때문이다.

- **His car got broken in the accident.**
  그의 차는 그 사고 때 부서졌다.
  - 이 문장은 수동 행위로 인한 결과적 상태는 배제하고 수동 행위 자체에만 의미의 초점을 맞추었기 때문에 be 수동은 적합하지 않다.

- **We're not married yet, but we're getting married soon.**
  우리는 아직 결혼하지 않았지만 (상태) 곧 결혼할 예정이다 (행위).

- **Sleep apnea happens when your nasal passages or throat gets blocked during sleep and your breathing is badly interrupted.**
  수면 중 무호흡증은 수면 중 코의 통로나 목구멍의 막힘이 발생하여(동작) 그 결과로 호흡이 심히 방해 받는 상태가 되면 발생한다.

- **We have to develop a corporate culture that works for just about anything that gets thrown at us at this time of rapid change.**
  우리는 우리에게 떨어지는 (동작) 거의 어떤 문제라도 그 해결에 기능을 발휘할 수 있는 기업문화를 개발해야 합니다.

put all one's eggs in one basket

'가진 돈 전부를 어느 한 사업에 투자하다,' '모든 희망을 어느 하나에 걸다'

우리말에서도 흔히 쓰는 표현으로 부정적 의미이다. 즉 그렇게 하는 것은 위험하고 모험적인 일이므로 그렇게 하지 말라는 뜻이다.

- When he invested all his savings in that one venture company, I advised against putting all his eggs in one basket. But he did not pay attention to me.

  그가 자기가 저축한 돈 전부를 그 하나의 벤처회사에 투자했을 때 나는 자기의 계란 전부를 하나의 광주리에 담는 일을 하지 말라고 충고했으나 그는 듣지 않았다.

- But when the president of the company fled abroad with all his investors' money, putting the company in bankruptcy, he bitterly regretted putting all his eggs in one basket and not listening to my advice.

  그러나 그 회사의 사장이 투자자들의 돈 전부를 가지고 해외로 도피하고 회사를 파산으로 몰아넣었을 때 그는 자신의 계란 전부를 하나의 광주리에 담았던 것과 내 충고를 듣지 않은 것을 통렬하게 후회했다.

072 명사(구)의 반복을 피하기 위하여 쓰이는 대명사 one의 용법

one은 앞에 나온 비특정 의미의 명사구 전체 또는 그 명사구 중의 명사의 반복을 피하기 위하여 대명사 one(s)를 쓰는 경우가 대단히 흔하다. 아마 인칭대명사 다음으로 자주 쓰인다고 해도 과언이 아닐 것이다. 이렇게 쓰이는 one(s)은 사람이나 물건에 다 쓸 수 있다.

1. one이 앞에 나온 비특정 즉 일반적 의미의 명사(구)를 대신한다. 이 경우 명사는 셀 수 있는 명사라야 한다:

- **A: I've found a job!**
  나는 일자리를 얻었다!

  B: I've found one, too.
  나도 일자리를 얻었다.

  - one = a job

- **He bought a red sports car because his wife wanted one.**
  그의 부인이 빨간 스포츠 카를 갖고 싶어했기 때문에 그는 빨간 스포츠 카를 샀다.

  - one = a red sports car

- **A: This terrible weather is giving everyone a cold.**
  이 고약한 날씨가 모든 사람에게 감기를 선사하고 있다.

  B: But I hope I don't catch one.
  그러나 나는 안 걸렸으면 좋겠다.

- **A: Let's go for a walk.**
  나가서 좀 걸읍시다.

  B: I went for one in the morning.
  나는 아침에 나가서 걸었는데요.

- **A: Is there a meeting today?**
  오늘 회의가 있습니까?

  B: No, but there will be one tomorrow.
  아니오. 그러나 내일은 회의가 있습니다.

- **I'm having a drink. Would you have one, too?**
  나는 지금 한 잔 하고 있다. 너도 한 잔 할래?

- He became a father and I became one, too.
  그는 아버지가 되었는데 나도 아버지가 되었다.

- Do you sell computers here? I want to buy one.
  여기서 컴퓨터 팝니까? 하나 사려고 하는데.

  • computers는 a computer의 복수이기 때문에 뒤에 나온 one은 a computer를 받는다.

- We often go to concerts. We went to one last night.
  우리는 음악회에 자주 간다. 어젯밤에도 음악회에 갔었다.

- My uncle gave me a watch and he gave one to my brother, too.
  내 아저씨는 나에게 시계 하나를 주었는데 그는 내 동생에게도 시계 하나를 주었다.

- A car that has been in an accident costs less than a car that has never been in one.
  사고를 당한 차는 사고를 당한 적이 없는 차보다 값이 더 싸다.

  • 위 문장에서 두 번째의 a car도 one으로 받을 수 있지만 그것을 수식하는 that절에 one이 나오므로 one 대신 a car를 반복한 것이다.

- A: Do you want a rest?
  좀 쉬시겠어요?
  B: Yes, let's take one.
  네. 휴식시간을 가집시다.

  • rest는 I need to get some rest.에서처럼 '쉼' 또는 '쉬는 상태'를 의미할 때 셀 수 없는 의미지만 위 예문처럼 기간적 단위체로 의식할 때는 셀 수 있는 뜻이 된다.

선행 명사가 일반적인 의미가 아니라 어느 특정한 것을 나타내는 경우라면 그것을 one이 아니라 it으로 받아야 한다:

- A: I've found a job!
  나는 일자리를 찾았다.

  • 이 문장의 a job은 가령 I need to find a job.에서의 a job과는 다르다. 위 예문의 경우에는 주어가 찾은 어느 특정한 일자리인 데 반하여 후자는 비특정, 일반적 의미의 일자리이다. 즉 그냥 일자리를 의미하는 것이다. 그래서 그 뒤에 가령 but I don't know when I'll find one 같은 말을 부연할 수 있다.

  B: How did you find it?
  그 일자리를 어떻게 얻었느냐?

  • '네가 찾은 그 일자리' 즉 특정 일자리를 가리키므로 one으로 대신할 수 없다.

- **He gave me a watch, but I lost it.**
  그가 나에게 시계 하나를 주었다. 그러나 나는 그 시계를 잃어버렸다.
  - it는 the watch이다. 따라서 특정 대상인 the watch를 one으로 받을 수는 없다.

- **He obtained a work permit only last month, but the Immigration Office has since canceled it for some unknown reason.**
  그는 바로 지난 달 취업 허가를 받았는데 그 후 이민국은 어떤 알 수 없는 이유로 그 허가를 취소했다.

- **We don't think there will be a second Korean War, but we must be prepared against it.**
  우리는 제 2의 한국전쟁이 있으리라고는 생각하지 않는다. 그러나 우리는 제 2의 한국전쟁에 대비해야 한다.

  *..., but we must be prepared against one.
  - a second Korean War는 상상 속에 존재하는 특정 전쟁이다. 복수로 존재할 수 있는 것들 중의 하나가 아니다. 따라서 one으로 받을 수 없다.

- **You can't work here without a work permit. So don't ever try to find a job without one.**
  우리는 취업 허가 없이는 여기서 일할 수 없다. 그러니 취업 허가 없이 일자리를 찾으려고는 아예 생각도 말라.
  - 여기서 a work permit는 일반적 의미의 '취업 허가'이다.

- **If you have a passport, show it to me.**
  여권이 있으면 그것을 보여주시오.

- **A: Have you got a work permit?**
  당신은 취업 허가를 받았소?
  B: Yes, I have it.
  네, 받았습니다.
  - 여기서 a work permit는 일반적 의미가 아니라 특정적 의미이다. 즉 사실상 your work permit의 의미이다.

앞에 나온 비특정 복수명사의 일부를 대신할 때는 some을 쓴다. 이렇게 쓰이는 some은 우리말로는 번역이 전혀 안 되거나 종종 '조금,' 또는 '몇'이라고 번역할 수도 있다:

- **A: Do you sell pencils here?**
  여기서 연필 팝니까?
  B: Sure. We have some over there.
  물론이지요. 저기 있습니다.

- 여기서 some은 앞에 나온 pencils를 다 받는 것이 아니고 그 일부를 대신한다. 부정문에는 any를 써서 We don't have any.와 같이 표현한다.

- **A:** Do you know any native speakers of English?
  영어의 모국어 화자들을 알고 있습니까?

  B: Yes, I know some.
  네, 몇 사람 알고 있습니다.

- **A:** Do you have any books on English grammar?
  영문법에 대한 책들이 있습니까?

  B: Yes, we have some.
  네, 몇 권 있습니다.

- **A:** Did any letters come for me today?
  오늘 나한테 편지 온 것 있나요?

  B: Yes. Some came.
  네, 몇 통 왔습니다.

  Yes. One came.
  네, 한 통 왔습니다.

---

one이 앞에 나온 명사구 전체가 아니고 그 명사구 내의 명사만을 대신하는 경우의 예문을 보자:

- A North Korean nuke buildup would certainly trigger a Japanese response in kind, which in turn would trigger a South Korean one.
  북한의 핵무기 제조는 분명 일본이 동 종류의 반응을 하게 할 것이고 이렇게 되면 그 다음에는 남한도 동 종류의 반응을 하도록 만들게 될 것이다.
  - one은 맨 앞에 나온 명사구 a North Korean nuke buildup의 nuke buildup을 받는다. nuke buildup은 하나의 복합명사이다.

- **A:** Will the day come when cancer of all kinds can be cured easily?
  모든 종류의 암이 쉽게 치료될 수 있는 날이 올까요?

  B: That's a possibility, but a remote one.
  그건 가능한 일입니다. 그러나 먼 훗날에나 있을 수 있는 가능성이지요.
  - one은 앞의 명사구인 a possibility의 possibility를 대신한다.

- He lives in a big house, but I live in a small one.
  그는 큰 집에서 살지만 나는 작은 집에서 산다.
  - one은 a big house를 대신하는 것이 아니고 house만을 대신한다.

- I asked for a short essay, and you've written a long one.
  나는 짧은 글을 요구했는데 너는 긴 글을 썼구나.

- I bought a red car and he bought a black one.
  나는 빨간 차를 샀는데 그는 까만 차를 샀다.

- A: What kind of house did you buy?
  어떤 종류의 집을 샀느냐?

  B: I bought a cheap one.
  나는 값싼 집을 샀다.

- Many large flag makers in China have stopped producing People's Republic ones in order to meet the skyrocketing demand in America for the Stars and Stripes.
  중국의 많은 기 제조업자들이 미국에서 발생하고 있는 성조기의 치솟는 수요를 대기 위해 인민공화국의 국기의 생산을 중지했다.
  - 앞에 나온 명사구가 둘인 경우 뒤에 나오는 one(s)가 어느 명사를 대신하느냐는 전후 의미관계를 근거로 인지할 수 있다. 이 문장의 ones는 앞의 flag를 받는다.

- She wore a red dress, but a blue one suits her better.
  그 여자는 빨간 드레스를 입었다. 그러나 그 여자에겐 파란 드레스가 더 잘 어울린다.

- Do you have any knives? I need a sharp one.
  너는 칼이 있니? 나는 예리한 칼이 하나 필요한데.

- The bomb inside the terrorist's jacket was a sophisticated one.
  그 테러분자의 웃옷 속에 있었던 폭탄은 정교하게 만든 것이었다.
  - one은 앞의 명사구 the bomb의 bomb을 대신한다.

one(s)이 특정한 의미의 명사를 받을 때는 the, this, that, these, those 등을 동반하고, 질문에는 which를 동반한다:

- The girl I danced with was older than the one you danced with.
  내가 같이 춤 춘 여자는 네가 같이 춤 춘 여자보다 나이가 더 많았다.
  - the one은 the girl I danced with의 the girl을 대신한다.

- A: Have you seen this book before?
  이 책을 본 적이 있습니까?

  B: Is that the one that was published recently?
  그것이 최근에 출판된 그 책입니까?

- **A:** Look at those boys playing basketball over there. Which one do you guess is my son?

  저기서 농구하고 있는 저 아이들을 보시오. 저 아이들 중 누가 내 아들이라 추측하십니까?

  B: The one with brown hair must be your boy!

  갈색 머리 아이가 당신의 아들임에 틀림 없겠구려!

- **A:** Which shirt would you want?

  어느 셔츠를 원하십니까?

  B: I'll have the blue (one).

  파란색 셔츠를 사겠습니다.

  • 질문에 대답하는 경우 색깔을 나타내는 형용사 다음에서는 one(s)이 생략될 수 있다.

- **A:** Which one would you like to try on?

  어느 것을 입어보시겠습니까?

  B: I want to try on the red(one).

  나는 빨간 것을 입어보고 싶습니다.

- I'll try on a few of those shirts. Please pass me that white one.

  나는 저기 있는 셔츠를 입어볼게요. 저 하얀 것을 집어 주세요.

  • that white one에서 one은 생략될 수 없다. 질문에 대한 대답이 아니기 때문이다.

- What you see today is the new Korea, not the old one. The old anachronistic ideological group is rapidly fading away and the new leadership is firmly taking root.

  당신이 오늘 보는 것은 새나라 한국이오. 낡은 한국이 아니오. 낡은 시대착오의 이념 집단은 빨리 사라지고 있으며 새 지도층이 확고하게 뿌리를 내리고 있소.

  • the new Korea는 암시되고 있는 the old Korea와 대조적 의미를 갖는다. the old one의 one은 앞에 나온 the new Korea의 Korea를 대신한다. 이처럼 고유명사에 [관사 + 형용사] 수식어 구조를 붙이면 고유명사는 보통명사의 기능을 한다. 그래서 one으로 받을 수 있는 것이다.

- Before talking about unification, we have to figure out how to solve the long-term problems of integrating the advanced South Korean economy and the primitive North Korean one.

  우리는 통일을 이야기하기 전에 선진 남한경제와 원시 북한경제를 어떻게 통합하느냐를 생각해내야 한다.

- The Latin culture, where forgiveness can be bought, is a bit different from the Protestant one.

  라틴 문화에서는 용서를 돈으로 살 수 있는데 그래서 개신교 문화와는 좀 다르다.

- A: How much do I have to pay for my two sons?
  내 두 아들 몫으로 얼마를 내야 하나요?

  B: Full fare for the older one and the little guy/one rides free.
  큰 아이는 전액을 내야 하고 작은 아이는 공짜로 탑니다.

- A: Which is the ignition key?
  어느 것이 시동키입니까?

  B: The one with the rounded end. The one with the rectangular-shaped end unlocks the doors and the trunk.
  끝이 둥글게 되어 있는 것이 시동키입니다. 끝이 직사각형 모양으로 된 것은 차 문들과 트렁크를 여는 키입니다.

- A: Which boys rang my doorbell?
  어느 아이들이 내 집 초인종을 눌렀느냐?

  B: The ones running away over there did.
  저기 내빼고 있는 아이들이 눌렀어요.

이런 기능의 one은 언제나 셀 수 있는 명사만을 대신하여 쓰인다. 따라서 복수명사를 대신하는 경우에는 ones가 된다. 단 all, many, enough, some, such 그리고 기수(cardinal number) 바로 뒤에서는 형용사의 동반 없이는 쓰이지 않는다:

- Do you have any knives? *I need many ones.
  → Do you have any knives? I need many./many sharp ones.
  너 칼들이 있니? 나는 많은 칼들이/많은 예리한 칼들이 필요하다.

- These apples are much sweeter than those (ones).
  이 사과들은 저기 있는 사과들보다 훨씬 달다.
  • these와 those 다음에서 ones는 보통 생략된다.

- A: Do you have some cookies?
  쿠키가 좀 있나요?

  B: Certainly. I'll get you some very sweet ones.
  물론 있지요. 아주 달콤한 쿠키들을 가져다 드리지요.

셀 수 없는 명사(구)는 one 대신 that으로 받는다:

- *The blood found on the floor was different from the one found on the door.
  → The blood found on the floor was different from that found on the door.
  방바닥에서 발견된 피는 문에서 발견된 피와 달랐다.

one(s)은 복수의 수사(two, three, ...), 소유격 그리고 these, those, several, few, some 다음에서는 쓰이지 않는다(*two ones → two, *his one(s) → his, *these ones → these, *several ones → several, *some ones → some 등). 그러나 one(s)을 형용사가 수식하고 있는 경우는 예외이다(several blue ones, these expensive ones, three flat ones, my old one(s) 등). 앞에서 언급한 것처럼 이 원칙의 예외로서 일부 사람들은 these ones와 those ones도 사용한다. 단수 지시대명사 this와 that은 one을 동반해도 되고 안 해도 된다 (this one 또는 this, that one 또는 that):

- **A:** How many apples do you want?

  B: *I want several ones.

  → I want several./several red ones.
  나는 몇 개의 빨간 사과를 원합니다.

- *John's car is faster than Peter's one/my one.

  → John's car is faster than Peter's./mine./Peter's new one.
  John의 차는 Peter의 차/내 차/Peter의 새 차보다 더 빠르다.

- *My camera seems to be as good as John's one.

  My cheap camera seems to be as good as John's expensive one.
  나의 값싼 카메라도 John의 비싼 카메라만큼 좋아 보인다.

- Which would you like, these here or those over there?
  어느 쪽을 원하십니까, 여기 이것들입니까 아니면 저기 저것들입니까?
  - 어떤 사람들은 these와 those 다음에 ones를 붙이기도 한다. 그러나 안 붙이는 것이 정상이다.

- **A:** Do you have any red dresses?
  빨간 드레스들을 가지고 계십니까?

  B: No, but I have some blue ones.
  아니오. 그러나 파란 드레스는 몇 벌 있지요.

- *Your suit looks as smart as my one.

  Your old suit looks as smart as my new one.
  당신의 오래된 양복이 나의 새 양복만큼 멋져 보입니다.

2. one(s)은 다른 명사(구)를 가리키며 그것을 대신하는 대명사로서만이 아니라 '사람(person)'이라는 독자적 의미를 갖는 대명사로도 쓰인다(young ones '젊은이들,' my little ones '내 아이들' 등):

- I felt like one in a dream.
  나는 마치 꿈꾸고 있는 사람 같은 느낌이었다.

- His face looked as that of one in great pain.
  그의 얼굴은 큰 아픔을 겪고 있는 사람의 얼굴 같았다.

- Don't worry. She's not one to weep loudly in public.
  걱정 마라. 그 여자는 사람들 앞에서 소리 내서 우는 그런 사람이 아니다.

- He's not one who will betray his conscience for money.
  그는 돈 때문에 자기 양심을 배반할 사람이 아니다.

- Come, you little ones. I'll give you some cookies.
  귀여운 꼬마들아. 이리로 오너라. 쿠키를 나눠 주마.

- In world history has there been no instance where such an one ever became President of a country.
  세계 역사상 그런 사람이 한 나라의 대통령이 된 사례는 없었다.

have the ball at one's feet

'성공할 수 있는 기회를 갖고 있다'

축구에서 나온 표현으로서, 상대 팀의 골대 앞에서 공을 자기 발 밑에 갖는다는 것은 득점할 수 있는 기회를 갖는다는 뜻이다.

- This house is really cheap. You can't find a house like this at this price anywhere else. You can resell it at a 30 percent margin soon after buying it. So don't hesitate about buying it. You have the ball at your feet!

  이 집은 정말로 쌉니다. 이와 같은 집을 이 가격에 어디를 가도 찾을 수 없습니다. 이 집을 사신 다음 얼마 안 되어 30 퍼센트의 차액을 붙여 되팔 수 있습니다. 그러니 이 주택을 구입하는 것에 대해서 주저하지 마세요. 히트칠 기회를 잡은 것입니다!

'교통 수단'의 전치사 by, on, in 등의 용법

[by + 무관사 단수명사]의 형태가 교통 수단을 나타내는 데 가장 일반적으로 쓰이는 방법이다.

by 다음에는 교통 수단을 의미하는 거의 모든 명사가 올 수 있다: go by bus/car/train/plane/boatbicycle/helicopter 등. 그러나 교통 수단이 사람의 두 발일 때는 by 대신 on을 써서 on foot이라고 한다(비격식적인 구어에서는 by foot를 쓰기도 하지만). 교통 수단이 동물일 때는 go on a horse/mule/camel, go on horses/mules/camels 등의 표현을 쓴다.

horse의 경우에는 on a horse/on horses보다 on horseback이 일반적으로 사용된다. a horse는 구체적으로 말 한 마리를 의미하지만 horseback은 교통 수단이라는 추상적 의미를 나타낸다. 따라서 비격식적 구어에서는 by bus처럼 by horseback이라는 형태도 쓰인다. horseback의 경우를 제외하고는 동물은 추상적인 수송 수단의 의미로는 쓰이지 않는다. horseback의 경우를 제외하고는 동물은 추상적 개념을 형성할 만큼 수송 수단으로서 일반화되어 있지 않기 때문이다. 그러므로 by camel, by mule, by horse 등은 부자연스럽게 들린다.

셀 수 있는 명사가 단수형으로 무관사 상태가 되면 구체적인 물체를 의미하지 않고 그 물체가 수행하는 추상적 기능을 나타낸다. 따라서 by bus의 bus는 bus라는 수송 수단을 의미한다. *by the bus, *by a bus, *by buses, *by your car 등이 성립될 수 없는 이유가 여기에 있는 것이다. 예문들을 보자:

- She prefers traveling by bus to traveling by driving her own car.
  그 여자는 자기 차를 운전하고 여행하는 것보다 버스를 타고 여행하는 것을 더 좋아한다.

- Did they cross the continent by train or on horseback?
  그들은 기차로 대륙을 횡단했는가 아니면 말을 타고 횡단했는가?

- Not even a century ago our ancestors traveled on foot however far they went.
  100년 전만 해도 우리 선조들은 아무리 멀리 가는 경우라도 걸어서 다녔다.

- The equipment was taken up the mountain on mules.
  장비들은 노새 등에 실려 산 위로 운반되었다.

- He guided me by bicycle through the maze of Shanghai streets.
  그는 자전거로 상해 거리의 미로를 뚫고 나를 안내했다.
  - bicycle은 지역에 따라서는 일반화된 수송 도구이므로 by bicycle과 on a bicycle이 다 쓰인다.

그러나 위와 같은 일반적인 의미가 아니고 좀 더 구체적으로 수송 도구를 나타내고 싶을 때는 그 수

송 도구는 복수가 될 수도 있고 수식어나 관사, 소유 대명사 등을 동반할 수도 있다. 다만 도구를 추상화하는 전치사 by는 쓸 수 없고, on이나 in을 써야 한다. 사방이 막혀 있는 작은 수송 도구(car, taxi 등)에는 in을 쓰고, 사방이 트여 있는 수송 도구(boat, yacht, bicycle 등) 또는 사방이 막혀 있어도 부피가 큰 수송 도구(bus, train, plane, ship 등)에는 on을 쓴다. 그러나 전치사 선택에 있어서는 영미어 간에 차이가 있어 영국영어에서는 bus, train, plane, boat, ship, yacht 앞에서도 in을 쓰는 것을 흔히 볼 수 있다:

- They all climbed the mountain **on bicycles**.
  그들은 모두 자전거를 타고 산을 올랐다.

- They came **in two taxis**.
  그들은 두 대의 택시에 분승하여 갔다.

- The troops were carried home **on/in trains**.
  그 군인들은 기차 편으로 본국으로 이송되었다.

- He is the first man to cross the Atlantic **on/in a yacht**.
  그는 요트를 타고 대서양을 횡단한 최초의 사람이다.

- I'll take you back **in my car**.
  나는 너를 내 차로 다시 태워다 주겠다.

- Traveling in a big car is safer than traveling **in a small one**.
  큰 차로 여행하는 것이 작은 차로 여행하는 것보다 더 안전하다.

- She arrived at the party **in a gleaming Rolls Royce**.
  그 여자는 번쩍거리는 Rolls Royce를 타고 파티에 도착했다.
  - Rolls Royce는 특정 자동차의 상표명으로 사용되는 고유명사지만, a Rolls Royce는 'Rolls Royce라는 이름을 가진 자동차'라는 뜻으로 보통명사 car나 마찬가지이다.

---

by는 일반화된 수송 수단을 나타낸다. 그러나 만일 수송 수단을 소유 대명사, 관사, 형용사 등을 붙여 특정화하고자 할 때는 다음과 같은 특별한 조건에서 by를 쓸 수도 있다:

- It's easier to go to town **by the bus**.
  시내로 가는 데는 버스로 가는 것이 더 편리하다.
  - 이 문장 뒤에는 의미상으로 가령 rather than by the train 같은 대조의 어구가 생략되어 있다. 이 대조는 the가 나타내는 의미이다. 따라서 [by + the + 수송 도구]는 이 같은 의미 상황에서만 써야 한다.

- **We'll leave by the last bus/by the two o'clock train/by the first train out/by the same train.**
  우리는 마지막 버스로/두 시 기차로/첫 기차로/같은 기차로 떠날 것이다.
  - 이 문장에서 예시한 수송 도구들은 그 의미에 있어 모두가 각기 '하나뿐이면서 동시에 일반화된 개념으로 볼 수 있는 것'들이다. 이런 경우에는 the last bus, the two o'clock train 등이 각기 하나의 독자적 수송 도구로 취급될 수 있어서 by를 쓴 것이다.

- ***We'll leave by two different buses.**
  - two buses는 위의 설명에 해당하지 않는다.
  → **We'll leave on two different buses.**
    우리는 두 대의 버스에 분승하여 떠날 것입니다.

---

on a bus에서 a bus는 수송 도구로 쓰이는 구체적인 물체를 의미한다. 그러나 on the bus의 the bus는 어느 특정 물체가 아니고 일반 개념의 버스이다. by bus의 bus는 the bus보다 한 걸음 더 나아가 완전한 의미의 추상개념이다. 이러한 지식은 다음 예문들의 이해에 기초가 될 것이다:

- **They go to work by bus/train.**
  - 가장 일반적으로 쓰이는 표현

  They go to work on the bus/the train.
  - by구보다 덜 일반적인 표현

  They go to work on a ship/a plane.
  - the를 안 쓰고 a를 쓴 것은 배나 비행기는 직장에 가기 위해 사용되는 일반적인 수송 수단이 아니어서 그것들이 일반화된 개념을 형성하지 못하기 때문이다.

---

by air, by rail, by sea, by land는 각기 '항공편으로,' '철도편으로,' '선박편으로,' '육로편으로'의 의미이며, 사람의 여행에도 쓰일 수 있지만 주로 화물의 수송에 쓰인다.

참고로 수송 수단에 타고 내리는 것을 나타내는 표현들을 보자:

자전거나 말을 타다:

get on a bicycle/horse
mount a bicycle/horse (격식적 표현)

자전거나 말에서 내리다:

get off a bicycle/horse

dismount a bicycle/horse (격식적 표현)

배에 타다:
get in(to)/**on**(to) a boat/ship (on(to)은 큰 배일 때, in(to)은 작은 배일 때)
embark a boat/ship (격식적 표현)

배에서 내리다:
get out of a boat (작은 배일 때)
get off a boat/ship
disembark a boat/ship (격식적 표현)

버스나 기차를 타다:
get on(to)/**in**(to) a bus/train

버스나 기차에서 내리다:
get off/**out of** a bus train

배, 기차, 비행기, 버스 등을 타다:
get aboard a ship/train/plane/bus
get on board a ship/train/plane/bus

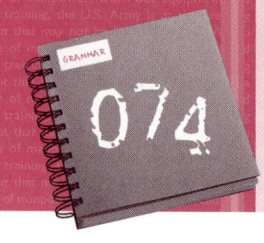

074 감각동사의 목적보어로 원형동사가 오는 경우와 ~ing동사가 오는 경우의 의미 차이

감각동사란 사람의 오감을 이용하여 알게 되는 것을 의미하는 동사로 feel, hear, see, look at, listen to, notice, watch, observe, perceive, smell 등을 지칭한다. 이들 동사는 나타내려는 의미에 따라 목적보어가 원형동사일 수도 있고 진행형 동사일 수도 있다. 또 경우에 따라서는 별 의미 차이 없이 어느 형태나 목적보어로 취할 수도 있다.

원형동사가 목적보어가 되는 경우에는 행위나 사건의 완료를 의미한다. 다시 말하면 시작으로부터 완료까지의 전 과정을 한 단위의 행위로 보는 것이다. 반면에 진행형 목적보어는 행위의 완성이 아니고 미완성인 진행 상태를 나타낸다:

- I watched him draw a portrait on the canvas.
  나는 그가 초상화를 캔버스에 그리는 것을 지켜보았다.
  - 그가 그리기 시작하는 때 부터 완성하는 때 까지 다 지켜 본 것을 의미한다. 그러나 우리말로는 이 의미를 살려 번역할 방법이 없다. 직역하면 '그가 캔버스에 초상화를 그린 것을 보았다' 이지만 이렇게 번역하면 그려놓은 초상화를 본 것으로 느껴진다.

- I watched him drawing a portrait on the canvas.
  나는 그가 캔버스에 초상화를 그리는 장면을 보았다.
  - 그가 초상화를 그리고 있는 한 장면만을 본 것이다.

- I'm sorry. I didn't hear you knock. I'm deaf, you see. People often come to the door and knock, but I don't hear them.
  미안하군요. 당신이 문 두들기는 소리를 듣지 못했다오. 나는 귀머거리예요. 사람들이 흔히 우리집 문에 와서 두들기지요. 그러나 나는 그런 소리를 듣지 못해요.
  - 이 말은 사람이 여러 차례 노크를 했으나 반응이 없어 문을 열고 들어갔을 때 귀가 어두운 주인이 한 말로 상상할 수 있다.

- She felt her throat go dry and a cold sweat trickling down her face.
  그 여자는 목이 마르고 차가운 땀이 그의 얼굴로 흘러 내려오는 것을 느꼈다.
  - 목마름은 생리 현상의 발생 즉 완료 현상이므로 going dry라고는 할 수 없다. 그러나 땀이 얼굴 위로 흐르는 현상은 어느 순간에 완료되는 것이 아니고 어느 기간 지속되는 것이기 때문에 그 진행과정을 느낄 수 있다.

- The crowd watched the fireman climb the ladder, break a window, and enter the building.
  군중은 그 소방관이 사다리를 타고 올라가, 창을 부수고 건물 안으로 들어간 것을 보았다.
  - 둘 이상의 행위를 나열할 때는 그 행위들이 모두 완료된 것으로 여겨진다.

- I heard him cough.
  나는 그가 기침하는 것을 들었다.
  - cough는 단일 행위, 즉 한 번의 기침을 의미한다.

- I could hear him coughing.
  나는 그가 기침을 하고 있는 것을 들었다.
  - coughing은 반복된 기침 소리를 의미한다.

- He watched the lights go/going off.
  그는 전등들이 나가는 것을 보았다.
  - the lights go off는 복수의 전등이 동시에 꺼졌다는 뜻이고, the lights going off는 시차를 두고 하나씩 또는 몇 개씩 꺼졌다는 뜻이다. 그러나 목적어가 단수로 the light가 되면 going off는 쓸 수 없다. 그런 경우에는 꺼지는 것이 곧 완료이기 때문이다.

- I saw the boy drowning/*drown, but I rescued him.
  나는 그 아이가 물에 빠져 허우적거리는 장면을 보았으나 내가 그를 구출했다.
  - 익사 과정이 진행 중일 때는 구출해 낼 수 있지만 익사가 끝나 버리면 구출은 불가능하므로 drown은 잘못 쓰인 것이다. 그러나 but 이하 절이 없다면 drown은 완료의 의미로서 맞는 표현이다.

똑같은 행위라도 사람에 따라 완료 행위로 표현할 수도 있고 진행 상태의 행위로 표현할 수도 있을 만큼 실제적으로 별 차이가 나지 않는 경우도 있다. 가령 어떤 사람이 어떤 장소를 떠나는 행위를 하는 경우에 어디서 어디까지를 완료로 볼 것인가의 한계가 불분명할 수밖에 없기 때문이다:

- Did you hear him leave/leaving his office?
  너는 그가 자기 사무실을 떠나는 것을/떠나고 있는 것을 보았느냐?

- Did you notice anyone go/going out?
  너는 누가 나가는 것을/나가고 있는 것을 알아차렸느냐?

- We sat at the top of the hill, watching the sun set/setting below the horizon.
  우리는 그 언덕 위에 앉아서 태양이 수평선 아래로 지는 것을 보았다.

문장의 의미 자체가 완료와 진행 중 어느 한쪽만을 가능하게 하는 경우도 있다:

- I saw a man fall/*falling onto the ground.
  나는 어떤 사람이 땅으로 떨어지는 것을 보았다.

- 사람이 지붕이나 창에서 땅으로 떨어지는 일은 순식간에 끝나므로 그 같은 사건의 한 부분만 본다는 것은 있을 수 없으므로 그것을 진행형으로 표현할 수는 없다.

■ **Look at that old man playing tennis and look at him jump!**
저 노인이 테니스치는 것을 보라 그리고 그가 뛰는 것을 보라.

- 테니스를 치는 장면은 진행의 의미이지만 뛰는 것은 순간의 행동이다. 만일 jumping으로 하면 뛰는 행위를 반복해서 계속하는 것을 의미하게 된다.

■ **As I lay in bed, I could hear the waves *break/breaking on the shore.**
내가 침대에 누워 있을 때 파도가 해안에 부딪치는 소리가 들렸다.

- 파도가 해안에 부딪치는 것은 영원히 계속되는 자연현상이다.

■ **He has never seen snow *fall/falling.**
그는 눈이 내리는 것을 본 적이 없다.

- 눈이나 비가 내리는 현상은 우리가 보는 순간에 시작해서 완료되는 것이 아니기 때문에 완료로 표현할 수 없다.

■ **I saw a strange man *come/coming toward me.**
나는 낯선 사람이 내게로 오고 있는 것을 보았다.

- 나에게 오는 행위가 완료되었다면 toward me와 맞지 않는다.

---

smell과 perceive는 '진행 상태를 감지하다' 라는 그 의미 특성 때문에 완료의 의미를 목적보어로 취할 수 없다:

■ **I could smell trouble *come/coming. So I left.**
나는 문제가 생기고 있는 것을 감지했다. 그래서 나는 떠났다.

■ **I perceived someone *lie/lying in ambush.**
누군가가 매복하고 있는 것을 나는 감지했다.

감각동사의 '감각'은 신체의 감각을 의미한다. 그러나 다음의 예에서 보듯이 feel, perceive, observe 등은 신체의 감각이 아닌 마음의 감각을 의미할 수도 있다. 이 경우에는 목적보어로서 [(to be) + 형용사] 또는 명사를 동반한다:

■ **I have never felt him (to be) reliable.**
나는 그가 의존할 만한 사람이라고 생각해본 적이 없다.

- felt = thought

- **Everybody observed John (to be) reliable.**
  모두가 John은 의존할 만한 사람임을 겪어보고 알았다.
  - observed = found

- **I perceived him (to be) an honest man.**
  나는 그가 정직한 사람임을 느껴 알았다.
  - perceived = thought

---

find는 일반동사와 감각동사의 중간에 있는 동사이다. 그래서 양쪽 모두에 쓰일 수 있다:

- **You'll never find him neglect/to neglect his duty.**
  너는 그가 그의 의무를 게을리하는 것을 결코 볼 수 없을 것이다.

as/so far as, as/so long as, 그리고 [as + 명사 + go] 형태의 의미와 용법

as/so far as와 as/so long as는 서로 의미가 다르다. 그러나 우리말로는 다 '~ 하는 한'으로 번역되기 때문에 혼동되기 쉽다. as/so far as는 '범위'나 '제한'을 의미하는 '한'이고, as/so long as는 '조건'이나 '기한'을 의미하는 '한'이다. 또 as와 so의 차이는 as는 주절이 어떤 문장 형태이든(긍정문, 부정문, 의문문) 상관 없이 쓰이는 데 반하여 so는 주로 주절이 부정형이거나 의문문일 때 쓰인다는 점이다. 그리고 [as + 명사 + go]의 구조에서 go는 '일반적으로 되어가다'의 의미이고, as는 판단의 기준을 의미한다. 보통 '~ 치고는' 으로 번역할 수 있다.

1. as/so far as 와 as/so long as

- He has never gone to the university as/so far as I know.
  내가 아는 한 그는 대학에 다니지 않았다.
  - as far as I know '나의 지식이 미치는 범위 안에서는' 즉 제한적 진술을 의미한다.

- His English is perfect as far as his grammar is concerned.
  문법에 관한 한 그의 영어는 완전하다.
  - perfect의 주체를 그의 문법의 범위에 국한시킨다.

- I will help you as far as possible.
  나는 가능한 한 너를 도울 작정이다.
  - as far as possible '가능한 범위 안에서'

- You can sit here as far as I am concerned.
  (적어도) 나에 관한 한 당신은 여기 앉아도 됩니다.
  - '다른 사람들은 어떻게 생각할지 모르지만'을 전제한다.

- You can sit here as long as you don't make any noise.
  당신이 떠들지만 않는다면 (떠들지 않는 한) 당신은 여기 앉아도 됩니다.
  - as long as = 조건

- It doesn't matter whether a cat is white or black, so long as it catches mice.
  고양이는 그것이 쥐를 잡는 한 그 색이 하얗든 까맣든 문제되지 않는다.
  - 이 문장은 중국의 등소평이 한 말로 세계적으로 유명하다. 중국의 경제만 발전시킬 수 있다면 공산주의든 자본주의든 상관없다는 탈사회주의 선언이다.

- **This policy will not be changed as/so long as I am President.**
  내가 대통령으로 있는 동안에는 이 정책은 변하지 않을 것이다.

  • as/so long as = 기한 및 조건

- **Anyone will do as long as he or she speaks English.**
  누구든지 그가 영어를 하는 한 (영어만 한다면) 상관없다.

  • as long as = if and only if, 즉 강조된 조건

- **I can lend you the money as long as you honestly promise to return it before the end of the month.**
  네가 월말 이전에 돌려준다고 정직하게 약속한다면 나는 너에게 그 돈을 빌려줄 수 있다.

- **Our profits for the next year won't be good either as/so long as the dollar remains weak as now.**
  달러가 지금처럼 약세를 유지하는 한 우리의 내년도 수익도 좋지 않을 것입니다.

글자 그대로 as/so far as는 물리적 거리(어디까지)를, as/so long as는 기간을 의미할 수도 있다:

- **I'm going as far as Busan.**
  나는 부산까지 갑니다.

  • as far as Pusan '부산만큼 멀리'

- **Does this bus go down Chongno as far as Dongdaemun?**
  이 버스는 종로를 따라 동대문까지 가나요?

- **You can stay here as long as you like.**
  네가 원하는 기간 동안 여기에 머물러도 된다.

- **I've been speaking English as long as thirty years, but I've never come across that expression.**
  나는 30년이나 영어를 하고 있지만 그런 표현을 접한 적이 없다.

우리말의 '~하는 한'에 해당하는 것으로 다음의 표현들도 있다:

- **He has never been abroad that I know of.**
  내가 아는 한 그는 해외에 나가 본 적이 없다.

- **To (the best of) my knowledge**, he has never gone to the university.
  내가 아는 한 그는 대학에 다닌 적이 없다.

  • to (the best of) my knowledge = as far as I know

- **For all I know**, he may be dead.
  내가 아는 한 그는 죽었을지도 모른다.

  • for all I know = '내가 알 수 있는 범위 내에서 판단할 때 (내가 아는 한)'

2. [as + 명사 + go]

이 구조의 명사는 그것이 셀 수 있는 종류이면 복수형이 되고, 셀 수 없는 종류이면 단수형이 된다:

- The food wasn't bad, **as food goes** here.
  여기 음식치고는 그 음식은 나쁘지 않았다.

- The prices at the store weren't high, **as prices go** now.
  그 상점의 가격들은 요즈음 물가치고는 비싸지 않았다.

- He's an honest man, **as times go**.
  요즈음 사람치고는 그는 정직한 사람이다.

  • as times go = as the world goes '이 시대의 기준에서 판단할 때'

- It was a good movie, **as movies go** nowadays.
  요즈음 영화치고는 그 영화는 좋은 영화였다.

- She was a good cook, **as cooks go**.
  그 여자는 요리사치고는 (요리사들의 일반적 기준에서 볼 때) 훌륭했다.

bark up the wrong tree

'엉뚱한 사람을 나무라다,' '엉뚱한 것에 책임을 돌리다,' '잘못 짚은 대상을 향해 애를 쓰다'

고양이나 사냥감 동물이 개에게 쫓기게 되면 나무를 타고 올라가서 위기를 모면한다. 개는 나무에 오르지 못하기 때문이다. 그런데 멍청한 개는 고양이나 사냥감이 올라가지 않은 엉뚱한 나무 밑에서 위를 보고 짖고 있을 수 있다. 위 표현은 이런 현상에서 나온 것이다.

- You're barking up the wrong tree if you think I'll raise your grade just because you ask me to.
  단순히 네가 요구한다고 해서 내가 너의 성적을 올려줄 것으로 생각한다면 너는 번지를 잘못 찾은 것이다.

- Why are you wasting your breath barking up the wrong tree? He's not in a position to grant your request. All he can do is do as told.
  왜 너는 아무 소용없는 사람을 붙잡고 헛수고를 하느냐? 그 사람은 너의 요청을 들어줄 수 있는 위치에 있지 않다. 그가 할 수 있는 것은 위에서 시키는 대로 하는 것뿐이다.

'기간'을 의미하는 for와 in의 용법 차이

사건 발생의 기간을 나타내는 전치사 중에서 for와 in의 차이에 대해서 보자. 가령, I have done that for years.에서 for는 in으로 대치될 수 없으나 I have not done that for years.에서 for는 in으로 대치될 수 있는데 이는 for와 in의 사용 방법에 차이가 있기 때문이다.

'기간'을 우선 두 가지로 나누어 볼 수 있다. 하나는 '일의 발생이 포함된 기간(included duration)'이고 다른 하나는 어떤 일이 발생하지 않은 기간, 즉 '일의 발생이 배제된 기간(excluded duration)'이다. 후자의 경우에는 in과 for를 다 쓸 수 있다. 그러므로 I have not done that in years.와 I have not done that for years.를 다 쓸 수 있는 것이다. 그러나 전자 즉 일의 발생이 포함된 경우에는 in이 쓰이지 않는다.

일의 발생이 배제된 기간은 주로 부정문의 경우이지만 그 외에 최상급이나 first, only 등을 포함하는 명사구도 간접적으로는 부정적 의미이며 따라서 배제된 기간을 동반할 수 있다:

■ **He bought his wife a birthday present for the first time in/for many years.**
그는 여러 해 만에 처음으로 그의 부인에게 생일 선물을 사 주었다.
 • 여러 해 동안 선물 사 주는 일이 발생하지 않은 것이다. 즉 '여러 해 동안'은 배제된 기간이다.

■ **That was the worst accident in/for years.**
그것은 여러 해 동안에 걸쳐 최악의 사고였다.
 • 그 같은 사고는 여러 해 동안 없었다.

■ **This is the only good meal I've eaten in/for a long time.**
이것은 내가 오랜만에 먹어 본 단 한 번의 제대로 된 식사이다.
 • = I haven't eaten a good meal in/for a long time.

■ **This is the coldest winter in/for twenty years.**
이번 겨울은 과거 20년 동안에 있어서 제일 추운 겨울이다.
 • 지난 20년 동안 이렇게 추운 겨울은 없었다.

---

in은 위의 의미와는 다른 시간의 경과를 나타내기도 한다. 즉 얼마의 시간이 '지나서,' '걸려서' 등의 뜻도 갖고 있다. 물론 for는 이러한 의미가 없다. 이 의미의 in은 그것과 연결되는 동사의 의미가 언명된 기간이 지나자마자 실현되는 경우에 쓰인다. 다시 말하면 동사의 의미가 언명된 기간 중에 실현되는 경우에는 in을 쓸 수 없다는 뜻이다:

- The parcel will arrive in a week.
  소포는 일주일이 지나면 도착할 것이다.
  - 소포는 1주일이 지나자마자 도착한다.

- Can you drive from here to Pusan in five hours?
  당신은 여기서 부산까지 다섯 시간에 주파할 수 있습니까?
  - 이 문장에서 drive는 five hours가 지나 실현되는 것이므로 '차를 운전하다'의 뜻이 아니라 운전의 결과로 실현되는 '운전하여 도착하다'의 뜻이다.

- He finished the job in just three months.
  그는 그 일을 딱 석 달 만에 끝냈다.

- Is it possible to learn English in six months?
  영어를 6개월에 완성하는 것은 가능한 일인가?
  - learn English가 '6개월 걸려서'를 동반하고 있으므로 여기서의 learn English는 어느 기간 지속되는 배움의 행위를 의미하는 것이 아니라 6개월이 지나 완성되는 일을 의미한다. 그러나 가령 He learned English for six months before emigrating to America. '그는 미국으로 이민가기 전에 영어를 6개월 동안 배웠다.'에서는 영어를 완성했다는 뜻이 아니고 단지 배우는 행위를 했다는 것이므로 그 문장 뒤에 '미국에 가서도 계속 영어를 배울 작정이다'와 같은 말을 붙일 수 있다.

- We'll meet again in three months/in three months' time.
  우리는 3개월 지나 다시 만날 것이다.
  - = We'll meet again three months from now.

시간의 경과를 나타낼 때 after도 쓸 수 있는데 in과는 뉘앙스의 차이가 있다. in은 정확하게 언명된 시간의 경과 시점을 느끼게 하지만 after는 그러한 정확한 느낌을 주지 않는다. 그러니까 언명된 시간이 경과하고도 약간의 시간 여유가 있을 수 있는 것이다. 또 경과하는 시간에 가령 three months' time, a week's time처럼 -'s time을 붙일 수도 있다. 붙이는 경우와 안 붙이는 경우의 차이는 안 붙이는 것이 더 정확한 경과 시간을 나타낸다. 그 이유는 -'s time에서는 실제 경과 시간은 time의 수식어가 되고 막연한 time이 실제 경과 시간이 되기 때문이다. '그 정도의 시간'이라는 뉘앙스가 느껴진다. 따라서 경과 시간이 이미 분명히 드러난 과거 시제에는 -'s time을 붙이지 않는다. 그러나 미래 시제에 있어서는 경과 시간이 확실할 수 없으므로 -'s time을 흔히 붙여 쓴다. 반드시 이렇게 해야 하는 것은 아니지만 이렇게 하는 것이 옳다:

- The bus leaves in/after ten minutes.
  버스는 10분 있으면/10분 후에 떠난다.

- The results of the exam will be announced in/after two weeks.
  시험의 결과는 2주 후에/2주가 지난 다음에 발표될 것이다.

- We'll finish the job in three months/in three months' time.
  우리는 3개월이면/3개월 정도면 그 일을 끝낼 것입니다.

- We finished the job in three months.
  우리는 그 일을 3개월에 끝냈다.

The boot is on the other leg.

'진짜 상황은 그 정반대이다.' '이제 상황이 정반대로 바뀌었다.'
우리는 신발을 신을 때 왼쪽 것을 오른발에 신거나 그 반대의 경우를 경험하기도 한다. 위 표현은 이와 같은 상황에서 나온 것으로 책임 소재나 의무 같은 것이 잘못 지워져 있다는 즉 어떤 사람이 상황을 얼토당토 않게 판단하고 있다는 뜻이다. 더러는 어떤 상황이 전과는 정반대가 되었다는 뜻으로도 쓰인다. leg 대신 foot도 쓸 수 있다.

- You say you should have written to thank me, but the boot is on the other leg, for the obligation is on my side. It is I who am deeply indebted to you.

  당신은 나한테 진작 편지를 써서 감사의 인사를 했어야 했다고 말씀하시지만 사실상의 상황은 그 정반대입니다. 감사의 인사를 해야 하는 의무는 저희 쪽에 있습니다. 당신에게 깊이 은혜를 입은 사람은 저입니다.

- You are blaming me for the failure of our business, but the boot is on the other foot. You have led it in your own way without ever getting a prior consent from me.

  당신은 우리의 사업이 실패한 것에 대해서 그 책임을 나에게 돌리고 있는데 실상은 그 반대입니다. 당신은 나에게서 사전 승인을 한 번도 받지 않고 사업을 당신 마음대로 이끌어 온 것이오.

두 가지 부정 응답 형태 I don't think so 부류와 I think not 부류에 대하여

yes-no질문에 대한 부정적 대답으로 I don't think so와 I think not가 있다. 전자는 [I think + 긍정절]을 줄인 것이고, 후자는 [I think + 부정절]을 줄인 것이다. 이렇게 각기의 모체에서 추론할 수 있듯이 I think not가 I don't think so보다 더 직접적이고 단언적 부정이다. 따라서 딱딱하게 들리며, 격식적이며 덜 사교적 표현이다. 그러므로 보통의 경우에는 I don't think so가 일반적으로 쓰인다.

이처럼 두 가지 형태의 부정적 대답에 가장 일반적으로 쓰이는 동사는 think, suppose, guess, hope, believe, hear, imagine, expect, be afraid 등이다. 이들 외에 상용법이 제한되어 있는 다른 동사들도 있다:

- A: Will he keep his promise?
  그가 약속을 지킬까요?

  B: I guess so./I guess not.
  지킬 것입니다./지키지 않을 것입니다.

- I don't think he'll keep his promise; maybe he will, but I don't think so.
  그가 그의 약속을 지킬 것이라 생각하지 않지만, 혹시 지킬지도 모른다. 그러나 지킬 것 같지는 않다.
  - I don't think절은 뒤에 maybe he does를 부연할 수 있을 만큼 자기 생각이 틀릴 수도 있다는 여유를 허락한다. 그래서 부드럽고 사교적으로 들리는 것이다.
  - *I think he won't keep his promise; maybe he will, but I think not.
  - won't keep가 명시되어 있으므로 뒤에 다시 그 부정을 뒤엎는 maybe he will을 부연한다면 앞뒤 논리가 맞지 않는다.

- A: Was this cathedral built in the 14th century?
  이 사원은 14세기에 지어졌습니까?

  B: I think/believe/hear/guess so.
  그렇게 생각합니다/믿습니다/듣고 있습니다/짐작합니다.

  I was told so.
  그렇게 들었습니다.

- A: Will he succeed?
  그가 성공할까요?

  B: (1) I don't think/suppose/expect/believe/imagine so.
  그럴 것 같지 않은데요.

  (2) I think/suppose/expect/believe/imagine not.
  성공 못하리라 생각합니다.

tell은 so와 직접 결합하기 위해서는 위의 예에서처럼 수동형이 되어야 한다. 그러나 tell의 행위자를 주어로 하는 경우에는 능동형이 될 수밖에 없다: Somebody told me so. He didn't tell me so. 부정문 *I was told not. *He told me not. 등은 쓰이지 않는다.

hear, hope 그리고 be afraid는 긍정문으로 so나 not을 동반할 수 있지만 부정문에는 쓰이지 않는다.

- **A:** Will he come?
  그가 올까요?

  B: *I don't hear so./*I don't hope so./*I'm not afraid so.

  → I hear not. / I hope not. / I'm afraid not. / He didn't tell me so.
  안 오는 것으로 듣고 있는데요./안 오기를 바라는데요./올 것 같지 않은데요./온다고 안 하던데요.

- **A:** Is he coming to the meeting?
  그 사람 회의에 옵니까?

  B: I don't know, but *I don't hope/hear he's coming.

  → I don't know, but I hope/hear he's not coming.
  모르겠지만 그가 오지 않기를 바랍니다/오지 않는 것으로 듣고 있습니다.

  *No, he told me not.

  → No, he didn't tell me so.
  아니오. 그가 오겠다고 하지 않았습니다(올 수 없다고 말했습니다).

- **A:** I hope you won't get into any trouble over this.
  네가 이것으로 인해서 어떤 문제에 빠지기를 나는 바라지 않는다.

  B: I hope not too.
  나도 그렇게 안 되기를 바란다.

  • I hope not은 문법적으로는 긍정문이기 때문에 부사 too를 동반할 수 있다.

두 가지 형태의 부정 대답 중 오직 한 가지 형태만 가능한 동사(hear, hope 등)는 don't think so와 think not이 나타내는 사교적 차이를 일으킬 수 없는 것은 당연하다.

- **A:** Is his condition serious?
  그의 상태가 심각한가?

  B: (1) I don't know, but I hope not.
  모르지만 그렇지 않기를 바란다.

  (2) I'm afraid so.
  아무래도 그런 것 같다.

- I think so라고 대답하면 그 사람의 상태가 심각한지 그렇지 않은지에 대해서 관심이 없는 것처럼 느껴진다. 반면에 I'm afraid so라고 말하면 그 사람의 상태가 심각함을 인정하는 것이 마음내키는 일이 아님을 나타낸다. 이렇게 표현하는 것이 사회적 예의이다.

■ **A:** Is he getting better?
   그는 나아지고 있는가?

B: (1) I don't believe/think/suppose so.
   그렇게 생각 안 한다.

   (2) I'm afraid not.
   아무래도 그런 것 같지가 않구나.

- A의 질문에 (1)의 대답은 무뚝뚝하여 사교적이지 않으며 (2)가 일반적이다.

---

so와 not의 사용에 대한 예를 몇 개 더 보자:

■ **A:** Do you think Tom will come?
   Tom이 오리라고 생각하느냐?

B: *I know/wish/want so.

   *He promised so.

➔ I hope so.
   오기를 바랍니다.

■ **A:** Is he seriously wounded?
   그가 중상인가?

B: *His wife told me not.

➔ His wife didn't tell me so.
   그의 부인은 그렇지 않다고 말했다.

---

say so는 특별한 의미를 갖는다. so가 나타내는 것이 '믿을 만한 것,' 즉 그런 말을 한 사람이 '권위 있는 사람'임을 암시한다. 이것이 암시되지 않을 때는 say so 대신에 say that를 써야한다:

■ You are going to be the next President. Everybody says so.
   선생님께서 다음 대통령이 되실 것입니다. 모두가 그렇게 말하고 있습니다.

- 모든 사람이 그렇다고 말한다면 그것은 믿을 만한 것이다.

■ **A:** You've got to clean the car.
   너는 차를 청소해야 한다.

■ B: Who says so?
   누가 그렇게 말하더냐?

• 나에게 그런 일을 하라고 한 사람이 과연 내가 복종해야 할 사람인가를 알고 싶은 것이다.

■ A: Jane's got cancer.
   Jane은 암에 걸렸다.

   B: Who says so?/Who said that?/*Who says that?
   누가 그 말을 하더냐?/누가 그런 소리를 하더냐?

• say so는 말의 내용을 믿을 수 있다고 전제하기 때문에 그 말은 현재에도 적용되어 시제가 현재형이다. 그러나 say that은 그 말의 사실성을 전제하지 않기 때문에 시제를 말하는 그 순간에만 적용시켜서 과거형을 쓴 것이다.

■ A: Dr. Smith./Somebody I know.
   의사 Smith 씨가 그렇게 말하고 있다./내가 아는 어떤 사람이 그러던데.

■ A: Come in!
   B: (1) Who says so?
       누구 맘대로?

• 들어오라는 허락을 줄 수 있는 사람이 누구인가? 나는 반대한다는 것을 암시한다.

   (2) Who said that?
       ('Come in'이라는) 저 소리를 지른 사람이 누구인가?

---

say, hear, understand, tell, believe는 다음과 같이 so를 주어 앞으로 내어놓을 수 있다:

■ A: Mary's getting married.
   Mary가 결혼합니다.

   B: So I heard./So I understand./So they say./So I was told./So I believe.
   나도 그렇게 들었다./그렇게 알고 있다./그렇다고들 한다./그렇게 들었다./그렇게 믿고 있다.

---

appear와 seem도 so와 not를 동반하여 쓰일 수 있지만 주어가 it일 때에 한한다. 즉 *He appears so.나 *They seem so.등은 쓰이지 않는다:

■ A: Will she have to have an operation?
   그 여자는 수술을 받아야 되나요?

   B: It seems/appears so/not.
   그래야만 할 것 같군요./그럴 필요가 없는 것 같군요.

078 wh-word와 연결되는 전치사의 전치와 후치에 대하여

보통 전치사는 의문사 앞에 놓아도 즉 전치해도 되고 떼어서 전치사를 후치해도 된다. 차이는 다만 전자의 형식은 점잖고, 격식적인 문체인 데 반하여 후자의 형식은 비격식적이고 일반적인 문체라는 것뿐이다. 그러나 격식과 비격식에 관계없이 전치사는 언제나 후치되어야 하는 경우와 언제나 전치되어야 하는 경우들도 있다:

1. 전치사를 이용하여 '도구,' '이유' 또는 '목적'을 묻는 경우에는 전치사는 언제나 후치된다:

- **What shall I mend it with?**
  무엇을 가지고 그것을 고칠까요?

  What with?
  무엇 가지고요?

  *With what shall I mend it?

  *With what?

- **What did you do that for?**
  왜 (무슨 목적으로) 그런 일을 했느냐?

  What for?
  무슨 목적으로?

  *For what did you do that?

  *For what?

2. 다음과 같은 경우에는 '도구', '이유', '목적'과 구별하기 위해서 전치사를 후치하지 않는다:

- **A:** I need your help.
  나는 당신의 도움이 필요합니다.

  B: With what do you need my help?
  무엇을 도와드릴까요?

- **With** what?
  무엇을?

  *What with?

  • help는 with를 동반하여 도움의 구체적 대상을 나타낸다. 만일 B가 What with?라고 말한다면 '무엇을 가지고?' 라는 문맥상 맞지 않는 의미가 될 것이다.

- **A:** You haven't paid, sir.
  돈을 안 내셨는데요.
- **B: For** what?
  무엇에 대한 돈 말입니까?

  *What **for**?

  • B의 반응은 이유나 목적을 묻는 것이 아니다. 위의 상황은 상점의 점원 A가 나가는 손님 B에게 돈을 지불하지 않았다고 말한 것에 대한 B의 반응이다. 여기서 what for? '무엇 때문에?'나 '왜?'는 상황에 맞지 않는 반응이다.

- **A:** I hold you responsible.
  나는 네가 책임이 있다고 본다.
- **B: For** what?
  무엇에 대한 책임이냐?

  *What **for**?

3. 의문사가 추상명사를 수식하는 경우 전치사는 후치되지 않는다. 그러나 의문사가 비 추상명사를 수식하는 경우에는 전치사는 전치와 후치가 다 가능하다.:

- **For what reason** did you say that?
  무슨 이유로 너는 그런 말을 했느냐?

  *What reason did you say that **for**?

  • 의문사 what이 추상명사 reason을 수식하고 있다.

- **With whose permission** did you open the room?
  누구의 허락으로 너는 그 방을 열었느냐?

  *Whose permission did you open the room **with**?

  • 의문사 whose가 추상명사 permission을 수식하고 있다.

- I don't know **on whose authority** you say that.
  너는 누구의 말을 근거로 그런 소리를 하는지 나는 모르겠다.

  *I don't know whose authority you say that **on**.

  • 의문사 whose가 추상명사 authority를 수식하고 있다.

- I didn't know **on whose foot** I stepped in the crowded bus.

  I didn't know **whose foot** I stepped **on** in the crowded bus.
  만원 버스에서 나는 내가 누구의 발을 밟았는지 몰랐다.

  • whose의 수식을 받고있는 foot가 추상명사가 아니므로 전치사의 전치, 후치가 다 가능하다.

- **To which university** did he apply?

  Which university did he apply **to**?

  그는 어느 대학에 지원했느냐?

  - university는 비 추상명사

4. [의문사 + be동사 + 주어]의 형태로 된 의문문에서는 전치사는 항상 후치된다:

- What was the movie **about**?

  그 영화는 무엇에 관한 것이었느냐?

  *About what was the movie?

- What is the weather **like**?

  지금 날씨가 어떠하냐?

  *Like what is the weather?

- What was it **in**?

  그것이 무엇 안에 들어 있었느냐?

  *In what was it?

- Where are you **from**?

  당신은 어디 출신이오?

  *From where are you?

  - 위 문장에서 be 동사 대신 come을 쓰면 형식적으로는 [의문사 + be동사 + 주어]의 형태는 아니지만 그렇게 해도 그 의미는 be동사를 썼을 때와 똑같으므로 Where do you come from?이라고 한다.
    *From where do you come?이라고는 하지 않는다.

bury one's head in the sand

'보기 싫은 현실이나 사실을 고개를 돌려 안 보다'

우화 속에서 타조는 사냥꾼에게 쫓기면 머리를 모래에 파묻는다. 그러면 안 보이니까 사냥꾼이 사라졌다고 생각하고 안심하는 것이다. 사람도 타조처럼 보기 싫은 것은 안 보면 그것이 없어진 것으로 생각한다. 인간의 어리석음을 나타내는 표현이다.

- **You must face up to your responsibilities for your parents. If you avoid seeing them and their difficult situations and pretend that they do not exist. you are like an ostrich burying its head in the sand and forgetting about its hunter.**

  너는 너의 부모에 대한 책임을 당당하게 받아들여라. 부모를 찾아가지 않고 그들의 상황을 외면하고 마치 그런 상황이 존재하지 않는 것처럼 행동하면 너는 머리를 모래에 묻고 자기를 쫓는 사냥꾼에 대해서 잊어버리는 타조와 같은 사람이다.

- **We must be brave enough to look straight at the realities surrounding us and accept and deal with them even though they are far from desirable. We can't bury our head in the sand and pretend they don't exist.**

  우리는 우리를 둘러 싸고 있는 현실이 비록 바람직한 것이 결코 아니라 할지라도 그것을 똑바로 쳐다보고 받아들이고 처리하는 용기를 지녀야 한다. 우리는 머리를 모래에 묻고 우리의 현실이 마치 존재하지 않는 척 할 수는 없는 것이다.

so ~ that, such ~ that, such that, so that 등의 용법

1. [so + 형용사(구)/부사(구) + (that)절]

이 구조는 so가 형용사나 부사와 결합하여 '어찌나 ~하여'라는 의미를 형성함으로써 그 뒤에 오는 (that)절을 자연스럽게 결과의 의미로 만든다. 접속사 that은 구어체에서는 흔히 생략된다:

- This suitcase is so heavy (that) I can hardly carry it.
  이 가방은 너무 무거워서 나는 그것을 운반할 수가 없다.

- The used car was so perfect, so clean and so cared for that I wasted no time buying it.
  그 중고차는 어찌나 완전하고 깨끗하고 어찌나 잘 손질되어 있던지 나는 그 차를 사는 데 한 순간도 허비하지 않았다.
  - 이 문장에서는 so구가 여러 번 반복되어 웅변적인 어감을 준다. 이런 경우에는 that을 생략하지 않는 것이 자연스럽다.

- His lecture is so interesting (that) no student in his class ever cuts it.
  그의 강의는 어찌나 재미있던지 그 반 학생들 중 어느 누구도 한 번도 빼먹지 않는다.

- I got to class so late (that) the professor had already called the roll.
  나는 강의에 너무 늦게 도착하여 교수님이 이미 출석을 불러버렸다.

- The truck was so heavily loaded (that) it couldn't even move.
  어찌나 무겁게 짐이 실렸는지 트럭이 움직이지도 못했다.

- It happened so fast (that) I didn't even realize what was happening.
  그것이 어찌나 순식간에 일어났던지 나는 무엇이 일어나고 있는지도 알아차리지 못했다.

- He walked so quickly (that) I couldn't keep up with him.
  그는 어찌나 빨리 걷던지 내가 보조를 맞출 수가 없었다.

- The boy polished my shoes so hard (that) I could see my face in them.
  그 아이는 내 구두를 어찌나 잘 닦았던지 구두에 내 얼굴이 비칠 정도였다.

- The weather there is so hot that you can fry an egg on the hood of your car parked outside on a sunny day.
  그 곳의 날씨는 어찌나 더운지 햇볕이 쪼이는 날에는 밖에 주차되어 있는 당신의 차 본넷 위에다 계란을 후라이할 수 있을 정도이다.

2. [so many/few + 복수명사] 또는 [so much/little + 단수명사 + (that)절]

이 구조의 명사는 불특정 수를 나타내는 복수명사나 불특정 양을 나타내는 셀 수 없는 의미의 단수명사이다. 즉 many, few 또는 much, little 등의 수식을 받지 않는 명사는 쓰이지 않는다는 뜻이다. 접속사 that은 구어체에서는 흔히 생략된다:

- She has so many children (that) she can't afford a minute for herself.
  그 여자는 아이들이 어찌나 많던지 자기 자신을 위한 시간은 단 한 순간도 낼 수 없다.

- There were so few vehicles on the streets (that) I enjoyed driving, getting around downtown, for the first time in a long time.
  길에 차가 어찌나 적던지 나는 오래간만에 시내 여기저기를 돌아다니며 운전을 즐겼다.

- So few people came to the meeting (that) it was adjourned.
  회의 참석자들이 너무 적어 회의는 연기되었다.

- He has so much money (that) he cannot spend it all no matter how long he lives.
  그는 어찌나 돈이 많은지 얼마나 오래 살든 그는 그 돈을 다 쓸 수 없을 정도이다.

- I have so much time these days (that) I really don't know what to spend it doing.
  요즈음에 나는 시간이 어찌나 많이 나는지 정말이지 무엇을 하며 시간을 보내야 할지 모를 지경이다.

- There is so little time left until the final examinations (that) the whole dormitory is very quiet now.
  기말고사까지 시간이 얼마 남지 않아 지금은 기숙사 전체가 조용하다.

- He has so many friends (that) he can't invite them all to his wedding.
  그는 친구가 어찌나 많은지 자기 결혼식에 그들을 다 청첩할 수 없을 정도이다.

3. [such + a(n) + 형용사 + 단수명사] 또는 [such + 형용사 + 단수 또는 복수명사 + (that)절]

such 다음에는 부정관사를 동반한 단수명사구, 관사의 동반이 없는 복수명사구나 단수명사가 온다. 그러나 many나 few의 수식을 받고 있는 복수명사구는 such와 결합할 수 없다. 이 구조에서 '단수명사'는 셀 수 없는 대상을 나타내는 명사로 복수의 개념이 적용되지 않고 언제나 단수형으로만 존재하는 명사를 말한다:

- He's such a kind teacher (that) all the students like him very much.
  = The teacher is so kind that ....
  그 선생님은 어찌나 친절한지 학생들 모두가 그를 아주 좋아한다.

- It was such an interesting party (that) we'll all remember it for a long time.
  = The party was so interesting (that) ....
  그 파티는 어찌나 재미있었던지 우리 모두는 그것을 오랫동안 기억할 것입니다.

- He was such an eloquent speaker (that) everyone listened to him whenever he spoke.
  = He spoke so eloquently (that) ....
  그는 어찌나 달변가였던지 그가 말을 할 때면 누구나 그에게 귀를 기울였다.

- We were having such a nice time at the party (that) we didn't want to leave.
  우리는 파티에서 너무나도 좋은 시간을 즐기고 있어서 파티장을 떠나고 싶지가 않았다.

- It is such a pleasant day today (that) I don't want to go to school.
  오늘은 날씨가 어찌나 좋은지 나는 학교에 가고 싶지 않을 정도이다.

- He tells such funny jokes in class at intervals of five or six minutes that no one is bored with his lecture.
  그는 강의하면서 5~6분 간격으로 어찌나 우스운 농담을 하는지 그의 강의를 들으면서 지루해 하는 사람은 없다.
  - 이 문장에서는 such와 that절이 너무 길게 떨어져 있어 만일 that을 생략하면 얼른 이해하기가 힘들다. 이처럼 듣는 사람이 얼른 이해하는 데 어려움이 예상되는 경우에는 접속사 that을 생략하지 않는다.

- He has such charming manners (that) everyone likes him.
  = His manners are so charming that ....
  그는 어찌나 매혹적인 예절을 갖추었는지 모든 사람이 다 그를 좋아한다.

- They are such good people (that) you can rely on them.
  = They are people so good that ....
  그들은 아주 착한 사람들이기 때문에 네가 의존해도 될 것이다.

- *There were such many people at the party that I couldn't find him.
  → There were so many people ....
  파티에 사람들이 어찌나 많이 왔던지 나는 그를 찾을 수 없었다.
  - 수량 명사구는 such 다음에 올 수 없다. 그러나 같은 수량 명사구라도 명사가 many 또는 much 대신 a lot of로 수식되어 있으면 such 다음에 쓰일 수 있다. 이것은 아마 such a lot of people을 외형상으로 가령 such a lovely day와 같은 것으로 느끼는 데서 가능해진 것이 아닌가 한다.

- He has such beautiful daughters not yet married that he keeps being flattered by a lot of young men.
  그는 아직 결혼하지 않은 아름다운 딸들이 있어 많은 젊은이들로부터 끊임없이 아첨을 받고 있다.

- 위에서처럼 such나 so와 that 사이가 길면 that은 생략하지 않는 것이 좋다.

■ It was such delicious food (that) I ate it all.

= The food was so delicious that ....
그것은 어찌나 맛있는 음식이었는지 나는 그것을 다 먹었다.

- 여기서 food는 음식의 종류를 의미하는 것이 아니고 '음식'의 의미이므로 복수가 될 수 없는 단수형 명사이다.

■ The city has such polluted air and water that foreign tourists cannot stay there for long.

= The city's air and water are so polluted that ....
그 도시는 공기와 물이 어찌나 심하게 오염되어 있는지 외국 관광객들은 거기서 오래 머무르지 못한다.

■ It is such nice weather today that I don't want to stay home.

= The weather is so nice today that ....
오늘은 날씨가 너무 좋아 집에 있고 싶지 않다.

■ The company produces such strong steel that it always has a backlog of orders.

= The company produces steel so strong that ....
그 회사는 어찌나 강한 강철을 생산하는지 언제나 공급하지 못한 주문이 쌓여 있다.

4. [so + 형용사 + a(n) + 명사 + that절]

이 형태는 아주 격식적인 표현에 쓰이며, 이 구조를 쓰는 경우에는 that을 생략하는 법이 없다. 또 문장의 내용도 격식적인 것일수록 더 잘 어울린다:

■ I had so small a lunch today that I am hungry already.

= I had such a small lunch today that ....
나는 오늘 점심을 어찌나 적게 먹었던지 벌써 배가 고프다.

■ He was so eloquent a speaker that even his enemies listened with respect.

= He spoke so eloquently that ....

= He was such an eloquent speaker that ....
그는 어찌나 힘 있는 달변가이든지 심지어 그의 적들까지도 존경심을 가지고 경청했다.

■ It is so ugly a house that no one will purchase it.

= The house is so ugly that ....

= It was such an ugly house that ....
그 집은 너무도 보기 흉해서 아무도 그 집을 사려들지 않는다.

- It was so hard an examination that only very few of us passed it.

    = The examination was so hard that ....

    = It was such a hard examination that ....
    그 시험은 어찌나 어려웠던지 우리 중 극소수만이 그 시험에 합격했다.

- It's so good a movie that you mustn't miss it.

    = It was such a good movie that ....
    그 영화는 아주 좋으므로 너는 그걸 절대 놓쳐서는 안 된다.

- This is so heavy a box that I can't carry it.
    이것은 너무 무거운 상자라서 나는 운반할 수 없다.

    - 이 문장은 어쩐지 어색하다. 문장의 구조는 대단히 격식적이지만 문장의 의미는 대단히 일상적인 것이다. 형식과 내용이 어울리지 않는다.

    → This box is so heavy that ....

       This is such a heavy box that ....

- *It was so delicious food that I ate it all.

    → It was food so delicious that ....

       The food was so delicious that ....
       그 음식이 어찌나 맛이 있던지 나는 그것을 다 먹었다.

    - so delicious food가 잘못된 표현이다. [so + 형용사] 다음에 오는 명사는 반드시 부정관사를 동반해야 하는데 이 문장에서 food는 셀 수 없는 단수형 명사로 쓰였으므로 *so delicious a food라고 할 수 없는 것이다.

- *They are so honest people that you can trust them completely.

    → They are people so honest that ....
       그들은 아주 정직한 사람들이므로 당신은 그들을 전폭적으로 신뢰할 수 있다.

[so + 형용사 + a(n) + 명사]의 형태에서 so의 자리에 들어갈 수 있는 부사로는 too와 as가 있다:

- You'll have as good a time tomorrow as today.
    너는 내일도 오늘 만큼 즐거운 시간을 갖게 될 것이다.

- It's too interesting a movie for you to miss.
    그것은 너무 재미있는 영화이므로 네가 놓쳐서는 안 된다.

5. so/such ~ that절의 문장에서 that절이 긍정이면 ~ enough to를 이용해서, 그리고 that절이 부정이면 too ~ to를 이용해서 문장을 바꿀 수 있다:

- The fighter flies so fast that it can beat the speed of sound.

    = The fighter flies fast enough to beat the speed record.

    그 전투기는 음속을 깰 만큼 빨리 난다.

- He is so rich that he can afford his own plane.

    = He is rich enough to have his own plane.

    그는 아주 부유하여 자기 개인 비행기를 가질 수 있다.

- The novel is so interesting that you cannot stop reading it when you are only halfway through.

    = The novel is too interesting for you to stop ....

    그 소설은 어찌나 재미있든지 우리가 겨우 반만 읽고 멈출 수 없다.

- I had such a bad cold yesterday that I didn't go to work.

    I had too bad a cold yesterday to go ....

    나는 어제 어찌나 심한 감기에 걸렸든지 직장에도 갈 수 없었다.

- It is such a pleasant day today that you mustn't stay indoors all day.

    = It is too pleasant a day today for you to stay ....

    오늘은 날씨가 너무 상쾌하니 네가 온종일 집안에만 있어서는 안 되겠다.

위의 문장들에서 보다시피 so/such 구조에서 that절이 긍정인 경우에 일반적으로는 enough to와 거의 같은 의미가 되지만 기본적으로는 so와 such는 형용사나 부사의 의미 정도를 높이는 것이고 enough는 형용사나 부사의 의미를 to 동사구 정도로 제한하는 것이다. 그러므로 경우에 따라서는 이 두 구조가 의미 차이를 일으킬 수도 있다:

- *This coffee is so hot that I can drink it.
    - 여기서 so hot는 아주 뜨겁다는 뜻으로 그 정도의 제한이 없다. 이런 상황에서 그 커피를 아무도 마실 수가 없는 것이다.
    - → This coffee is so hot that I can't drink it.

- This coffee is hot enough to drink.

    이 커피는 마실 만할 정도로 뜨겁다.
    - 이 문장에서는 커피의 뜨거움이 사람이 마시기에 알맞을 정도로 제한되어 있다. 따라서 이 커피는 누구나 마실 수 있는 것이다.

6. such와 so는 중간에 형용사나 부사의 개입 없이 바로 that절과 연결되어 such that절과 so that절로 쓰일 수 있다.

(1) such that절

이 구조에서 such는 그 자체로서 정도가 매우 높음을 의미한다. 즉 such가 원인이 되어 that절의 결과가 생긴다는 뜻이다:

- **The precision of the satellite-guided smart bombs was such that almost all of them fell within 20 meters of the intended targets.**
  인공위성으로 길을 안내받는 스마트 폭탄의 정밀도가 어찌나 높은지 이 폭탄 대부분이 의도된 목표물로부터 20미터 이내의 곳에 떨어졌다.

- **His courage was such that he strongly advised the President to please listen to the desperate cries of the overwhelming majority of the nation.**
  그의 용기는 아주 대단해서 대통령에게 제발 좀 절대 다수 국민의 절망적 울부짖음에 귀를 기울이라고 강하게 충고했다.

- **Such was his fear of failure in the examination that he couldn't get any sleep until its result was announced.**
  그는 시험에 떨어지지 않을까 하는 걱정이 어찌나 컸던지 시험 결과가 발표될 때까지 며칠 동안은 잠을 전혀 이루지 못했다.
  - His fear of .... was such that .... 정상적인 어순이지만 좀 극적 효과를 내기 위해서 또는 위 문장의 경우처럼 주어가 길면 주어와 술어를 도치할 수도 있다.

(2) so that절

so that절의 so that는 각기 다른 두 종류의 접속사 의미를 갖는다. 하나는 목적의 의미이고 다른 하나는 결과의 의미이다. 구어에서는 흔히 that은 생략되고 so만 가지고 이 두 종류의 접속사 의미를 나타내는 경우도 많다. 물론 격식적인 표현에서는 that을 생략하지 않는다.

목적의 접속사는 누가 또는 무엇이 무엇을 '하도록'의 의미이므로 목적절의 내용은 주절의 내용보다 나중에 발생할 일이다. 따라서 so that절의 동사구는 주절이 현재나 미래시제이면 조동사 will이나 can을 동반하며, 주절이 과거시제이면 조동사 would, could 또는 should를 동반한다.

결과의 접속사는 '그래서 그 결과로'의 의미이다. 화자가 앞 절을 시작하면서 그 결과절까지는 의식하지 않고 있다가 앞 절을 말하면서 또는 이미 끝내고 나서 그 절의 결과까지 말해야겠다는 생각이 뒤늦게 들어 부연하여 말할 때 so that절이 쓰인다. 이처럼 so that은 and as a result와 마찬가지 의미이다. 결과의 so that절은 의미상으로 앞 절과의 관계가 목적절만큼 그렇게 밀접하지 않고 단순히 뒤늦게 부연하는 말이므로 두 절 사이에는 일반적으로 comma가 찍힌다.

그러나 구어에는 구두점이 있을 수 없으므로 화자도 청자도 comma를 의식하지 않는다. 그래서 이것은 글을 쓸 때도 절대적 필수조건이 되지는 않는다. 그러므로 우리는 구두점에 얽매이지 말고 문

장의 억양 또는 그보다도 두 절의 상호 의미 관계에 따라 목적절인지 결과절인지를 파악해야 한다:

- **The arson attack was a deliberate attempt to put out lights in the town so that looting could take place.**
  그 방화 습격은 약탈이 발생할 수 있도록 시내의 전등을 끄기 위한 고의적 시도였다.

- **I've given him a key so that he can get into the house.**
  나는 그가 집에 들어올 수 있도록 그에게 열쇠를 하나 주었다.

- **I'll light the fire so that the house will be warm when my children return from school.**
  나는 아이들이 학교에서 돌아오면 집이 따뜻하도록 불을 지피겠다.

- **He told me to leave early so that I wouldn't get stuck in the rush hour traffic.**
  그는 나에게 러시아워에 갇히지 않도록 일찍 떠나라고 말했다.

- **We carved on the stone the names of these brave soldiers so that the future generations should know what they had done to preserve freedom and democracy in this country.**
  우리는 이들 용감한 군인들의 이름을 돌에 새겨 다음 세대들이 이들 군인들이 이 나라의 자유와 민주주의를 수호하기 위해 무엇을 했는지 알도록 했다.

- **He came in quietly so that he shouldn't wake his wife.**
  그는 자기 처를 깨우지 않도록 조용히 들어왔다.

- **They hid my shoes so that I couldn't leave.**
  그들은 내가 떠날 수 없도록 내 신발을 숨겼다.

- **They hid my shoes, so that I couldn't leave.**
  그들은 내 신발을 숨겨버렸다. 그래서 나는 떠날 수가 없었다.
  - 이 문장은 comma만 빼면 그 앞 문장과 똑같다. 따라서 두 절의 의미 관계도 그 앞 절과 같다. 이런 경우에는 억양에 의지할 수밖에 없다. so that절이 결과의 의미로 의도되었다면 두 절을 마치 두 개의 문장처럼 서로 떼어서 발음해야 한다. 다시 말하면 shoes에 문장 강세를 주며 억양을 높였다가 낮추고 약간 쉬었다가 so that절로 이어가야 한다. 만일 목적의 의미가 의도되었다면 두 절을 한 문장처럼 이어서 발음해야 한다. 그러나 이 같은 구별에도 불구하고 위 두 예문은 사실상 양쪽으로 의미가 다 통할 수 있다. 그러므로 화자의 정확한 뜻은 이 문장의 전후 관계를 참고하는 수밖에 없을 것이다.

- **The roof had fallen in, so that the house was not inhabitable.**
  지붕이 무너졌었다. 그래서 그 집은 사람이 살 수 없는 상태였다.

- Every business establishment has peculiarities of its own so that the theories being taught at schools of business administration are different from the practice of ordinary business.

  모든 기업체가 각기 자기 나름의 특성을 가지고 있어서 경영대학원에서 가르치고 있는 이론들은 보통 기업의 운영방식과는 다르다.

  - 이 문장에서는 so that절 앞에 comma가 있든 없든 두 절의 의미로 보아서 상호 인과관계임이 분명하다.

- He's recovering very quickly, so that he will be able to work again soon.

  그는 빨리 회복하고 있다. 그래서 그는 곧 다시 일할 수 있게 될 것이다.

- He was speaking very quietly so that it was difficult for people sitting in the back to hear what he was saying.

  그는 아주 조용히 말하고 있었다. 그래서 뒤에 앉은 사람들은 그가 무슨 말을 하고 있는지 알아 듣기 어려웠다.

- A lot of innovative research in pharmaceuticals is being carried out throughout the world for the treatment of cancer, so that the day is not very far away when the disease doesn't stand in the way of human happiness.

  암 치료를 위한 약을 찾기 위해 전 세계에서 많은 혁신적인 연구가 진행되고 있다. 그래서 암이라는 병이 인간의 행복에 방해가 되지 않는 그 날이 멀지 않다.

- I couldn't find my friend at the airport, so that I had him paged through the loudspeaker.

  나는 공항에서 내 친구를 찾지 못했다. 그래서 나는 구내 확성기를 통해 그의 이름이 불리도록 했다.

a curtain-lecture

'아내가 남편에게 하는 귀찮은 잔소리(바가지 긁음)'

서양에서는 부부의 침대에는 보통 커튼이 둘러쳐져 있다. 이렇게 커튼이 쳐진 침대에서 아내는 남편에게 기나긴 잔소리를 하는 것으로 알려져 있다. 그러나 지금은 반드시 침대에서만이 아니고 어디서나 아내가 남편에게 하는 귀찮은 잔소리 즉 바가지 긁기를 의미한다.

- **My wife rarely gives a curtain-lecture. That's probably because I never do anything against her will.**

  내 처는 나에게 바가지를 긁는 경우가 거의 없다. 이것은 아마도 내가 아내의 뜻에 어긋나는 일을 하지 않기 때문일 것이다.

- **If you want to be loved by your husband, don't give him a curtain-lecture about trivial things if you can help. No husband will love his wife if she gives him a curtain-lecture about everything he does.**

  남편에게서 사랑 받고 싶으면 안 할 수만 있다면 시시한 것 가지고 바가지를 긁는 일은 삼가시오. 어떤 남편도 자기가 하는 모든 일에 대해서 자기 아내가 시시콜콜 바가지를 긁는다면 그런 아내를 사랑할 수 없을 것이오.

do so, do it, do that, do the same, so 등의 의미와 용법 차이

이들 동사구는 그 앞에 나온 절의 술어를 그대로 또 한 번 반복하는 것을 피하기 위해서 사용되는 대용 동사구이다. 이들 중 do so의 용법에 있어서는 영미간의 차이도 있다. 대용 동사구는 일상의 언어 생활에서 대단히 잘 쓰이는 기본적인 영문법이지만 오히려 그런 기본적이고 사용 빈도가 높은 것일수록 우리에게는 낯설고 잘 모르고 잘 틀리는 경우가 많다. 이것은 아마 우리가 영어를 일상적인 사용의 도구로 배우지 않고 있기 때문일 것이다. 이들을 하나씩 자세히 보자:

1. do so

(1) do so는 '그렇게 하다,' 즉 '그와 같은 행동을 하다' 이다. 일반적으로 말한다면 이 의미를 받쳐주려면 이 동사구의 주어는 의식이 있는 생명체라야 하겠고 또 do는 '행동' 을 의미하므로 그것이 받는 동사구는 주어의 의지로 행하는 동적 의미의 동사구라야 할 것이다. 다시 말해서 do는 상태를 의미하지 않으므로 상태동사를 받는 것은 의미의 충돌을 일으킨다.

이것을 정리하면 do so의 주어는 대부분의 경우 사람이고 또 do는 주어의 의지로 이루어지는 동적 행위이다. 따라서 사람의 의지와 상관없이 사람의 마음 속에서 자연히 발생하는 현상을 나타내는 동사들, 즉 지각, 감각, 심적 태도 등을 나타내는 상태동사(love, like, hate, think, want, remember, fall, lose, hear, see 등)와 자연히 발생하는 변화를 의미하는 동사(turn grey, grow up, grow old 등)는 do so가 받기에 합당치 않다. 이 규칙은 특히 미국영어에서 철저히 지켜진다. 그러나 영국영어에서는 이 규칙이 필수적인 것은 아니다. 그러나 우리로서는 이것을 지키는 것이 언제나 안전할 것이다:

- He says he reached the top of the mountain, but nobody knows if he really did so.
  그는 자기가 그 산의 정상에 도달했다고 말하지만 아무도 그가 정말로 그렇게 했는지는 모른다.
    - did so가 받는 술부인 reached the top of the mountain은 주어의 의지가 가져오는 행동이다.

- Sign your name on the petition if you haven't already done so.
  청원서에 서명하라, 이미 하지 않았으면.
    - 여기서 already는 '이미 했을 것 같기는 하지만' 이라는 의미를 나타낸다.

- He told me to open the door, and I did so as quietly as possible.
  그가 나더러 문을 닫으라고 했다. 그래서 나는 가능한 한 조용히 문을 닫았다.
    - 우리말에는 대용어구가 발달해 있지 않아 영어의 do so를 경우에 따라서 글자 그대로 '그렇게 하다' 로 번역하면 어색할 수 있다. 이런 경우에는 그것이 받는 술부를 반복하여 번역할 수 밖에 없다.

- If you're going to help him, you'd better do so immediately.

  네가 그를 돕고자 한다면 지금 당장 그렇게 하는 것이 좋을 것이다.

- *I love her, and I've done so ever since I first met her.

  → I love her, and I have (loved her) ever since I first met her.

  나는 그 여자를 사랑하는데, 그 여자를 처음 만났던 때부터 사랑한 것이다.

  • I love you. 같은 문장에서 love는 사람의 의지와 상관없는 마음의 태도이다. 따라서 동적인 의미가 아니다. 그러므로 주어의 의지를 전제하는 do so가 받을 수 없다. 그러나 love가 명령문에 쓰이면 Love your neighbors.에서처럼 love는 주어의 의지를 포함하는 '사랑하도록 노력하다'와는 동적인 뜻이므로 I love her.의 love와는 문법적인 의미가 다르다.

- *He lost his job. But I wasn't surprised he did so.

  → He lost his job. But I wasn't surprised he did.

  그는 직장을 잃어버렸다. 그러나 나는 그가 직장을 잃어버린 것에 대해서 놀라지 않았다.

  • 직장을 잃는 일은 주어의 자의로 행한 행위 즉 동적 의미가 아니다.

정적 의미의 동사는 do so로 받을 수 없지만 그냥 do만으로는 받을 수 있다. 목적어나 부사 없이 혼자 쓰이는 do는 do so의 do와는 다르다. do so나 do it의 do는 본동사로 '하다'라는 의미이지만 혼자 쓰이는 do는 자체의 의미는 없고 문법적 기능만 할 뿐이다. 가령 Do you speak English?에서의 do와 같은 것으로 문법적으로는 문장의 형태를 잡아주는 '조작어(operator)'이다. 또 I wonder if he speaks English. If he does, I'll employ him.에서의 does는 speaks English가 생략되었음을 나타내는 역할을 한다. 이같은 do는 우리가 다 알다시피 조동사와 같은 기능을 하지만 일반동사나 마찬가지로 수와 시제에 따른 변화를 한다:

- A: Did you see any stranger today?

  오늘 어떤 낯선 사람을 보았소?

  B: No, I didn't.

  못 보았는데요.

- A: *If you do so, please let us know.

  → If you do, please let us know.

  그런 사람을 보거든 우리에게 연락해 주세요.

  • do so를 쓰지 않은 것은 이 예문에서의 see가 주어의 의지에 상관없이 눈에 들어오는 현상을 의미하는 정적인 감각동사이기 때문이다.

- **A: I can smell perfume in this room.**
  이 방에서 향수 냄새가 나는군.

  B: *I can do so too.

  → **I can too.**
  그렇군요.

  • I can smell에서의 smell은 사람의 의지와는 상관없이 냄새가 사람의 코에 들어 오고 있다는 뜻이다. 사람은 그냥 그 냄새를 느끼고 있을 뿐이다.

- **I do like to hear classical music, but today I don't want to do so. Instead, I want to hear pop or jazz.**
  내가 고전음악 듣는 것을 좋아하는 것은 사실이다. 그러나 오늘은 고전 음악을 듣고 싶은 생각이 없구나. 고전음악 대신 팝이나 재즈 음악을 듣고 싶다.

  • 여기서 hear는 본인의 의지에 상관없는 순수 감각동사 '들리다'의 의미가 아니다. 본인의 의지로 하는 행위인 '듣다'의 뜻이다. listen to와 같은 동적 의미이다. 그러므로 do so는 앞 절의 hear classical music을 받는다.

- **A: I want a car tomorrow.**
  나는 내일 차가 필요합니다.

  B: *If you do so, why don't you rent one.

  → **If you do, why don't you rent one.**
  그러시다면 빌려쓰시지요.

  • want는 사람의 의지와는 상관없이 마음 속에서 자연적으로 발생하는 욕구나 필요를 의미한다. 따라서 그것을 do so로 받는 것은 적절하지 않다.

- **I wanted to see him for a long time, and I did so yesterday.**
  나는 오랫동안 그 사람을 만나고 싶었는데 어제 그 사람을 만났다.

  • 여기서 did so는 wanted를 받는 것이 아니고 see him을 받는다. 물론 여기서 see는 감각동사가 아니라 '만나서 이야기하다'라는 동적 의미의 일반동사이다.

- **He likes jazz. *As a matter of fact, he has done so since he was a little boy.**

  → **He likes jazz. As a matter of fact, he has liked it since he was a little boy.**
  그 사람은 재즈를 좋아한다. 실은 꼬마 때부터 그는 재즈를 좋아했다.

  • like, love, hate 등은 사람의 감정적 태도를 의미하는 정적 동사들이다.

- **My hair turned completely grey in just a couple of years. *I never knew one's hair could do so in such a short time.**

  → **.... I never knew one's hair could turn grey in such a short time.**
  내 머리는 딱 2년 만에 완전히 백발이 되었다. 나는 사람의 머리가 그렇게 짧은 기간에 백발로 바뀔 수 있다는 것을 전혀 몰랐다.

- 여기서 turn grey는 주어의 의지가 반영된 의미가 아니다. 이 같은 자연적 변화를 나태내는 의미는 do so가 받기에 맞지 않다.

■ A: Shall I call the doctor?
   의사를 부를까요?

  B: Please do so, as soon as possible.
   그렇게 좀 해 주세요. 가능한 빨리.

■ The boy grew tall very quickly and *his brother did so too.
  → ... and his brother did too.
   그 아이는 아주 빨리 키가 컸다. 그런데 그의 동생 역시 그랬다.
  - 키가 자라는 것은 자연적 변화이다.

(2) 위에서 설명한 바와 같이 미국영어에서는 동사구가 정적인 의미이면 그것을 do so로 받지 않지만 영국영어는 이것을 별로 가리지 않는다. 다음에서 ?가 붙은 문장들은 미국영어에서는 거의 쓰이지 않는다:

■ A: She thinks/believes her husband is innocent.
   그 여자는 자기 남편은 결백하다고 생각한다/믿는다.

  B: ?We do so too.
  → We do too.
   우리도 그렇게 생각한다./믿는다.

■ A: The old man fell on the street and was taken to the hospital.
   그 노인은 길에서 넘어져서 병원으로 실려갔지요.

  B: *I'm sorry he did so.
  → I'm sorry he did.
   그렇게 되었다니, 안됐군요.

  - did so는 미국영어에서는 마치 주어가 고의로 넘어진 것 같은 의미가 된다. 그러나 길에서 넘어지는 것은 사람의 의지와는 상관없이 발생한 현상으로 주어가 의지로 행한 동적 행위가 아니다. 그래서 여기서 did so로 앞의 fell on the street를 받는 것은 적합하지 않은 것이다.

■ A: He owns a Mercedes.
   그 사람은 머세이디즈를 소유하고 있다.

  B: *Yes, his brother does so too.
  → Yes, his brother does too.
   맞아요. 그의 형도 머세이디즈를 갖고 있지요.

  - 우리는 보통 '벤츠'라고 부르는 차를 미국사람들은 Mercedes라고 부른다. 정식 명칭은 Mercedes-

Benz인데 우리는 뒷쪽 이름으로 부르고 있는 것이다. 당연히 앞쪽 이름으로 불러야 한다.

- ?He knew the answer and I did so too.
    - → and I did too.
        그는 답을 알고 있었다. 그런데 나도 알고 있었다.
    - know는 Know yourself.에서처럼 '알도록 (노력)하다' 의 의미로 쓰이면 행동을 의미하는 동적 동사이지만 위 예문의 I know the answer.에서처럼 '알고 있다' 의 의미로 쓰이면 마음의 상태를 나타내는 상태동사이다. 따라서 이 경우의 know는 do so로 받기에 적합하지 않다.

(3) do so는 일반적으로 그 주어가 앞 절의 주어와 같은 경우에 쓰인다. 그러나 앞 절과 뒤 절이 그 의미에 있어 인과관계로 밀접하게 연결되어 있는 경우에는 주어의 일치 규칙은 무시될 수 있다. 이처럼 주어의 일치 규칙은 모든 경우에 다 적용되는 필수 조건은 아니지만 영어 모국어 화자들 중에는 이 규칙에 어긋나는 문장을 틀린 것으로 여기는 사람들이 많다는 것을 유념할 필요가 있다. 아래의 예에서는 가능한 경우라면 두 가지 형태를 다 제시한다. 그러나 우리는 될 수 있는 대로 일반적 경향을 따라 do so의 주어와 do so가 받는 동사구의 주어가 일치하도록 하는 것이 안전할 것이다:

- I always eat bread with honey. My wife never does/never does so.
    나는 항상 빵에 꿀을 발라 먹는데 내 처는 그러는 법이 없다.

- She rode a camel; she had never done so before.
    그 여자는 낙타를 탔는데 그 전에는 낙타를 타본 적이 없었다.

- A: I rode a camel in Morocco.
    나는 모로코에서 낙타를 탔다.
    B: Oh, you did? I'd love to do that/do so myself someday.
    아, 그랬어요? 나도 언젠가 낙타를 타봤으면 좋겠네요.

- I spent my summer vacation in Hawaii last year and I'd like to do so again this year.
    나는 작년에 여름 휴가를 하와이에서 보냈는데 금년에도 다시 한 번 하와이에서 여름 휴가를 보내고 싶다.

- A: Have you seen the doctor?
    의사를 찾아 가보았니?
    B: I'll do so immediately.
    당장 찾아가야 겠다.
    - 여기서는 질문과 답변의 주어가 동일인이다.

- As no one else in my class has succeeded in solving this mathematical problem, I shall attempt to do so myself.
    우리 반에서 아직 아무도 이 수학 문제를 풀지 못했기 때문에 내가 그 문제를 풀도록 해 보겠다.

- no one else와 I는 동일 주어가 아니다. 그러나 앞 절과 뒷 절의 의미가 긴밀하게 묶여 있어 주어의 다름이 do so의 사용에 크게 방해되지 않는다.

■ **The sheriff** drew his gun before **the robber did so**.
그 보안관은 강도가 총을 뽑기 전에 먼저 자기 총을 뽑았다.

- 이 문장에서 did so는 drew his gun을 받는 것으로 볼 수도 있는데 그렇게 되면 앞뒤 말이 맞지 않는다. 어떻게 강도가 자기 총을 놔두고 보안관의 총을 뽑는단 말인가. 그러나 do so는 반드시 앞 동사구를 글자 그대로 받는 것은 아니다. 위의 경우에는 상황에 맞는 일반적 의미 해석을 할 수 있을 만큼 do so는 의미의 융통성을 갖는다.

■ **You** can go home now, but I **shouldn't**/ **shouldn't do so** until I've finished this work.
너는 지금 집에 갈 수 있지만 나는 이 일을 끝낼 때까지는 집에 갈 수 없다.

■ He promised he would resign if he is found guilty. Now that he has been found guilty beyond doubt, we are waiting to see whether he will **do so**.
그는 자신이 유죄임이 드러나면 사임하겠다고 약속했다. 그런데 그가 유죄임이 의심의 여지없이 확실하게 드러났으므로 우리는 그가 정말 사임할 것인지 기다려 보고 있는 중이다.

(4) do so는 부정 동사구의 한 부분을 받을 수 없다:

■ **The magazines** in the library are not to be taken away. *****Anybody** doing so will be fined.
  → **Anybody doing that** will be fined.
  도서관에 있는 잡지들은 가지고 나갈 수 없다. 누구든 잡지를 가지고 나가는 사람은 벌금이 부과될 것이다.
- doing so는 taking them away의 의미로 의도되어 부정 동사구 are not to be taken away의 일부를 받고 있다.

■ *****When he realized that he **did not speak English** well enough for the job, he immediately set out to **do so** by taking classes in English.
  → When he realized that he would have to **learn more English** for the job, he immediately set out to **do so** by taking classes in English.
  그 일자리를 얻기 위해서는 영어를 더 배워야 한다는 것을 인식하고 그는 당장 영어강의들을 수강함으로써 영어를 배우는 일에 나섰다.
- 이 예문에서는 앞 절의 부정 동사구를 긍정 동사구로 바꿈으로써 뒤 문장의 do so를 자연스럽도록 만들었다.

2. do so와 do it
(1) 많은 경우에 이들 표현들은 큰 의미 차이 없이 상호 교환적으로 쓰일 수 있다:

- **A:** A dog is scratching the door.
  개가 문을 긁고 있군요.

  B: That's my dog Dora. She always does so/does it/does that when she's hungry.
  저건 우리 개 도라요. 도라는 배고프면 언제나 저러지요.

  • do so와 do it의 경우에는 do에 강세가 붙지만 do that의 경우에는 that에 강세가 붙는다. 또 강세가 붙기 때문에 그것이 가리키는 행위가 강조되고 의미의 초점이 된다.

- Professor Brown is writing a book on English grammar. In fact, he has been doing so/doing it/doing that for the past ten years.
  브라운 교수는 영문법 책을 쓰고 있다. 실은 10년 전부터 쓰고 있는 것이다.

- The government has promised to increase pensions. If it really does so/does it/does that, it will make a big difference to old people.
  정부는 연금을 올리겠다고 약속한 바 있다. 정부가 정말로 그렇게 하면 노인들의 형편이 크게 달라질 것이다.

그러나 근본적으로는 이들 표현들은 용법상의 차이가 있다. 다만 이들 간의 차이가 실제 문맥에서 별로 중요하지 않은 경우도 많기 때문에 위에서 상호 교환적으로 쓰이는 것을 예시한 것이다.

(2) do so와 do it의 잠재적 의미 차이

첫째, do so가 do it보다 더 일반적이고 보편적인 의미이다. 따라서 do it은 do so보다 더 구체적이고 특정적인 의미이다.

둘째, do it은 영국영어에서나 미국영어에서 다 같이 생명체 주어를 동반하여 주어가 자기 의지로 행하는 일을 가리킨다.

셋째, 상호 같이 쓰일 수 있는 경우에는 do so가 do it보다 더 격식적이고 점잖은 어감을 준다.

위와 같은 차이점들을 의식하고 다음의 예를 들어보자:

- **A:** Have you finished the report, John?
  John, 보고서 작성은 끝났나?

  B: Not yet, sir. But I'll do so immediately.
  아직은 못 끝냈습니다. 그러나 당장 끝내겠습니다.

  • B가 상사에게 답변하는 상황이므로 do it 대신 더 격식적인 do so를 쓴 것이다.

- All the children resemble their mother's relations more closely than they do their father's. They are thought to do so/*do it on account of genetic effects of this kinship system.
  모든 아이들은 아버지 쪽 친척들보다 어머니 쪽 친척들을 더 닮는다. 이렇게 되는 것은 이와 같은 인척 체계의 유전적 영향 때문인 것으로 생각된다.

- do it는 resemble their ...를 받도록 의도되어 있는데. resemble은 주어의 의지와 상관없이 발생하는 현상이므로 do it로 받아지지 않는다. do so도 미국영어에서는 쓰이지 않지만 영국영어에서는 쓰일 수 있다.

■ To my mind, all this represents attempts to deny or mask the outward signs of aging. It is nonacceptance of aging – one of the great obstacles to doing it gracefully.
내 생각으로는 이 모든 것이 늙어가는 외적 표시들을 거부하려거나 감추려는 시도들을 나타낸다. 그것은 나이가 들어가는 현상에 대한 거부인데 이것은 우아하게 나이드는 일에 큰 걸림돌 중의 하나가 된다.

- 여기서 doing it은 aging을 받는다. 그런데 aging은 주어의 의지로 이루어지는 것이 아니고 자연적으로 이루어지는 현상이다. 그러므로 그것을 do it로 받아서는 안될 것 같은데 예문에서는 do it로 받았다. 이것은 뒤에 gracefully라는 주어의 의지를 나타내는 부사가 있기 때문이다. 즉 그냥 나이드는 것은 자연적 현상이지만 우아하게 나이드는 것은 주어의 의지와 노력으로 하는 일이다.

■ My wife wants our house painted, and moreover, she wants me to do it.
내 처는 우리 집을 새로 칠하기를 원한다. 더구나 내 처는 그 일을 내가 하기를 원한다.

- do it은 구체적 의미를 갖기 때문에 여기서는 앞에 나온 our house painted를 의미한다.

■ Some of my neighbors are getting their houses painted this spring, and they want me to do so.
일부 우리 이웃들은 자기네 집을 이번 봄에 새로 칠할 계획이다. 그런데 그들은 나도 내 집을 새로 칠하기를 바란다.

- do so는 일반적 의미를 갖기 때문에 want me to do so는 내가 그들의 집을 칠하는 것이 아니라 want me to get my house painted 즉 내 집을 칠하기를 바란다는 것으로 느껴진다.

■ He's repairing his roof. He's been doing it every few years.
그는 자기 지붕을 수리하고 있다. 그는 몇 년마다 수리를 해왔다.

■ He's repairing his roof, but not because it's leaking but because his neighbor's doing so.
그는 자기 지붕을 수리하고 있다. 그러나 지붕이 새고 있기 때문이 아니라 이웃사촌이 자기네 지붕을 고치고 있기 때문이다.

- 여기서 doing so 대신에 doing it으로 하면 그것이 repairing his house를 받아 이웃사촌이 주어 he의 지붕을 고치고 있다는 것을 의미하므로 말이 되지 않는다.

(3) do that의 의미

do that의 that은 가리키는 힘이 do it의 it보다 더 강하다. 따라서 do that은 평범하지 않고 일반적이지 않은 행동 즉 특별하거나 상식적이지 않은 것을 가리키는 데 쓰이고 do it은 평범한 일을 가리키는 데 쓰인다. 따라서 that은 늘 발음의 강세를 받지만 it은 강세를 받지 않는다. 다시 말하면 do that은 강조적 표현이고 do it은 평범한 중립적인 표현이다:

- Are they still cooking our steaks? They should have done it by now.
  그들은 우리가 주문한 스테이크를 아직도 요리 중인가? 지금 쯤은 이미 끝났어야 할 시간인데.
  - 스테이크를 요리하는 것은 평범한 일이므로 굳이 그런 것을 that으로 받아야 할 이유가 없다.

- Are you trying to wrap up the birthday gift for your wife in newspaper? Oh, no. I wouldn't do that.
  당신은 부인에게 주는 생일 선물을 신문지로 포장하고 있는 겁니까? 세상에 이럴 수가. 나 같으면 그리는 못할 것이오.
  - 서양 문화에서는 포장도 선물의 한 부분인데 자기 부인에게 주는 생일 선물을 신문지로 포장한다는 것은 상식에 어긋나는 것으로 결코 일반적인 행위가 아니다. 말하자면 '놀라운' 또는 '비정상적인' 행위이다. 이런 행위를 받는 데는 평범한 it보다는 기리키는 힘이 강한 that을 쓰는 것이 어울릴 것이다.

- You shouldn't do your children's homework for them. You should let them do it themselves.
  우리는 우리 아이들의 숙제를 우리가 해줘서는 안 됩니다. 아이들이 직접 하도록 해야 합니다.

- A: If I should happen to have the best of luck and win first prize at lotto, I'll give you half of the money.
  내가 혹시라도 운이 아주 좋아 로토에서 일등에 당첨된다면 그 돈의 절반을 너에게 주겠다.

  B: Do you expect me to believe that? But, anyway, thank you for saying so.
  그 말을 나더러 믿으라는 거냐? 그러나 어쨌든 말이라도 고맙구나.
  - 당첨금의 반을 그냥 준다는 것은 상식적으로 있을 수 없는 일이다. 그래서 그 말을 that으로 받은 것이다.

- You have an important examination coming up tomorrow, but you're going to give a party at home tonight. How could you do that?
  너의 중요한 시험이 내일로 다가오고 있는데 너는 오늘밤 집에서 파티를 베푼다니, 어떻게 그럴 수가 있느냐?

- If you do that again, you'll be fired!
  너 그런 짓을 다시 하면 너는 해고다.
  - 이 문장만으로는 that이 무엇을 가리키는지 알 수 없지만 적어도 화자는 그것이 보통의 일이 아니라고 판단하고 말하는 것이다. do that 대신 do it을 쓴다면 you'll be fired!라는 강한 표현과 어울리지 않을 것이다.

- Secretary of Defense Weinberger said that the United States made a mistake when it announced in 1950 that Korea had been excluded from the U.S. Pacific defense line. "The United States should not have said that because it encouraged the North Korean Communists to proceed with their plans of invading the South," he added.
  와인버거 국방장관은 한국이 미국 태평양 방어선에서 제외되었다고 1950년에 발표했을 때 미국은 실수를 범했던 것이라고 말했다. "미국은 그런 말을 (그따위 소리를) 하지 않았어야 옳았다. 왜냐하면 그것이 북한 공산주의자들로 하여금 그들의 남침 계획을 진행하도록 격려해준 것이기 때문이다."라고 그는 부연했다.

● 한국이 방어선에서 제외되었다는 사실을 중대하고 강하게 표현하기 위해서 그것을 that으로 받은 것이다. because 다음의 it은 that이 받는 것과 같은 것이지만 또 한 번 that을 반복할 필요는 없기 때문에 it을 쓴 것이다.

이상의 설명이 doubt it와 doubt that의 의미 차이를 이해하는 데도 도움이 될 것이다. doubt it은 상대방의 질문에 부정적으로 대답하는 데 쓰인다. 즉 I don't think so와 같은 의미이다. 반면 doubt that은 상대방이 한 말의 내용이 사실은 그렇지 않다고 믿는다, 즉 I don't believe that와 같은 뜻이다. 다시 말해서 doubt it은 그 뜻이 평범하여 그냥 화자의 문장을 부정형으로 만드는 역할만 하지만 doubt that은 그 뜻이 강하여 상대방의 말 또는 그 일부를 부정하는 역할을 한다.

■ A: Do you think you'll go to Europe for a vacation this summer?
　　너는 이번 여름에 유럽으로 휴가를 갈 생각이냐?

　B: I doubt it. I'm afraid I'm going to be too busy to go away for a vacation.
　　그렇게 할 수 있을 것 같지 않다. 아무래도 너무 바빠 휴가를 갈 수 없을 것이다.

■ A: Will it rain today?
　　오늘 비가 오겠니?

　B: I doubt it. It's beginning to brighten up now.
　　그럴 것 같지 않다. 하늘이 개고 있으니까.

■ A: John says he can't come to work today because he's sick.
　　존은 몸이 아파서 오늘은 출근할 수 없다고 한다.

　B: He's sick? I doubt that.
　　그가 아프다고? 그걸 믿으란 말이냐.

■ A: I'll keep my promise this time.
　　이번에는 내 약속을 지키겠다.

　B: I doubt that. Have you ever said you wouldn't keep your promise?
　　나는 너의 말을 믿을 수 없다. 네가 언제 약속을 안 지키겠다고 말한 적이 있느냐?

---

that와 it의 의미 차이가 꼭 do의 목적어로 쓰일 경우에만 발생하는 것은 물론 아니다. know it/that, say it/that 등도 자주 쓰인다. 다음의 예를 보자:

- President Roh has said that North Korea's nuclear weapons are solely for its own defense. But in my view it is a grave mistake for him to say that. For a weapon can be used both for offence and defence and it is solely up to its owner which way it should be used. And, unfortunately, President Roh is not the owner of the weapons in North Korea – Kim Jong Il is.

  노 대통령은 북한의 핵무기는 오직 방어만을 위한 것이라고 말했다. 그러나 내 생각으로는 그가 그런 말을 한 것은 큰 잘못이다. 왜냐하면 무기란 공격에도 방어에도 다 쓰일 수 있는 것이고 그것을 어느 쪽으로 쓸 것인가는 오직 그 무기의 주인이 결정할 일이기 때문이다. 그런데 불행하게도 노 대통령은 북한에 있는 그 무기들의 주인이 아니다. 김정일이 그 주인인 것이다.

3. do the same, do likewise, do similarly

위 어구들은 모두 같은 의미로 do so와 비슷하지만 의미 차이가 한 가지 있다. do likewise와 do similarly도 do the same과 같은 의미지만 격식적인 표현이어서 do the same처럼 일반적으로 쓰이지는 않는다. 우선 명사구로서의 the same의 의미부터 보자:

- **A:** Can I have a cup of black coffee without sugar?

  설탕을 넣지 않은 블랙 커피 한 잔 주시겠어요?

  B: Give me the same, please.

  나도 같은 걸로 주세요.

  • 이 예에서 보다시피 the same은 이런 경우 ['같은 것' + '역시']의 의미이다. 그래서 남이 주문한 것을 나도 주문하는 경우에 쓰일 수 있는 어구이다. 만일 the same 대신에 a cup of black coffee라고 하든지 또는 이것을 one으로 받아 Give me one, please.라고 말한다면 자신의 주문을 A의 주문과 관계 없이 하는 것이 되어 상황에 맞지 않을 것이다.

- Tom phoned for the doctor, but didn't tell his mother he had done so.

  Tom은 전화로 의사를 불렀는데 그의 어머니에게는 자신이 그렇게 했다는 말을 하지 않았다.

- Tom phoned for the doctor, but he didn't realize that his mother had done the same.

  Tom은 전화로 의사를 불렀지만 그의 어머니도 그렇게 했다는 것을 몰랐다.

  • 여기서 had done the same은 had done so too와 같은 의미이다.

- The stockbroker bought some shares in the company and advised his clients to do the same/do likewise/do similarly.

  그 증권 중개인은 그 회사의 주식을 좀 샀다. 그리고는 그의 고객들에게 그들도 그렇게 하도록 권했다.

- I'll contribute a hundred dollars, if you'll do the same/do likewise/do similarly.

  나는 100달러를 기부하겠소, 당신도 내 뒤를 따라 그렇게 한다면 말이오.

- if you do는 주절의 내용이 발생하기 전에 한다는 뜻이고 if you'll do는 주절의 행위가 발생한 다음에 한다는 뜻이다.

4. so

(1) so는 do so에서처럼 부사로 쓰이는 것 외에도 형용사(구)나 명사(구)를 대신할 수 있다:

- Prices have been stable for quite a long time and will probably remain so for a long time to come.
  물가가 꽤 오랫 동안 안정을 유지해 왔는데 아마 앞으로도 오랫동안 안정을 유지할 것이다.
  - 여기서 so는 앞에 나온 형용사 stable을 받는다.

- If he's a criminal, it's this society that has made him so.
  그가 범죄자라면 그를 그렇게 만든 것은 이 사회이다.
  - so는 앞에 나온 명사구 a criminal을 받는다.

- The heating system, plumbing, electric wiring and all appliances on the premises are understood to be in good condition or will be made so by the lessor.
  난방장치, 배관, 전선 그리고 부지 내의 모든 설비들은 완전한 상태에 있는 것으로 양해된다. 만일 그렇지 않다면 임대자에 의해 완전한 상태가 되도록 수리될 것이다.
  - 이 문장은 부동산 임대 계약서의 한 부분인데 여기서 so는 앞에 나온 in good condition이라는 형용사구를 받는다.

- Your English is not perfect yet, but will soon become so.
  너의 영어는 아직은 완전하지 않지만 곧 완전해질 것이다.

(2) 대용어로서의 so는 [be 동사 + so]의 형태로는 쓰이지 않는다. 앞에 나온 be 동사구나 절을 받아야 할 경우에는 so 없이 그냥 be 동사만 쓰거나 아니면 remain so나 stay so를 쓴다. 또는 be like that이나 be that way를 쓸 수 있는데 이것은 비격식적 표현이다:

- Even in conversation there are many quite complex sentences found. *This appears to be so because speakers are able to use complex grammatical rules without consciously thinking about them ahead.
  → .... This appears to be because ....
  회화에서도 상당히 복잡한 문장들이 많이 발견된다. 이것은 화자들이 문법 규칙들에 대해서 의식적으로 미리 생각하지 않고도 복잡한 문법 규칙들을 사용할 수 있기 때문으로 보인다.

- The generals are loyal to the President now, *but no one knows how long they will be so.

- ➡ but no one knows how long they will be/remain so/stay so/be like that/be that way.

    장군들은 현재로서는 대통령에게 충성하고 있다. 그러나 그들이 언제까지 그럴지는 아무도 모른다.

- He was rude. *But he never really meant to be so.

    ➡ He was rude. But he never really meant to be/be like that/be that way.

    그는 무례했다. 그러나 그는 그렇게 행동하려는 의도는 결코 없었다.

- A: Are the children asleep now?

    아이들은 지금 자고 있소?

    B: *They should be so.

    ➡ They should be.

    자고 있을 것입니다.

(3) 외형적으로만 보면 be 동사 다음에 so가 오는 형태도 있다. 이것은 so가 다른 부사에 의해 수식받고 있는 경우이거나, so가 '그렇게' 라는 부사로 쓰이지 않고 '사실인(true)' 의 의미로 쓰인 경우이다. 다음을 보자:

- Yesterday the weather was hot. In fact so much so, that I kept the airconditioner turned on all day.

    어제는 날씨가 더웠다. 실은 너무도 더워서 온종일 냉방기를 가동했다.

- Of all the foolish people in the world perhaps no one is more so than that fellow.

    이 세상의 모든 어리석은 사람들 중에서 저 녀석보다 더 어리석은 사람은 아마 없을 것이다.

    • 이처럼 so가 다른 부사의 수식을 받는 예는 위의 경우 외에도 too much so, less so 등이 있다.

- He was angry and quite rightly so.

    그는 화가 나있었는데 그가 그럴 만한 상당한 이유가 있었다.

- If that is so, you don't have to apologize.

    만일 그것이 사실이라면 너는 사과할 필요가 없다.

    • If that is so = If that is true / If that is the case

- You know very well that just isn't so.

    당신은 그것이 사실이 아니라는 것을 잘 알고 있지 않습니까.

- Are you married? If so, give your wife's name.

    당신은 결혼을 했습니까? 만일 사실이라면 당신의 부인 이름을 대시오.

    • If so = If that is true / If that is the case

The proof of the pudding is in the eating.

'어떤 것이 좋은가 나쁜가, 가치가 있는가 없는가는 그것을 직접 사용해봐야 알 수 있다'

푸딩은 디저트의 한 종류이다. 옛날에는 주부가 직접 만들어 식탁에 올려놓았다. 아마 주부의 음식 솜씨를 가름하는 것이 푸딩이었던 것 같다. 그래서 주부는 자신이 만든 푸딩에 신경을 쓰고 가족이나 손님에게 자신의 푸딩 맛이 어떠냐고 물었을 것이다. 그러면 '먹어봐야 알지요(푸딩의 심사는 먹음으로써 행해진다).' 라고 응답했을 것이다. 이 의미가 나중에는 비유적으로 확대되어 지금은 음식뿐만 아니고 거의 모든 것에 대해서 그 가치 평가는 그것을 실제로 사용해봐야 알 수 있다는 뜻이 되었다.

- Your theory sounds plausible. However, it has to tested before it is accepted, because the proof of the pudding is in the eating.
  너의 이론은 그럴 듯하다. 그러나 그것이 받아들여지기 전에 우선 시험을 해봐야 한다. 왜냐하면 어떤 것의 진정한 가치는 그것의 실제 사용을 통해 입증되기 때문이다.

- A: The food you're cooking smells good and must be delicious.
  B: Well, it's too early to say. The proof of the pudding is in the eating.
  A: 당신이 만들고 있는 이 음식은 냄새가 좋구려. 맛도 좋을 것이오.
  B: 글쎄요. 아직 말하기는 일러요. (요리가 끝난 다음) 실제로 먹어봐야 알지요.

can과 be able to의 의미와 용법 차이

can과 be able to는 능력의 의미와 가능성의 의미를 가지고 있다. 그래서 많은 경우에 이들은 상호 교환적으로 쓰인다. 예를 들어 He can do it.이나 He's able to do it.은 같은 의미이다. 그러나 이들이 과거형으로 쓰이면 의미상의 차이가 생긴다. could do는 단순히 할 수 있었다는 과거의 능력만을 의미하고 실제로 했다는 뜻은 아닌 데 반하여 was/were able to do는 어떤 일을 실제로 했다는 뜻까지 포함한다. 우리는 이 차이에 유의해야 한다. 왜냐하면 우리말에서는 무엇을 '할 수 있었다'고 말하면 우리는 그것을 실제로 했다는 것을 의미하기 때문이다. 다음 예문들을 보자:

- **This morning I got up early and could catch the first train.**
  오늘 아침에는 내가 일찍 일어났다. 그래서 첫차를 탈 수가 있었다.
  - 우리말 번역만 본다면 일찍 일어나서 첫차를 탔다는 뜻이 된다. 그러나 영어 문장은 일찍 일어났기 때문에 첫차를 타는 것이 가능했으나 실제로 타지는 않았다는 뜻이다. 만일 '일찍 일어나서 첫차를 탔다'의 의미로 썼다면 완전히 잘못된 문장이다.

- **This morning I got up early and was able to catch the first train.**
  오늘 아침에는 내가 일찍 일어났다. 그래서 첫차를 탈 수가 있었다.
  - 우리말로는 could catch와 was able to catch를 구별하여 번역할 수가 없다. was able to catch를 억지로 직역한다면 '첫차를 타는 것이 가능하여 실제로 탔다'가 되어 대단히 어색하게 들리기 때문이다.

- *I talked to him for a long time and finally I could make him believe me.
  - 그로 하여금 나의 말을 실제로 믿게 만들었으므로 could make는 잘못된 것이다.
  → I talked to him for a long time and finally I was able to make him believe me.
  나는 그와 오랫동안 이야기를 해서 드디어 그로 하여금 나를 믿게 만들었다.

- *What kind of discount could you get on your coat during the sale?
  → What kind of discount were you able to get on your coat during the sale?
  지난 세일 때 당신의 코트를 얼마나 할인된 가격으로 샀습니까?

- **I could help him but I didn't, because he never tries to help himself.**
  나는 그를 도와줄 수가 있었으나 돕지 않았다. 그 사람은 자기 일을 스스로 해 보려고 노력하는 법이 없기 때문이다.

이상의 예들에서는 모두가 어느 특정한 경우에 대한 이야기이다. 그러나 다음의 예들에서처럼 일반적인 경우나 습관적인 경우에는 could가 was/were able to나 마찬가지로 능력과 실제 행위의 수행을 의미한다:

- I could/was able to speak English well when I lived in America as a kid.
  나는 어려서 미국에 살았을 때는 영어를 잘 했었다.
  - '미국에 살았을 때'는 어느 특정한 한 번의 일이 아니고 어느 기간 동안 내내 계속된 일이므로 일반적인 또는 습관적인 경우에 해당된다.

- Whenever I got up early I could/was able to catch the first train.
  일찍 일어날 때는 언제나 나는 첫차를 탔다.
  - '언제나'는 일반적인 경우를 나타내는 표현이다.

- That old man can't even walk now. But 30 years ago he could/was able to run 100 meters in ten seconds.
  저 노인은 지금은 잘 걷지도 못한다. 그러나 30년 전에는 100미터를 10초에 달렸던 사람이다.
  - '30년 전에는'이라는 표현은 30년 전의 어느 특정한 날을 의미하는 것이 아니고 '그 때까지만 해도'라는 일반적인 의미이다.

부정형의 couldn't는 결국 수행하지 못했다는 의미이고 의문문에서 could는 수행했느냐고 묻는 것이므로 수행했다는 뜻은 아니다. 그러므로 부정문과 의문문에서는 could가 어느 특정한 경우나 일반적인 경우에 다 쓰일 수 있다:

- This morning I got up early but couldn't/was unable to catch the first train.
  오늘 아침에는 일찍 일어났으나 첫차를 타지는 못했다.

- We usually couldn't/were unable to go out after ten at night.
  우리는 보통 밤 10시 이후에는 외출을 못했다.

- A: Could you/Were you able to keep your promise that time?
  너는 그 때 약속을 지켰느냐?
  B: No, I couldn't./was unable to.
  아니오. 못 지켰습니다.
  Yes, I was able to./*could.
  네. 지켰습니다.
  - 여기서 긍정의 could는 '지킬 수 있었다'는 가능성만 의미하게 되므로 질문에 대한 답이 되지 못한다.

- A: I kicked the little boy in the belly and shouted "Get out of my face!"
  나는 그 어린 아이의 배를 차고 "내 면전에서 사라져라!"라고 외쳤다.
  B: How could you do that? How could you bring yourself to do a thing like that to a little boy?
  어떻게 그런 짓을 할 수 있었소? 어떻게 어린 아이에게 그런 짓을 할 수 있었단 말이요?

- A는 자신이 실제로 어떤 행동을 했다고 말하고 있는데도 B는 A의 말이 믿어지지 않는다는 것을 나타내고 있다. How could you do that?은 어떤 방법으로 그것을 했는가를 묻는 것이 아니다. 그런 의미라면 How did you do that?이라고 했을 것이다. 이 문장은 실제로는 '어떻게 그런 짓을 할 수 있었단 말인가?' 즉 '그렇게 할 수는 없었을 것이다' 라는 부정적 의미를 나타낸다. 그래서 could를 쓴 것이다. 만일 B가 A의 말을 그대로 받아들이면서 묻는다면 could를 쓸 수 없다.

과거에 무엇을 실제로 수행했다는 의미로 be able to 외에 쓰일 수 있는 표현들로는 succeed in ~ing ('~하는 데 성공하다') 와 manage to ('~을 결국 해내다') 등이 있다:

- I talked for a long time and finally **succeeded in** making him believe me.
  나는 오랜 시간 이야기를 해서 결국 그로 하여금 나를 믿게 만들었다.

- A: **Could** they rescue the little boy?
  그들이 그 어린 아이를 구출했는가?

  B: Yes, they **managed to**.
  네. 결국 구출했습니다.

  Yes, they **succeeded in** rescuing him.
  네. 구출하는 데 성공했습니다.

  Yes, they **were able to**.
  네. 구출했습니다.

---

can과 be able to는 사실 본질적인 차이가 있다. able은 행동을 직접 하는 어떤 사람의 능력이나 재주를 의미하기 때문에 be able to는 그 주어로서 동작의 주체인 사람을 요구한다. 따라서 to 다음에 수동형이 오는 것은 적절치 않다. 수동형의 주어는 행위의 주체가 아니고 행위를 당하는 대상이기 때문이다. 그러나 can은 이 같은 제한이 없다:

- *Water is able to be boiled.
  → Water **can** be boiled.
  물은 끓일 수 있다.

- *This dress is able to be washed in water.
  → This dress **can** be washed in water.
  이 드레스는 물로 씻을 수 있다.

- *This hall is unable to seat so many people.
  → This hall **cannot** seat so many people
  이 홀은 그렇게 많은 사람들을 수용할 수 없습니다.

- **Water is able to rust iron.**
  물은 쇠를 녹슬게 할 수 있다.

  - water는 사람이 아니지만 위 문장에서는 녹슬게 하는 행위의 주체로 쓰였다. 이런 경우에는 주어를 마치 의지를 가진 생명체처럼 취급하여 be able to를 쓸 수 있다.

다음에서처럼 can을 포함하는 관용구(숙어)적 어구에서는 can은 be able to로 대치될 수 없다. 또한 can이 요청, 암시 등 화용론적으로 쓰이는 경우에도 물론 be able to로 대치할 수 없다:

- **I cannot help falling asleep whenever I hear Professor Kim's lecture.**
  김 교수님의 강의를 들을 때마다 나는 잠에 빠지는 것을 피할 수 없다.

  - [cannot help + ing]는 '무엇을 하는 것을 피할 수 없다'라는 의미의 관용구이다.

- **I can't seem to remember my wife's birthday.**
  나는 내 아내의 생일을 기억할 능력이 없는 것 같다.

  - I can't seem to는 I seem to be unable to를 의미하는 관용어구이다.

- **I can't thank you too much.**
  무어라 말한다 해도 저의 감사의 마음을 다 표현할 수 없습니다.

  - cannot .... too much/enough는 '무엇을 아무리 해도 부족하다'는 관용 어구이다.

- **Can I carry your suitcase?**
  가방을 들어드릴까요?

  - 이 문장에서 can은 그 원래의 '가능'이나 '능력'의 의미가 아니고 '제안'의 의미이다.

---

can/could는 감각동사와 결합하면 '능력'이나 '가능'의 본래 의미를 상실한다. 인간의 감각 능력은 예외적인 결함의 경우를 빼고는 누구나 타고난 것이지 사람이 노력해서 달성한 기능이 아니기 때문에 '할 수 있다,' '할 수 없다'로 나타낼 수 있는 성질의 것이 아니다. can이 감각동사와 결합하는 경우 이렇게 그 본래의 기능을 상실하는 대신 다른 기능을 갖게 된다. 감각동사가 스스로는 나타내지 못하는 의미(*I'm hearing the radio/seeing a picture now.)인 감각의 진행 상태를 나타내게 만드는 것이다. 다음 예들을 보자:

- **I can see the house.**
  *I'm seeing the house.
  그 집이 보이는구나.

  - 위 예문은 보이는 상태(의 진행)를 의미한다. 만일 I see the house.라고 하면 진행이나 상태의 의미가 아니고 시작과 끝이 있는 일회성 행위가 되어 그 의미를 상상하기도 어렵고 우리말로 번역하기도 어렵다.

- We could feel vibrations for some time before the earthquake.
  - *We were feeling ....

    우리는 지진이 나기 전 얼마 동안 진동을 느꼈다.

  - 진동의 감각이 진행되었음을 의미한다. could feel 대신 felt를 쓴다면 일회성 행위로서 마치 어떤 물건에 손을 한 번 대 보고 느끼듯이 vibrations을 느꼈다는 상상할 수 없는 의미가 될 것이다.

- The moment I got off the bus, I could smell the sea.
  - *.... I was smelling the sea.

    버스에서 내리는 순간 바다 냄새가 났다.

  - 바다 냄새는 지속적으로 난 것이다. 만일 could smell 대신 smelt로 하면 바다 냄새가 한 번 나고 끝났다는 상상할 수 없는 뜻이 될 것이다.

- Can you taste the garlic in the soup?

  수프에서 마늘 맛이 납니까?

  - *Are you tasting ....

  - 맛은 한 번 보고 끝나는 것이 아니고 입에서 얼마 동안 지속되는 감각이다. taste를 진행형으로 하면 '맛을 보다'라는 의미가 된다. 따라서 Are you tasting the garlic in the soup?는 '수프 속에 들어간 마늘 맛을 보고 있는 중입니까?'의 의미가 되어 현실성이 없어진다.

cut one's coat according to one's cloth

'지출을 수입에 맞추다,' '환경에 적응하다'

직역하면 '자신의 코트를 자신이 갖고 있는 천에 맞추어 재단하다' 이다. 이 표현이 발전하여 비유적으로 '코트'는 '지출'을 의미하고 '천'은 '가지고 있는 또는 쓸 수 있는 돈(즉 수입)'을 의미한다. 주로 경제적인 의미로 쓰이지만 더러는 일반적인 의미로 확대되어 환경이나 상황에 맞추어 산다거나 행동하는 것을 의미하기도 한다. 이 표현은 주로 영국사람들이 즐겨 쓴다.

- When he sees something he wants to get, he buys it on the spur of the moment. He never thinks twice about whether he really needs it. Thus he always runs out of money long before his payday. He has never learned to **cut his coat according to his cloth**.

  그 사람은 자기가 갖고 싶은 것을 보면 충동적으로 산다. 그것이 자기에게 정말로 필요한 것인가에 대해서 재고를 하는 법이 없다. 이렇게 해서 그는 자기 봉급일 훨씬 전에 돈이 떨어진다. 그는 지출을 자기의 능력에 맞추는 법을 배우지 못했다.

- As a nation the Japanese need not be lectured about the virtue of **cutting one's coat according to one's cloth**. As a matter of fact, it is their utmost pleasure to cut corners, save money and deposit it in a bank. It is their increasing bank deposits that makes them happy, not a large luxurious apartment or car as in our country.

  국민적으로 일본인들은 지출을 수입에 맞추는 미덕에 대해서 가르침 받을 필요가 없다. 사실은 절약하여 돈을 모아 은행에 예금하는 것이 그들에게는 최대의 기쁨이다. 그들을 행복하게 만드는 것은 날로 증대되는 그들의 은행예금이지 우리나라에서처럼 크고 사치스런 아파트나 승용차가 아니다.

082. 부가 어구들(tags)에 대하여 (1)

부가 의문문(question tags)

부가 어구들은 구어 영어에서 아주 자주 쓰이는 형태이다. 이들 중에서도 가장 흔히 쓰이는 형태가 부가 의문문이다. 어느 조사에 의하면 영어 모국어 화자들이 사용하는 의문문 4개 중의 하나는 부가 의문문이라고 한다. 우선 이 형태의 부가 어구들을 자세히 알아보자:

1. 부가 의문문의 어조

부가 의문문은 서술문 끝에 의문문 형태의 부가 어구를 붙여 만드는 yes-no 의문문이다. 본문이 긍정이면 부가문은 부정이고 본문이 부정이면 부가문은 긍정의 형태를 취한다.

　부가문을 상승 어조(rising intonation)로 끝내면 화자는 본문의 내용이 사실인 것으로 막연히 느끼기는 하지만 확실하지 않아 상대에게 물어보는 경우로서 이렇게 질문자가 자기 믿음을 어느 정도는 나타낸다는 점이 일반 yes-no 질문과 다르다. 반면 부가문을 하강어조(falling intonation)로 끝내면 화자는 본문의 내용이 맞는 것이라고 거의 확신하면서 다만 상대에게 자신의 믿음에 대하여 확인 또는 동의를 요청하는 경우가 된다. 그러나 우리말로는 이 차이를 완전히 구별하여 번역하기는 어렵다. 다음 예문들을 가지고 억지로나마 그 차이를 드러내는 번역을 시도해 보자:

- **His wife is a dentist, isn't she?**
  그의 부인은 치과의사인가요, 그런가요? (상승어조일 경우)
  그의 부인은 치과의사지요, 맞지요? (하강어조일 경우)
  - 위 예에서 상승어조로 발음된 경우는 그 의미가 일반 yes-no 질문, 즉 Is his wife a dentist?와 많이 유사하지만 하강어조로 발음된 부가 의문문의 의미는 이 단순한 yes-no 질문으로는 나타나지 않는다.

- **A: Mr. Brown is here, isn't he?**
  브라운 씨가 지금 여기 계신가요, 그런가요? (상승어조일 경우)
  브라운 씨가 지금 여기 계시지요, 그렇지요? (하강어조일 경우)

  B: No, he isn't here now.
  아니오. 그분은 지금 여기 계시지 않습니다.

- **A: You don't like fish, do you?**
  당신은 생선을 좋아하지 않으신가요, 그런가요? (상승어조일 경우)
  당신은 생선을 좋아하지 않으시지요, 맞지요? (하강어조일 경우)

  B: Yes, I do. I like fish.
  아니오. 좋아합니다.

- **A: She wants to come to the party, doesn't she?**
  그 여자는 파티에 오고 싶어하나요, 그런가요? (상승어조일 경우)

그 여자는 파티에 오고 싶어하죠, 그렇지요? (하강어조일 경우)

  B: Yes, she does. She'll certainly come.
   네, 그 여자는 틀림없이 올 것입니다.

■ You run five miles a day to keep fit, don't you?
  당신은 살찌지 않기 위해 매일 5마일씩 뛰고 있지요, 맞나요? (상승어조일 경우)
  당신은 살찌지 않게 위해 매일 5마일씩 뛰고 있지요, 그렇지요? (하강어조일 경우)

본문이 부정인 부가 의문문은 하강어조로 발음할 때 겸손한 질문 형태로도 쓰일 수 있다. 이것은 질문자가 상대방에게 무엇을 요청하거나 요청과 비슷한 의미를 갖는 질문을 할 때 사용한다:

■ You haven't got a light, have you?
  당신은 혹시 성냥을 가지고 계시는지요?

  ● 위 문장의 기본적인 의미는 담뱃불을 좀 빌려달라는 것이다. 직역하면 '당신은 성냥을 가지고 계시지 않으리라 생각되지만 그래도 혹시 가지고 계신다면' 인데 이런 식으로 상대방에게 No라는 대답을 하기 쉽게 표현하는 것은 영어에서 겸손한 질문형태로 선호된다.

  ≠ Haven't you got a light?
   당신은 성냥도 갖고 있지 않습니까?

  ● 이런 형태의 질문은 질문자의 짜증을 나타낸다.

■ You don't know of any persons who speak Spanish, do you?
  당신은 혹시 스페인어를 하는 사람을 알고 계시지는 않으시지요?

  ● 스페인어를 하는 사람을 알고 있으면 소개해 달라는 요청이다.

  ≠ Don't you know of any persons who speak Spanish?
   당신은 스페인어를 하는 사람 하나도 모른다는 말입니까?

2. 부가 의문문의 주어

부가 의문문의 주어는 본문의 주어를 받는 대명사이다. 그러나 본문에도 대명사가 주어로 쓰인 경우 부가 의문문의 주어는 다음 예문에서와 같이 바뀐다:

■ That's your car, isn't it?
  저 차는 당신의 것이지요, 그렇지요?

  ● that/this → it

■ These aren't your keys, are they?
  이 열쇠들은 당신의 것이 아니지요, 그렇지요?

  ● these/those → they

- **Everything** is okay, isn't **it**?

  모든 것이 다 잘 되어가고 있지요, 그렇지요?

  • everything/something/anything/nothing → it

- **There** will be a subway strike tomorrow, won't **there**?

  내일 지하철 파업이 있지요, 그렇지요?

  • there가 존재의 의미로 쓰인 경우에는 문법적으로는 그것이 문장의 주어이다.

    there → there

---

everyone/everybody/someone/somebody/anyone/anybody/no one/nobody 등 비특정인을 가리키는 인칭대명사는 보통 they로 받는다. 그러나 격식적인 경우에는 he 또는 he or she로 받기도 한다. 전에는 이들 부정 대명사를 he로 받았으나 근래에 와서는 성차별이라고 하여 이렇게 하지 않는 경향이 있다. 이처럼 수의 불일치라는 비문법성을 감수하고라도 양성에 다 쓰이는 복수 대명사를 이용하여 성 차별을 기피하는 현상은 일반 명사라도 양성을 다 의미할 수 있는 경우에 가령 any/no doctor, any/no student, any/no person, any/no teacher 등에도 적용된다. 그러나 이들 일반명사가 any/no를 동반하지 않고 한 특정인을 의미하는 경우에는 물론 그 특정인의 성을 따라 he나 she로 받아야 한다.

본문의 주어가 one일 때는 부가문에서도 one을 그대로 쓰는 것이 문법적이다. 그러나 비격식적인 경우 one을 he나 you로 받는 경우도 흔하다.

- **Everyone** passed the exam, didn't **they**?

  모두가 다 시험에 합격했지요, 그렇지요?

- **Nobody** cheated on the exam, did **they**?

  아무도 시험에서 부정행위를 하지 않았지요, 그렇지요?

- **No doctor** can cure that disease, can **they**?

  어떤 의사도 그 병을 치료할 수 없지요, 그렇지요?

- **Anyone** above 30 years of age can run for President, if **they** want to, can't **they**?

  30세 이상이면 누구나 그가 원하기만 하면 대통령에 입후보할 수 있지요, 안 그런가요?

- In your company **any employee** can go and see the president if **they** have a complaint to make, can't **they**?

  당신의 회사에서는 누구나 불만이 있으면 사장을 찾아가 만날 수 있지요, 그렇지요?

- **The doctor** is very kind to his patients, isn't **he/she**?

  그 의사는 자기 환자들에게 아주 친절하지요, 그렇지 않습니까?

- One can't be too careful, can one?

  One can't be too careful, can he/you?

  사람은 아무리 조심해도 지나치지 않지, 그렇지?

말을 하다 보면 부가문의 주어가 본문의 주어와 일치하지 않을 수도 있다. 이것은 화자가 말을 하고 있는 중에 갑자기 생긴 상황의 변화나 화자의 심리 변화 때문에 발생하는 현상이다. 이런 현상은 구어 영어에서 흔히 볼 수 있으며 화자가 문법보다는 상황이나 심리의 변화에 충실하려고 할 때 나타나는 것으로 우리는 그냥 참고로 알아두면 현실 영어의 이해에 도움이 될 것이다:

- He's a right little misery when he wakes up, aren't you boy?

  저 애는 눈만 뜨면 완전한 불평장이야, 안 그러니, 이 애야?

  • 화자가 본문을 시작했을 때는 부가 의문문을 의도하지 않았고 어느 청자를 향한 단순한 서술문을 의도했던 것이다. 그러나 말하고 있는 동안에 문제의 아이가 잠에서 깨어나자 말의 상대를 바꾸어 아이를 향해 부가문을 붙여 '내가 지금 한 말 맞지?' 하고 묻는 것이다.

- You only had these two bags, didn't we?

  당신은 이 두 개의 가방만 갖고 있었지요, 우리 그랬지요?

  • 처음에는 상대방에 대해서만 언급했지만 말하는 중에 그 가방들을 청자와 화자 공동의 것으로 말함으로써 너와 나를 일치시키는 것이 좋을 것이라는 생각이 들어 부가문에서는 화자를 포함하는 주어를 쓴 것이다.

- I'm not talking dirty, are we?

  내가 야한 말을 하고 있는 것은 아니지, 우리 말이야, 안 그래?

  • 처음에는 주어를 '나'로 시작했으나 말하는 중에 청자도 talking의 주체로 포함시킨 경우이다.

3. 부가 의문문의 동사

부가문의 동사는 본문을 의문문으로 만들 때와 같은 원리로 결정된다. 다만 본문의 동사구가 두 개의 단어로 된 조동사 had better, used to, ought to 등으로 시작하는 경우에는 부가 의문문에는 첫 번째 단어만 쓰지만 대답에는 두 단어를 다 쓴다는 것을 유의해야 한다:

- A: We had better tell someone about this, hadn't we?

  우리는 이것에 대해서 누군가에게 알리는 것이 좋겠다, 안 그래?

  B: Yes, I guess we'd better.

  그래, 그렇게 하는 것이 낫겠다.

  No, we'd better not.

  아니야, 그렇게 안 하는 것이 낫겠다.

  • had better의 부정은 had better not이다. had better는 하나의 단어로 취급된다.

- **A:** You used to teach French, usedn't you?

    당신은 전에는 불어를 가르쳤지요, 그랬지요?

  B: Yes, I used to. But it was a long time ago.

    네, 그랬지요. 그러나 그것은 오래 전이었습니다.

    No, I didn't use(d) to.

    No, I used not to.

    아니오. 그러지 않았는데요.

- **A:** There used to be an old pine tree here, usedn't there?

    전에는 여기에 노송이 하나 있었지, 안 그랬어?

  B: Yes, there used to. But it was moved to another place a few years ago.

    네, 그랬었지요. 그러나 몇 년 전에 딴 데로 옮겨졌지요.

---

usedn't you?는 옛 영국식 어법이고 지금은 미국식 didn't you?가 영미에서 일반적으로 쓰인다. (usedn't를 쓸 때는 발음을 조심해야 한다. usedn't의 d는 발음하지 않는다. 즉 [juːsnt]이다.) 전에는 used to의 부정은 usedn't to였으나 지금은 used not to 또는 didn't use(d) to를 쓰는 것이 일반적이다. didn't 다음에 use뿐만 아니라 과거형 used가 오는 것이 이상하게 보일 수 있지만 언어라는 것은 반드시 논리적으로만 되어 있는 것이 아니다. used to는 use to의 과거형이 아니다. 그것 자체로서 독자적으로 존재하는 화법 조동사이다. 그래서 일반동사와는 달리 의문문이나 부정문을 만들 때 do의 도움을 받지 않고 Used he to ~? He usedn't to ~. 등의 형태로 쓰였던 것이다. 그러나 일부 사람들이 조동사 used to를 실제로 존재하지도 않은 일반동사 use to의 과거형으로 착각하여 didn't use to, Did he use to 등으로 쓰기 시작했고 또 일부 사람들은 전통적 용법과 새 용법의 절충형으로 didn't used to, Did he used to ~? 등의 영문법의 일반 원리에 어긋나는 형태까지도 만들어 쓰게 된 것이다.

부가문에서는 부정형인 경우 not은 n't로 단축되어 be 동사나 조동사와 결합하는 것이 일반적이다. 그러나 n't와 결합하지 않는 조동사의 경우에는 비 격식적인 경우라면 의미가 비슷하고 n't와 결합할 수 있는 다른 조동사를 빌려 쓰거나 not와 결합하지 않은 상태로 쓴다. n't와 결합할 수 있는 경우라도 격식적인 상황에서 특별히 점잖은 표현을 쓰고 싶을 때는 n't를 쓰지 않고 not를 쓴다:

- **A:** We ought to leave now, oughtn't / shouldn't we?

    우리는 지금 떠나야 되지, 안 그래?

  B: Yes, we ought to / should.

    그래, 지금 떠나야 해.

  - 부가 의문문으로 oughtn't we?를 쓰면 to가 빠진 것에 대해 어쩐지 찜찜해 하는 사람들도 있다. 그래서 이들은 ought to 대신 should를 쓰는 것이다. 어차피 ought to는 현대 영어에서는 사라져 가고 있는 어법이기도 하다.

- **He may come, may he not?** (격식적)

   He may come, mightn't he?/can't he?/won't he? (비격식적)
   그가 올지도 모르지, 그렇지?
   - 첫째 예문에서는 may는 n't와 결합할 수 없기 때문에 부가 의문문을 may he not?로 한 것이다. 두 번째 예문은 비격식적인 상황에서 할 수 있는 구어체 표현이다.

- **I'm your doctor, am I not?** (격식적)

   I'm your doctor, aren't I? (비격식적)
   나는 당신의 의사입니다, 안 그런가요?
   - am과 not의 결합형(가령 *amn't같은 것)이 없어서 aren't를 빌려 쓴 것이지만 aren't I?는 광범위하게 쓰이고 있으며, 미국에서보다는 영국에서 더 일반적으로 쓰인다.

---

have to/had to가 본문의 조동사구가 되는 경우에 부가 의문문을 만들 때는 본문의 내용이 일반적인 경우를 의미하는가 아니면 특정한 경우만을 의미하는가에 따라 부가 의문문에 쓰이는 조동사가 달라진다. 본문의 have to/had to가 일반적인 경우를 말하는 경우에는 부가 의문문에 do 조동사를 쓰며, 어느 특정한 경우를 말하는 경우에는 부가 의문문의 조동사는 본문의 have 동사를 이용한다. 그러나 이 구별은 오래된 것이지만 지금은 주로 전통적인 영국영어에서 지켜지는 현상이고 현대 미국영어에서는 잘 지켜지지 않는다:

- **You have (got) to leave now, haven't you?**
   당신은 지금 떠나야 되지요, 그렇지요?
   - now는 지금이라는 특정 시점을 의미한다. 그래서 부가 의문문에 have 동사가 쓰인 것이다. 특정한 경우에는 have got to도 쓰인다. 그러나 일반적인 경우 got은 쓰이지 않는다.

- **You have (got) to be in the office before 7 o'clock tomorrow morning, haven't you?**
   너는 내일 아침에는 7시 이전에 사무실에 도착해야 되지 않니, 안 그래?
   - '내일 아침'은 특정한 경우이다.

- **You have to be in the office before 7 o'clock every morning, don't you?**
   당신은 매일 아침 7시 이전에 사무실에 나와야 하지요, 안 그렇습니까?
   - '매일 아침'은 일반적인 경우이다.

- **You had to be in the office before 7 o'clock every morning in those days, didn't you?**
   그 시절에 당신은 매일 아침 7시 이전에 사무실에 나와야 했었지요, 그랬지요?

- **So they had to cancel their holiday and come back home immediately, hadn't they?**
   그래서 그들은 휴가를 취소하고 집에 돌아와야만 했지요, 그랬지요?

- 이 문장은 어느 특정한 경우를 이야기하는 것이다.

　본문의 조동사를 긍정, 부정의 형태를 바꾸어 부가문에 쓰면 부가문의 조동사 의미가 본문의 조동사 의미와 달라지는 경우도 있다. 가령 must가 긍정형으로 '틀림없다' 라는 강한 추측의 의미로 본문에 쓰인 경우 부가문에는 mustn't를 쓸 수 없다. 부정형 mustn't는 추측의 의미를 나타낼 수 없고 '해서는 안 된다' 라는 금지의 의미가 되기 때문이다. 이처럼 같은 조동사를 썼을 때 본문과 부가문의 조동사 의미가 상호 일치하지 않는 경우에는 다음과 같이 편법을 쓴다:

- *You must be Dr. Brown, mustn't you?
  - → You must be Dr. Brown, aren't you?
    당신은 브라운 박사이시지요, 그렇지요?
  - 이런 경우는 must be를 are로 취급하여 부가문을 aren't you?로 한 것이다.

- *He must have cheated us, mustn't he?
  - → He must have cheated us, didn't he?
    그는 우리를 속였음에 틀림없지요, 그렇지요?
  - must have cheated를 cheated로 취급하여 부가문을 didn't he?로 한 것이다.

- *You might pass me the salt, mightn't you?
  - 서술문으로 You might pass me는 공손한 요청을 의미하는데 mightn't you?는 '할지도 모르는데' 라는 약한 가능성을 의미한다. 본문의 might와 의미가 맞지 않는다.
  - → You might pass me the salt, will you?
    소금을 좀 건네 주시겠어요?
  - 고친 문장도 사실은 적절하지 않다. 이 문장에는 부가문을 붙일 필요가 없기 때문이다. 본문에 might를 써서 충분히 부드러운 의미가 되어 있는데 will you?까지 붙일 현실적 필요가 없는 것이다. 굳이 무엇을 하나 첨가하고 싶으면 please를 문미에 붙일 수 있을 것이다.

4. **본문에 seldom, hardly, scarcely, few 등 부정사(negative)나 그 외에도 부정의 의미로 쓰인 부사가 있으면 부가 의문문은 긍정형이 된다:**

- He seldom/hardly/scarcely visits his parents, does he?
  그는 그의 부모를 거의 방문하지 않지, 그렇지?

- Few people showed up for the event, did they?
  그 행사를 보기 위해 나온 사람들은 별로 없었지, 그랬지?

- There's little hope of an agreement being reached on the issue between North Korea and the U.S., is there?

  그 문제에 대해서 북한과 미국 사이에 동의가 이루어질 것에 대한 희망은 거의 없지요, 그렇지요?

  • a little은 긍정적 의미이지만 부정관사 없이 쓰인 little은 부정적 의미이다.

- At no time was the President aware of the seriousness of the country's economy, was he?

  대통령은 어느 한 때에도 국가 경제의 심각성을 의식하지 못하고 있었지요, 안 그랬나요?

5. 국소 부정(local negation: 주로 [no + 명사] 형태로서 절 전체를 부정절로 만들지 못하고 no 다음의 명사만 부정적 의미로 만드는 현상)의 형태를 취한 문장들은 대부분 문법적으로나 의미상으로 긍정문이다. 따라서 부가문은 부정형이 된다. 그러나 어떤 [no + 명사] 형태는 절 전체를 부정절로 만드는 힘을 가지는데 숙어화하여 자주 쓰이는 표현들이 이런 부류에 속한다. no를 동반한 명사의 형태뿐 아니라 [not + to + 동사] 또는 [to + not + 동사] 형태도 국소 부정에 속한다. 또한 [no + 명사] 형태 뿐 아니라 [not + to + 동사]와 [to + not + 동사] 형태도 국소 부정에 속한다. 이들 예외적인 부정 어구를 갖고 있는 본문은 물론 긍정 부가문을 동반한다:

- You took a bath with no soap, didn't you?

  너는 비누도 없이 목욕을 했지, 안 그래?

  • with no soap의 no는 soap만 부정한다. 따라서 본문은 긍정이다.

- The judge let him off with no penalty, didn't he?

  판사는 그를 처벌하지 않고 풀어주었지, 안 그랬는가?

- They did it with no trouble, didn't they?

  그들은 그것을 어려움 없이 해냈지요, 안 그랬습니까?

- She'll give him nothing but trouble, won't she?

  그 여자는 그에게 고통만 주겠지, 안 그럴까?

  • nothing but는 only의 의미로 문장 전체는 긍정이다. 그러나 nothing but trouble 대신 그냥 nothing만 쓴다면 본문은 부정문이며 부가문은 will she?가 된다.

- It makes no difference, does it?

  그것은 아무 차이도 만들지 못한다, 그렇지?

- **They had no money, had they?**
  그들은 돈이 없었어, 그랬지?

- **They lost no time, did they?**
  그들은 시간을 허비하지 않았지, 그랬지?
  - lose time은 '시간을 허비하다' 라는 긍정의 의미이지만 lose no time은 부정의 의미이다.

- **He pays no attention to his own business, does he?**
  그는 자기 자신의 일에는 전혀 주의를 기울이지 않아, 그렇지?

- **In no time she cleared the table, didn't she?**
  그 여자는 재빨리 식탁의 그릇들을 치웠어, 그랬지?
  - in no time은 긍정의 의미로 '신속히,' '재빨리' 이다.

- **John has decided not to pay/to not pay, hasn't he?**
  John은 돈을 안 내기로 결정했지, 그랬지?

- **Our requests for no noise were ignored, weren't they?**
  소리를 내지 말아달라는 우리의 요청은 번번이 묵살되었지요, 그랬지요?

6. 본문에서 have가 조동사로 쓰였으면 부가문에서도 have를 쓰지만 have가 본동사로 쓰였으면 부가문에서는 그것을 do나 have로 받는다. 이런 경우 원래는 have는 영국식이고 do는 미국식이지만 반드시 지켜지는 것은 아니다. have가 '소유'의 의미일 때는 그냥 have만으로도 나타낼 수 있고 have got을 쓰기도 한다. 본문이 have got으로 되어 있으면 부가문에서는 have를 쓰며 본문이 have이면 부가문에서는 have와 do를 다 쓸 수 있다:

- **You've finished your assignment, haven't you?**
  너는 너의 숙제를 끝냈지, 그랬지?

- **You had lunch at that restaurant yesterday, didn't you?/hadn't you?**
  어제 너는 그 식당에서 점심을 먹었지, 그랬지?
  - have는 본동사로서 eat와 같은 의미이다.

- **You have a lot of books on English grammar, haven't you?/don't you?**
  너는 영문법에 관한 책들을 많이 가지고 있지, 안 그래?
  - have는 본동사로 '소유'의 의미이다.

- **You didn't have much trouble solving the problem, did you?**
  당신은 그 문제를 푸는 데 별로 어려움을 겪지 않았지요, 맞지요?

- have는 본동사로 '겪다,' 즉 go through, experience 등의 의미이다. 본문에 do 조동사가 나왔기 때문에 부가문에도 do가 쓰였다.

■ She **has** / **has got** blue eyes, **doesn't** she? / **hasn't** she?
그 여자는 파란 눈을 가졌지, 그렇지?

- 본문에 have got가 쓰였으면 부가문에도 have 동사를 써야 한다.

■ You**'ve got** a car, **haven't** you?
너는 차를 갖고 있지, 그지?

- 일반 의문문에서도 have got으로 물으면 have로 대답한다: Have you got a car? – Yes, I have. Have you a car? – Yes, I do/have.

7. 본문에 붙어 있는 I think, I believe, I suppose, I guess, I doubt, I'm sure 등 화자의 의견을 덧붙이는 삽입절과 I mean 같은 삽입절은 대부분의 경우 부가문을 만드는 데에 영향을 주지 않는다. 즉 아예 없는 경우나 마찬가지로 취급된다. 이들 어구들은 표현의 관행상 있는 것이지 특별한 자체의 의미는 희미하고 의미의 초점은 진짜 본문에 있기 때문이다. 다만 이들이 부정절일 경우에는 그것이 본문의 의미를 부정으로 만들기 때문에 부가문은 긍정이 되어야 한다는 점에만 유의하면 된다:

■ **I think** you've finished your homework, **haven't you**?
너는 숙제를 끝낸 것 같은데, 맞지?

■ **I suppose** these are your shoes, **aren't they**?
이것이 너의 구두인 것 같은데, 안 그러냐?

■ **I don't believe** he will come, **will he**?
그는 올 것 같지 않은데, 안 그래?

■ **I'm not sure** he cares, **does he**?
그는 상관 않는 것 같은데, 맞지?

■ Well, I don't see the point. **I mean** we're staying in everyday, **aren't we**?
헌데 나는 그 이유를 모르겠다. 우리는 매일 매일 집안에서만 지내고 있어, 안 그래?

■ **I think** the President should step down, **shouldn't he**?
대통령은 사임해야 한다고 생각하는데, 그렇게 되어야 하지 않겠어요?

그러나 주어가 1인칭이 아닌 경우에는 주어의 의견이 의미의 초점이 될 수 있다:

- **You think** the President should step down, *don't you*?
  너는 대통령은 사임해야 한다고 생각하지, 그렇지?
  - 이 문장은 앞 문장들과는 달리 주어 you의 생각을 묻고 있는 것이다.

Do you think/believe/suppose/guess ...? 또는 Are you sure ...?의 형태로 된 질문에 대답할 때도 이들 절은 무시되는 것이 일반적이다. 이들 어구들은 특별한 의미 없이 단순히 표현의 습관으로 들어갈 뿐이고 질문의 의미 초점이 그 절들에 있지 않기 때문이다. 가령 Will he come?은 단도직입적인 표현이어서 무뚝뚝하게 들린다. 그러나 Do you suppose he'll come?은 사실상 의미는 같지만 더 부드럽게 들리는 것이다:

- **Do you suppose** he's coming?
  그가 올까?

  ?Yes, I do. → Yes, *he is*.
  네, 그는 올 것입니다.

- **Are you sure** he'll keep his promise?
  그가 약속을 지킬까?

  ?Yes, I am. → Yes, *he will*.
  네, 그는 약속을 지킬 것입니다.

8. 부가문의 긍정·부정은 본문과 반대로 되는 것이지만 예외적으로 양쪽이 다 긍정이 되는 경우도 있다. 이 때의 부가문의 기능은 질문이라기보다는 확인이나 동의를 얻는 것이다. 또 문장 자체의 의미 및 부가문의 음조에 따라 다양한 의미의 뉘앙스가 나타나기도 한다. 또 잘 쓰이는 것은 아니지만 양쪽이 다 부정형으로 되는 경우도 있다:

(a) 부가문이 상승 음조일 경우

- **A:** So she*'s getting* married, *is she*?
  그래 그 여자가 결혼한다 그 말이지?
  - 화자는 그 여자가 결혼하는 것을 기정사실로 확인 받고 더 자세히 알고 싶다는 의미를 함축한다.

  B: Yes, she's got engaged to a doctor. The wedding is next month.
  네. 그 여자는 의사와 약혼했지요. 결혼식은 다음 달에 있습니다.

- So you*'re going* to Mt. Keumgang for sightseeing, *are you*? How nice!
  관광하러 금강산에 간다는 말이지, 그렇지? 얼마나 좋은 일이냐?
  - 관심과 부러움을 함축한다.

- **Take** a seat, **will you**?/**won't you**?
  앉으시지요.

- **Give** them greetings from me, **will you**?/**won't you**?
  그들에게 나의 인사말을 전해다오, 그래주겠니?

- **A:** Welcome to our program, Ms Loretta Sue Cline.
  Loretta Sue Cline 여사, 우리 프로그램에 출연하신 것을 환영합니다.

  B: Why, thank you. But please **call** me Sue, **okay**?
  이런, 감사합니다. 그러나 저를 그냥 Sue라고 불러주시지요, 괜찮겠지요?

부정 명령문은 일반적으로 부가문을 동반하지 않는다. 부정 명령은 그 의미 특성상 긍정 명령보다 강한 것이기 때문에 명령을 약화시키는 부가문을 동반하지 않는 것이 논리에 맞다. 그러나 will you?(falling tone)가 이따금 따라붙는 경우도 있다:

- **Don't** make a noise, **will you**?
  소리를 내지 마세요, 그래주시겠어요?
  - 이 경우 will you? 대신 please를 쓰는 것이 더 부드럽다.

Let's ... 구조는 제안으로서 내가 '우리'에게 하는 제안이다. 제안도 간접적인 명령으로 취급하여 부가문을 붙일 수 있다. 긍정 제안인 Let's ...는 shall we?, okay?, please? 등을 동반하고, 부정 제안인 Let's not ...은 shall we?, okay?, all right?, please? 등을 동반한다:

- **A: Let's** sing a song, **shall we**?/**okay**?/**please**?
  우리 노래 한 곡 부르자.

  B: (1) Yes, **let's**.
  그래, 그러자.

  (2) No, **let's not**.
  아니다. 그러지 말자.

- **Let's** not discuss it now, **shall we**?/**OK**?/**all right**?/**please**?
  그것은 지금 논의하지 말자, 괜찮지?

- **Go and see** him about our party, **shall we**?
  가서 우리 파티에 대해서 그를 만나 보자, 안 그럴래?
  - 부가 의문문으로 shall we?가 붙었으므로 이 문장은 문두에 Let's가 생략된 것임을 알 수 있다. 만일 shall we 대신 will you?가 붙는다면 문두에 아무 것도 생략된 것이 없는 명령문이다.

2. 부가 서술문

부가 서술문은 부가 의문문이나 부가 명령문처럼 잘 쓰이지는 않지만 구어에서 쓰이는 화법으로 꽤 자주 접할 수 있는 표현 형태이다. 그 기능이 본문을 강조하는 것이므로 결국 certainly, really 등과 거의 같은 의미이다. 부가문 앞에 comma는 보통 안 붙인다:

- **It looks terrible it does.**
  상황이 무시무시해 보인다. 정말이지.
  - 부가 서술문인 it does는 it looks를 반복하는 역할을 하여 본문을 강조한다. 우리말로는 '정말로' 라는 표현을 말끝에 붙이는 것과 같다.

- **A: Did you enjoy the movie?**
  영화 재미있든?
  B: Yeah. I thoroughly enjoyed it I did.
  그럼. 그 영화 아주 좋았어, 정말.
  - 이 문장에서는 thoroughly와 I did라는 두 개의 어구가 enjoyed를 강조하고 있다.

- **Don't worry about the boy. He's alright he is.**
  그 애에 대해선 걱정하지 마. 그 애는 잘 있다, 정말 잘 있어.

- **I don't like veg I don't.**
  난 야채(요리)는 싫다, 정말 싫어.

- **Likes his beer, John does.**
  John likes his beer. he does.
  그 친구 맥주를 좋아해, John 말이야.

3. 부가 명사구

구체적인 명사(구) 즉 주어를 문장 끝으로 미루고 앞에서는 대명사를 쓰는 현상을 구어에서는 흔히 볼 수 있다. 이 경우의 명사구를 부가 명사구라고 하는데 이 어법은 청자에게 우선 호기심만 일으켰다가 뒤에 가서 명사구를 제시함으로써 청자가 그 명사구를 강하게 각인 받도록 하는 표현 방법이다:

- **It makes you despair, you know, all this unemployment.**
  그런데 이것이 사람들을 절망하게 만드는 거야, 이 엄청난 실직 말이야.

- **It was a good book this.**
  그건 좋은 책이었어, 이 책 말이야.

- **He's crazy, the President.**
  돌았어, 대통령 말이야.

- **It's beautiful – your hair.**
  거 아름답구나 – 너의 머리 말이다.

- **It must have come to them as a bit of shock, the idea of some foreign laborers coming and settling down in their neighborhood.**
  그것이 그들에게는 하나의 충격으로 와 닿았을 것이 틀림없다, 외국 노동자들이 자기네 동네로 들어와 정착한다는 생각 말이다.

- **Has it got double windows your house?**
  2중창으로 되어 있니, 너의 집말이야.

- **It looks pretty good that restaurant on the corner, doesn't it?**
  꽤 좋아 보이는데, 코너에 있는 저 식당 말이야. 안 그래?
  - 이 문장은 부가 명사구와 부가 의문문이 함께 들어 있다.

- **With a lot of bears waiting everywhere on the stream, they have no defense these poor salmon.**
  많은 곰들이 하천 곳곳에서 기다리고 있는 상태에서 그들은 방어 수단이 없다, 이들 불쌍한 연어들 말이야.

- **Here's the most important man in the world, your son.**
  세계에서 가장 중요한 사람이 여기 있습니다. 당신들의 아들 말입니다.
  - 시사잡지 TIME지가 Bush 대통령의 부모를 면담하면서 한 말

4. 서두 명사구

서두 명사구는 부가 명사구와 같은데 오직 그 위치만 다르다. 서두 명사구는 문미에 붙는 것이 아니라 문두에 나온다:

- **Doctor Jones, he said you'll be all right in a few days.**
  의사 Jones 선생, 그 분이 너는 며칠 지나면 괜찮아 질 것이라고 하더라.
  - 이 문장에서 Doctor Jones는 서두 명사구이다. 만일 이 명사구가 문장의 서두에 있지 않고 문미에 있다면 부가 명사구가 된다.

- **Mary what could have attracted her to a man in his sixties?**
  Mary 말인데, 도대체 무엇이 그 여자를 60대의 남자에게 끌리게 했을까?

- **Sharon she** plays bingo on Sunday night.
  Sharon 그 여자는 일요일 밤에 빙고를 한다.

- **The guy** who opened the new boutique, you know, **the little guy** with the turban, **he** said he might be hiring.
  새로 양장점을 연 사람 있지, 터번을 머리에 쓰고 다니는 작은 사람 말인데, 그 사람이 사람들을 고용하게 되는지 모른다고 말하더라.
  - 이 문장에서는 서두 명사구가 길고 또 두 개의 동격 명사구로 되어 있어 주어 he를 쓰지 않고 서두 명사구를 직접 주어로 하면 얼른 알아듣기 어려울 것이다.

- **Great party**, **that** was!
  아주 훌륭했어, 그 파티 말이야!
  - 이처럼 명사(구)가 문두에 나와서 뒤에 나오는 be 동사의 보어가 되는 경우에는 관사를 붙이지 않고 형용사로 취급한다. Nice day, isn't it? '좋은 날씨지, 그지?'도 같은 경우이다.

- Oh, **The Tower Palace**, is **that** where you live?
  아, 타워 팰리스, 거기가 선생님 사시는 곳이라구요?

- **President Musharraf, he**'s still tight with us on the war against terror, and that's what I appreciate. – President Bush
  무샤라프 대통령 말인데, 그 사람은 테러와의 전쟁에서 아직도 우리와 밀접하게 협력하고 있다. 그 점을 나는 고맙게 생각한다. (Bush 대통령의 말)

- **Car numbers** people **remember** more easily by the letters than the numbers.
  자동차 번호로 말하면 사람들은 숫자로보다는 문자로 더 쉽게 기억한다.

- **North and South Korea they**'re two different worlds – politically, economically, socially and even culturally.
  남북한은 두 별개의 세계이다 – 정치적으로, 경제적으로, 사회적으로 그리고 심지어 문화적으로도 그렇다.

- **North Korea's starving masses** we must **help**, but **its cruel dictatorial rulers** in Pyongyang we must not **help**.
  북한의 굶주리는 인민을 우리는 도와야 한다. 그러나 평양의 잔인무도한 독재 지배자들을 우리는 도와서는 안 된다.

a far cry/a long cry from ~

'~과는 아주 다른,' '~과는 별 관계가 없는'

글자대로의 의미는 '멀리서 들리는 외침소리'로 상호간의 먼 거리를 의미한다. 이 의미가 비유적으로 사용되어 '서로 비슷한 데가 없다'라는 의미가 되었다.

- The present economic situation of our country is a far cry from the rosy one predicted a year ago. I hope the one predicted for the latter half of this year will live up to the prediction.

  우리나라의 현 경제 상태는 일 년 전에 예고되었던 장미빛 경제 상태와는 사뭇 다르다. 금년 하반기에 대해 예고된 경제상태만은 예고에 맞아주기를 희망한다.

- It is a far cry from having a general sympathy with some socialistic principles to becoming a full-fledged Communist.

  일부 사회주의 원리에 대해서 일반적인 동조의 감정을 갖는 것과 공산주의자가 된다는 것은 아주 다르다.

084 a long time과 long 그리고 a long way와 far의 용법 차이

1. a long time과 long

이들은 의미는 같지만 그 쓰임새가 다르다. a long time은 긍정 서술문에 쓰이고, long은 부정문과 의문문에 쓰인다:

- A: **Have you been working here long?**
  당신은 여기서 오랫동안 일을 했습니까?

  B: **No, not long. But that man over there has been here for a long time.**
  아니오. 오래되지 않았습니다. 그러나 저 사람은 여기서 오랫동안 일하고 있습니다.

- A: **I have to go out now for an appointment.**
  나는 약속 때문에 지금 나가봐야 겠소.

  B: **Will you be long?**
  오래 걸립니까?

  A: **No, I won't be long.**
  아니오. 오래 걸리지는 않을 것이오.

그러나 long이 -er, -est의 어미가 붙어 쓰이거나 so, as, too, enough, how 등의 부사로 수식되는 경우에는 긍정 서술문에도 쓰인다:

- **The rainy season lasted longer this year than any other year.**
  금년에는 장마철이 그 어느 해보다 더 오래 지속되었다.

- **How long did the rainy season last this year?**
  장마철이 금년에는 얼마나 오랫동안 지속되었느냐?

- **The rainy season lasted too long this year.**
  금년에는 장마철이 너무 오랫동안 지속되었다.

부정문과 의문문에도 a long time이 쓰일 수는 있지만 보통 long이 쓰인다. 그러나 long은 위와 같은 특별한 경우 외에는 긍정 서술문에 쓰이지 않는다.

2. a long way와 far

이들도 a long time과 long과 비슷한 쓰임새를 갖는다. 즉 긍정 서술문에서는 a long way가 쓰이며 의문문과 부정문에서는 far가 쓰인다. a long way도 a long time처럼 부정문과 의문문에도 쓰일 수는 있으나 일반적인 용법은 아니다:

- *We walked far that day.
  → We walked a long way that day.
  우리는 그날 멀리 걸었다.

- *I live far from here.
  → I live a long way from here.
  나는 여기로부터 멀리 삽니다.

- Do you live far from here?
  너는 여기로부터 멀리 사느냐?

- I don't live far from here. I live right over there.
  나는 여기로부터 멀리 살지 않습니다. 바로 저기서 삽니다.

그러나 far가 farther, farthest로 어미 변화를 했거나 very, too, so, as, enough, how 등 다른 부사에 의해서 수식 받고 있는 경우에는 긍정 서술문에서도 쓰인다:

- The railroad station is very far / too far / so far / as far / far enough from here.
  철도역은 여기로부터 아주 멀리 있습니다.

---

far가 다른 부사를 수식하여 그 부사를 강하게 표현하는 데 쓰이는 다음의 경우에는 물론 긍정 서술문에 쓰인다:

- My hometown is far, far away from here.
  나의 고향은 여기서부터 아주, 아주 멀리 떨어져 있다.
  • 여기서 far는 away를 수식한다.

- You speak English far better than me/I.
  너는 영어를 나보다 훨씬 잘 한다.

- We discussed the problem far into the night.
  우리는 그 문제를 밤늦게까지 논의했다.

'피하다,' '안 하다,' '막다' 등의 의미로 쓰이는 help의 용법

help가 이러한 의미로 쓰일 때는 [cannot + help]의 형태가 되거나 형태는 다르더라도 의미는 이 형태와 같아야 하며 목적어는 명사나 동명사이다:

- **He's a very selfish man, but somehow you can't help liking him.**
  그는 대단히 이기적인 사람이다. 그러나 웬일인지 우리는 그 사람을 좋아하지 않을 수 없다.

- **Sorry I broke the cup, but I couldn't help (breaking) it.**
  컵을 깨서 미안합니다. 그러나 어쩔 수가 없었습니다.

- **I can't help myself. I don't mean to be so rude.**
  나도 나 자신을 어쩔 수 없다. 사실은 그렇게 무례하고 싶은 것은 아닌데.

- **Cease to lament for what you cannot help.**
  네가 어찌할 수 없는 것 가지고 한탄하지 말라.

- **I couldn't help his fall. How could I help it?**
  그가 넘어지는 것을 나는 막을 수가 없었다. 낸들 어떻게 할 수 있었겠는가?
  - 두 번째 문장에는 help의 이 의미로는 필수적인 cannot이 없다. 그러나 오직 외형에만 없을 뿐이고 cannot의 의미가 내포되어 있다. 즉 '어떻게 할 수 있었겠는가?' 라는 표현은 몰라서 묻는 뜻이 아니라 '할 수 없었다' 즉 couldn't help it과 같은 의미이다.

- **How can I help laughing?**
  어찌 웃지 않을 수 있겠느냐?
  - = I cannot help laughing.

- **Don't use slang if you can help it.**
  안 할 수만 있다면 속어는 쓰지 말라.
  - 이 문장에서의 can help는 앞의 Don't와 합쳐져 결국 cannot help와 같게 된 것이다.

- **He never stays at work longer than he can help.**
  그는 안하고도 될 이상으로 오래 직장에 머무는 법이 없다.
  - 즉 가능한 한 일찍 퇴근을 한다는 뜻이다. never와 can이 합쳐져 결국 cannot과 같은 의미 역할을 하는 것이다.

- **He never does any more work than he can help.**
  그는 안 해도 되는 이상의 일을 하는 법이 없다.
  - 즉 가능한 한 일을 적게 한다.

- Whatever you tell me, I can't help the way I feel about him.
  네가 나에게 무슨 말을 하든 나는 그에 대한 내 생각을 바꿀 수는 없다.

- It's a pity that the weather's so bad for our holiday, but it can't be helped.
  날씨가 우리 휴일을 즐기기에 너무 좋지 않은 것은 안타까운 일이지만 어쩔 수 없는 일이다.
  - It can't be helped.는 일상적인 표현으로 '우리가 어떻게 할 수 있는 일이 아니니 받아들일 수밖에 없다'는 뜻이다.

- Who could help the cruel dictator executing the innocent civil rights fighter but the U.S.?
  미국이 아니면 누가 그 잔인한 독재자가 그 죄없는 민권투사를 사형집행하는 것을 막을 수 있었겠는가?
  - 이 문장도 의미상으로 couldn't help이다. 또한 help의 목적어인 executing은 그 자체의 주어 the cruel dictator를 동반하고 있다. 절을 동명사 구로 바꾸어 help의 목적어로 한 것이다.

- Do you think I sleep in class because I want to? Frankly, I can't help it. The teacher's lecture simply lulls me to doze off. How can I help it?
  나는 그러고 싶어서 시간 중에 자는 줄 아느냐? 솔직히 나도 어쩔 수가 없다. 선생님의 강의가 나를 자게 만드는 것이다. 나도 어쩔 수가 없다는 말이다.
  - = How can I help it? = I can't help it.

- A good teacher never talks in class more than he or she can help.
  훌륭한 선생은 수업시간에 필요한 말 이상을 말하지 않는다.

- I won't be longer than I can help.
  필요 이상 오래 있지 않을 것이다. (일을 빨리 끝내고 돌아올 것이다.)

[cannot help but + 동사]도 [cannot help + 동명사]와 같은 의미이다.

- I could not help but realize that something was going wrong.
  나는 무엇이 잘못 되어가고 있음을 느끼지 않을 수 없었다.

must, have to, have got to 등의 의미와 용법

1. must

must는 화자가 청자에게 주는 의무 내지 명령을 의미하며 화자 자신에 관한 언급일 때는 화자가 자신에게 부과하는 의무 또는 자신의 강한 의지를 나타내며 주어가 제 3자이면 간접적인 명령의 역할을 한다. 특히 미국영어에서는 must의 의무 부과의 힘이 강하다. 부모가 자녀에게, 교사가 학생에게, 또는 의사가 환자에게 부과하는 그런 종류의 힘이다.

- I must stop smoking.
  나는 담배를 끊어야겠다. (의지)

- I must send him a card. It's his birthday next week.
  나는 그에게 꼭 카드를 보내야겠다. 다음 주가 그의 생일인데. (필요)

- You must try to get to work on time.
  너는 직장에 제시간에 도착하도록 노력해야 한다. (명령)

- You must stay here until I come back.
  너는 내가 돌아올 때까지 여기 있어야 한다. (명령)

- Your hair looks awful. You must go and have it cut.
  너의 머리가 엉망이구나. 어디 가서 머리를 깎아야겠다. (명령)

- Someone must open a day care service here for us working mothers.
  누군가가 여기에 우리 직장에 나가는 엄마들을 위해 보육원을 개설해야 한다. (필요)

- He must act immediately. Further delay would be disastrous.
  그는 즉시 행동을 해야 한다. 더 지연시키면 큰일이 날 것이다. (간접 명령)

- Examination answers must be written in ink.
  시험의 답안은 반드시 잉크로 써야 한다. (명령)

이상의 문장들은 모두 화자가 의무를 부과하는 것이다. 그러나 의무의 부과가 화자로부터 나오는 것이 아니고 제 3의 원천에서 나오는 것에도 must가 쓰일 수 있다. must는 의무 부과의 힘이 강하기 때문에 반드시 복종 또는 순응이 필요한 요구 사항들(법, 사회규범, 도덕, 종교 등)의 요구를 나타내는 데에 쓰이는 것이다. 화자의 입장에서는 비록 자신이 발의한 요구가 아닌 외적 권위로부터 나오는 것이지만 그 의무 부과가 타당하다고 믿고 그 의무를 마치 자신이 부과하는 것처럼 수행을 강하게 요구하는 뜻으로 쓸 수 있다.

- **Dogs must be kept on a lead.**
  개는 줄에 메어 놓아야 한다.
  - 이 문장은 공원 같은 곳에 당국이 붙인 표지판 문구일 수도 있고 일반인이 하는 말일 수도 있다. 그러나 일반인들이 자신들의 주장이나 의견으로서 말할 경우에는 must 대신 더 부드러운 어감을 주는 should, ought to, have to 등을 쓰는 것이 일반적이고 사교적이다.

- **Soldiers must obey orders without question.**
  병사들은 군소리없이 명령을 복종해야 한다.

- **A verb must agree with its subject in person and number.**
  동사는 인칭과 수에 있어 주어와 일치해야 한다.
  - 이 의무의 부과 권위는 문법이다. 그러나 누구나 이 문법을 따라야 하므로 이렇게 말할 수 있다.

- **You must drive on the left in England.**
  영국에서는 차는 좌측통행을 해야 한다.

- **Before a semester begins, you must sign up for the courses you want to take for the semester.**
  학기가 시작하기 전에 그 학기에 수강하고자 하는 과목들에 등록을 해야 한다.

- **You must have a high school diploma to go to a college.**
  대학에 가기 위해서는 고등학교 졸업장이 있어야 한다.
  - 관사없이 go to college는 '대학교육을 받다'라는 뜻이다. 반면 go to a college는 '대학이라는 기관', 즉 외형적 형체를 의미한다. 상황에 따라 '아무 대학이든 대학이라는 곳'이라고도 번역될 수 있다.

- **A baseball player must touch all the bases in order to make a run.**
  야구선수는 득점을 하기 위해서는 모든 베이스에 접촉을 해야 한다.

또 절이 둘 이상 존재하는 복문의 경우 must는 주절의 주어가 종속절의 주어에게 부과하는 의무나 명령을 나타낼 수 있다:

- **Bush set out the steps the Palestinians must take before the U.S. will recognize a Palestinian state.**
  Bush는 미국이 팔레스타인을 하나의 국가로 승인할 수 있게 되기 전에 팔레스타인 사람들이 취해야 할 조치들을 내놓았다.
  - must는 여기서 Bush가 팔레스타인 사람들에게 부과하는 행위 의무이다.

- The doctor tells me I must stop smoking.
  의사는 나더러 담배를 반드시 끊으라고 한다.
  - 의사는 나에게 담배를 끊으라는 행위 의무를 부과할 수 있는 입장에 있다. 그러나 만일 주어가 의사가 아니고 가령 친구, 처, 주변 사람들, 또는 부모라면 위 예문의 종속절에 must 대신 가령 had better, should, ought to 등 must보다 그 수행 의무의 강도가 낮은 조동사들이 적합할 것이다.

must는 행위 부과의 의미 외에 '무엇임이/무엇 하는 것이 틀림없다'라는 화자의 주관적 결론을 의미할 수도 있다. 이 의미의 과거형은 [must have + pp]의 형태를 취한다. 이 의미의 부정형인 '무엇일/무엇할 리가 없다'는 must not를 쓰는 경우는 드물고 cannot를 쓴다. 과거형은 [cannot/could not have + pp]이다.

- There's the doorbell. It must be my boy coming home from school.
  초인종이 울리는구나. 학교에서 돌아오는 내 아이임이 틀림없다.

- You must be our new teacher.
  당신은 우리의 새 선생님이 틀림없지요?

- The meal must be ready by now.
  지금쯤은 틀림없이 식사 준비가 끝났을 것이다.

- Her handbag isn't here. She must have gone.
  그 여자의 핸드백이 안 보인다. 그 여자는 떠난 것이 틀림없다.
  - 이 의미로는 의문문은 없다. 화자 자신의 주관적 판단을 누구에게 묻겠는가? 참고로 handbag은 영국영어이며 미국영어로는 purse이다.

- You must feel tired after your long walk today.
  당신은 오늘 많이 걸었으니 피곤하시겠습니다.

- He must have gone to bed because the light is not on.
  그는 잠자리에 들었음이 틀림없다. 불이 켜있지 않으니 말이다.

- He can't/couldn't have gone out because the light is on.
  그는 밖에 나갔을 리가 없다. 불이 켜있으니 말이다.

- John can't/couldn't have been serious when he said that.
  John이 그렇게 말했을 때 진정으로 말했을 리가 없다. (아마 농담이었을 것이다.)

must가 의문문에 쓰이면 행위 부과의 결정권자는 듣는 사람이다.

- Must I/we go now?
  나는/우리는 지금 가야만 합니까?
  - 행위 부과의 권한을 가진 듣는 사람의 의지를 묻고 있다.

- How long must I take this horrible medicine?
  이 지독한 약을 얼마나 오래 먹어야 합니까?

- Must a President be accompanied by the first lady everywhere he goes?
  대통령은 자신이 어디를 가나 영부인을 꼭 동반해야 합니까?
  - 물론 이런 문장에서는 행위의 부과권자가 반드시 듣는 사람인 것은 아니다. 질문자는 상대에게 단순히 그의 생각을 묻는 것이다.

---

must를 부정문에 쓰면 '해서는 안 된다(금지)'를 의미한다.

- You mustn't tell anyone about this. It's a secret.
  너는 이것에 대해서 누구에게도 말해서는 안 된다. 이것은 비밀이니까.

- This information must in no circumstances be given to the press.
  이 정보는 어떤 경우에도 언론에 넘겨져서는 안 된다.

2. have to

have to도 must처럼 필요성이나 의무의 의미를 갖는다. 그러나 must는 행위 의무의 부과가 화자로부터 나오는 것을 의미하지만 have to는 행위 의무의 부과가 화자 이외의 사람, 주변 상황 또는 관행 등으로부터 나오는 것을 의미한다. 화자 이외의 조건이 어떤 사람으로 하여금 무엇을 하도록 만들고 있다는 뜻이다. 즉 화자는 행위의 필요나 의무를 전하는 입장이다. 따라서 행위 부과의 힘이 must보다 약하고 부드럽게 들려 사교적인 일상의 담화에서는 화자가 특별히 자신의 요구를 강하게 나타내고 싶은 경우를 제외하고는 have to가 일반적으로 쓰인다.

발음에 관해 하나 유의할 점은 have to의 v와 has to의 s는 원래는 각기 /v/와 /z/, 즉 유성음으로 발음되지만 이 형태에서는 음의 동화작용을 일으켜 무성음, 즉 각기 /f/와 /s/로 발음된다는 점이다.

- I have to finish the work by tomorrow.
  나는 내일까지는 이 일을 끝내야겠다.
  - 언제까지 끝내야 하는 필요성은 근원적으로 화자 이외의 사람으로부터 나온 것이다. 가령 이 말을 직장인이 했다면 일의 완성 시한은 그의 상사가 결정한 것이고, 만일 학생이 했다면 그 시한은 그의 선생이 결정한 것이다.

- I have to talk to Sue about our lunch date tomorrow. I can't meet her for lunch tomorrow because I have to go to a business meeting at one o'clock.
  내일 점심 약속에 대해서 Sue와 이야기를 해야겠다. 나는 내일 한 시에 업무상의 회의에 참석해야 하기 때문에 내일 Sue를 만날 수 없게 되었다.
  - 위 예문에서 두 군데 have to는 모두 주변 상황이 주어에게 특정 행위 의무를 부과하는 경우이다.

- I have to get up at six every morning.
  나는 매일 아침 여섯 시에 일어나야 한다.
  - 화자는 아침 여섯 시에 일어나지 않으면 안 될 상황임을 말하고 있다.

- I hate having to get up so early every day.
  나는 날마다 그렇게 일찍 일어나야만 하는 것이(그런 상황이) 싫다.

- I must get up early tomorrow morning. I must get to work earlier than others because I don't want to be late on my first day at work.
  나는 내일 아침에 일찍 일어나야만 한다. 나는 다른 사람들보다 일찍 직장에 도착해야만 하겠다. 내 첫 출근일에 늦고 싶지 않기 때문이다.
  - must를 써서 화자의 강한 의지를 나타내고 있다. 이전 예문에서 have to를 씀으로써 통상적인 의무나 상황적 필요를 나타내는 경우와 대조가 된다.

- We have to conclude that the President has not violated election law.
  우리는 대통령이 선거법을 위반한 것은 아니라고 결론을 내릴 수밖에 없다.
  - 상황이 그런 결론을 내리도록 의무 부과를 하고 있다는 뜻이지 그 결론이 옳다는 화자의 믿음을 나타내는 것은 아니다. 그러나 have to 대신 must를 쓰면 그 같은 결론이 옳다는 화자의 주관적 판단을 의미하게 된다.

- Hurry up. We have to be there at 2 o'clock.
  서둘러라. 우리는 두 시까지는 그곳에 도착해야 된다.
  - 아마 회의나 누구와의 만남이 두 시에 예정되어 있는 상황일 것이다.

- My grandfather is so deaf that you have to / must shout.
  우리 할아버지는 소리를 잘 못 들으시기 때문에 큰 소리로 말해야 한다.
  - have to를 쓰면 할아버지의 귀가 어둡다는 상황이 어떤 행위의 필요성을 발생시킨다는 뜻이고 must를 쓰면 화자가 청자에게 큰 소리로 말하라고 요구하는 경우이다.

- I missed the last bus and had to walk all the way home.
  나는 마지막 버스를 놓쳐버려 집까지 걸어서 가야 했다.
  - 내가 버스를 놓친 환경적 상황이 야기시킨 필요성을 나타낸다. have to는 아직 수행하지 않은 필요를 의미하는 데 반하여 그 과거형인 had to는 필요와 수행을 동시에 의미한다. 즉 had to walk는 실제로 걸어갔다는 뜻이다.

- **All applicants have to/must take an entrance examination.**
  모든 지원자는 입학시험을 치러야 한다.
  - have to는 시험을 치르지 않으면 입학할 수 없는 상황이라는 뜻이고, must는 입학 규정이 그것을 요구하므로 시험을 치르라는 뜻이다. 이 경우에는 결과적으로 같은 의미이다.

- **I'm busy now. I'll have to phone you later.**
  지금은 내가 바쁘다. 나중에 너에게 전화해야 할 것 같다.
  - 상황이 어떤 행위를 부과하는 것이다.

---

have to를 의문문에 쓰면 상황적으로 행위의 필요성이 있는가를 묻는 것이지 듣는 사람의 마음을 묻는 것이 아니다. 듣는 사람의 의지 즉 마음을 묻는 must의 사용과는 대조가 된다.

- **Do I have to see him?**
  내가 그 사람을 만나야 되는 상황인가요?

- **Must I see him?**
  당신은 내가 그 사람을 만나봐야 한다고 생각하십니까?

---

have to의 부정형은 do not have to이고 의미는 '할 필요는 없다'이다. must not가 '해서는 안 된다'로 금지의 의미인 것과 대조된다.

- **You don't have to go if you don't want to.**
  네가 싫으면 굳이 갈 필요는 없다.
  - 이 경우 영국영어에서는 흔히 You needn't go라고도 한다.

---

have to be도 비격식적인 구어체에서는 must be나 마찬가지로 '무엇임에 틀림없다'의 의미이다.

- **That has to be the stupidest idea I've ever heard.**
  그 말은 내가 지금껏 들어본 중에서 가장 어리석은 말이다.

- ***Sarah has to/must be home by now, but she isn't.**
  - Sarah가 지금까지는 집에 와 있음에 틀림없다는 화자의 강한 확신과 바로 뒤에서 그렇지 않다고 앞의 확신을 부정하는 것은 논리의 모순이다. 그래서 위 문장은 잘못된 것이다. has to/must를 살리려면 but she isn't를 빼야 하고 but she isn't를 살리려면 has to/must를 확신이 아닌 단순히 화자의 생각을 나타내는 should나 ought to로 바꾸어야 한다.

→ Sarah **should**/**ought to** be home by now, but she isn't.
　Sarah는 지금까지 해서는 집에 와 있어야 하는데 그렇지가 않다.

- Today's young people **are having to** acquire basic survival skills their parents never learned.
  오늘날의 젊은이들은 그들의 부모들은 배운 적이 없는 기본적인 생존 기능들을 습득하지 않으면 안되는 상황에 처해가고 있다.
  - have to는 위 예문에서처럼 진행형으로 쓰여 무엇을 하지 않으면 안되는 상황으로 빠져가고 있다는, 즉 변화의 진행을 나타낼 수 있다. 그러나 must나 have got to는 이렇게 쓰일 수 없다.

---

must의 과거형은 had to이지만 이들은 상호간에 의미 차이가 있으므로 must의 과거형으로 had to를 쓰는 경우에는 must의 화자 지향적 의미나 의미의 강도를 희생시킬 수밖에 없다. 그러나 간접화법을 쓰면서 must의 고유한 의미를 희생시키고 싶지 않으면 had to 대신 그냥 must를 쓸 수도 있다.

- "You **must** stay here until I come back," he said.
  He told me I **must**/**had to** stay there until he came back.
  - must를 쓰면 원래의 문장 You must stay here가 나타내는 화자가 개인적 판단으로 부과하는 의무 즉 강한 요구가 그대로 반영되지만 had to를 쓰면 그런 뉘앙스는 없다.

3. have got to

have got to는 영국영어에서 주로 쓰이는 어구이다. 많이 쓰이기 때문에 have got to는 have to와 의미상의 차이가 있다. 그러나 미국영어에서는 이같은 차이가 뚜렷하지 않고 둘 다 같이 쓰이는데, 다만 한 가지 차이는 have got to는 비격식적 구어 표현이고 have to는 격식적인 경우나 비격식적 경우에 다 쓰인다는 것이다. 영국영어에서나 미국영어에서나 have to의 과거형은 had to이지만 have got to의 과거형은 따로 없으며 had to로 대신한다. 따라서 영국영어에서도 현재형일 때 생기는 have to와 have got to의 의미 차이는 과거형에서는 있을 수 없게 된다. 다음 예문들에 대한 설명은 영국영어의 경우이다.

- I **have got to**/**have to** go now. I have a class in ten minutes.
  나는 지금 가야 한다. 십 분 후에 수업이 있다.
  - 십 분 후에 수업이 있다는 화자 개인의 사정 때문에 화자가 가야 한다는 행위 의무를 자신에게 부과하고 있는 것이다.

- **This work has got to/has to be finished within today.**
  이 작업은 오늘 중에 끝나야 한다.
  - has got to가 나타내는 의무나 필요는 객관적 상황에서만 나오는 것이 아니고 화자 자신으로부터도 나오는 것을 의미한다. 그러므로 의무의 강도가 단순 has to보다 더 높을 수밖에 없다.

- **John has got to check his blood pressure a couple of times every day.**
  John은 날마다 두 번씩 혈압을 재보아야 한다.
  - 화자가 John에게 혈압을 재는 의무를 부과하고 있다. 화자와 관계없이 John의 습관적인 의무를 전하는 경우라면 has to를 써야 한다.

- **Have you got to go now?**
  너는 지금 가야만 하느냐?
  - = Do you have to go now?
    You have got to go는 화자가 상대에게 가야 할 의무를 부과하는 것이다. 그러나 이것을 의문문으로 하면 화자가 자기 자신이 상대에게 의무 부과를 하는가 묻는 것이 되어 질문이 될 수 없으므로 got은 그 의미를 나타낼 수 없게 된다. 결국 Do you have to go?와 같은 의미가 된다.

- **You haven't got to go now if you don't want to.**
  네가 원하지 않으면 지금 가지 않아도 된다.
  - haven't got to는 화자가 상대에게 의무를 부과하지 않는다는 뜻이고 don't have to는 상황이 의무를 부과하고 있지 않다는 뜻이다.

sure와 certain의 의미와 용법 차이

sure와 certain은 의미와 용법이 서로 같은 경우도 있고 그렇지 않은 경우도 있다. 같은 용법으로 쓰일 때 certain은 격식적이다. 다음은 sure와 certain의 가장 빈도가 높은 용법이다.

1. make sure와 make certain은 의미와 용법이 서로 같다. 목적어로는 명사(구)와 절을 취할 수 있다. 명사(구)를 목적어로 할 때는 전치사 of를 동반한다. 의미와 용법은 다음과 같다:

(1) '확인하다,' '확실하게 하다'

- I think I locked the door, but I'll go back and make sure/certain of it.
  내가 문을 잠궜다고 생각하지만 돌아가서 확인해 봐야겠다.

- Our team made sure/certain of winning by scoring two goals in the last five minutes.
  우리 팀은 마지막 5분 동안에 두 골을 넣음으로써 승리를 확실시 했다.

- Let's make sure/certain of the time of the train.
  기차 시간을 확인하자.

- I'm calling to make sure/certain that you remember our date tomorrow.
  네가 내일의 우리 데이트 약속을 기억하고 있다는 것을 확인하기 위해 전화했다.

- Can you make sure/certain whether that is the title of his lecture?
  그것이 그의 강연 제목인지 아닌지 확인해 볼 수 있겠느냐?

- I believe that is the title of his lecture, but I haven't made sure/certain that I'm correct.
  그것이 그의 강연 제목이라고 믿습니다. 그러나 내 믿음이 맞다는 것을 확인하지는 않았습니다.

- I went and saw the professor to make sure/certain what kind of grade I had made in his course.
  나는 그 교수의 과목에서 어떤 성적을 냈는가를 확실하게 알기 위해서 교수를 찾아갔다.

(2) '(어떤 것을) 틀림없이 얻도록 하다' (명사구를 목적어로 할 때); '(어떤 일이) 틀림 없이 이루어지도록 하다' (절이 목적어일 때)

- If you want to make sure/certain of (getting) a seat, you had better make a reservation.
  자리를 틀림없이 얻도록 하려면 예약을 하는 것이 좋을 것이다.

- We register letters in order to make sure/certain that they are delivered.
  우리는 편지가 틀림없이 배달되도록 하기 위해 편지를 등기로 보낸다.

- Let me tell you my email address again just to make sure/certain that you remember it.
  네가 내 email 주소를 틀림없이 기억하도록 하기 위해 그것을 한 번 더 말해주마.

- Make sure/certain that you know everything in this book in order to get an 'A' in my course.
  내 과목에서 'A'를 얻으려면 여러분은 이 책의 내용을 다 알고 있도록 하세요.

- Please make sure/certain that you enclose a copy of your personal history.
  잊지 말고 이력서를 한 통 동봉하여 주십시오.

- Before pressing the shutter of your camera, make sure/certain everyone of us is in the picture.
  카메라 셔터를 누르기 전에 우리 모두가 다 사진 속에 들어가는지 확인해 주십시오.

- The most important thing about learning English is practicing what you've learned and thus making sure/certain that you don't forget it.
  영어를 배우는 일에 있어 가장 중요한 것은 일단 배운 것을 연습하는 것이며 이렇게 해서 그것을 잊어버리지 않도록 하는 것이다.

2. [be동사 + sure/certain + 절]은 주어의 확신을 나타낸다:

- I'm sure/certain I know him from somewhere. But I'm not sure when and where I saw him.
  나는 그를 어디선가 보았다고 확신한다. 그러나 언제 어디서 내가 그를 보았는지는 모르겠다.

- I'm not sure/certain where he is now.
  나는 그가 지금 어디에 있는지 확신하지 못한다(잘 모른다).

- She pinned the note to her husband's pillow so that he would be sure/certain to read it.
  그 여자는 그 쪽지를 자기 남편이 틀림없이 읽도록 그의 베개에 핀으로 꽂아 놓았다.
  • he would be sure ....는 he의 확신이 아니라 문장의 주어인 she의 확신을 나타낸다.

- Even the teacher was not sure/certain how to solve the problem.
  선생님도 그 문제를 어떻게 풀어야 할지 확신이 없었다.
  • how to solve는 how he should solve ....를 줄인 단축형 절이다.

- I'm not sure/certain whether/if/(that) he will keep his promise.
  그가 그의 약속을 지킬지/지키리라는 것을 확신할 수 없다.

---

be sure/certain 다음에 [to + 동사]가 오면 화자의 확신을, [of + 명사]가 오면 주어의 확신을 나타낸다:

- She is sure/certain to pass the exam.
  그 여자는 틀림없이 시험에 합격할 것이다. (화자의 확신)

- She isn't sure/certain to succeed.
  그 여자는 틀림없이 성공하지 못할 것이다. (화자의 확신)
  - = I'm sure she will not succeed.

- They are/feel sure/certain of their son's success.
  그들은 아들의 성공을 확신하고 있다. (주어의 확신)

- She is sure/certain of passing the exam.
  그 여자는 자기가 시험에 합격할 것으로 확신하고 있다. (주어의 확신)

- It's a really good movie; you're sure/certain to like it.
  그것은 정말 좋은 영화다. 너도 그 영화를 보면 틀림없이 좋아할 것이다. (화자의 확신)

  *It's a really good movie; you're sure/certain of liking it.는 말이 되지 않는다.

- Once you meet her, you're sure/certain to like her.
  네가 일단 그 여자를 만나보면 너는 틀림없이 그 여자를 좋아하게 될 것이다.

- I'm not sure/certain of the answer to the question.
  나는 그 질문에 대한 대답에는 자신이 없습니다.

- You may be sure/certain of a warm welcome if you visit us.
  당신이 우리를 방문해 주신다면 따뜻한 환영을 받게 될 것이라 믿으셔도 됩니다.

3. 명령문으로 '잊지 말고 꼭 하라'의 의미로는 [Be sure to/and + 동사]의 형태가 쓰인다. 또 [to/and + 동사] 대신에 [(that) you + 동사]도 쓸 수 있다. 그러나 이 구조에서는 sure 대신 certain은 쓰이지 않는다:

- Be sure to/Be sure and close the door after you.
  들어간 다음에는 문을 꼭 닫아라.

- = Be sure (that) you close the door after you.

■ **Be sure not to** forget this.
이것을 잊지 않도록 하라.

■ A: **Be sure and turn off** the light before you go to bed.
잠자리에 들기 전에 전등을 꼭 끄도록 하라.
B: Don't worry. I'll **be sure to** do it.
걱정 마라. 나는 틀림없이 전등을 끌 것이다.
- [I will be sure to + 동사]는 '틀림없이 ~하겠다'의 의미이다.

■ If you want to be guaranteed a seat, **be sure to** come one hour before curtain time at the latest.
자리를 보장받으려면 늦어도 공연 시작 한 시간 전까지는 오셔야 합니다.

4. [It is certain + 절]은 잘 쓰이지만 [*It is sure + 절]은 안 쓰인다. 단 it가 날씨를 의미하는 경우에는 [It is sure + to + 동사]의 형태가 쓰인다:

■ **It is certain**/*sure **that** the price of oil will go up.
석유 가격이 올라가리라는 것은 확실하다.

■ **It's not certain**/*sure exactly **when** he was born.
그가 정확히 언제 태어났는지는 확실하지 않다.

■ **It's not certain**/*sure **whether** I'll be able to come.
내가 갈 수 있을지는 확실하지 않다.

■ **It is sure to rain**/**to be** hot today.
오늘 틀림없이 비가 오겠다/덥겠다.
- = I'm sure it'll rain/be hot today.

5. for sure와 for certain은 '확실히'의 의미로 주로 know나 say와 같이 쓰여, 가령 I don't know for sure/for certain과 I can't say for sure/for certain은 둘 다 '나는 확실히는 모른다'라는 의미이다.

- No one knows for sure/certain why he was dismissed from his job.
  그가 왜 직장에서 해고되었는지 아무도 확실히는 모른다.

- I cannot say for sure/certain at this time whether I'll seek re-election.
  이 시점에서는 내가 재선에 입후보할 것인지 확실하게 말할 수는 없다.

- A: Will he seek re-election?
     그는 재선에 입후보할까?
  B: That's for sure/certain.
     그건 보나마나지.(확실하다.)

6. sure of는 단순히 '무엇을 확실하게 알다'이지만 sure about은 '무엇이 어떻게 될지에 대해서 확실하게 알다'의 의미이다:

- I used to think that I should live in the country after retirement, but now I'm not so sure about/*of it.
  나는 전에는 은퇴하면 시골에서 살아야겠다고 생각했는데 지금은 그렇게 해야 할지 모르겠다.(지금은 생각이 달라지고 있다).

- I will certainly be present at the meeting, but I'm not sure about/*of my wife.
  나는 틀림없이 회의에 참석하겠는데 나의 처도 참석할지는 잘 모르겠다.

- The weatherman says it will be warm and clear today, but he is not sure about/*of tomorrow.
  일기예보 담당자는 오늘은 날씨가 따뜻하고 청명할 것이라고 말하는데 내일은 어떻게 될지 모른답니다.

diamond cut diamond

'막상막하,' '용호상박'

다이아몬드는 알려진 물체 중에서 가장 단단한 것이다. 그래서 다이아몬드는 다른 물체를 문제없이 깎을 수 있다. 그러나 다이아몬드가 다른 다이아몬드를 깎는다는 것은 쉬운 일이 아니다. 그래서 위의 표현이 생긴 것이다. 문법적으로 이 표현은 명사구나 형용사구로 쓰인다. [주어 + 동사 + 목적어]의 구조가 아니다.

- The Bush-Gore contest in the last US presidential election was a classic example of diamond cut diamond. Even today, long after the election, it is not entirely clear who was the real winner, the one who received more votes from the voters.

  지난 미국 대통령 선거에서 부시와 고어의 대결은 전형적인 막상 막하의 표본이었다. 선거가 끝난 지 오래된 지금까지도 누가 진정한 승자 즉 유권자들로부터 더 많은 표를 얻은 사람이었는가가 완전하게 드러난 것은 아니다.

- When the two presidential candidates had a TV debate on national matters, it was a case of diamond cut diamond. Neither did the better or the worse. It was really a diamond cut diamond affair.

  그 두 사람의 대통령 후보가 텔레비전 토론을 벌였을 때 그것은 막상막하의 토론이었다. 어느 쪽이 더 잘 하거나 더 못하거나 하지 않았다. 정말로 용호상박의 싸움이었다.

[There is A about/in/to/behind B]의 문장구조에서 각 전치사의 의미와 용법

다음 문장들에서 이들 전치사의 사용을 보자:

(1) There is nothing strange about remaining single all one's life.
일생 독신으로 남는 데 이상할 것은 아무것도 없다.

(2) There is satisfaction in making people laugh.
사람들을 웃기는 데 만족이 있다.

(3) There are two sides to a coin.
동전에는 양면이 있다.

(4) There is a story behind his being a teacher of English.
그가 영어선생이 된 데는 사연이 있다.

위 예문들에 쓰인 전치사들 about, in, to, behind 등은 우리말로는 다 똑같이 표현될 수 있다. 그러나 영어에서는 이들의 쓰임새가 서로 다르다. 어떤 언어에서는 두루 뭉실 하나의 표현으로 나타내는 의미를 다른 언어에서는 그것을 세분하여 표현을 달리 하는 경우들이 있는데 위의 예도 그런 것들 중의 하나이다. [There + be동사 + 명사] 형태에 따라 붙는 이들 전치사의 의미와 용법을 보자:

1. about

[There is A about B] 구조에서 about의 의미는 B에 A라는 '본질,' '특성,' '측면' 등이 있음을 의미한다. A의 자리에 주로 쓰이는 명사는 something, nothing, anything, thing이다.

- He goes fishing every weekend. There must be something about it that I don't know of.
그는 주말마다 낚시를 가는데 아마 낚시에는 내가 이해 못하는 어떤 면이 있을 것이다.

- The cold-blooded slaughterer at Virginia Tech is said to have been just an unsociable student with nothing special or weird about him.
버지니아텍의 잔인무도한 학살자는 그 전까지는 아무 특별하거나 괴상한 면이 없는 그저 비사교적인 학생이었던 것으로 알려져 있다.

- There is something strange about his behavior.
그의 행동에는 무언가 좀 이상한 데가 있다.
  • something strange가 his behavior 속에 특성으로서 존재한다.

- Today there's nothing so weird about remaining unmarried all one's life.
오늘날에는 일생 결혼하지 않고 있는 것에 그렇게 괴상한 면은 없다.

- **There is something different about him.**
  그 사람에게는 무언가 좀 남다른 데가 있다.
  - 남다른 측면이 그 사람의 특질이다.

- **There's something about her that I really don't understand.**
  그 여자에게는 내가 정말로 이해할 수 없는 데가 있다.

- **There's a sad part about his success. He's ruined his health.**
  그의 성공에는 불행한 면이 있다. 그는 그의 건강을 망친 것이다.

- **There are many good things about taking a vacation in winter.**
  겨울에 휴가를 가는 데에는 많은 이점들이 있다.

- **What's so bad about my spending my own money in my own way?**
  내가 내 돈 내 마음대로 쓰는 것에 무슨 잘못된 것이 있느냐?
  - = There is nothing so bad about …

- **What's so funny about a person slipping and falling on an icy road?**
  사람이 얼음 덮인 길에서 미끄러져 넘어지는 것에 그렇게 우스울 것이 무엇이냐?
  - = There is nothing so funny about …

- **What's so great about gold?**
  황금에 그리도 대단한 것이 무엇이 있느냐?
  - = 황금이 뭐길래 그렇게들 야단이냐?
    = There's nothing so great about gold.

- **Contrary to socialist and communist ideology, I believe there's nothing evil about wanting to increase one's wealth by investing in real estate or about working hard to secure a better future than now.**
  사회주의와 공산주의 이념과는 반대로 나는 부동산에 투자함으로써 자신의 재산을 증식하고자 하는 일이나 지금보다 더 나은 미래를 확보하기 위해서 열심히 일하는 것에 사악한 측면이 없다고 믿는다.

- **What's so funny about it? I don't see anything funny about it.**
  그것에 그리도 우스운 것이 무엇이 있느냐? 내가 보기에는 그것에 우스울 것이 하나도 없는데.
  - = There is nothing so funny about it, There isn't anything funny about it.

- **What is there about these English articles that makes it so difficult for us to master?**
  이들 영어 관사에는 우리가 완성하는 것을 그렇게 어렵게 만드는 어떤 것이 있느냐?
  - = 관사에는 어떤 특질이 있기에 우리가 배우고 배워도 완성이 되지 않느냐?
    = There's something about these English articles that makes it so difficult for us to master.

- What's the hardest thing about learning English?
  영어를 배우는 데 있어 가장 어려운 것은 무엇인가?
  - There are many things in English that make it hard to learn it.과 같은 의미를 전제한 질문이다.

- What is it you don't like about a winter vacation?
  겨울 휴가에 있어 네가 싫어하는 점(특성)이 무엇이냐?
  - = What is the thing about a winter vacation that you don't like?

- You can't find any pretentiousness or arrogance about him.
  그 사람에게서는 자만이나 거만함을 찾아 볼 수 없다.

- There is nothing normal about North Korea and its ruler Kim Jong Il. Neither is there anything normal about his followers in South Korea.
  북한과 그 지배자 김정일에게는 정상적인 점은 아무것도 없다. 또 남한에서 그를 따르는 자들에게도 정상적인 점이 없기는 마찬가지다.

- There was something familiar about the man's face. But I didn't remember where I'd seen him before and when.
  그 사람의 얼굴에는 낯익은 데가 있다. 그러나 내가 전에 어디서 언제 그를 보았는지는 기억하지 못했다.

- The wonderful thing about laughter is that it makes you forget about your worries.
  웃음이 갖는 놀라운 점은 그것이 우리의 근심 걱정을 잊게 해준다는 것이다.

- A: How do you like your new apartment?
  당신의 새 아파트가 마음에 드십니까?

  B: We like many things about living here. One good thing about it is that my children have friends to play with and a safe playground here.
  여기서 사는 데는 여러 가지 좋은 점들이 있습니다. 좋은 것들 중 한 가지는 여기에는 내 아이들이 같이 놀 친구들이 있고 또 안전한 놀이터가 있다는 것입니다.

- You can feel a certain wealthiness about the old man.
  그 노인에게는 모종의 부티가 있음을 느낄 수 있다.

- That's what I love about America.
  그것이 내가 미국을 좋아하는 이유이다.
  - = That is something about America that I love.

- The great part about this new cable channel is that there are no commercial interruptions.
  이 새로 개설된 케이블 채널의 아주 좋은 점은 상업 광고방송으로 인한 방해가 없다는 것이다.

- What is it about the Middle East that makes its conflicts so intractable?
  중동(의 문제 속)에는 거기서 발생하는 분규들을 그렇게 다루기 어렵게 만드는 것이 무엇인가?
  - 중동의 문제에는 무슨 특질이 있어 그렇게 다루기가 어려운가?

- Some people say there's nothing particularly Muslim about being willing to kill innocent civilians. And others say there's nothing particularly non-Muslim about it, either. But I've always wondered what it was about some Muslims that makes them suicidal terrorists.
  어떤 사람들은 죄 없는 민간인들을 거리낌 없이 살해하는 짓에 특별히 회교적인 특성은 없다고 말하는데 다른 사람들은 그런 짓 하는데 특별히 비회교적인 특성도 없다고 말한다. 그러나 나는 일부 회교들 속에 있는 무슨 특성이 자신들을 자살 테러분자로 만드는 것인가 늘 궁금했다.
  - 가령 something Muslim about killing people은 '사람 죽이는 일에 특성적으로 들어 있는 회교적인 측면' 이란 뜻이다.

- What's a good thing about having a President for a son?
  대통령을 아들로 갖는 것에 있어서 좋은 점 하나 말씀해 주시겠어요?

- The best thing about the drama is not so much its humor but the way it depicts the virtues of true friendship.
  그 연극이 나타내는 가장 좋은 것은 그 속에 있는 유머라기 보다는 그 연극이 진정한 우정의 미덕을 묘사하는 방식이다.

2. [There is A in B]의 구조에서 B는 동명사 형태를 취하는데 주로 구어에서 많이 쓰인다. 이 때 in은 'B의 행위는 곧 A이다' 즉 A와 B는 같은 것임을 의미한다:

- There's no shame in being poor, especially in this age of corruption.
  가난하다는 데 있어 창피를 느낄 필요가 없다, 특히 지금의 부패시대에는 그렇다.
  - being poor = no shame

- There's no fun in being secretary to another person.
  다른 사람의 비서로 일하는 것에는 재미가 없다.
  - being secretary = no fun

- There's excitement in learning to speak a foreign language.
  외국어를 배워 말하는 것에는 흥분이 있다.
  - learning = excitement

- There's satisfaction in making people laugh, but there's a greater satisfaction in making people cry.
  사람들을 웃기는 데에 만족이 있다. 그러나 사람들을 울리는 데에는 더 큰 만족이 있다.

- making people laugh = satisfaction; making people cry = a greater satisfaction

■ There's no point in locking the barn door now that the horse has been stolen.
말을 도둑맞았으니 이제 와서 축사 문을 잠궈봐야 아무 소용이 없다.

- locking the barn door = no point

■ There is no glamor in being a teacher.
선생의 직업에 매력이 있는 것은 아니다.

- being a teacher = no glamor

위와 같은 in의 의미를 이용한 다음 문장들도 보아두자:

■ In giving we receive; in dying we are born to eternal life.
우리는 주는 행위를 하는 데서 받는 행위를 하는 것이다.

- giving = receiving; dying = being born

■ You're making a big mistake in turning my proposal down.
네가 내 제의를 거부하는데 너는 큰 실수를 하고 있는 것이다.

- turning my proposal down = making a big mistake

■ In a quarrel between man and wife, you win in losing.
부부싸움에서는 지는 것이 이기는 것이다.

3. [There is A to B]의 문장 구조에서 to는 '부착(attached to)'의 의미를 갖는다. 즉 B가 A를 그 구성 부분으로 가지고 있다는 뜻이다:

■ There are two sides to a coin.
동전에는 양면이 있다.

- 직역하면 '동전에는 양면이 부착되어 있다', 즉 '양면으로 형성되어 있다'는 의미이다.

■ There are advantages to learning a foreign language as a child, but there are also drawbacks to it.
어려서 외국어를 배우는 것에는 이점들이 (붙어) 있다. 그러나 거기에는 단점들도 (붙어) 있다.

■ There is a brisk chill to the morning air today.
오늘 아침 공기에는 상쾌한 차가움이 (부착되어) 있다.

- That's all there is to it.
  그것이 그 문제에 부착되어 있는 것(또는 그 문제를 형성하는 것) 전부이다.

- There's more to life than work.
  인생에는 노동 이상의 것들이 (붙어) 있다.
  - 노동이 인생의 전부가 아니다.

- There's something / a point to what he says.
  그가 말하는 것에 일리가 (부착되어) 있다.

- There's more to clothes than being comfortable.
  옷에는 안락함 이상의 것이 (부착되어) 있다.

- There's no truth to what he says.
  그의 말에는 진실이 (부착되어) 있지 않다.

- There's always an element of risk to starting up a new business.
  창업을 하는 데는 언제나 위험 요소가 붙어 있다.

- A: Thanks a lot.
  고맙습니다.
  B: (There's) Nothing to it.
  그것에는 (즉 내가 한 일에는) 고마워 할 어떤 것도 붙어 있지 않습니다.

- A: Is it hard to learn to fly a small plane?
  소형 비행기를 조종하는 것을 배우기가 어려운가요?
  B: No. (There's) Nothing to it! It's actually easier than to learn to drive a car.
  아니오. 어려울 것 아무것도 없습니다. 사실 자동차 운전을 배우는 것보다 더 쉽습니다.

- A: Is it difficult to learn surfing?
  파도타기는 배우기 어려운가요?
  B: No, there's nothing to it if you get the hang of it.
  아니요. 요령만 터득하면 어려울 것이 전혀 없습니다.
  - get the hang of '요령을 터득하다'

- There are three parts to this section.
  이 섹션에는 3부가 부착되어 있다.(이 섹션은 3부로 되어 있다.)

- There is no backside to the moon.
  달은 뒷면이 붙어 있지 않다.(달에는 뒷면이 없다.)
  - 달의 뒷면은 지구로부터는 영원히 안 보이므로 '없다' 고 표현한 것이다.

- **There are eleven francs to the pound.**
  (영국화폐) 파운드는 (프랑스화폐) 11프랑으로 구성된다.(11프랑에 해당한다.)
  - 직역하면 '파운드에는 11프랑이 붙어 있다, 즉 배당되어 있다'란 뜻이다. 이 말은 파운드라는 화폐 단위는 11프랑의 가치가 있는 것으로 인위적으로 정해 놓았음을 의미한다. 만일 가령 There are 11 francs in a pound.라고 한다면 '인위적으로 배당해 놓았다'는 의미는 나타나지 않고 단순히 'a pound = 11 francs'임을 의미할 뿐이다.

- **He has another side to his character many of his friends do not know of.**
  그의 인격에는 그의 친구들 중 많은 사람들이 모르고 있는 또 다른 면이 있다.

- **There are four quarts to a gallon.**
  1갤론에는 4쿼트가 배정되어 있다.
  - 1갤론에는 4쿼트가 있는 것으로 정해져 있다는 뜻이므로 Four quarts are assigned to a gallon.과 같다.

- **There's a definite plan to the way this city is designed and its streets are named.**
  이 도시가 설계되고 거리들이 명명되어 있는 방식에는 일정한 계획이 (붙어) 있다.

- **China's history has always had an epic sweep to it, but the chronology of Xintiandi underline the monumentality of the changes that have defined the world's most populous nation.**
  중국의 역사에는 늘 서사시적인 흐름이 (붙어) 있었다. 그렇지만 신천지의 연대학(신천지에서 있었던 일련의 시대적 사건들)은 세계의 가장 인구가 많은 나라를 정의해 놓은 그런 기념비적 변화들을 강하게 나타낸다.
  - Xintiandi는 상해 근교에 있는 지명으로서 오늘날의 중국 자본주의의 시작이 이루어진 곳이다.

- **"Campus couple," though the term is not used in English, has a nice ring to it with its alliteration.**
  "캠퍼스 커플"이라는 말은 비록 영어로는 쓰이지 않는 말이지만 그 어구가 두운법으로 되어 있어 듣기 좋은 음감을 갖고 있다.(음감이 붙어 있다; 음감을 동반하고 있다.)
  - alliteration은 나열된 복수의 단어들이 같은 음으로 시작하는 경우 이 음성 현상을 말한다.

- **There is a dark side to the Internet. With one key stroke, for instance, anyone can switch from an educational site to a porn site.**
  인터넷에는 어두운 면이 (붙어) 있다. 가령 키를 한 번 누름으로써 누구나 교육 사이트로부터 포르노 사이트로 옮겨갈 수 있는 것이다.

4. behind

[There is A behind B]의 문장 구조에서 behind는 A가 B 뒤에 숨어 '안 보이는' 상태에 있다는 뜻이다. A 자리에는 a story/an explanation/a history/truth 등의 명사가 주로 오는데, 각각 '사연' / '그럴만한 이유' / '내력' / '숨어있는 진실' 등 외적으로 나타나 있지 않은 것을 의미한다.

- There is a long story behind their marriage.
  그들이 결혼하기까지에는 긴 이야기가 있다.
  - 사연이 길다.

- There's a story behind his being an English teacher.
  그가 영어선생이 된 데는 사연이 있다.

- Korea is a country with a long history behind it.
  한국은 유구한 역사를 가지고 있는 나라이다.

- There's an explanation behind my not coming to your wedding.
  내가 너의 결혼식에 오지 못한 데는 그럴 만한 이유가 있었다.

- There's a family history behind his being a carpenter.
  그가 목수가 된 데는 그 집안의 내력이 있다.

- There was some truth behind what he was saying.
  그가 하는 말에는 어느 정도의 진실이 있었다.

- I wonder what's behind the Minister's sudden resignation.
  그 장관의 갑작스런 사임 배경에는 무엇이 있을까.
  - = There must be something behind ...

[can + 감각동사]의 의미

감각동사의 의미는 두 종류이다. 하나는 주어의 의지로 행해지는 능동적인 행위이다. look at(쳐다보다), watch(주의하여 보다), listen to(듣다, 경청하다), smell(냄새 맡다), feel(느끼다, 만져보다), taste(맛을 보다)가 그런 의미에 속한다. 이들 동사와 can이 결합하면 can은 그 본연의 의미인 '할 수 있다(능력)'가 되며 그 외의 어떤 특별한 역할을 하지 않는다. 따라서 여기서 논의되는 [can + 감각동사]의 구조에 해당하지 않는다.

감각동사의 또 다른 의미는 수동적 또는 정적, 비의도적 의미이다. 주어의 의지와는 상관없이 발생하는 현상을 가리킨다. see(보이다), hear(들리다), smell(냄새가 느껴지다), feel(감각이 느껴지다), taste(맛이 느껴지다)가 이 의미 부류에 속한다. can은 이들 감각동사와 결합하면 능력의 의미를 가질 수 없다. 주어의 비의도적, 수동적 감각 상태에 어떻게 주어의 능력이 부과될 수 있겠는가? 능력이란 사람이 의도적으로 무엇을 할 수 있는 힘을 의미하는 것이다. 이 경우에 can은 자기 뒤에 오는 감각동사의 의미에 지속성, 진행성을 부여하는 특별한 역할을 한다. 이것은 can이 갖는 비순간적, 지속적 의미 특성에서 나오는 것이다. 따라서 이들 감각동사는 진행형이 따로 존재할 수 없다. 또 의미가 주어의 의지와는 상관없는 것이기 때문에 명령문으로 쓰이지도 않는다.

이같은 의미의 감각동사를 단순 현재형으로 쓰면 감각행위가 말하는 순간에 시작해서 말이 끝나는 순간 종료된 하나의 단위적 사건을 의미하게 된다. 가령 '별이 보이는구나.' 라는 말은 별을 보는 감각행위가 발화와 동시에 시작해서 발화의 종료와 더불어 끝나버린 하나의 단위적 사건을 의미하는 것이 아니다. 그 문장은 발화 얼마 전에 시작하여 발화 종료 이후에도 얼마동안 계속되는 감각 현상을 의미하는 것이다. 그러므로 위의 우리말 문장을 영어로 *I see stars.라고 한다면 맞지 않다. 또한 감각현상의 지속을 나타낸다고 해서 *I am seeing stars.라고는 하지 않는다. 감각동사와 함께 can을 사용하여 I can see stars.라고 해야 한다. 감각동사 중에서도 특히 hear, see, smell이 이 용법으로 잘 쓰인다. 다음을 보자:

- **When I got off the train, I could smell the sea.**
  기차에서 내렸을 때 바다의 냄새가 났다.
  - 주어가 바다의 냄새를 느끼는 현상은 발화 직전부터 발화 후 얼마 동안 계속되는 현상이다.

- **I can smell gas.**
  가스 냄새가 나고 있구나.
  - 주어는 발화 직전에 가스 냄새를 맡기 시작했고 발화가 끝나고도 얼마 동안 가스 냄새는 계속될 것이다.

- **We could feel vibrations during the earthquake.**
  지진 중에 내내 진동이 느껴졌다.

- I can feel something crawling up my leg.
  뭔가가 내 다리를 타고 기어오르고 있는 것 같다.

- Can you see that building over there?
  저기 저 건물이 보이지요?
  - = Is the building coming in your sight?

- I'm looking at this photograph; I can see some famous people in it.
  나는 이 사진을 보고 있는데 유명한 사람들이 보이는구나.
  - looking at은 주어의 의지로 하는 행위이고, see는 주어의 의지에 관계 없이 일어나고 있는 현상이다.

- His plane is taking off. He's looking out of the window. He can see lights in the windows of the houses below.
  그가 탄 비행기는 이륙하고 있다. 그는 창밖을 내다보고 있다. 저 아래 집들의 창에 비치는 불빛이 그의 눈에 들어오고 있다.

- We could hear thunder all night.
  밤새도록 천둥소리가 들렸다.

- It must be very cold now. I can hear the wind outside.
  지금 대단히 추운 것 같다. 밖에서 바람소리가 들리는구나.

- I hear the bell ring.
  - 마치 발화 순간에 종소리가 나기 시작했고 발화 행위가 그침과 동시에 종소리도 그친 것 같은 느낌을 주는 문장이라서 비현실적이다.

- I heard the bell ring.
  나는 종소리를 들었다.
  - 이 문장은 과거의 사건을 언급하는 것으로 종소리가 한 번 났고 주어는 그 소리를 들었다는 뜻이다. 종소리와 그것을 들은 감각행위가 시작과 끝이 있는 하나의 순간적이고 단위적 사건으로 제시된 것이다.

- I could hear the bells ringing.
  종들이 계속 울리고 있었다.
  - could가 쓰인 이 문장은 그 전 문장과는 달리 종의 울림과 주어의 청각 행위가 계속되었음을 의미한다. 다시 말하면 시작과 끝을 표현 대상에서 제외시킨 비단위적인 현상을 의미한다.

- If you feel a pain, tell me.
  아프면 말해 주세요.
  - 이것은 의사가 진찰하기 위해 환자의 몸을 누르면서 할 수 있는 말로 의사의 촉진과 더불어 아픔이 발생하면 말해달라는 뜻이다. 여기서의 통증은 촉진과 더불어 생겼다가 촉진을 안하면 사라지는 일시적이고 단위적인 것이다.

- **Can** you **feel** a pain in the chest?
  가슴에 통증이 있습니까?
  - can을 동반한 이 문장은 의사의 진찰 행위와는 상관없이 평상시의 통증을 묻는 것이다. 즉 통증이 지속되고 있느냐는 뜻이다.

- You guys back there, **can** you **hear** me well?
  뒤에 계신 분들, 내 말이 잘 들립니까?(들리고 있습니까?)

- I'm not sure where John is at the moment. I **can't see** him.
  나는 John이 지금 어디에 있는지 잘 모르겠다. 그가 보이지 않는구나.

- I **can see** your glass is empty; would you like a refill?
  잔이 비어 있군요. 채워드릴까요?

- **Child:** I've been doing my homework, Mum.
  아이: 엄마, 그동안 숙제를 하고 있었어요.

  Mother: Have you really, Freddy? I **can see** crumbs. I think you've been eating something.
  엄마: 정말로? 그런데 무슨 부스러기들이 보이는데. 네가 뭔가를 먹고 있었던 것 같구나.

감각동사가 진행형 목적보어를 가질 수 있는데 이것은 의미 초점을 어떤 진행 현상을 갑작스럽게 감지함을 의미한다:

- I **smell** something **burning**.
  무엇이 타고 있는 냄새가 난다.
  - 주어는 무엇이 타고 있는 것을 갑작스럽게 감지하고 말하는 것이다. smell 앞에 can을 붙이면 말하기 전부터 이미 타는 냄새를 감지하고 있었음을 나타낸다.

- I **can smell** something delicious **cooking**.
  뭔가 맛있는 것이 요리되고 있는 냄새가 난다.
  - 이 문장은 그 앞 예문의 경우처럼 어떤 진행 현상에 대한 갑작스런 감지를 나타내는 것이 아니라 그와는 아주 다른 의미로 주어가 감지하기 전부터 맛있는 냄새가 나고 있었던 상황을 나타낸다.

- Shoot it if you **see** anything **moving**.
  무엇이든 움직이는 것을 보는 즉시 사격하라.

- *The doctor **saw** the wound carefully.
  - carefully는 의지로부터 나오는 행위만을 수식할 수 있으므로 see와 함께 쓰일 수 없다. carefully를 살리려면 saw 대신 looked at을 써야 한다. 그렇게 해야 '의사는 상처를 세심하게 보았다.'라는 의미가 된다.

- *Come and see this hole here.
  - 감각동사로서의 see는 사람의 의지가 개입되지 않은 상태에서 발생하는 현상을 의미하기 때문에 명령문에 쓰일 수 없다. see 대신 look at을 써야 한다.

감각동사의 능동적 의미와 수동적 의미를 다음의 예들로 구분해 보자:

- Come and taste the soup for me.
  와서 수프의 맛을 좀 보아다오.
  - 여기서 taste는 능동적 의미이다.

- I can taste the garlic in the soup.
  수프에서 마늘 맛이 나는구나.
  - 이 문장에서는 taste가 '맛을 보다'라는 능동적 의미로 이해될 수는 없다. 수프 속에 녹아 있는 마늘을 따로 맛볼 수 없기 때문이다. 수프를 먹는 사람에게는 그 속에 들어간 마늘 맛이 느껴질 뿐이다.

감각동사는 신체적 감각을 의미하는 동사를 의미한다. 다음 문장의 feel은 마음의 감각을 의미하므로 여기서 말하는 감각동사가 아니며 따라서 위의 원리가 적용되지 않는다. 또한 feel이 이처럼 마음이나 건강의 상태를 의미하는 경우에는 단순형이나 진행형이나 의미 차이가 없다 :

- How are you feeling today?
  오늘 기분이 어떠하십니까?
  = How do you feel today?

---

see와 hear는 순수 감각동사 이외의 의미로 쓰이는 경우도 많다. 다음을 보자:

- For more information, see page 150.
  더 자세한 정보를 알려면 150페이지를 보시오.
  - 여기서 see는 look at과 같은 의미이다. 정보를 얻기 위해 몇 페이지 또는 어떤 항목을 찾아보라는 뜻으로는 오랫동안 관용적으로 see가 쓰여 왔다.

- Let me see your ticket, please.
  표 좀 보여주시겠습니까?
  - 여기서 see는 '보다(look at)'의 의미가 아니라 '점검하다,' '조사하다' 등의 의미이다.

- Do you see what I mean?
  나의 뜻을 알겠소?

- 여기서 see는 understand의 의미이다.

■ I hear Dr. Kim is going to be our next President.
김 박사가 우리의 차기 대통령이 될 거라고 나는 듣고 있다.(즉 그렇게들 말하더라.)

- I hear는 '소문에 의하면' 이란 의미이다.

■ Don't interrupt, hear me out.
나의 말을 막지 말고 내 말을 끝까지 들어다오.(경청해다오.)

- hear out는 '끝까지 듣다' 라는 의미의 관용어구로 여기서 hear는 listen to와 같은 의미이다.

■ Crush your enemies, see them driven before you and hear the lamentations of their women.
너의 적들을 박살내라, 그들이 너희 앞으로 끌려오는 것을 보라 그리고 그들의 여인들이 비탄하는 소리들을 들어라.

- 이 예문은 Arnold Schwarzenegger가 주연한 어느 영화에 나오는 대사 중의 한 구절인데 여기서 see와 hear를 편의상 각기 '보라' 와 '들어라' 로 번역했지만 정확히 말하면 see는 그냥 '시야에 들어오게 하라' 는 감각동사의 의미가 아니고 see a movie의 경우처럼 '구경하다' 의 의미이고, hear는 그냥 '소리가 귀에 들리게 하라' 는 감각동사의 뜻이 아니고 hear a lecture의 경우처럼 '잘 들어라' 즉 듣고 즐기라는 뜻이다.

leave no stone unturned

'가능한 모든 일을 다 하다'

옛날에 전투에서 패한 장군이 자신의 보물을 전쟁터 어느 곳에 묻어 두었는데 나중에 적장이 그 소문을 듣고 그 보물을 찾도록 휘하 장병들에게 명했다. 모든 장병이 들판을 돌아다니며 땅을 여기저기 파헤쳤다. 이 과정에서 돌멩이 하나도 그냥 그대로 남겨진 것은 없었다. 이와 같은 고사에서 유래되어 '어떤 목적을 달성하기 위해서 쓸 수 있는 방법은 다 썼고 할 수 있는 노력은 다 했다'는 의미로 쓰이고 있다.

- He believes petroleum is buried in the Korean peninsula, too. He thinks there is undeniable proof of it. But he cannot pinpoint where, so he has been traveling all around the country, test-drilling every plausible place, for more than ten years now. He has left no stone unturned in his quest for petroleum.

  그는 한반도에도 석유가 매장되어 있다고 믿는다. 그는 부인할 수 없는 증거가 있다고 생각한다. 그러나 그는 어느 지점인가를 정확하게 지적하지는 못한다. 그래서 그는 지금까지 10년 동안이나 전국 방방곡곡을 돌아다니며 시추를 했다. 그는 석유를 탐사하는 데 그가 할 수 있는 일을 다 했다.

- He has contacted scores of universities abroad in search of the right place for him to study at. What he is looking for is a university that offers the same field of study as his, together with the teaching staff that he can learn from and work with. He has sought advice from professors in his field here who came from abroad. He has also talked on the Internet with his friends studying abroad. He has left no stone unturned deciding which university abroad to choose for his future.

  그는 자기가 가서 공부하는 데 딱 맞는 장소를 찾으며 수십 개의 해외 대학들과 접촉을 했다. 그가 찾는 것은 자기의 분야와 같은 전공분야를 제공하고 자기가 가서 배울 수 있고 또 같이 연구할 수 있는 교수진이 있는 대학이다. 그는 외국에서 돌아와 있는 자기 분야의 교수들로부터도 조언을 구했다. 그는 또한 해외에서 공부하고 있는 그의 친구들과도 인터넷을 통해서 상담을 했다. 그는 자기의 미래를 위해서 해외에 있는 어느 대학을 선택할 것인가를 결정하는 데 있어 가능한 모든 일을 다 했다.

'~에 관한'의 의미로 on, about, of, in의 용법 차이

'~에 관한 책'은 영어로는 a book on ~ 또는 a book about ~이다. 책의 내용이 학술적인, 전문적인 것이면 on을 쓰며, 책의 내용이 비학술적인, 비전문적인 것이면 about을 쓴다. 이같은 on과 about의 각기 다른 용법은 책의 경우에만 해당하는 것이 아니고 많은 다른 명사와 동사 다음에서도 적용된다. 반면 어떤 명사들은 '~에 관한'의 의미로 자기 고유의 전치사를 동반한다. 가령 study는 이 의미로는 of를 동반한다. 예를 들어 '관사의(즉 관사에 관한) 연구'는 a study of articles이다. 만일 on을 동반하면 study는 '연구'가 아니라 '논문'이라는 뜻이 된다. 복수로 studies는 '논문집'이라는 의미 또는 대학의 강의과목 명칭으로 흔히 쓰이는데 이 경우에는 뒤에 in이 쓰인다. 대학원 강의과목 명칭으로 많이 쓰이는 명사들 중 seminar, topics 등은 in이나 on을 동반하며 problems, research, fieldwork, methods, reading, 등은 in과 같이 쓰이며 workshop은 on과 같이 쓰인다:

- **This textbook on African history is very instructive.**
  아프리카 역사에 관한 이 교과서는 대단히 유익하다.

- **This is a book for children about Africa and its peoples.**
  이것은 아프리카와 그 곳의 국민들에 대한 책이다.

- **Professor Brown is giving a lecture on new economics today.**
  Brown 교수는 오늘 신 경제학에 대한 강의를 한다.

- **I had a conversation with my children about saving money.**
  나는 내 아이들과 돈을 아끼는 문제에 대해서 대화를 가졌다.

- **The journal carries an article on digital economics.**
  이 학술 잡지는 디지털 경제에 관한 글(논문)을 싣고 있다.

- **I want to go back to college to finish my studies in child psychology.**
  나는 나의 아동심리학 공부를 끝내기 위해 대학으로 돌아가고 싶다.

- **The management had a heated argument with the labor leaders about the strike.**
  운영자 측은 이번 파업에 대해서 노동 지도자들과 열띤 논쟁을 했다.

- **Dr. Smith is lecturing on new techniques of digital management.**
  Smith 박사는 새로운 디지털 경영 기법에 관한 강의를 하고 있다.

- **The conference is on income tax regulations.**
  회의는 소득세 규정을 주제로 한다.

- Dr. Smith told me about his travel through Asia.
  Smith 박사는 그가 한 아시아 여행에 대해서 나에게 말해주었다.

- He spoke on the butterflies in Taiwan.
  그는 타이완의 나비들에 대한 강연을 했다.

- He spoke about butterflies at the party last evening.
  그는 어제 저녁 파티에서 나비에 대한 이야기를 했다.

- She is making a study of the language of Shakespeare's plays.
  그 여자는 Shakespeare 희곡들의 언어에 대한 연구를 하고 있다.

- This book is a study of Korean history from 1945 to 1960.
  이 책은 1945년부터 1960년까지의 한국 역사에 대한 연구이다.

- The title of his doctoral dissertation is "A Study of Oriental Art."
  그의 박사학위 논문 제목은 '동양 미술에 대한 연구' 이다.

- He is writing a study on Hamlet.
  그는 Hamlet에 관한 논문을 쓰고 있다.

- Do you have a book titled Studies in English Grammar?
  '영문법 연구집'이라는 표제의 책이 있습니까?

- The courses to be offered next semester are: Studies in Shakespeare, Studies in American Literature, Special Topics on English Grammar, Seminar in Contemporary English, Problems in Linguistics, Research in Archeology, and Workshop on Language Acquisition.
  다음 학기에 설강될 강의과목들은 'Shakespeare 연구,' '미국문학 연구,' '영문법 특강,' '현대영어 세미나,' '언어학의 문제들,' '고고학 연구' 그리고 '언어습득 워크샵' 이다.

위의 예들 중에서 조심할 것이 하나 있다. a study of Korean art와 a study on Hamlet에서 of와 on의 차이가 그것이다. of를 동반한 study는 '연구'이고, on을 동반한 study는 연구의 '글,' 즉 논문이다. 전자는 책이나 논문의 내용이고 후자는 연구의 외형 명칭을 의미한다. 우리는 논문의 제목으로 '~에 대한 연구' 라는 어구를 쓰고 이것을 영어로 *A Study on ~으로 번역한 것을 흔히 보는데 이는 잘못된 번역이다. 논문의 제목을 '~에 대한 논문' 이라고 붙이는 법이 있는가? 당연히 A Study of ~, 즉 '~에 대한 연구' 라고 해야 한다. 그러나 논문의 제목으로 study를 빼고 '~에 대하여' 로 하여 논문의 주제만 제시할 수도 있는데 이 경우에는 on을 써서 가령 On the Definite Article in English '영어의 정관사에 대하여' 와 같이 논문의 제목을 붙여야 한다.

앞에서 의도된 의미에 따라 on과 about을 선택적으로 사용할 수 있는 경우들을 보았다. 그러나 모든 경우에 이러한 선택이 가능한 것은 아니다. learn about/of, read about/of, hear about/of, tell about/of, teach about, gossip about, chat about, find out about, a story about/of 등에서 보는 것처럼 이들 동사들은 '~에 대하여'의 의미로 on을 동반하지 않는다.

cannot make head or tail of

'이해하지 못 하다' (= cannot understand)

생전 보지도 못한 어떤 괴물을 접하게 된다면 사람은 어느 쪽이 머리이고 어느 쪽이 꼬리인지 알아낼 수 없을 것이다(I cannot make out which is the head and which is the tail). 이러한 상상에서 위 표현이 나온 것으로 일반적으로 추측되고 있다. 같은 의미로 not make anything of라는 표현이 있다.

- His lecture was very confusing, so that I **couldn't make head or tail of** it.

  그의 강의는 대단히 혼란스러워서 나는 그것을 전혀 이해할 수 없었다.

- Write your report again. There are too many things put in it in a disorderly and illogical way, making it impossible for a reader to **make head or tail of** it.

  당신은 보고서를 다시 써야겠소. 보고서에는 너무 많은 내용을 무질서하고 비논리적으로 적어놓아 도대체 무슨 말을 하고 있는 것인지 독자가 이해할 수 없게 만들고 있소.

whole, all, entire의 의미와 용법 차이

이들은 모두 의미가 비슷하여 혼동하기 쉽다. 그리고 사실상 동의어로서 상호 교환적으로 쓰일 수 있는 경우들도 있다. 그러나 이들은 기본적으로 각기 고유한 의미와 용법을 가지고 있다. 이들 의미를 예문들을 통해서 확인해 보자.

1. whole

어떤 것의 구성 개체들이 하나도 빠지지 않은 채 '원래 있는 그대로의 구성체 전체' 라는 뜻이다:

- **When I broke my leg, I spent a whole week in the hospital.**
  내 다리가 부러졌을 때 나는 한 주 전체를 병원에서 보냈다.
  - a whole week = seven days

- **The whole city was destroyed by the typhoon.**
  태풍으로 인해 전 도시가 파괴되었다.
  - 술어의 의미로 보아서 the whole city는 도시의 외형 전체를 의미한다. 그러나 가령 The whole town came out to welcome the President-elect. 같은 문장에서 the whole town은 'town의 구성원 전부' 라는 뜻이 된다.

- **The boy ate the whole loaf by himself.**
  그 아이는 식빵을 통째로 먹어치웠다.
  - the whole loaf는 가능하지만 *the whole bread라고는 하지 않는다. loaf는 통상 여러 조각으로 잘라진 구성 요소들을 가지고 있지만 bread는 그 이하의 구성 개체들이 없는 물질이어서 '하나도 빼놓지 않고' 라는 whole의 의미와 어울릴 수 없기 때문이다.

- **He's such a fast reader that he read the whole novel in a couple of hours.**
  그는 어찌나 놀라운 속독가이던지 그 소설책 전권을 두 시간에 읽어버렸다.

- **The blasting experts collapsed the whole 10-story building in a blink.**
  폭파 전문가들은 그 10층 건물 전체를 눈깜짝하는 사이에 무너뜨렸다.

- **The police searched the whole area and found out the hideout of the criminal.**
  경찰은 그 지역 전체를 수색해서 범인의 은신처를 찾아냈다.
  - the whole area는 그 지역을 구성하는 모든 부분 즉 모든 집들을 의미한다.

- **He turned his whole business over to his son.**
  그는 자기 전 사업체를 그의 아들에게 넘겨주었다.

whole은 하위 개체들로 구성된 상위 개체를 의미한다: my whole life '내 생애 전체,' the whole story '처음부터 끝까지 이야기 전체,' a whole collection '전집,' the whole month '그 달 전체,' one's whole body '사람의 몸 전체' 등. 따라서 이 '전체'의 의미는 하부 개체들이 없는 것, 다시 말하면 셀 수 없는 명사 즉 추상적 의미나 물질적 의미의 명사와는 원칙적으로 같이 쓰이기가 어렵다: *the whole wine, *the whole bread, *the whole money, *whole English literature, *the whole cake, *my whole hair. 그럼에도 불구하고 my whole life, my whole business, the whole time 등은 잘 쓰인다. 또 복수명사와도 같이 쓰이기 어렵다: *the whole books, *the whole Jews 등. 그러나 복수라도 그 각 개체가 하부 개체들을 가지고 있을 때는 whole과 같이 쓰일 수 있다. 가령 all forests in Africa는 아프리카에 있는 숲들 전부를 의미하며 whole forests in Africa는 아프리카에 있는 숲들을 수적으로만 의미하는 것이 아니고 각 숲이 차지하는 지역들을 다 포함하는 것이다. 다음 예들을 보자:

- All Indian tribes suffered from white settlement.
  모든 인디언 종족들이 백인들의 정착으로 인해 고통을 받았다.

- Whole Indian tribes were killed off.
  인디언 종족들 전체가 말살되었다.
  - all Indian tribes는 인디언 종족들의 수 전부를 말하는 것으로 제외된 종족은 없었다는 뜻인 데 반해 whole Indian tribes는 단순히 '수의 전부'라는 뜻이 아니라 인디언 종족들이 통째로 말살되었다는 뜻이다. 즉 해당 종족들 중에서는 어느 한 사람도 살아남지 못했음을 의미한다.

---

whole은 한 부분도 빼놓지 않은 '전체'라는 의미 외에 '분할 되지 않은'이라는 의미로도 쓰인다. 이 의미는 셀 수 없는 명사와 어울리는 데 지장이 없다: a whole cake '쪼개지 않은 원형대로의 케이크,' whole rice '도정하지 않은 상태의 쌀(=현미; brownrice),' whole milk '전지유,' a whole bottle of wine '가득 차 있는 술병(가령 반 병이 아닌),' a whole brother '친형제,' the whole man '지덕체를 갖춘 전인,' the whole truth '가감 없이, 있는 대로의 진실 전부.'

- I swear by almighty God that the evidence I shall give will be the truth, the whole truth, and nothing but the truth.
  나는 내가 말할 증거는 진실이요, 가감없는 진실이고 오직 진실뿐임을 전지전능하신 하느님께 맹세합니다.

---

whole은 '전체'의 의미로 쓰일 때 위에서 설명한 제한을 받지만 the whole of는 거의 어떤 명사와도 결합할 수 있다:

- *Did he invest his whole money in that?
  → Did he invest the whole of his money?
  그가 자기 돈 전부를 거기에 투자했느냐?

- *He drank the whole wine.
  → He drank the whole of the wine
  그는 그 포도주 전부를 마셨다.

- *The whole students welcomed the decision.
  → The whole of the students welcomed the decision.
  학생들 전체가 그 결정을 환영했다.

- *The whole Europe was devastated by war.
  → The whole of Europe was devastated by war.
  유럽 전부가 전쟁으로 폐허가 되었다.

- *This course covers whole English literature from 1600 to 1900.
  → This course covers the whole of English literature from 1600 to 1900.
  본 강의는 1600년부터 1900년까지의 영문학 전체를 망라한다.

2. all

all은 어떤 것을 구성하는 '개체 하나하나 전부,' 또는 어떤 것을 구성하는 하부 개체로서가 아니고 독립적으로 존재하는 '개체 모두'라는 뜻이다, 그리고 셀 수 없는 명사를 동반할 대는 '전량,' '전부' 라는 뜻이 된다:

- When the typhoon was forecast, all the city were evacuated.
  태풍이 예고되었을 때 전 도민이 다 소개되었다.
  - all the city는 the whole city와 같은 의미로 '도시 구성원 전부'를 의미한다.

- All the students/all the class welcomed the professor's announcement that the exam was canceled.
  학생들 모두/반 학생들 모두가 시험이 취소되었다는 교수의 발표를 환영했다.

- He invested all his money in the new business.
  그는 자기 돈 전부를 그 새 사업에 투자했다.

- All Korea were wide awake watching the Presidential election results.
  한국인들 모두가 대통령 선거 결과를 보느라 잠을 자지 않고 있었다.

- My grandma's still got all her teeth.
  내 할머니는 아직도 치아 전부를 가지고 계신다.

3. entire

whole과 거의 비슷한 의미이다. 다만 whole은 전체를 하나의 덩어리로 보는 데 비해서 entire는 구성 요소들의 '처음부터 끝까지,' '하나도 빼지 않고 다' 라는 의미 측면에 초점을 맞춘다는 데 차이가 있다. entire는 partial의 반대어이며 complete와 동의어이다:

- I didn't realize that our entire conversation was being recorded.
  나는 우리의 대화가 처음부터 끝까지 다 녹음되고 있다는 것을 알지 못했다.
  - our entire conversation = all our conversation = the whole of our conversation

- I've bought an entire set of Shakespeare's plays.
  나는 Shakespeare 희곡 전집을 샀다.
  - a set만으로도 구성요소 전부를 의미하지만, 강조를 위해서 set 앞에 entire나 complete 같은 형용사를 흔히 붙이는데 이 경우 이들 형용사는 같은 뜻이다.

- A word-processor allows you to correct the entire document before printing.
  워드는 인쇄하기 전에 전 문서를 처음부터 끝까지 교정할 수 있게 해준다.

- I'm in entire agreement with you.
  나는 당신의 말에 전적으로 동의합니다.
  - 한 부분도 빼지 않는 동의를 의미한다.

4. 유의할 점

위 세 단어들은 크게 보면 같은 의미지만 의미의 초점이 서로 다르다. 그러면서도 별 의미 차이 없이 같이 쓰이기도 하지만 경우에 따라서는 함축적 의미의 차이가 생길 수도 있다:

- He came for 'a short visit' but stayed the whole evening.
  그는 '잠깐 방문하겠다' 고 왔으나 온 저녁을 머물렀다.

- He came for 'a short visit' but stayed all evening.
  그는 '잠깐 방문하겠다' 고 왔으나 저녁 내내 머물렀다.

위 두 예문에서 the whole evening은 단순히 '온 저녁' 이라는 시간의 길이만을 의미하지만 all evening은 저녁의 구성체 하나 하나를 계산하는 것이므로 그 사람이 와서 머물렀던 시간이 일분일

분 느껴졌고 지루했으며, 따라서 그가 빨리 돌아가기를 바랬음을 암시한다.

문장의 의미에 따라서는 이들 형용사의 차이가 별로 크지 않을 수도 있다. 가령, He spent his whole life teaching English.와 He spent all his life teaching English.는 둘 다 전 생애를 영어교육에 바쳤다는 뜻이지만 his whole life는 그의 생애를 한 덩어리로 본 것이며 all his life는 그의 생애 하루하루를 다 바쳤으므로 '긴 세월 동안' 이라는 뉘앙스를 풍긴다.

whole과 all이 복수명사 앞에 올 때는 조심해야 할 점이 있다. 즉 all the students는 말이 되지만 *the whole students는 말이 되지 않는다. 왜냐하면 student는 그것 자체로서 최종 개체이지 그 이하의 요소들이 합쳐져 student라는 덩어리를 형성하는 것이 아니기 때문이다. 그러나 all three days와 three whole days는 다 성립된다. 전자는 '3일'이라는 복수를 의미하고 후자는 그 길이가 3일에 이르는 '기간'이라는 하나의 단위이다.

all the time과 the whole time은 둘 다 '언제나' 또는 '그 동안 내내'라는 의미를 가지는데 다음의 예에서처럼 부사구 또는 접속사로 쓰인다. 단순히 어떤 일이 진행된 기간을 의미할 때는 어느 것을 써도 되지만 진행된 일이 불쾌한 것일 때는 the whole time이 쓰인다. 왜냐하면 시간에 관한 경우엔 all보다 whole이 더 강하게 느껴지기 때문이다:

- I don't have to wear my glasses all the time / the whole time. I wear them just for reading.
  나는 언제나 안경을 쓰는 것은 아니다. 책을 읽을 때만 쓴다.

- His English is quite good now. He uses it all the time / the whole time in his job.
  그의 영어는 꽤 훌륭하다. 그는 직장에서 언제나 영어를 쓴다.

- I was sick the whole time I was there.
  나는 거기 있는 전 기간 동안 내내 앓았다.

- All the time (that) / the whole time (that) I was talking to him he just stared at the ceiling.
  내가 그에게 이야기하는 동안 내내 그는 천장만 응시했다.

- I impatiently waited the whole week for the result of my examination.
  나는 초조한 마음으로 그 주 전부를 내 시험 결과를 기다리며 보냈다.

- I was followed around by a stranger the whole time (that) I was in Paris.
  내가 파리에 있는 전 기간 내내 나는 어떤 수상한 사람에 의해서 뒤따름을 받았다.

- He's a dangerous man and the police watch him the whole time.
  그는 위험한 사람이다. 그래서 경찰이 그를 늘 감시하고 있다.

어떤 명사들은 의미상의 차이로 인해서가 아니라 관행적으로 all과 whole 중 어느 하나와 함께 쓰인다: all the money, all my hair 등; the whole situation, the whole (hi)story, the whole truth 등. 반면 둘 다 함께 동반할 수 있는 명사들도 있다: all my business/my whole business, all my life/my whole life, all the time/the whole time 등. 그러나 all (the)/the whole 다음에 day, night, week, year, summer 등은 올 수 있으나 *all the hour, *all the century라고는 하지 않고 the whole hour, the whole century라고 한다.

092 It was silly of me와 It was difficult for me에서 of와 for의 기능 차이

이러한 구조에서 of는 me와 silly를 의미상으로 각기 주어와 술어 관계로 만든다. to-infinitive는 '이유'의 부사구가 된다. 반면 for는 me를 to-infinitive의 주어로 만들고 difficult를 to-infinitive의 술어로 만드는 기능을 한다:

- It was silly of me to make such a mistake.
  내가 그런 실수를 했으니 나는 어리석었다.
  = I was silly. I made such a mistake.
  = I was silly to make such a mistake.

- It was difficult for me to find the house.
  내가 그 집을 찾는 것은 힘들었다.
  = I tried to find the house. Finding the house was difficult.

이처럼 of 앞의 형용사는 명사 뒤의 동사 행위에 대한 화자의 '평가'를 나타낸다. 반면에 [for + 명사]는 to-infinitive의 주어가 되고 for 앞의 형용사는 [for + to-infinitive]의 술어가 된다.

of의 이 같은 기능 때문에 그 앞에 올 수 있는 형용사는 의미에 있어 of 다음의 명사(즉 사람)의 보어가 될 수 있는 것들로 제한될 수밖에 없다. 이들 형용사들 중에서 일반적으로 쓰이는 것들을 예로 들면 다음과 같다: kind, good, decent, naughty, right, wrong, rude, polite, impolite, clever, cruel, honest, dishonest, sweet, nice, considerate, inconsiderate, wise, unwise, thoughtful, selfish, generous, foolish, careless, ungrateful, etc.:

- It was careless of him not to lock the door when he left home.
  그가 집을 떠날 때 문을 잠그지 않았는데 그가 부주의했던 것이다.
  = He was careless. He did not lock the door.

- It was wise of him not to spend the money.
  그가 그 돈을 쓰지 않았는데 이는 그가 현명했음을 나타내는 것이다.
  = He was wise. He did not spend the money.

- It was kind of him not to complain about it.
  그는 그것에 대해서 불평을 안 했는데 이는 그의 친절함을 보여주는 것이다.
  = He was kind. He did not complain.

- It was impolite of you to say that to your mother.
  네가 그런 소리를 너의 어머니한테 했는데 너는 예절이 없는 녀석이었다.
  = You were impolite, because you said that.

- It was clever of the boy to solve the problem so quickly.
  그 문제를 그렇게 빨리 풀었으니 그 아이는 영리한 아이였다.
  = The boy was clever. He solved the problem so quickly.

- How kind of you to buy a ticket for me!
  나를 위해 표를 한 장 사다니 넌 참 친절하구나!
  = You are so kind. You bought a ticket for me!
  • How kind it is of you to ....에서 it is를 생략한 것이다.

- It's good of you to keep me company in my going shopping.
  내가 쇼핑가는 데 나의 동반자가 되어 주니 너는 참 친절하구나.

- It was typical of him to be so rude to his customers.
  그는 자기 손님들에게 예의 없이 대했는데 그것이 그의 전형적인 태도이다.
  = He was typically so rude to his customers.
  • 그는 전형적으로 거친 사람이라는 의미

- It is surprising of him to say that.
  그가 그런 말을 하다니 사람 놀라게 하는군.

- It was typical of the socialist regime to raise taxes by 200% to 300%.
  일부 세금들을 200% 내지 300%씩 올리는 일은 사회주의 정권의 전형이었다.

- It was cruel of her to treat her former husband that way.
  그 여자가 자기 전 남편을 그런 식으로 대했는데 그 여자의 잔인성을 보여주는 것이었다.

- How naive of her to believe that notorious swindler!
  그 악명높은 사기꾼의 말을 믿다니 그 여자가 얼마나 순진한가!

반면에 for를 쓰면 [be + 형용사구]에서 의미상의 주어는 for 다음의 명사, 즉 '사람'이 아니고 '그 사람이 하는 일' 이다. 따라서 여기에 쓰이는 형용사는 행위를 서술하는 의미를 지녀야 한다:

- It is impossible for me to understand the problem.
  내가 그 문제를 이해한다는 것은 불가능한 일이다.
  = It is impossible that I understand the problem.

- My understanding the problem is impossible.

■ It is unthinkable for him to resign.
그가 사임한다는 것은 생각할 수도 없는 일이다.

= It is unthinkable that he should resign.

- His resigning is unthinkable.

■ It is necessary for you to inform me of your decision.
네가 너의 결정을 나에게 알려주는 것이 필요하다.

= It is necessary that you inform me of your decision.

- Your informing me of your decision is necessary.

■ It's imperative for the President to formally apologize to the nation for his indiscreet behavior.
대통령이 자신의 무분별한 행위에 대해서 국민 앞에 공식적으로 사죄하는 것이 필수적이다.

어떤 사실이나 현상에 대한 보어가 될 수 있는 형용사와 사람에 대한 보어가 될 수 있는 형용사는 위의 예에서 보듯이 의미에 있어서 서로 다를 수밖에 없다. 그러나 어떤 형용사는 양쪽 모두의 보어가 될 수 있다. 다음의 예들을 비교해 보자:

■ It is right/wrong for women to receive the same pay as men for the same work.
여자들이 남자와 같은 일을 하고 남자와 같은 보수를 받는 것은 옳다/그르다.

= It is right/wrong that women should receive .....

- 이 문장은 여자들이 옳거나 그르다고 말하는 것이 아니고, 여자들이 돈을 받는다는 것이 옳거나 그르다고 주장하는 것이다.

■ It was right/wrong of you to stand up against your boss.
네가 너의 상사에게 대항했는데 너는 옳았다/옳지 않았다.

= You were right/wrong when you stood up against your boss.

= You were right/wrong to stand up against your boss.

■ It was foolish of Mary to go there.
Mary가 거기에 갔는데 Mary는 어리석었다.

= Mary was foolish to go there.

■ It was foolish for Mary to go there.
Mary가 거기에 간 것은 어리석은 일이었다.

= Mary was foolish to go there.
- 이 문장의 의미상 주어는 Mary가 아니고 Mary가 거기에 간 행위이다.

어떤 반의어들은 한 쌍 중 어느 하나만 [형용사 + of + 명사] 형태에 쓰인다. 또 유사한 의미를 가진 형용사들 중에서도 이 구조에 쓰이는 것이 있고 안 쓰이는 것이 있다:

- It was careless of you not to lock the door.
  문을 걸지 않은 것은 네가 부주의했었다.
  *It was careful of you to lock the door.

- It was ungrateful of you to act like that.
  네가 그렇게 행동한 것은 배은망덕한 짓이다.
  *It was grateful of you to do so.

- It was wrong of John to say that.
  그런 소리를 한 것은 John이 잘못한 짓이다.
  *It was mistaken of John to say that.

093 these/this kind of dogs에서 kind of의 문법적 기능

these kind/sort of dogs에서 kind sort of는 형용사구 역할을 한다. 따라서 these kind/sort of dogs는 문법적으로는 가령 these intelligent dogs와 비슷한 구조이다. 단수형은 this kind/sort of dog이다. 이처럼 kind/sort of가 형용사구로 쓰이는 경우에는 그것이 수식하는 명사가 복수라도 kind/sort는 복수 형태가 되지 않는다. 그러나 kind of/sort가 언제나 형용사구가 되는 것은 아니다. 가령, I like most kinds/sorts of dogs에서는 kinds/sorts는 명사이다. kind/sort of가 형용사구로 쓰이는 경우와 명사구로 쓰이는 경우의 예들을 보자:

1. kind/sort가 명사로 쓰이는 경우

- I like an apple of this kind/sort.
  나는 이런 종류의 사과를 좋아한다.

- Apples of this kind/sort are expensive.
  이런 종류의 사과는 비싸다.

- Of what kind/sort is this apple?
  이 사과는 무슨 종류인가?

- These kinds/sorts of books are rare.
  이런 종류의 책들은 드물다.
  = Books of these kinds/sorts are rare.

- There are many kinds/sorts of apples.
  많은 종류의 사과들이 있다.

2. kind/sort of가 형용사구로 쓰이는 경우

- This kind/sort of apples are expensive.
  이런 종류의 사과는 비싸다.

  • 위 문장에서 this는 apples에 걸리는 것이 아니라 kind/sort에 걸린다. 즉 Apples of this kind/sort are expensive.와 같은 의미이다.

- These kind/sort of apples are expensive.
  이런 종류의 사과들은 비싸다.

- 격식적인 경우에는 단수형 kind/sort of 앞에 복수형 these나 those를 쓰는 것을 기피하는 경향이 있다. 그러나 구어에서는 이 형식도 잘 쓰인다.

■ **What kind/sort of apple** is this?
이것은 무슨 종류의 사과인가?

■ **What kind/sort of apples** are these?
이들은 어떤 종류의 사과들인가?

■ **This kind/sort of man** annoys me.
이런 류의 사람은 나를 신경질나게 한다.

■ **These kind/sort of men** annoy me.
이런 류의 사람들이 나를 신경질나게 한다.

■ **Those kind/sort of questions** are very difficult to answer.
그러한 종류의 질문들은 대답하기 참 어렵다.

■ **Those kind/sort of watches** are mostly fakes brought from China and Hongkong, not genuine ones.
그런 종류의 시계들은 대부분 중국과 홍콩에서 들어온 가짜들이다. 진짜가 아니다.

- these kind/sort of watches는 문법적으로는 those expensive watches나 같다.

원래 kind of/sort of는 명사구이다. 그러나 이 표현이 너무 많이 쓰이다 보니 그 용법의 일부가 형용사구로 전환된 것이다. 이 같은 언어 변화 현상은 일부 영어 모국어 화자들에게까지도 혼란을 주고 있다. 그래서 가령 I like those kind/sort of films가 맞는지 I like those kinds/sorts of films가 맞는지 자신이 없는 것이다. 그런 사람들은 안전을 기하기 위해 I like films of those kinds/sorts 같은 형식을 즐겨 쓴다. of가 kind 앞에 오면 kind는 틀림없는 명사이기 때문이다. 다음 예들을 보자:

■ **What kind/sort of man** is he?
그 사람은 어떤 류의 사람이냐?

- kind/sort of 다음의 명사가 셀 수 있는 단수명사이면 구어 영어에서는 이 명사가 부정관사를 동반할 수도 있다: What kind/sort of a man is he?

■ **Of what kind/sort is this man?**

- kind/sort를 명사로 쓴 이 문장 형식은 고어적이고, 격식적이며 별로 쓰이지 않는 문장이다.

■ **What sort/kind of an excuse is that?**
그게 도대체 무슨 변명이냐? (그걸 변명이라고 하느냐?)

[소유대명사 + 최상급 형용사] 구조의 의미

일반적으로 비교는 어떤 것을 다른 것과 대보는 것을 의미한다. 그러나 경우에 따라서는 어떤 것을 다른 때, 다른 환경의 그 자체와 비교할 수도 있다. I shouted the loudest.는 전자의 경우로 내가 다른 사람들보다도 더 크게 외쳤다는 뜻이다. 반면 I shouted my loudest.는 내가 낼 수 있는 소리 중에서는 가장 큰 소리로 외쳤다는 뜻이다. 다시 말해서 내가 내 자신의 다른 때보다 더 큰 소리를 냈다는 의미이다. 이와 같이 주어의 행위를 그 주어가 다른 때에 행한 같은 종류의 행위들과 비교할 때는 [소유대명사 + 최상급]의 구조를 쓴다. 그리고 행위가 아니라 상태를 비교할 때는 [at + 소유 대명사]의 구조를 쓴다:

- **She smiled her pleasantest / her most pleasant.**
  그 여자는 자기로서는 가장 유쾌한 웃음을 웃었다.

- **I did my best for the exam, but didn't get good marks.**
  나로서는 그 시험을 위해 최선을 다했지만 좋은 성적을 얻지는 못했다.

- **Korean women look their most beautiful when dressed in Korean clothes.**
  한국 여자는 한복을 입었을 때 가장 아름다워 보인다.
  - 한국 여자는 그가 양장을 했을 때나 보통의 생활복을 입었을 때 그리고 그 외 어떤 다른 문화권의 의상을 입었을 때 등등 보다 한복을 입었을 때 더 아름답다라는 의미이지, 결코 한국 여자가 세계 모든 나라 여자들 중에서 제일 아름답다는 뜻이 아니다.

- **I spoke my loudest, but some students in the back of the classroom didn't seem to hear me clearly.**
  나는 내가 낼 수 있는 한 가장 큰 소리로 강의했지만 교실 뒤쪽에 앉은 일부 학생들은 내 소리를 잘 듣지 못하는 것 같았다.

- **He responded with his most effective and eloquent oratory.**
  그는 자신이 할 수 있는 가장 효과적이고 감동적인 웅변으로 대응했다.

- **I am at my best now. I've never felt so good before.**
  나는 지금 최선의 상태에 있다. 내 몸의 상태가 이처럼 좋은 적이 전에는 없었다.

- **Mary at her most unadorned looks more beautiful than Susan at her most adorned.**
  자기로서는 가장 꾸미지 않은 상태의 Mary가 자기로서는 가장 많이 꾸민 상태의 Susan보다 더 아름다워 보인다.

- **Style, in its finest sense, is the last acquirement of the educated mind.**
  그것이 갖는 의미 중에서 가장 섬세한 의미에 있어서의 스타일은 교육받은 인간 정신이 습득할 수 있는 마지막의 것이다.

- Style, in its finest sense에서 at가 아니고 in이 쓰인 것은 뒤에 나오는 sense라는 명사 때문이다. sense를 빼면 in은 at으로 바꾸고, '그것이 가질 수 있는 섬세한 상태 중에서 가장 섬세한 상태에 있을 때의 스타일은' 이라는 표현이 될 것이다.

- If you want to see Korea at its most beautiful, come in autumn.
(일년 중에서) 제일 아름다운 상태의 한국을 보시고 싶으면 가을에 오십시오.

- When Korea and Japan co-hosted the World Cup, the relations between the two countries were at their best.
한국과 일본이 월드컵을 공동 개최했을 때 양국 관계는 최고였다. (과거 어느 때보다 좋았다.)

- The streets of this city are at their best in June.
이 도시의 거리들은 6월에 가장 보기 좋다.

- A human is at their most powerful and energetic in their 20's, but is not at their wisest in this period of life.
인간은 20대에 일생 중 가장 힘이 세고 정력적이다. 그러나 이 시기에 가장 지혜로운 것은 아니다.

- The storm was at its worst around midnight.
폭풍은 자정 쯤 최악의 상태였다.

제한적 의미의 because/when절에 대하여

because절이 주절 다음에 오고 그 앞에 comma가 없으면 이때의 because절은 제한적 기능을 한다. 제한적 기능을 하는 절은 문장의 의미 초점이 되고 따라서 문장에서 가장 중요한 의미 부분이다. 가령, She married him because she loved him.에서 주절의 내용은 이미 알려진 사실로서 새로운 정보가 되지 못한다. 이 문장의 발화자는 새로운 정보인 because절의 내용을 전하는 데 발화의 목적을 두고 있는 것이다.

그러나 Because she loved him, she married him.과 She married him, because she loved him.에서처럼 because절을 주절 앞에 놓거나 because 앞에 comma를 찍으면 because절은 비제한적 기능을 하게 된다. 이렇게 되면 의미의 무게, 즉 의미 초점이 주절과 because절에 공평하게 분산된다. 다시 말하면 이 문장이 나타내려는 것은 두 가지로 She loved him과 She married him이다.

비제한적 because절에 관하여 유의할 점이 있다. because절은 주절과의 관계가 반드시 직접적인 인과관계가 아니고 간접적일 수도 있다는 점이다. 다시 말하면 because절의 내용이 주절의 내용을 야기시킨 이유를 의미하지 않을 수도 있다는 것이다. 가령 He was drunk, because he couldn't walk straight.에서 그가 똑바로 걷지 못했다는 사실이 그로 하여금 술에 취하게 만든 '이유'가 되는 것은 아니다. 이 때의 because절은 and I knew it because he couldn't walk straight의 의미이다. 비제한 절은 이처럼 주절과의 의미 관계에 따라 그 해석의 폭에 융통성이 있는 것이다.

when절은 주절이 긍정문인 경우에는 제한과 비제한의 차이가 나지 않는다. 그러나 부정문일 경우에는 because절과 같은 의미 차이가 생긴다.

제한적 의미의 because절이나 when절을 동반한 주절이 부정문인 경우에는 문장의 의미 해석에 있어서 특별히 조심해야 할 점이 있다. 주절의 not은 자기와 가까이 있는 것에 걸리는 것이 아니고 비록 멀리 서로 떨어져 있더라도 문장의 의미 초점이 되는 부분에 걸리기 때문이다. 다시 말하면 주절의 not은 주절 내의 어떤 부분을 부정하지 않고, 종속절과 연결되는 것이다. 따라서 외형상 부정문인 주절은 의미상으로는 긍정문이다. 다음 예들을 보자:

- **He was drunk because he had had too many drinks.**
  그는 너무 여러 잔의 술을 마셨기 때문에 취했다.
  - because절은 제한절로 주절의 동사구에 걸려 그가 취한 이유를 말한다.

- **He was drunk, because he couldn't say his words clearly.**
  그는 취해 있었다. 그가 말을 분명하게 발음 못하는 것을 보니.(보고 알았다.)
  - because절은 비제한적 의미로서 오직 간접적으로만 주절과 연결되어 있다. 즉 I knew it because ....와 같은 의미이다.

- He wishes to marry her because she is beautiful and intelligent.
  그는 그 여자가 아름답고 지성적이기 때문에 그 여자와 결혼하기를 소원한다.

- He wishes to marry her, because he told me so.
  그 사람이 나에게 그렇게 말해줘서 아는 것인데 그 사람은 그 여자와 결혼하기를 소원한다.

- We have no running water for two hours this afternoon, because they'll repair the pipe system of the building.
  우리는 오늘 오후 두 시간 동안 수도물을 공급받지 못합니다. 건물의 수도관에 대한 수리를 할 것이기 때문입니다.

- We've got no money left in our bank account, because I checked this morning.
  내가 오늘 아침에 체크해 봐서 아는데, 우리 은행 계좌에 남아 있는 돈이 없다.

- Because he got up late this morning, he didn't eat breakfast.
  오늘 아침에 그는 늦게 일어났기 때문에 아침밥을 먹지 못했다.

- This morning he didn't eat breakfast because he got up late. It was because he was going to get a blood test in the morning.
  오늘 아침 그는 늦게 일어났기 때문에 아침을 못 먹은 것이 아니었다. 그가 오전에 혈액 검사를 받을 예정이었기 때문에 먹지 않은 것이다.

- She didn't marry him because she loved him. She married him for his money.
  그 여자는 그를 사랑했기 때문에 그와 결혼한 것이 아니다. 그 사람의 돈을 보고 결혼한 것이다.
  - = She married him, but it was not because she loved him, but because she wanted his money.

- John didn't leave the party early because his ex-wife was there.
  John이 파티장을 일찍 떠난 것은 그의 전처가 거기에 있었기 때문이 아니다.
  - = John left the party early, but it was not because his ex-wife was there.

- I didn't leave home, because there was thick yellow dust in the air.
  나는 집을 떠나지 않았다. 왜냐하면 공중에 황사가 많이 끼어 있었기 때문이었다.
  - = Because there was thick yellow dust in the air, I didn't leave home.

- She didn't marry him, because she loved him.
  그 여자는 그와 결혼하지 않았다. 왜냐하면 그를 사랑했기 때문이다.
  - = Because she loved him, she didn't marry him.

- She sees her parents when they come to visit her at the dormitory.
  그 여자는 부모들이 기숙사로 자신을 찾아 오는 때에만 그들을 만난다.
  - when절은 Susan이 자기 부모를 만나는 때를 의미 초점으로 나타내므로 그 이외의 경우에는 Susan

이 자기 부모를 만나지 않는다는 뜻이다.

- **He didn't come to see me when I asked.**
  그는 나를 보러 오긴 했지만 내가 요청했을 때 온 것은 아니다.

  • = He came to see me, but not when I asked.

- **When I asked, he didn't come to see me.**
  내가 요청했을 때 그는 나를 보러 오지 않았다.

- **I don't go to the movies when there are interesting programs scheduled on TV.**
  나는 TV에 재미있는 볼거리가 예정되어 있을 때는 극장에 가지 않는다.

- **I was taking a walk along the river when I met an old friend of mine.**
  내가 강을 따라 산책을 하고 있었는데 그때 옛 친구 한 사람을 만났다.
  • 주절이 부정문이 아닐 경우 when절은 콤마를 동반하여 비제한적으로 쓰거나 콤마없이 제한적으로 쓰거나 의미 차이가 나지 않는다.

제한과 비제한의 구별은 글로 쓸 때는 이처럼 간단하지만 말로 할 때는 구별하기가 쉽지 않다. 제한절을 동반한 문장을 발화할 때는 주절과 접속사 사이를 떼지 않고 붙여서 발음해야 하며 종속절의 끝단어는 rise-fall-rise, 즉 높였다가 낮추고 다시 약간 높이는 억양을 따라야 한다. 우리가 이런 발음을 확실하게 할 자신이 없으면 제한절을 안 쓰면 된다. 가령, I didn't leave home because I felt bored를 오해 없이 발음할 자신이 없으면 I left home, but it was not because I felt bored.라고 하면 되는 것이다. 그러나 문법의 원리는 명확하게 알고는 있어야 한다. 우리가 영어를 배우는 것은 우리가 영어로 말만 하기 위해서가 아니고, 남의 말을 옳게 알아듣고 또 글로 된 영어를 오해 없이 이해하기 위해서이기 때문이다.

stand on one's own feet

'자립하다'

다른 사람의 부축을 받거나 어떤 것에 기대거나 의지하지 않고 자신의 두 발로 굳건하게 선다는 뜻이다. 따라서 비유적으로는 어느 누구의 도움도 받지 않고 자기의 능력과 노력으로 모든 것을 처리해 간다는 뜻이 된다. feet 대신 legs를 쓰기도 한다.

- Now that you're graduated from the university and old enough to take care of yourself, don't rely on your parents anymore. You must stand on your own feet from now on.
  이제 너는 대학을 졸업했고 나이도 너 자신을 돌볼 수 있을 정도가 되었으므로 너의 부모에게 이 이상 의존하지 마라. 너는 이제부터는 자립을 해야 한다.

- If North Korea's economy is to become productive and competitive and is thus to be able to stand on its own feet, it first of all has to be liberated from its stifling socialism and 'juchai' thought and reformed in a capitalistic direction.
  만일 북한의 경제가 생산성과 경쟁력을 가져 자립할 수 있으려면 무엇보다도 먼저 그 숨통을 막는 사회주의와 '주체' 사상으로부터 해방되고 자본주의적 방향으로 개혁되어야 한다.

should와 ought to에 대하여

should와 ought to는 상호 의미와 용법이 거의 같다. 따라서 두 개의 단어로 구성되어 사용이 불편한 ought to는 잘 쓰이지 않아 자연히 퇴화의 길을 걷고 있다. should와 ought to는 must나 have to와는 달리 행위 수행을 요구하는 힘 즉 명령적 힘이 약하다. must와 have to를 사용하는 화자는 자기가 말하는 내용이 수행되기를 기대한다. 그러나 should와 ought to는 행위 수행을 요구하는 힘이 그렇게 강하지 못하여 화자는 행위 수행을 바라기는 하지만 반드시 그것을 기대하는 것은 아니다. 그러나 경우에 따라서는 적극적인 권고나 충고에도 쓰일 수 있고 그냥 화자의 판단으로는 무엇을 하는 것이 '바람직하다' 또는 '옳다' 라는 화자의 단순한 의견을 나타내는 데도 쓰일 수 있다. 다시 말하면 무엇을 반드시 수행하라는 명령적 힘은 없으며 행위의 수행 여부는 전적으로 청자가 알아서 하도록 맡기는 것이다:

- You should/ought to study harder to go to college.
  너는 대학에 가려면 좀 더 열심히 공부하는 것이 좋을 것이다.

- You should/ought to obey the traffic signals.
  교통신호는 지켜야 한다.

- You should/ought to tell the truth.
  너는 진실을 말해야 한다.
  - 진실을 말하는 것이 '좋다' 또는 도덕적으로 '옳다' 등의 의미이다.

- A: Does the company pay us travel expenses?
  회사가 여비를 지불하느냐?
  B: I don't know but they should/ought to.
  모르지만 그렇게 해야겠지.
  - 그렇게 하는 것이 사리에 맞다는 의미이다.

- You should/ought to do as your parents say.
  너는 너의 부모가 말씀하시는 대로 하는 것이 옳을 것이다.

- This machine should/ought to be cleaned at least once a week.
  이 기계는 적어도 일주일에 한 번씩은 청소를 해 주어야 한다.

- *One should/ought to eat in order to live.
  → One must eat in order to live.
  사람은 살기 위해서는 먹어야 한다.

- 살기 위해서는 먹어야 한다는 것은 사람으로서는 피할 수 없는 행위이다. 이 같은 대 명제는 필수와 의무를 나타내는 조동사들 중에서도 그 힘이 제일 강한 must를 써서 나타내야 한다.

---

should와 ought to는 이처럼 행위 수행을 요구하는 힘이 약하기 때문에 화자의 추측, 추론 등을 나타내기도 한다:

- **She should/ought to be home by now, but she isn't.**
  그 여자는 지금까지 해서는 집에 와 있어야 할 텐데 와 있지 않다.
  - 여기서 should/ought to 대신 must/have to를 쓸 수는 없다. 왜냐하면 must/have to가 여기서처럼 현재의 상태를 언급할 때는 '~임에 틀림없다'라는 주어의 확신을 의미하는데 그 확신과 역행하는 but she isn't를 같이 말할 수는 없기 때문이다. 이 문장의 의미 핵심인 but she isn't를 논리적으로 뒷받침하려면 must/have to보다 그 주장의 힘이 약한 그래서 추측의 의미가 될 수 있는 should/ought to를 써야 한다. 추측은 얼마든지 잘못된 것일 수 있기 때문이다.

- **He should/ought to come, but he won't.**
  그는 와야 마땅한데 오려 하지 않는다.
  - 이 문장에서도 바로 위 문장에서처럼 should/ought to 대신에 must/have to를 쓸 수는 없다. He must come은 반드시 이루어져야 한다는 화자의 믿음을 나타내는 것이므로 but he won't는 의미상으로 맞지 않는다. 그러나 He should/ought to come은 must의 경우와 같은 화자의 믿음을 나타내는 것이 아니므로 but he won't와 의미상의 모순이 되지 않는다.

- **Mary has been studying hard. She should/ought to make good grades this semester.**
  Mary는 열심히 공부를 해왔다. 그래서 그 애는 이번 학기에 좋은 성적을 얻게 될 것이다.
  - should/ought to 대신에 will을 쓰면 추측이 아니고 단정을 의미하게 되어 화자가 마치 예언을 하고 있는 것 같은 어감을 준다. 반면 may/might/could를 써도 화자의 추측을 의미하지만 그 현실화 가능성이 should/ought to보다 낮은 추측이 된다.

- **Our house should/ought to be visible from here.**
  우리 집이 여기서는 보일 텐데.

- **A: Can you come?**
  너는 올 수 있겠느냐?
  B: Yes, I should think so.
  네, 올 수 있을 것 같습니다.
  - I should think so는 think의 의미를 약화시킨다. 그래서 부드럽고 당돌하지 않게 들리게 한다.

- I should guess her to be about fifty.
  그 여자는 50세 정도 되지 않을까 추측된다.

- He has all the right experience, so he should/ought to make an excellent manager.
  그는 모든 필요한 경험을 갖고 있다. 그러니 훌륭한 경영자가 될 것 같다.

여기서 한 가지 주의할 점이 있다. should와 ought to는 근본적으로 '무엇을 하는 것이 옳다고 생각한다'는 의미이므로 추론의 의미로 쓰일 때도 그 내용이 '바람직한 일'이라야 한다는 것이다:

- There should/ought to be another upturn in sales shortly.
  조만간 또 한 번의 판매고의 상승이 있을 것이다.

- *There should/ought to be another disaster shortly.
  - 조만간 또 한 번의 재난이 있을 것이라는 내용은 바람직한 일이 아니기 때문에 should/ought to를 쓰기에 적절하지 않다.

---

should의 부정형은 shouldn't(해서는 안 된다), 과거형은 [should have + pp]('했어야 옳았다')이고 과거 부정형은 [shouldn't have + pp]('안 했어야 옳았다')이다.

ought to의 부정형은 oughtn't to이지만 구어에서는 to가 탈락되는 경우가 많다. ought to의 과거형은 [ought to have + pp](= should have + pp)이다. ought to의 의문문 형태는 [ought + 주어 + to + 동사]이다. 그러나 현실적으로 ought to는 부정문이나 의문문의 형태로는 잘 쓰이지 않는다. ought to는 should보다 도덕적 의무가 좀 더 강하다.

- He has a test tomorrow. So he ought to study tonight.
  그는 내일 시험이 있다. 그러니 그는 오늘 밤에는 공부해야 한다.

- I ought to have studied for the exam.
  나는 시험 준비를 했어야 했는데 (못했다).

- He oughtn't have hit the little boy so hard.
  그는 그 꼬마 아이를 그렇게 세게 때리지 않았어야 했는데.
  - He shouldn't have hit ...가 일반적인 형태이다.

- Oughtn't we to tell him the truth?
  우리는 그에게 사실을 알려야 하지 않을까요?
  - Should we tell ...?이 일반적인 형태이다.

- We ought not to tell anyone about this, ought we?
  우리는 아무에게도 이것에 대해서 말해서는 안 되지요, 그렇지 않은가요?
  - 부가 의문문의 꼬리에서는 to 없이 그냥 ought/oughtn't가 된다.

- We ought to help the old lady, oughtn't we?/shouldn't we?
  우리는 그 노인을 도와드려야 하지 않겠어요?
  - oughtn't를 쓰기 싫은 사람들은 구어에서는 oughtn't 대신 shouldn't를 잘 쓴다.

rather than의 의미와 용법

rather than의 문법적 용법은 다음의 3가지이며, 각 용법마다 특유의 의미를 나타낸다:

1. 일종의 등위 접속사로서 'and not'의 의미이다. 이 경우 rather than 다음에 동사가 오면 그 동사 형태는 그 앞 절의 주 동사 형태와 같다:

- The children were watching TV rather than doing their homework.
  아이들은 TV를 보고 있었다. 숙제를 하고 있는 것이 아니었다.
  - = The children were watching TV, and not doing their homework.

- The project will take years rather than months.
  그 계획은 몇 년이 걸릴 것이다. 몇 달이 아닐 것이다.

- Their parents should be held responsible rather than the children.
  아이들의 부모들이 책임질 일이지, 아이들이 책임질 일이 아닙니다.

- He went to bed early rather than watched the boring drama on TV.
  그는 그 지루한 드라마를 보지 않고 일찍 잠자리에 들었다.
  - = She went to bed early, and did not watch the boring drama on TV.

- He wanted to stay home rather than (to) go shopping with his wife.
  그는 자기 부인과 함께 쇼핑 가고 싶은 것이 아니라 집에 있고 싶었다.
  - = She wanted to stay home, and did not want to go shopping.

- The decision was taken for political reasons rather than ones of national pride.
  그 결정은 정치적 이유로 이루어졌지 민족적 자부심의 이유 때문이 아니었다.

2. 'instead of'의 의미를 가지는 전치사구로 그 뒤에 오는 동사는 언제나 동명사이다:

- Their actions worsened the situation rather than improving it.
  그들의 행동은 상황을 개선시키는 대신 오히려 악화시켰다.

- Rather than watching TV at home, he went out for a walk.
  집에 앉아 TV를 보는 대신 그는 나가서 산책을 했다.

- **Rather than** driving around all day looking somewhere to park, why don't you take a bus?
  주차할 곳을 찾으며 온종일 돌아다니느니 (돌아다니는 대신) 버스를 타고 가는 것이 어떠냐?

- **Rather than** spending so much money on my 10-year old car, I'll buy a new one. It'll be more economical that way in the end.
  나의 10년 된 낡은 차에 그 많은 돈을 쓰는 대신 새 차를 살 것이다. 결국은 그렇게 하는 것이 더 경제적일 것이다.

3. 주어의 의지를 나타내는 주절에 종속 접속사로 쓰여 '~하느니 차라리'(=sooner than)의 의미를 가진다. rather than절의 주어는 대부분의 경우 주절의 주어와 동일하므로 주어를 표시하지 않지만 더러는 주절의 주어와 다를 수도 있는데 이 경우에는 주어가 물론 표시되어야 한다. 주절은 [주어 + will/would + 동사]의 형태를 취한다. 따라서 rather than절의 동사도 주절의 조동사에 연결되므로 당연히 원형동사라야 한다:

- They will fight to the finish **rather than** surrender.
  그들은 항복하느니 차라리 최후의 순간까지 싸울 것이다.

  • = ... sooner than surrender.

  비교: They fought to the finish **rather than** surrendered. (1번의 의미)
  그들은 항복하지 않고 최후 순간까지 싸웠다.

  Rather than surrendering, they fought to the finish. (2번의 의미)
  그들은 항복하는 대신 최후 순간까지 싸웠다.

- **Rather than** drive through the traffic jam, I'd take a bus into town.
  교통 혼잡을 뚫고 차를 몰고 가느니 나는 차라리 버스를 타고 시내에 가겠다.

  • Rather than drive는 뒤에 나오는 주절 I'd에 연결되므로 동사가 원형이 된 것이다.

    = Sooner than drive through the traffic jam, ...

- **Rather than** he say anything, I'd speak to the manager.
  그가 무슨 말을 하느니 차라리 내가 관리자를 만나 이야기하고 싶다.

  • = Sooner than he say anything, ...

4. [would/had rather + 동사 (+ than + 동사)]의 형태로 쓰여 '(~을 하는 것보다는) ~을 더 하고 싶다'의 의미를 갖는다. 보통 would나 had는 'd로 단축된다. rather 대신 prefer to 또는 sooner를 써도 된다:

- **A:** Do you want to stay here or go home?
  여기에 있고 싶으냐 아니면 집에 가고 싶으냐?

- **B:** I'd much rather/prefer to/sooner go home, if you don't mind.
  허락만 해 주신다면 저는 제발 집에 가고 싶습니다.

■ We'd rather/prefer to/sooner die than surrender to the enemy.
우리는 적에게 항복하느니 차라리 죽을 것이다.

■ **A:** Do you want another cup of coffee?
  커피 한 잔 더 드시겠어요?

- **B:** Thank you. But I'd rather not.
  감사합니다만 더는 마시지 않았으면 좋겠습니다.

5. [I'd rather/sooner/as soon + 가정법 동사절]의 구조도 사교적 표현으로 잘 쓰인다. 이 구조는 현실화될 수 없는 것을 가정하거나(= I wish) 요청을 부드럽고 사교적으로 나타내는 경우에 쓰인다:

■ I'd rather/sooner/as soon I were a bird.
내가 차라리 새라면 좋겠다.
- = I wish I were a bird.

■ I'd rather/sooner/as soon I hadn't been born.
내가 세상에 태어나지 않았더라면 좋았을 텐데.
- = I wish I hadn't been born.

■ I'd rather/sooner/as soon you went with me.
당신이 나와 같이 가 주셨으면 좋겠습니다.

a dog's life

'재미없고 지루하고 비참한 생활'

글자 그대로의 의미는 '개의 삶'이므로 이것이 사람에 대해서 쓰이면 '개의 삶과 같은 삶'이란 의미가 될 것이다. 아마 옛날에는 지금처럼 개가 대접을 받지 못했던 것 같다. 그래서 개의 삶이란 늘 묶여 있고 자유가 없고 따라서 비참한 삶의 상징이 되었을지도 모른다. 현실이야 어쨌든 이와 같은 개에 대한 인상이 위 표현의 의미이다.

- People say 'He leads a dog's life' and sympathize with him. But if a person leads a dog's life, is he really to be sympathized with? A dog gets its three meals free. It can sleep whenever it feels sleepy. It doesn't have to go to work through rush hour traffic. And above all, it doesn't have to earn its clothing, food and shelter. All that is given to it free. Can you honestly say you have a better life than a dog's life?

  사람들은 '그는 개처럼 비참한 생활을 한다'라고 말하며 그를 동정한다. 그러나 사람이 개 같은 삶을 산다면 그는 정말로 동정을 받아야 할까? 개는 세 끼니를 무료로 얻어 먹는다. 졸리면 언제나 잘 수 있다. 러시아워 교통을 뚫고 출근할 필요가 없다. 그리고 무엇보다도 개는 자신의 의식주를 벌어서 해결할 필요가 없다. 그 모든 것이 무료로 주어진다. 정직하게 말해서 당신은 개의 삶보다 더 낳은 삶을 누리고 있다고 말할 수 있는가?

- Within South Korea there are thousands of people leading a dog's life. They go without lunch. Their shelter reminds one of ancient days. They hardly get adequate medical care when they are sick. There is no future in their life. The Government should not forget about them when it helps North Koreans.

  남한 내에도 수만 명이 개처럼 비참한 생활을 하고 있다. 그들은 점심을 거르며, 그들의 주거 환경은 옛날 옛적을 상기시킨다. 그들은 몸이 아플 때 제대로 치료받지 못한다. 그들의 삶에는 희망이 없다. 정부는 북한을 도울 때 이들을 잊어서는 안 된다.

무관사(zero article) 명사의 의미

관사의 기능은 기본적으로 명사의 의미를 제한하는 즉 여러 형태로 재단하는 것이다. 이 같은 관사의 기능은 영어의 명사 하나로 하여금 관사가 없는 언어의 명사 서너 개의 역할을 할 수 있게 해 준다. 영어의 관사는 이처럼 대단히 생산적인 문법 항목인 것이다. 그럼에도 불구하고 관사 체계가 없는 언어를 모국어로 쓰는 사람들은 영어의 관사 체계와 그 의미와 역할을 알아차리기가 대단히 어렵다. 그러나 영어의 관사를 이해하지 못하고는 결코 영어의 명사를 옳게 이해하고 쓸 수 없다.

영어에서 관사 사용의 방법은 곧 명사 사용의 방법을 의미한다. 영어 단어의 품사들 중에서 단연 절대 다수를 차지하는 품사가 명사이다. 그리고 이 명사가 관사를 동반하느냐 안 하느냐, 또 어느 관사를 동반하느냐에 따라 그 의미 형태가 달라진다. 관사 체계가 없는 우리말로는 영어의 관사는 번역이 되지 않는 경우가 많다. 이것은 의도된 영어 명사의 의미가 우리말로는 그대로 전달되지 않는 경우가 많다는 뜻이다.

관사의 이해는 무관사(zero article)의 이해로부터 시작하는 것이 순서이다. 어떤 명사 즉 구체적 사물이나 추상적 개념이 무관사 상태로 있을 때, 즉 관사를 동반하지 않았을 때 그 의미가 어떤 특성을 갖는가를 알아야 관사가 명사의 의미를 어떻게 제한하여 어떤 형태의 의미로 재창조하는가를 이해할 수 있을 것이기 때문이다.

무관사 명사가 지칭하는 대상은 고정된 외형이 없으며, 수의 개념이 적용되는 단위체가 아니며, 물질의 경우 양의 한정이나 종류의 의미도 없다. 즉 무관사 명사는 물질이나 아니면 질적인 것, 추상적인 것, 개념적인 것을 의미한다.

명사가 관사를 동반하지 않는 경우가 다 무관사 명사인 것은 아니다. 관사의 기본적 기능은 명사의 의미를 제한(한정)하는 것인데 이 제한의 기능을 할 수 있는 것들이 관사 말고도 또 있다. 가령 소유격 명사, 소유대명사, 지시대명사, 그 외 some, few, little, each, every 등은 관사처럼 뒤에 오는 명사를 한정하므로 그 의미 기능에 있어 관사와 같다. 이처럼 명사의 의미를 어떤 면으로나 한정하는 것들을 한정사(determiner)라 부르는데 관사는 그 중 대표적인 한정사이다. 뿐만 아니라 명사가 관사 없이 복수가 된 경우에도 비록 형태상으로는 무관사이지만 명사의 지칭 대상을 수 개념화하여 복수의 단위체로 나타내므로 의미상으로는 관사 기능의 일부가 적용된 것이다. 따라서 복수명사는 무관사 명사가 아닌 것이다.

이제 영어 사용의 실제 상황에서 무관사의 특성이 구체적으로 어떻게 나타나는지 보자:

- **God created light and darkness and named the light 'day' and the darkness 'night.'**
  하느님은 빛과 어둠을 창조하시고 빛을 '낮'이라 그리고 어둠을 '밤'이라 이름 붙였다.
  - 무관사 명사 light와 darkness는 처음과 끝이 없는 질적인 특성만 갖는, 외형이 없고 따라서 수 개념이 적용될 수 없는 연속적, 일반적 의미인 '빛' 과 '어둠' 이다. the light와 the darkness는 어둠 전체를

가리키는 일반적 의미가 아니고 앞에 언급된 light와 darkness만을 제한적으로 지칭하는 기능을 한다. 무관사 명사 day와 night는 각기 '낮'과 '밤'이라는 어떤 상태를 일컫는 고유 명칭이다.

- **In a prison the days are long and the prisoners have little to do.**
  감옥에서는 날들은 길고 죄수들이 할 일은 없다.
  - the days는 24시간으로 구성된 시간의 구분 단위(기간)들로서 감옥에서 맞는 날들로 제한적 의미이다.

- **Morning is the best time for intellectual work.**
  아침은 지적 작업을 하기에 (하루 중) 가장 좋은 때이다.
  - 무관사 morning/afternoon/evening/night 등은 하루 중 어느 때의 특성을 나타내는 질적, 내적, 추상적인 의미이다. 복수 개념으로 파악할 수 있는 단위가 아닌, 고유의 특성을 가지는 시점적(point of time) 의미인 '때'이다: Evening passed and morning came. '저녁이 가고 아침이 왔다.'는 자연적 상태가 바뀌었다는 뜻이다.

- **I like to rise early in the morning.**
  나는 아침 일찍 일어나기를 좋아한다.
  - the morning은 morning의 특성이 존재하는 '기간'을 의미한다. 복수가 될 수 있고, 처음과 끝이 있는 즉 자정부터 정오까지의 시간 단위인 것이다. rise in the morning은 '아침'이라는 특성이 존재하는 기간 중에 일어난다는 의미인데 그 기간 중의 어느 부분을 의미하는지 막연하다. 예문에서는 early를 넣어 그 기간의 초기임을 명시했다. 또 morning, afternoon, evening 등에 형용사를 붙이면 부정관사가 필요하게 되는데 가령 It's a lovely sunny morning. '아름다운 햇볕이 밝은 아침이구나.'에서 a lovely sunny morning은 여러 형태의 아침(기간)들 중의 하나임을 의미한다.

- **Snow is beautiful while it's falling.**
  눈은 내리고 있는 동안에는 아름답다.
  - 무관사 명사 snow는 물질로서의 비단위적 실체이다.

- **I like to walk in the snow/rain.**
  나는 눈/비를 맞으면서 걷기를 좋아한다.
  - in the snow/rain의 the snow/rain은 '내리고 있는 눈/비'라는 특정 상태의 눈을 가리킨다. 즉 제한적 의미의 눈과 비를 의미한다.

- **Because of the warm weather the snow is melting quickly.**
  따뜻한 날씨 때문에 눈이 빨리 녹고 있다.
  - 이 문장에서의 the snow는 이미 내려 땅을 덮고 있는 그 특정 상태로 제한된 의미의 눈을 가리킨다.

- **One hears a lot of bad language on TV these days.**
  요즈음 TV를 보면 상스러운 말을 많이 듣게 된다.
  - 무관사 bad language는 '나쁜 언어' 즉 '욕,' '상스런 말,' '교양 없는 표현' 등 언어의 질을 의미한다.

즉 영어, 한국어, 불어처럼 독립적인 개체로서의 단위적인 실체인 언어가 아니고 모든 언어에 공통적으로 존재하는 상스러운 말의 집합개념이다. 언어 특성들을 set로 묶어 단위체로 재단하고 한계를 설정해야 비로소 우리가 일상적으로 사용하는 통화도구로서의 언어 즉 a language, the language, languages가 되는 것이다.

- **The article, like nearly all language, is an instrument for you to express yourself as you wish.**
  관사는 거의 모든 언어 요소들처럼 우리가 우리의 뜻을 원하는 대로 표현하기 위한 도구이다.
  - all language는 언어를 구성하는 모든 문법적 요소들 즉 체계, 구조, 어휘 등과 이들을 활용하는 추상적 규칙들을 다 포함하는 연속적, 질적, 집합체인 언어 속의 모든 것을 의미한다. '세상의 모든 언어들'이라는 뜻이 아니다.

- **John obtained high marks in English Language.**
  John은 영어에서 높은 점수를 땄다.
  - 이 문장에서의 무관사 English Language는 무한 개념으로서의 영어, 원리들의 집합체로서 시작도 끝도 없는 학문의 대상으로서의 영어를 의미한다. 위 예문에서는 대문자로 되어 있기 때문에 English Language는 학문의 한 분야로서의 학과목의 명칭이다. 따라서 이런 의미의 language는 study의 목적어가 될 수 있으나 speak의 목적어는 될 수 없다.

- **The English language is spoken in many parts of the world.**
  영어는 세계 여러 곳에서 사용된다.
  - the English language는 통화 목적으로 사용하는 도구로서 구체적 실체이다. 특성들의 한 묶음으로서 다른 언어들과 대조되는 독립적 개체이며 누구나 배워 완성할 수 있는 단위적 의미인 통화 도구로서의 영어이다.

- **Jenny started out as a literature student before she turned linguist.**
  Jenny는 언어학도로 전환하기 전에 (원래는) 문학도로 출발했다.
  Jenny started out as a literature student before she became a linguist.
  Jenny는 그가 언어학도가 되기 전에 (원래는) 문학도로 출발했다.
  - 무관사 명사 linguist는 사람이라는 외형을 가진 단위체를 의미하지 않는다. 추상적, 연속적, 비 수적 의미인 '직업,' '신분'을 의미한다. 반면에 a linguist는 그러한 직업을 가진 '사람'을 의미하는 외형적인, 단위적인, 구체적인 의미이다. 동사 turn은 직업, 신분 등의 전환을 의미하므로 보어로서는 직업이나 신분을 의미하는 무관사 명사를 동반한다. 그러나 동사 become은 그 용법이 turn과 다르다. become은 '어떤 신분을 가진 사람이 되다'의 의미로도 쓰이고(become a traitor) 또는 무관사 명사를 동반하여 '직위에 앉다'의 의미로도 쓰인다(become king). 예를 더 보자: become a doctor(사람), become a wife(사람), become President(직위), become headmaster(직위). 그러나 *become doctor, *become wife, *become traitor 등은 성립되지 않는다. doctor, wife, traitor는 직위가 아니기 때문이다.

- **The winner becomes king and the loser becomes a traitor.**
  승자는 왕이 되고 패자는 반역자가 된다.
  - become king은 왕이라는 직위에 오른다는 뜻이다. become a king이라고는 할 수 없다. a king은 그 직위를 가진 복수의 사람들 중 하나를 의미하는데 왕은 한 나라에 한 명밖에 없는 것이므로 그렇게 할 수는 없다. 그래서 수를 나타내지 않는 추상적 의미인 무관사 king을 쓴 것이다. 그러나 traitor는 복수로 존재할 수 있을 뿐 아니라 직위가 아니기 때문에 무관사로 쓰일 수는 없다.

무관사를 포함한 영어 관사의 이해는 단순히 관사의 기능에 대한 이론적 설명만으로는 충분하지 않다. 관사가 사용된 많은 예들을 접하고 왜 그 관사가 쓰였는가를 파악하여 관사 기능을 거의 기계적으로, 자동적으로 느낄 수 있어야 한다.

- **A: She is the Woman of the Year.**
  그 여자가 '올해의 여성' (라는 칭호를 받은 사람)이다.
  B: Woman of the Year? What's she done?
  '올해의 여성'? 그 여자가 무엇을 했기에 (그 칭호를 받았나)?
  - 무관사 명사구 Woman of the Year는 구체적 개체인 '사람'을 의미하는 것이 아니고 추상적 의미인 어떤 '칭호'를 의미한다. 여기에 관사 the를 붙이면 그 칭호를 얻은 사람을 가리키게 된다.

- **I don't have much time to go to class.**
  나는 수업 받을 시간이 별로 없다.
  - 무관사 class는 형체가 없고 셀 수 있는 단위가 되지 않는, 질적, 내적, 개념적 의미 즉 '수업'을 의미한다. in class는 '수업을 받고/하고 있는'이고 go to class는 '수업을 받으러/하러 가다'이다.

- **For every hour you spend meeting in class, you must spend at least three hours preparing between classes. Therefore, six classes is a lot to take even for a full-time student.**
  수업을 받으며 보내는 매 시간당 학생은 강좌들 사이에 수업 준비하는 데 적어도 세 시간을 바쳐야 한다. 그러므로 여섯 강좌를 듣는 것은 일하지 않고 학업에만 전념하는 학생에게도 벅찬 수의 강좌이다.
  - in class는 '수업을 받으며'라는 질적, 추상적, 비 단위적 의미이다. 그러나 복수 classes는 셀 수 있는 단위로 쪼개놓은 수업, 즉 수업 시간, 수업 단위의 의미인 a class의 복수를 의미한다.

- **Everyone in the/my class missed question 15 on the test.**
  그 반/내 반의 학생 모두가 시험의 15번 문제의 답을 못 썼다.
  - 여기서 the/my class는 수업을 받는 학생들의 집단을 의미한다: a large/small class '학생이 많은/학생이 적은 반;' He completed the course at the top of the class. '그는 그 과목을 같이 듣는 학생들 중에서 일등으로 이수했다.' While I was sitting in class/While the teacher was lecturing to the class, I fell asleep. '내가 수업을 받고 있던 중에/선생님이 학생들에게 강의를 하고 있던 중에 나는 잠이 들었다.'

- **One may go to school at home or go to church in the school.**
  (경우에 따라서는) 우리는 집에서 교육을 받을 수도 있고 학교에서 미사(예배)를 볼 수도 있다.
  - 무관사 school은 학교의 기능인 '교육'을 의미한다. 그러나 school이 교육이라는 내적 의미가 아닌 외적 의미로 쓰인 경우에는 I got an application form from the school. '나는 학교에서 지원서를 얻어 왔다.' 에서처럼 정관사를 붙여 교육 시행의 개별 단위체로서의 학교임을 나타낸다.

- **He went to law school at Harvard.**
  그는 Harvard 대학에서 법을 공부했다.
  - 무관사 law school은 추상적 의미인 법률 교육을 의미한다.

- **He has been in prison for ten years now. But his mother goes to the prison to see her son every week.**
  그는 이제 10년을 감옥살이하고 있다. 그러나 그의 어머니는 매주 그의 아들을 만나러 감옥을 찾아간다.
  - 무관사의 prison은 내적 의미인 기능 즉 구금상태를 나타낸다. 그러므로 go to prison, be in prison은 각기 '감옥(옥살이)에 들어가다,' '옥살이하고 있다'의 의미가 된다. 그러나 the prison은 외적, 형태적 의미로 건물을 뜻한다. 따라서 go to the prison은 '감옥을 방문하다' 이다.

- **'There' can act as subject in yes-no tag questions.**
  there는 yes-no 부가 의문문에서 주어 노릇(기능)을 할 수 있다.
  - 여기서 무관사 subject는 이론적 의미 즉 일반적, 추상적 의미의 주어, 즉 주어 기능을 의미한다. 주어 기능을 하는 어떤 특정 단어를 의미하는 것이 아니다. 그러나 가령 What's the subject of this sentence? 같은 문장에서의 the subject는 특정 문장의 주어 기능을 하는 구체적 실체인 단어이다.

- **The relative pronoun can be omitted even when it is subject of the relative clause.**
  관계 대명사는 그것이 관계절의 주어 기능인 경우에도 생략될 수가 있다.
  - 여기서 when it is subject로 subject가 무관사인 것은 '그것이 주어 기능을 하는 때' 즉 질적, 내적, 비 단위적, 비 외형적 의미이기 때문이다. 그러나 가령 Why is the subject of the relative clause omitted?와 같은 문장에서 the subject는 주어가 되는 구체적 실체로서의 특정 단어를 의미하므로 무관사로 할 수 없다.

- **I will explain the use of the adjective as head of the noun phrase.**
  나는 명사구의 중심어 기능으로서의 형용사 용법을 설명하겠다.

- **George W. Bush was elected President of the USA for the second term. He is the son of the former President George Bush.**
  George W. Bush는 미합중국의 대통령(직으로서의) 2차 임기에 선출되었다. 그는 전 대통령 George Bush의 아들이다.
  - 무관사 President of the USA는 '미합중국 대통령'이 아니고 그 '직'이라는 추상적, 내적, 질적 의미이다. the former President는 former President라는 신분을 가진 사람이며 그 뒤에 오는 George

Bush와 동격이다. 만일 관사없이 former President George Bush라고 하면 former President가 '직'이 되어 사실과 어긋난다. former President는 그 자리에 임명되거나 출마해서 당선되는 '직'이 아니기 때문이다.

- **The children are getting ready for bed now.**
  아이들은 지금 잠잘 채비를 하고 있는 중이오.
  - 무관사 bed는 침대라는 외형을 가진 물건을 의미하는 것이 아니고 그 물건이 갖는 내용적 의미인 '잠'을 나타낸다. 그래서 in bed는 '잠자고 있는'의 의미이고 the/a bed는 외형적 실체인 침대라는 '물건'을 의미한다. 그러므로 가령 He's lying on the bed.는 그가 잠자고 있다는 뜻이 아니고 그냥 침대에 누워있다는 뜻이다.

- **He has been colonel for several years now. I expect he will be general soon.**
  그는 벌써 몇 년 동안 대령의 계급에 있었다. 그가 얼마 안 되어 장군의 계급이 될 것으로 나는 기대한다.
  - a colonel은 대령의 계급을 가진 '한 사람'이라는 개체적 실체이고 무관사 colonel은 '계급'이라는 추상적 개념이다.

- **The general was reduced in rank to private because of his involvement in the coup against the government.**
  그 장군은 반정부 쿠데타에 가담한 이유로 계급이 이등병으로 강등되었다.
  - 무관사 private는 계급 명칭이므로 셀 수 없는 비단위적인 개념이다. 반면 a private는 이등병의 계급을 가진 군인으로 복수가 될 수 있는 단위 개념이다: He's a private. His rank is private.

- **My house is built/made of brick.**
  내 집은 벽돌로 지어져 있다.
  - 여기서 brick은 단위가 되지 않는 물질로서 재료, 즉 원료이다. 따라서 무관사라야 한다. 그러나 원료를 나타내는 of 대신 도구라는 단위체를 나타내는 with를 쓰면 built/made with bricks로 해야 한다. 가령 '내 집은 벽돌/콘크리트 집이다.'는 My house is brick/concrete.라고 말할 수 있다.

- **He's cousin to the President.**
  그는 대통령과 사촌지간이다.
  - 무관사 cousin은 뒤에 to를 동반하여 추상적 개념인 누구와의 사촌 '관계'를 나타낸다. 그러나 a cousin은 사촌 관계를 형성하는 '사람'이다. a cousin은 to 대신 of를 동반하므로 위 예문을 He's a cousin of the President.라고 바꿔 쓸 수 있다.

- **She has been with child for seven months now.**
  그 여자는 지금 임신 7개월째이다.
  - 가령 a child는 외형적 의미로 하나의 개체인 '어린이'를 의미한다. 가령 She's with a child.라고 하면 '그 여자는 한 아이를 데리고 있다'이다. 반면 무관사 with child는 비외형적, 비단위적, 내적, 질적, 개념적 의미로서 '임신 상태'를 의미한다.

- **No human being is completely without sin.**
  어떤 인간도 완전히 죄 없이 깨끗하지는 않다.
  - 무관사 sin은 종교적 의미의 '죄'이다. 즉 하느님의 뜻에 반하는 인간 행위를 일컫는 비단위적, 집합적, 총체적 개념이다. 그러나 이 개념에 해당하는 행위 하나하나를 언급하는 경우에는 a sin, sins가 된다: confess one's sins '자신의 죄를 고해하다,' commit a terrible sin '무서운 죄를 범하다.'

- **It's a sin to waste so much lovely food when millions of people in North Korea are going without even one meal a day.**
  북한의 수백만 인구가 하루 한 끼도 못 먹고 지내는 판국에 그렇게 많은 좋은 음식을 버리는 것은 죄악이다.

- **I've got too much sun. Too much sun is bad for the skin.**
  나는 햇볕을 너무 많이 쪼였다. 햇볕을 너무 많이 쪼이면 피부에 나쁘다.
  - 우리가 그 외형을 보는 하나의 물체인 태양은 the sun이다. 반면 무관사 sun은 그 태양에서 나오는 외형이 없고, 셀 수도 없는, 경계도 없는 질량적 의미인 볕과 열을 의미한다. 그러나 가령 Don't stay in the sun too long.('햇볕 속에 너무 오래 노출되어 있지 말라.')에서 the sun은 무제한적 의미의 햇볕이 아니고 in the shade('그늘에서')와 대조되는 의미로 햇볕이 차 있는 한정된 공간을 가리킨다.

- **The sky was all moon.**
  하늘은 온통 달빛으로 차 있었다.
  - 무관사 moon은 밤하늘에 떠있는 외형이 있고 단위체인 그 물체가 아니다. 무제한적인 질량적 의미인 '달빛'이다.

- **The child's world is all story.**
  어린이의 세계는 온통 상상으로 차 있다.
  - 여기서 무관사 story는 시작과 끝이 있어 단위적인 개념인 하나의 '이야기'가 아니다. '이야기'가 갖는 내적, 질적 특성인 '상상'을 의미한다.

- **Get more car for your money.**
  당신이 지불하는 돈의 대가로 (같은 액수의 돈을 내고) 차의 성능과 장치는 더 많이 얻으시오.
  - 여기서 무관사 car는 외형이 없고, 비 단위체이며 내적, 질적 의미이다.

- **We go to work by car/in a car.**
  우리는 승용차로 출근한다.
  - by car의 by는 '기능'을 나타낸다. 그래서 그 뒤의 car는 무관사로 추상적 의미인 '수송 기능'을 나타내게 하여 by와 의미상으로 짝이 된 것이다. 반면 in a car의 경우에서는 in이 '(물체) 속에서'의 의미이므로 동반하는 car에 부정관사를 붙여 차를 외형적, 단위적 물체로 제시한 것이다. 그러나 이 경우엔 by car로 표현하나 in a car로 표현하나 현실적으로는 결국 같은 뜻이 된다.

- **Assessment of a Ph.D. candidate is by written examination and dissertation.**
  박사학위 후보자에 대한 평가는 필기시험과 논문을 통해서 이루어진다.
  - examination과 dissertation이 무관사가 된 것은 by가 '무엇을 수단이나 방법으로 하여' 라는 의미이므로 그 다음에 오는 명사를 추상적 의미인 수단이나 방법을 나타내도록 하기 위해서이다. 따라서 이 문장에서 examination과 dissertation은 구체적, 외형적 의미가 아니기 때문에 그 수는 나타나 있지 않다. 사실은 하나일 수도 있고 하나 이상일 수도 있다.

- **In his world of architecture every room has room for more.**
  그의 건축세계에서는 모든 방이 더 많은 여유 공간을 만들 수 있는 여유를 제공한다.
  - every room의 room은 외형이 있는 즉 한계가 있는 공간으로서의 '방'이다. 그러나 무관사인 has room의 room은 그런 외형과 한계를 의식하지 않은 '공간'이다. for more의 more는 more room '더 많은 공간'을 의미한다. 가령 My fridge is so full that I can't make room even for a bottle of beer. '내 냉장고는 식품들이 가득 차 있어 맥주 한 병 더 넣을 공간을 만들 수 없다.' 에서 room도 '공간'의 의미이다.

- **How much TV should children be allowed to watch?**
  아이들에게 TV를 얼마 정도 보도록 허락해 줘야 할까요?
  - 여기서 무관사 television은 '수상기'의 의미가 아니고 수상기를 통해 방송되는 내용(programs)에 대한 집합적 의미이다.

- **It is extraordinary that no one in the prosecution should be willing to go on TV camera and explain the scandal.**
  검찰의 어느 누구도 TV에 나와 그 스캔들에 대해서 설명하려 하지 않는다는 것은 보통 볼 수 없는 일이다.
  - TV camera를 무관사로 한 것은 그것을 '물건'으로 의미하지 않고 그 '기능' 즉 'TV 방송'을 의미하기 때문이다. 가령 He works in television. '그는 텔레비전 방송 업무에서 일한다.' 또는 What's on television tonight? '오늘 밤 텔레비전 방송에는 무슨 프로그램이 있소?' 등에서도 무관사 television은 '영상 방송' 이라는 추상적, 기능적 현상을 뜻한다. 그런데 같은 방송매체인 radio와 또 TV와 같은 의미인 tube는 무관사가 되어 추상적 기능을 나타내는 법이 없다. 단 radio가 '무선' 이라는 의미로 쓰일 때는 무관사 상태로 쓰인다: We should be able to reach them by radio. '우리는 무선통신을 통해 그들과 연락을 할 수 있을 것이다.'

- **He was caught on video tape trying to bribe a policeman.**
  그가 경찰관에게 뇌물을 주려고 하는 장면이 비디오테이프에 찍혔다.
  - 그가 어느 한 특정 테이프에 찍힌 것은 사실이지만 on a video tape로 하지 않고 무관사 video tape로 한 것은 그가 실제로 찍힌 특정 테이프를 부각시키는 것이 아니고 비디오테이프라는 감시 기능, 즉 일반적, 추상적 의미가 의도되었기 때문이다.

- **There is too much piano and too little orchestra in his music.**
  그의 음악에는 피아노곡이 너무 많고 관현악곡은 너무 적다.
  - a piano는 하나의 물건이고 an orchestra는 여러 악기를 연주하는 일단의 사람들이지만 무관사 piano는 '피아노곡'이고, 무관사 orchestra는 '관현악곡'을 의미한다.

- **She is more mother than wife.**
  그 여자는 아내로서의 특성보다 어머니로서의 특성을 더 많이 가지고 있다.
  - 무관사 명사는 구체적 외형을 가진 실체가 아니고 어떤 실체가 가지는 내적 특성을 의미하기 때문에 위 예문의 경우처럼 사실상 형용사처럼 쓰이기도 한다.

- **She was the Queen of a powerful country, but she was essentially woman.**
  그 여자는 강대국의 여왕이었으나 본질적으로는 여성이었다.
  - 이 문장에서 무관사 woman은 유형의 단위체인 '여자'(a woman)가 가지고 있는 무외형의 내적 특성을 나타내는 형용사 기능으로 쓰였다. 이 경우 a woman으로 하면 의미가 통하지 않는다. One's promotions are reason enough for a family party. '사람의 승진은 가족 파티를 벌일 이유가 충분히 된다.' 같은 문장에서도 reason은 형용사적으로 쓰였다.

- **I'm afraid people may think I'm not man enough if I give up at this point.**
  내가 이 시점에서 포기하면 사람들이 나를 사나이답지 않다고 생각할지도 모른다.
  - 여기서는 무관사 man의 의미가 약간 애매할 수 있다. 원래 무관사 man은 '인간'이라는 의미인데 그 의미로 해석하면 '인간답지 않다'는 뜻이 된다. 그러나 예문의 man을 a man '성인 남자'에서 부정관사를 빼고 man을 형용사 기능으로 쓴 것이라고 보면 '(성인 남자 즉) 사나이답지 않다'는 뜻으로 해석할 수 있다. 위 예문의 전체적 의미에서 보면 후자의 해석이 자연스럽다.

- **I'm afraid this isn't beef. It's horse.**
  이것은 쇠고기가 아닌 것 같다. 말고기이다.
  - beef는 물질이기 때문에 무관사이고 horse도 물질로 의미되었기 때문에 무관사이다. a horse는 외형이 있는 하나의 단위체로서 '한 마리의' 말을 뜻한다.

- **A: Duck isn't my favorite food. I'll have chicken instead.**
  오리고기는 내가 좋아하지 않는다. 대신 닭고기를 먹겠다.

  B: How about shrimp? The shrimp is especially good here.
  새우는 어떠냐? 이 집의 새우요리는 특별히 맛있는데.

  A: It is? Now I can't decide between the chicken and the shrimp.
  그래? 그러면 (이 집의) 닭고기요리를 시킬까 새우요리를 시킬까 결정하기 어렵게 됐구나.
  - 무관사 chicken과 shrimp는 형체가 없는 질적 특징만 있는, 요리 재료로서의 물질을 의미한다. 여기에 the를 붙이면 위 상황에서는 물질을 의미하지 않고 이 음식점의 메뉴에 올라 있는 item을 가리킨다. 따라서 '새우 요리를 주세요'라고 주문하는 경우라면 I'll have the shrimp, please.라고 말해야 한다.

- **Waiter:** I can recommend the spare ribs tonight.
  웨이터: 오늘 밤은 돼지 갈비구이요리가 좋은데 드셔보시죠.

  Guest: I'm afraid I don't like spare rib.
  손님: 돼지갈비는 안 되겠는데요.

  Waiter: Why don't you try the spare ribs?
  웨이터: 우리 집 돼지갈비 구이요리를 드셔보시지 않으십니까?

  Guest: Because I don't eat pork.
  손님: 나는 돼지고기를 못 먹기 때문이오.

  ● 위의 식당 종업원과 손님의 대화에서 종업원은 계속 음식 이름 앞에 the를 써서 자기 식당 메뉴에 있는 그 항목을 언급하고 있는데 손님은 계속 무관사를 써서 자신은 그 음식의 맛에 관심이 있는 것이 아니라 그 음식을 만드는 재료인 돼지고기를 언급하고 있는 것이다.

- Two thirds of the Earth is covered by sea.
  지구의 3분의 2는 바다로 덮여 있다.

  ● 보통 '바다'는 the sea이다: sail on the sea '바다에서 배를 타다,' swim in the sea '바다에서 수영하다.' 이처럼 the sea는 그 경계가 정해져 있는 제한된 면적의 특정 대상을 의미한다. 그러나 무관사 sea는 한계를 생각하지 않은 비단위적 물질, 즉 '바다 물'을 의미한다. 위 예문의 covered by sea는 정확히 말하면 '바다 물로 덮여 있다' 이다.

- What time do you have breakfast? And how large a breakfast do you usually eat?
  당신은 아침밥을 몇 시에 먹습니까? 그리고 아침밥은 얼마나 많이 먹습니까?

  ● 끼니는 음식을 의미하므로 물질이다. 따라서 관사가 필요 없다. 그러나 끼니 명칭에 형용사가 붙으면 끼니 음식을 여러 형태나 특질로 나누어 생각하는 것이 되므로 부정관사를 동반해야 된다: a large breakfast '푸짐한 아침밥,' a delicious dinner '맛있는 저녁밥,' a heavy/light lunch '많은 양의/적은 양의 점심,' a late breakfast '늦은 아침밥,' a marvelous lunch '멋진 점심.'

- Don't believe everything you hear about the current political situation. You should use your common sense and sift speculation and rumor from fact.
  현재의 정치 상황에 대해서 당신이 듣는 모든 것을 곧이곧대로 믿지는 마시오. 상식을 동원하여 사실적 내용으로부터 억측적 내용과 풍문적 내용을 걸러내도록 하시오.

  ● 무관사 speculation과 rumor는 하나의 단위체로서의 완성된 억측이나 풍문이 아니고 어떤 이야기에 포함된 그런 성격의 내용 또는 측면을 의미한다. 무관사 fact도 완성된 단위체로서의 사실이 아니고 사실성이라는 추상적 의미이다.

- When you speak or write you cannot just use word, word, word. You need to know how to join them together.
  우리가 말하거나 글을 쓸 때 우리는 그냥 단어만 계속 나열할 수 없다. 우리는 그 단어들을 연결하는 법을 알아야 한다.

  ● 같은 명사를 연속해서 나열하거나 밀접한 상호관계에 있는 두 명사를 쌍으로 지칭할 때 관습적으로 무관사가 된다: both teacher and student '선생과 학생,' speaker and hearer '화자와 청자,' day

after day '날이면 날,' from head to toe '머리끝에서 발끝까지,' man to man '개인 대 개인으로,' dog eat dog '동족상잔,' body and soul '몸과 영혼,' mouth to mouth '입에서 입으로,' from father to son '아버지로부터 아들로,' diamond cut diamond '막상막하의 대결,' from beginning to end '처음부터 끝까지,' hand in/and glove '밀접한 관계,' hand in hand '밀접하게,' '서로의 손을 잡고,' (the gap between) rich and poor '빈부 (차),' (a quarrel between) man and wife '부부 (싸움).' 이들 어구들은 그 의미와 쓰임에 있어서 사실상 한 단어인 day-after-day, from-head-to-toe 등과 같으므로 관사가 불필요하다.

- **Cure the mind, and you might just help save the body. Because mind and body aren't separate at all; they are part of a single system.**
  마음을 고쳐라. 그러면 몸을 구하는 일에 도움이 될 수 있을 것이다. 마음과 몸은 분리된 것이 전혀 아니기 때문이다. 그 둘은 단일 조직의 부분이다.
  - 첫째 문장에서는 mind와 body를 각기 독자적 실체로 제시했으나 둘째 문장에서는 이 명사들을 무관사로 하여 이 둘이 상호 밀접한 관계를 가진 것으로 제시했다.

- **If you want to keep fit, you must get exercise regularly as part of your daily life.**
  건강한 상태로 있고 싶으면 당신의 일상생활의 부분으로 삼고 운동을 정규적으로 해야 합니다.
  - 무관사 part of는 어떤 것에서 분리하여 생각할 수 없는 부분을 의미한다. 즉 어떤 것을 구성하는 필수 부분, 즉 태생적으로 붙어 있는 부분임을 말한다. 가령 All the waves are part of the sea. '모든 파도는 다 바다의 부분이다.' Can I pay part of the price now and then pay the remainder later? '지금 가격의 일부만 지불하고 나머지는 나중에 지불해도 될까요?' 가격이란 부분 부분으로 구성된 것이 아니고 하나의 액수이기 때문에 a part란 있을 수 없다. 그러나 그러한 정도로 되어 있지 않은 부분의 의미에는 부정관사를 붙인다. 가령 Today, the Internet has become a part of daily life we can't do without. '오늘날 인터넷은 우리가 일상생활에서 그것 없이는 지낼 수 없는 한 부분이 되었다.' 에서는 part가 부정관사를 동반했다. part에 '그것 없이는 지낼 수 없는' 이라는 수식어를 붙여 결국 우리 일상생활에는 여러 가지 부분이 있음을 암시하고 인터넷도 그 여러 부분 중의 하나임을 암시하기 때문이다. 이처럼 part에 수식어를 붙이면 여러 종류의 부분을 암시하므로 관사를 동반한다: a large part of, the first part of, a vital part of, a major part of 등등.

- **He won first prize in the competition, and it was the first prize he had ever won in a competition.**
  그는 그 경연에서 일등을 했다. 그런데 그것은 그가 경연에서 탄 최초의 상이었다.
  - 무관사 first prize는 상의 명칭이다. 어떤 상을 지적하여 가리키는 것이 아니기 때문에 관사를 붙여서는 안 된다. 뒤에 나온 the first prize는 그가 그 동안 탄 상 중에서 그 상이 차지하는 위치를 가리키므로 the가 필요하다. 거리의 명칭에도 1st Street, 2nd Street, 10th Street 등 서수 번호를 붙이는 경우가 많다. 이 때 서수 번호는 특정 거리의 고유 명칭일 뿐 어떤 것으로부터 몇 번째라는 의미는 없다. 따라서 대부분의 거리 명칭이 그러하듯 서수 번호가 붙은 거리 명칭도 무관사이다.

- The politician Kim Dae Jung has come a long way from dissident to President to Nobel Peace Prize winner.
  정치인 김대중은 반체제 인사로부터 대통령으로, 노벨 평화상 수상자로의 긴 여정을 걸어 왔다.
  - 무관사 dissident, President, Nobel Peace Prize winner 등은 '사람'을 의미하는 것이 아니고 비 외형적, 비 수적(non-numerical), 내적 의미인 '신분'을 말한다.

- Cancer is one of the worst diseases known to man.
  암은 인간에게 알려진 가장 나쁜 병들 중 하나이다.
  - 병은 외형적, 단위적 실체가 아니고 내적 현상이므로 몇 개의 특별한 경우를 제외하고는 무관사로 해야 한다. 무관사 man은 내면적, 연속적, 즉 비 외형적, 비 수적인 개념이며, 모든 인간 개인들이 갖고 있는 특성들의 합이다. 관사를 붙이면 man의 특성을 가진 개체를 의미한다. '인간은 죽기 마련이다'에서의 '인간'은 전체적 개념이지 개인을 말하는 것이 아니므로 영어로는 Man is mortal.이지 *A man/*the man is mortal.이 아니다. *Men are mortal.도 아니다. mankind도 man이나 비슷하지만 전자는 개체들의 집합으로서의 의미인 반면 후자는 특성들의 집합이다. 그러기 때문에 all mankind라는 표현이 가능하지만 man은 자기 속에 개체들을 갖고 있지 않은 추상적 개념이어서 *all man이라고 할 수 없다. the human race는 인간 집단(group)이라는 외형적인 의미이다. 관사가 그 의미를 가능하게 해주는 것이다.

우리가 흔히 보는 현상으로 우리나라 공공장소나 건물들에 있는 화장실의 영어 표기가 남자용은 Man 혹은 Gentleman, 여자용은 Woman 혹은 Lady라고 되어 있다. 이건 정말 황당한 일이다. 우선 man은 '인간'이란 뜻이 '여자'도 포함한다. 여자는 인간 아닌가. Man이라고 써 붙이면 글자 그대로 이해할 때 '이곳은 인간용 화장실'이라는 뜻이 되어 가령 애완동물을 데리고 들어가지 말라는 뜻이 되는 것이다. 혹시 man은 '남자'라는 뜻도 되지 않느냐고 항의할 사람이 있을지도 모른다. man은 물론 '(성인) 남자'의 의미가 있다. 그러나 이 뜻으로는 관사를 동반해야 한다. (그러나 가령, He isn't man enough. '그는 사나이답지 못하다.'라고는 할 수 있지만.) 그렇다고 a man이나 the man이라고 하면 a man은 '어떤 남자' the man은 '그 남자'라는 어느 특정 남자가 되어 말이 안 된다. 이런 경우에는 복수 men 또는 gentlemen으로 하여 '비 특정 일반 남자들'을 나타내야 한다. 무관사 gentleman은 외형이 있고 단위체이며 수 개념을 적용할 수 있는 그런 '신사'의 의미가 되지 못한다. 내적, 질적, 특성적, 추상적 의미이다. 이런 의미로 이 단어를 사용할 수 있는 경우는 지극히 드물다. 그러니 제발 '남자용'은 Men 또는 Gentlemen, '여자용'은 Women 또는 Ladies로 당장 고쳐서 써붙이자.

- He has recently published his third book The Computer and Its Effects on Contemporary Society.
  그는 그의 세 번째 저서 「컴퓨터와 그것이 현대사회에 주는 영향」을 최근에 출판했다.

- society는 같이 사는 사람들의 조직적 상태를 광범위하게 의미하는 것으로 한계와 형태가 없는 개념이다. 따라서 human society, Korean society, a danger to society 등에서 보듯이 관사가 필요치 않다. 그러나 비슷한 의미의 community는 어떤 제한된 지역에서 같이 사는 사람들에 대한 집합적 지칭으로 the Korean community in LA, Keep the streets clean for the good of the community 등에서처럼 the를 붙여 그 본래의 의미로부터의 이탈이나 오해를 막아야 한다.

영미인들은 낯익고 일상적인 대상에 대해서는 비록 그것이 외형을 갖춘 단위체라 하더라도 그것을 지칭하는 명사를 마치 고유명사처럼 취급하여 무관사로 한다: Father, Mother, Uncle, Aunt, Parliament(영국 의회), Congress(미국 의회), Buckingham Palace, Carnegie Hall. 그러나 낯선 대상에는 물론 관사를 붙여 그 대상을 특별히 가리켜 부른다: the Bundestag(독일 의회), the Diet(일본 의회), The (National) Assembly(한국의 국회), the Moscow Station.

- **Refugees fleeing out of North Korea should be given protection under international law.**
  북한을 탈출하는 피난민들은 국제법에 따라 보호되어야 한다.

- **The sooner the issue of human cloning is clarified in law the better.**
  인간복제 문제가 법률로 더 빨리 명료하게 규정되면 그럴수록 더 좋다.

- **President Roh often put himself above the law and in the company of young uneducated rogue assistants.**
  노 대통령은 자주 법 위에 군림하고 교육되지 않은 젊은 무뢰한 보좌관들과 어울렸다.
  - 무관사 law는 무제한적인, 비단위적인, 개념적인 막연한 의미이다. 우리들이 지켜야 하는 모든 규정들의 집이라는 의미의 '법'이다: study law '법을 공부하다,' graduate in law '법을 전공하고 졸업하다,' the faculty of law '법을 가르치는 교수진,' business law '기업 관계법,' civil law '민법,' criminal law '형법,' matters of law '법에 관한 문제,' international law '국제법,' immigration law '이민법,' the rule of law '법의 지배,' a court of law '법원,' go to law '문제의 법적 해결로 가다(고소하다).' 반면 이같은 관념적 의미인 무관사 law의 실제적인 실현으로서의 법, 그러니까 단위화된(복수가 가능한), 재단된, 즉 구체적인 다시 말해서 관련된 규정들이나 조항들 차원에서의 '법(률)'을 총칭적으로 지칭하는 것은 the law이다: within the law '법이 허락하는 한도에서,' according to the law '법 규정에 의해서' (그러나 전치사 by는 무관사 law를 동반한다.), specified in the law '법 규정에 명시되어 있는,' observe/break the law '법 규정을 지키다/어기다,' appeal to the law '관련법에 호소하다,' against the law '법조항에 어긋나는,' above the law '법(조항)을 초월하는,' application of the law '법률의 적용,' evade the law '법조항들을 피하다,' the text of the law '법조문들,' equality before the law '법 앞에서 모든 사람의 평등 (법은 모든 사람에게 평등하게 적용되어야 한다는 원칙).'

- **The law imposes tough penalties on advertisers who do not tell the truth.**
  (관련)법은 사실 대로 알리지 않는 광고주들에게 엄한 벌칙을 부과한다.

무관사 명사가 의미하는 것은 세상에 오직 하나밖에 없는 것이다. John은 어느 한 사람의 이름이다. 물론 동명이인은 많지만 우리가 John이라고 말할 때 우리는 어느 한 사람만을 의미한다. man도 지상에 하나밖에 없는 추상적 실체이다. butter는 오직 어느 한 물질만을 의미한다. kindness 역시 하나밖에 없는 고유 개념이다. 이러한 관점에서 볼 때 무관사 명사는 모두 다 사실상의 고유명사라고 할 수 있을 것이다.

정관사의 의미와 기능

무관사 상태의 명사는 앞에서 본 것처럼 그것이 지칭하는 대상이 막연하다. 이 막연한 무관사 명사가 지칭하는 대상에 경계를 긋고 모양을 주어 수량적, 단위적 의미를 부여하고, 그것을 제한된 특정 대상으로 제시하거나 비 특정의 일반적 의미로 제시하는 데 쓰이는 도구가 관사이다.

정관사는 상반되는 두 가지 기능을 수행하는데 하나는 특정화 즉 어느 특정 대상을 가리켜 지칭하는 기능이고, 다른 하나는 대상을 일반적 의미로 지칭하는 일반화, 보편화의 기능이다. 정관사는 원래 지시대명사 that에서 분화되었다. 그래서 아직도 그 기본적 기능은 가리키는 것이다. 즉 어떤 대상을 가리킴으로써 지칭 대상을 어느 특정한 것으로 제한하는 것이다. 통화 환경 속에 있는 것을 가리킬 수도 있고, 문장의 전후관계에서 나타나 있는 것을 가리킬 수도 있으며 화자와 청자의 의식 속에 공통으로 존재하는 것을 가리킬 수도 있다.

- **Take the cat out of the room.**
  고양이를 방 밖으로 내놓아라.
  - the room은 화자와 청자의 공통 통화환경 속에 존재하는 그 특정 방을 가리키는 것이고 the cat은 그 방 안에 있는 특정 고양이를 가리키는 것이다. 따라서 듣는 사람이 Which cat? Which room?하고 물을 필요가 없다. 이것은 가령 우리가 Close the door.라고 말할 경우 같은 방에 있는 사람이라면 어느 문을 가리키는지 아는 것이나 마찬가지이다.

- **When you have watermelon, try to eat the seeds too.**
  수박을 먹을 때는 씨도 먹도록 하라.
  - 이 문장 상황에서 seeds는 주어가 먹는 그 특정 수박의 씨를 가리킨다. 만일 여기서 정관사를 빼고 seeds라고만 하면 세상의 모든 씨들을 전부 의미하게 된다.

- **I left the waiter a good tip because the service was excellent.**
  나는 우리 웨이터에게 팁을 두둑이 남겼다. 그의 서비스가 훌륭했기 때문이다.
  - the waiter는 주어를 시중 든 waiter라는 특정 대상을 가리키는 것이고, the service는 그 waiter가 주어에게 행한 특정 service를 가리킨다.

- **Before you leave, be sure to switch off the electricity, the gas and the water.**
  집을 나가기 전에 전기, 가스와 수도를 잊지 말고 끄십시오. electricity, gas, water 등은 무관사로 쓰면 각기 일반적 의미로 '전기,' '가스,' '물' 이지만 위에서처럼 정관사를 붙이면 문장의 전후관계에서 제시된 특정 장소의 전기, 가스, 수도 등의 장치를 의미한다.

- **The King's dead. Long live the King.**
  왕이 서거했다. 왕이여 만수무강하시라.

- 한 나라에 왕은 한 사람 뿐이므로 The King's dead.에서의 the King은 방금 서거한 왕을 가리킨다. 그러나 Long live the King.에서의 the King은 선왕이 죽자마자 그를 계승한 새 왕을 가리킨다.

■ **The President** is considering sending troops to **the city** in order to keep **the peace**.
대통령은 치안을 확보하기 위해 그 도시에 군대를 투입할 것을 고려중이다.

- '평화'는 외적 형태가 없는 질적 상황이므로 무관사라야 한다. 가령 contribute to world peace '세계 평화에 기여하다,' Peace be with you. '그대에게 평화가 있기를' 등. 그러나 the peace로 하면 제한된 의미의 평화로서 특정 지역, 장소의 사회적 질서 즉 '치안'을 의미한다: breach of the peace '치안 방해,' '소란 죄,' keep the peace '치안을 유지하다.'

■ I'll mow **the lawn** and repair the **garage** this weekend.
나는 이번 주말에 잔디를 깎고 차고를 수리하겠다.

- 이 문장이 한 집에 사는 가족에게 발화된 것이라면 the lawn과 the garage는 화자와 청자의 의식 속에 공통으로 존재하는 것을 가리킨다. 따라서 청자가 Which lawn? Which garage?라고 되물을 필요가 없다.

■ You have **the right to remain silent** before you talk to your lawyer.
당신은 당신의 변호사와 상담하기 전에는 묵비권을 행사할 권리가 있소.

- 피의자의 묵비권은 민주사회에서 공인된 권리로 인정되어 있다. the right가 된 것은 바로 우리가 다 아는 '그 권리'를 지칭하기 때문이다. 그러나 이처럼 일반적으로 알려진 그러한 권리가 아닌 경우에는 a right나 the right를 모두 쓸 수 있는데 후자는 권리를 정당화하는 힘이 전자보다 더 강하다: You have a/the right to the money. '당신은 그 돈의 소유권을 주장할 권리가 있소.'

■ Last night we had a big party in our house. Although **the music** was loud, **the neighbors** didn't complain.
어젯밤에 우리 집에서 큰 파티를 했다. 음악 소리가 컸는데도 이웃 사람들은 불평하지 않았다.

- the music은 우리 파티장의 '그 음악'이고 the neighbors는 우리 집 주변의 '그 이웃 사람들'을 가리키는 것이다. 만일 정관사를 빼면 일반적 의미의 음악, 일반적 의미의 이웃 즉 모든 사람들의 이웃을 의미하게 된다. 그러면 이 문장에서는 말이 되지 않는다.

■ Ah, this is **the life**! Lying on the beach, talking with friends, sipping cool drinks.
아, 이것이 인생이다! 시원한 음료들을 마시면서, 친구들과 이야기하며, 바닷가에 누워 있는 것 말이야.

- '인생'은 무관사 life이다. 어려움을 겪고 있는 사람에게 흔히 위로의 말로 하는 "인생이란 그런 거야."라는 표현은 무관사로서 That's life. 또는 Such is life.라고 한다. 또 Life is short. Art is long. '인생은 짧고 예술은 길다.' 도 다 무관사이다. 그러나 예문의 the life는 사람들이 꿈꾸는 일반화된 개념인 바로 '그런 종류'의 인생을 지칭한다. 즉 '이것이 우리가 꿈꾸던 바로 그 인생이야.' 라는 의미이다.

■ Go to **the barber's** and have your hair cut.
이발관에 가서 머리를 깎아라.

- 원래 이발관은 한 마을에 하나만으로 충분했다. 그러므로 이발관에 간다고 말할 때는 당연히 마을에 있는 그 이발관 또는 가장 가까운 이발관을 가리킬 수밖에 없었고 청자도 the barber's의 the가 어느 이발관을 가리키는지 알았다. go to see the doctor, go to the doctor's (office), go to the cinema/the movies/the theatre/the supermarket/the department store, 등도 그런 공통 인식에서 나온 것이다. 이것이 확대되어 오늘과 같은 대도시 생활에서도 즉 그러한 것들이 가까운 곳에 여러 개가 있을 수 있는 상황에서도 표현의 관행으로 적용되고 있다. 가령 You must see the doctor soon.이라는 문장에서 화자는 어느 특정 의사를 가리키는 것이 아니다. 청자에게 편리한 병원의 의사 또는 청자의 병을 전문하는 의사라면 멀리 있든 한 동네에 있든 상관이 없다. 이 같은 표현의 관행은 go to the country '시골에 가다,' go to the seaside '해변으로 가다,' 등에도 적용되어 마치 country나 seaside가 각기 한 군데밖에 없는 것처럼 표현하게 된 것이다.

■ **There's nothing so good for your fitness as walking. Why not walk away the pounds!**
걷는 것 만큼 건강에 좋은 것은 없다. (그러니) 걸어서 (우리의 그 남아도는) 체중을 빼자!

■ **Patient: I never find time to exercise.**
환자: 나는 운동할 시간이 나지 않습니다.

Doctor: Find the time.
의사: 그 시간(운동할 시간)을 만드십시오.

- the time은 환자의 문장에 나오는 무관사 time to exercise를 가리킨다. 무관사 time은 막연한 '시간'이므로 가령 I'll answer the letter if I have time.에서 if I have time은 '시간이 나면,' '한가해지면'의 의미인데 반해 I'll go and see him if I can find the time.에서 if절은 '그렇게 할 시간을 낼 수 있으면'이라는 의미로 미지근한 표현인 '한가해지면'과는 다른 적극적인 의미의 특정 시간을 의미한다.

■ **She drew the pictures for her books.**
그 여자는 자신의 책들에 넣을 그림을 그렸다.

- the pictures의 the는 그림들을 her books에 넣을 삽화들로 제한하는 기능을 한다. 그 결과로 the pictures는 이렇게 제한된 특정 그림들이라는 의미가 된다. 그러나 가령 She draws pictures for her living.같은 문장에서는 pictures가 그냥 일반적인 의미의 비 특정 그림들이다.

■ **You love him so much that you see the great things about him, but refuse to see the bad.**
너는 그를 너무도 사랑하는 나머지 그의 좋은 점들은 보지만 그의 나쁜 점들은 보기를 거부하고 있다.

- 이 문장은 There are both great things and bad things about him. '그에겐 좋은 면들도 있고 나쁜 면들도 있다.'는 것을 전제한다. 청자가 이 전제를 알도록 하기 위해 예문에 정관사(the great things, the bad (things))를 붙여 전제된 great things와 bad things를 각각 가리키게 한 것이다.

- **You should shop early. The good things sell out fast.**
  일찍 물건을 사야 한다. 좋은 것들은 빨리 매진된다.

  - 이 문장에서도 '상점이란 값싸고 좋은 것들도 팔고 그렇지 않은 것들도 팔기 마련이다' 는 것을 상식적으로 전제했기 때문에 the good things는 그 전제된 값싸고 좋은 것들을 가리키며 그렇지 않은 것들을 의미의 대상에서 제외한다.

- **Which would you have, the steak or the roast beef?**
  steak와 roast beef 중에서 어느 것을 먹겠소?

  - the steak와 the roast beef는 위 문장이 발화된 식당에서 제공되는 steak와 roast beef를 가리킨다. 그러나 식당에서 음식을 주문하는 상황이 아닌 일반적인 상황에서라면 I like steak better than roast beef. '나는 로스트비프보다는 스테이크를 더 좋아한다.'에서처럼 그 명사들을 무관사로 하여 일반적, 보편적 의미가 되도록 해야 한다.

- **I work at an auto factory. I put the bumpers on the cars.**
  나는 자동차 공장에서 일합니다. 나는 차에 범퍼를 붙이는 일을 합니다.

  - the bumpers와 the cars는 주어가 일하는 자동차 공장에 있는 그 범퍼들과 그 차들을 가리킨다는 것을 첫째 문장을 보아 알 수 있다. 만일 정관사를 빼 버리면 bumpers는 세상의 어떤 bumper든 또 cars는 세상의 어떤 car든 다 의미하게 되니 말이 되지 않는다.

- **The player standing near first base is called the first baseman. The man in between the second and third basemen is called the shortstop. The three guys playing far out in the grassy area are called outfielders.**
  첫째 base 가까이에 서 있는 선수는 1루수라 부르고 두 번째와 세 번째 루수 사이에 있는 선수는 유격수라 부른다. 풀밭 저 멀리 있는 세 사람은 외야수라 한다.

  - 위 예는 야구장에 처음 온 사람에게 야구장의 기본 구도를 설명하는 말이다. the player의 the는 first base에 서 있는 선수('저 선수')를 가리키는 기능을 한다. first base가 무관사인 것은 그것이 그 base의 고유명칭이기 때문이다. the first baseman의 the는 first base를 지키는 특정한 사람을 나타내기 위해서이며, the shortstop의 the도 그 위치를 지키는 특정인을 나타내기 위해서이다. outfielders가 무관사인 것은 그 앞에 이미 the three guys가 나와 있어 이미 특정화되어 있기 때문이다. the grassy area의 the는 화자와 청자가 같이 보고 있는 그 잔디 깔린 지역을 가리키는 기능을 한다.

- **We go to the church on the corner.**
  우리는 길모퉁이에 있는 교회에 다닌다.

  - go to school, go to church 등처럼 무관사 school과 church는 구체적인 물체인 건물을 의미하는 것이 아니고 각기 '교육'과 '예배'라는 추상적 기능을 의미함을 앞에서 보았다. 그러나 위 예문에서는 church가 정관사를 동반했다. 따라서 그 의미는 '건물'이다. 이 문장을 풀어 쓰면 We go to church in the church on the corner. '우리는 길모퉁이에 있는 교회(건물)에서 예배를 본다.'이다. 그러나 이렇게 거추장스럽게 쓰는 것을 피하여 '그 교회(건물)에 다닌다'로 표현하는 것이다.

- **Where can I find the ketchup/the milk/the canned salmon?**
  케첩/우유/통조림 연어는 어디에 있지요?
  - 이 질문은 슈퍼마켓에서 손님이 점원에게 물을 수 있는 내용이다. 묻는 대상에 the가 붙는 것은 슈퍼마켓에는 그런 것이 당연히 있는 것으로 여겨지기 때문에 그 존재를 전제하고 즉 화자와 청자의 의식 속에 공통으로 존재하는 것을 묻기 때문이다. 만일 정관사를 빼면 상품이 아닌 물질을 의미하게 되고 그 물질은 그 슈퍼마켓에 있는 것에 제한되지도 않고 세상에 있는 것을 모두 의미하게 된다.

- **I washed my shirt, but the dirt didn't come out.**
  나는 내 와이셔츠를 빨았으나 때는 없어지지 않았다.
  - 문장 상황에서 the dirt는 내 와이셔츠에 묻은 때를 가리킨다. 비슷한 예로 가령 I picked my suitcase and the handle broke off. '내가 내 가방을 집어 드니 손잡이가 떨어져 나왔다.'에서도 the는 handle이 내 가방의 손잡이임을 의미한다.

- **Who does the shopping for your family?**
  당신의 집에서는 장보는 일을 누가 하느냐?
  - '장을 보다'는 끼니거리 즉 식품을 사는 것이다. 일반적인 의미로 상점에 가서 물건들을 사는 것과는 차이가 있다. 후자는 go shopping으로 표현하는데 전자는 do the shopping이라고 한다. go shopping의 shopping은 동사이다. 그러나 do the shopping의 shopping은 명사이다. 끼니거리를 사는 경우는 기타의 것을 사는 경우보다 훨씬 많다. 그래서 거의 일상화된 그 행위는 명사가 되었고 따라서 go 대신 do를 취한다. 그리고 사람들의 의식 속에 공통적으로 존재하는 그 특정 행위를 지칭하기 위해 정관사를 붙인 것이다. do the cleaning/the cooking/the washing 등의 경우도 마찬가지다.

- **Beware of the dog.**
  개를 조심하시오.
  - '개를 조심하라'고 누가 말한다면 당연히 '개가 있다'는 것을 전제하며 '그' 개를 조심하라는 것이다.

- **The Wolf and the Dog.**
  늑대와 개
  - 이것은 동화의 제목으로 이해될 수 있는데 이 제목을 풀어보면 Once upon a time there were a wolf and a dog, and this is a story about The Wolf and the Dog.이다.

- **Exercise is essential for the health.**
  운동은 (당신의) 건강을 위해서 필수적이다.
  - the health는 일반적 의미의 건강이 아니다. the가 어느 특정인의 건강을 의미하고 있음을 나타내고 있다. 이 문장은 십중팔구 화자가 청자에게 주는 충고일 텐데 그렇다면 the health는 청자의 건강을 지칭하는 것이다. 무관사로 Exercise is essential for health.라고 말한다면 health는 일반적 의미의 건강이다. 따라서 그 문장의 의미도 청자와는 직접적 관계가 없는 일반론이 된다.

- **The modern man** reads Time.
  현대인은 Time지(시사주간지)를 읽는다.

  - 사실은 현대에 살고 있는 사람은 다 modern man이다. 즉 우리들 전부의 명칭이다. 고유명사나 같은 것이다. 그러므로 '인간'이란 의미의 man이 관사를 필요하지 않은 것처럼 modern man도 관사가 불필요하다. 그럼에도 불구하고 예문에 the가 붙은 것은 이 말의 화자가 현대에 살고 있는 사람들을 인위적으로 진짜 현대인 집단과 시대에 뒤쳐진 비 현대인 집단이라는 두 부류가 있는 것으로 전제하고 the를 붙여 그 두 부류 중 진짜 현대인만을 제한하여 가리키기 위한 것이다. 그러니까 '당신도 진짜 현대인이라면 시사주간지 Time을 구독하시오' 라는 광고문이다.

- **The liberal-minded woman** cannot accept this view.
  자유주의적인 사고를 하는 여자는 이 견해를 받아들일 수 없다.

  - the liberal-minded woman의 경우도 the modern man의 경우와 마찬가지로 모든 여자들이 두 부류로 전제된 상태에서 the가 그 한 부류를 구분하여 다른 부류와 대조적으로 지칭하는 것이다. 다른 부류는 가령 the conservative-minded woman이 될 수 있을 것이다.

- This is **the better** of my two cars.
  이 차는 내가 갖고 있는 두 대의 차 중 더 좋은 쪽 차이다.

  - 두 개의 비교 대상 중의 하나를 가리키는 경우에는 the를 붙여 다른 하나와 대조의 의미를 나타낸다: She is the more beautiful of the two girls. '그 여자는 그 두 여자들 중에서 더 이쁜 쪽이다.' Of the two gentlemen over there the taller is Harold and the shorter is Fred. '저기 있는 두 신사들 중에서 키가 더 큰 쪽이 Harold이고 키가 더 작은 쪽이 Fred이다.

- Father, Father, Father, help us
  Send us some guidance from above
  Where is **the love**
  Where is **the love**
  The love, **the love**

  　　　　　　　　　　　　–The Black Eyed Peas의 팝송 Where is The Love 중에서

  아버지, 아버지, 아버지, 도와주세요.
  하늘로부터 어떤 가르침을 내려주세요.
  어디에 그 사랑이 있나요.
  어디에 그 사랑이 있나요.
  그 사랑이, 그 사랑이

  - 이 예에서 the love는 모든 사람들에게 알려진 그 특정한 사랑을 가리킨다. 성경이, 사람들이 '사랑'을 설교한다. 그 단어가 우리의 귓전을 울린다. 그러나 그 사랑의 실천은 보이지 않는다. 사랑의 실천은 아무도 없어 보인다. 이런 현실에 절망하며 하느님 아버지를 향해 울부짖는 말이다: 당신의 사랑은 어디에 있나요?

관사의 기능을 쉽게 이해하는 한 가지 방법은 관사가 붙은 명사로부터 관사를 제거하고, 무관사 상태의 명사의 의미를 관사가 붙은 명사의 의미와 비교해 보는 것이다. 가령 Take cat out of room은 무슨 뜻인가? 무관사 cat는 외형이 없다. 그러니 '고양이 고기'라는 물질의 의미 이외로는 이해가 불가능하다. 무관사 room은 '공간'이다. 무형태의 공간에 벽과 천장과 바닥이라는 것으로 한계를 주어 모양을 갖추어야 '방'이 되는 것이다. I'll mow lawn and repair garage this weekend.를 보자. 무관사 lawn은 어떤 형태로 구획되지 않은 물질로서의 '잔디가 덮인 땅'이다. 어디에 있는 땅인지도 알 수 없다. 무관사 garage는 형체가 없고 단위화되지 않은 '차고를 형성하고 있는 물질'이므로 repair의 대상도 되지 않는다.

- **The children are in the charge/in the control of John.**
  그 아이들은 John의 책임/통제 하에 있다.
  - 이 문장의 the charge와 the control은 John의 것으로 제한되어 있다. 그러니까 John이 책임을 갖고 있고 통제권을 갖고 있는 것이다. 그러나 가령 The teacher should be in charge/in control of his class.에서는 무관사 charge/control은 비제한적, 일반적 의미이므로 his class, 즉 그의 반 학생들이 갖는 통제권이 아니다. '통제하고 있는'이라는 일반적 의미이므로 당연히 주어인 the teacher에 걸리는 것이다. the teacher가 his class를 책임지는/통제하는 것이다.

- **We can't afford to buy the house; it's out of the question.**
  우리는 그 집을 살 능력이 없다. 그 집을 산다는 것은 고려의 대상도 아니다.
  - 여기서 the question은 '우리가' 생각할 문제, '우리'의 고려라는 특정한, 제한적인 의미이다. 그러나 가령 His honesty is out of question. 같은 문장에서 무관사 question은 비특정, 일반적 의미의 의심이다. 그래서 out of question은 beyond question과 마찬가지로 '의심의 여지가 없는'이라는 특별히 우리와 연결될 필요 없는 일반적 의미를 나타낸다.

- **Chances of a leftist being elected in the Presidential election later in the year are generally believed to be next to nil.**
  금년 나중에 있는 대선에서 좌익이 당선될 가능은 무에 가까운 것으로 일반적으로 믿어지고 있다.
  - in the year의 the year는 '금년'을 가리킨다. 그러나 가령 at this time of year 같은 경우에서는 year가 무관사이므로 어느 특정 연도가 아니라 일반적 의미의 시간 단위를 의미한다. 즉 '매년 이 때에는'을 뜻한다.

- **Just the two of you returned? Where are the others?**
  당신들 두 사람만 돌아왔단 말이오? 나머지 사람들은 어디 있소?
  - the two of you는 화자가 보고 있는 그 두 사람을 지칭한다. 무관사 two of you로 하면 '너희들 중 두 사람'의 의미가 된다.

- **Customer: Why don't these jeans have the label on the back?**
  손님: 왜 이들 청바지는 뒷부분에 라벨이 안 붙어 있나요?

Salesperson: That's why we sell them at half price.
판매원: 그 때문에 우리는 그 바지들을 반값에 파는 거지요.

• 손님의 질문에 have the label로 정관사가 붙은 것은 the label이 어떤 label을 가리키기 때문이다. 즉 '모든 청바지에는 뒷면에 라벨이 붙어 있는 것인데 이 바지에는 그 라벨이 왜 안 붙어 있는가 묻는 것이다. 만일 부정관사를 써서 have a label로 하면 '모든 바지에는 라벨이 붙어 있는 것이다' 라는 전제가 나타나지 않는다. 라벨은 있을 수도 있고 없을 수도 있는 상황을 의미하게 되므로 Why라는 질문이 큰 의미를 갖지 못한다.

■ I hate the summer. But it's not the heat, it's the humidity, that I really hate.
나는 여름이 싫다. 그러나 내가 정말 싫어하는 것은 더위가 아니라 습도이다.

• the heat와 the humidity의 the는 앞에 여름을 언급했으므로 그 계절의 더위와 습도를 가리키는 것이다.

같은 나라에서 사는 사람들은 특별한 경우가 아니라면 the President는 자기네 대통령을, the Senate는 자기네 상원을, the nation은 자기네 국민을 가리키는 것을 다 안다. the가 그 기능을 하기 때문이다. 똑같은 논리로, 다시 말하면 the의 가리키는 기능으로 인해서 같은 우주에서, 같은 지구에서 사는 우리 모두는 the universe, the sun, the moon, the sky, the world, the north, the south, the right, the left, the Arctic, the equator 등의 the가 어느 것을 또는 어느 쪽을 가리키는지 안다. 마찬가지로 우리 몸의 부분들이나 우리의 공통적인 경험이나 지식도 the로 쉽게 가리켜질 수 있는 것이다: the body, the brain, the liver, the mind, the soul, the past, the future, the Bible, the Korean War.

위에서 예시한 명사들에서 관사를 제거하면 그 명사들 자체의 의미 형태가 물론 변한다. President는 '대통령의 직'이며, Senate와 nation은 구체적인 사람들의 집단이 아니라 추상적 개념이며, universe는 우리의 상상으로 제한된 공간이 아니고 그 공간의 '특성'이고, sun과 moon은 그것들을 형성하는 '물질' 내지 그것들이 발산하는 '빛'이고, sky는 우리의 시야로 제한된 그 하늘이 아니라 제한 없이 존재하는 '공간'이고, world는 실제로 우리가 살고 있는 장소가 아니라 '세계라는 개념'이며, north와 left는 각기 지구의 어느 지점을 향한 실제적 방향과 우리 몸의 한 부분을 의미하는 것이 아니라 그런 것들에 대한 추상 개념이 된다. body, brain, liver는 단위체가 아니라 그 단위체를 형성하는 물질이며, mind와 soul은 우리 인간 각 개인 속에 개별적으로 존재하는 독자적 실체가 아니라 인간 모두에게 공통으로 존재하는 의식(consciousness)이고, past, present, future는 우리 의식 속에서 각기 별개의 시간으로 쪼개진 단위들이 아니라 그러한 시간에 대한 우리의 '의식 상태'를 의미하며, Bible은 책이 아니라 그 책의 '복종해야 하는 가르침' (What he says is Bible to us.)이며, Korean War는 언제부터 언제까지 발생한 구체 단위체로서의 특정 사건이 아니고 전쟁의 '특성,' 즉 한국 사람들이 하는, 한국식의 전쟁 형식 또는 상황이다.

수식어는 일반적으로는 명사를 단순히 묘사할 뿐 그 명사를 제한하지는 않는다. 그러나 명사를 제한하는 힘을 가진 의미도 있다. 명사에 이 같은 제한하는 힘을 주는 수식어를 붙이는 경우에는 정관사를 동반시켜 그 제한성을 뒷받침해야 한다. 가령 American industry, modern industry, new industry, heavy industry 등에서 수식어는 industry의 국적이나 특성을 일반적으로 묘사하고 설명할 뿐 industry를 어느 구체적 특정 분야의 산업으로 한정하지 않는다. 따라서 한정하는 기능을 가진 the를 붙일 수 없다. 이들 무관사 어구들 속의 수식어들은 다른 어구들과 대조하는 능동적 기능을 하지 않고 명사와 결합하여 하나의 독자적 개념이 되어 사실상의 고유명칭으로 존재한다. 물론 이런 경우에도 the를 붙이면 이들 수식어는 제한적 기능으로 이해된다. 가령 the new industry는 산업을 신산업과 구산업(the old industry)으로 구분하여 그중 신산업을 가리키는 경우이다. 반면에 the plastics industry, the steel industry, the lumber industry, the travel industry 등은 산업의 특정 구성 분야로서 다른 산업 분야와 구분되는 대조적 의미의 특정 산업을 지칭한다. 그러나 American industry, modern industry 등은 산업의 특정 분야가 아니다.

제한한다는 것은 특정화하는 것, 가리키는 것을 의미하는데 가령 time to think, time to study, time to play, time to breathe 같은 경우에서 [to + 동사]구들도 time을 제한하는 것이 아니다. 수식어 없는 그냥 time과 마찬가지로 비특정 일반적 의미의 시간이다. 여기서 수식어들은 시간을 서술하는 것이지 시간을 제한하는, 특정화하는, 가리키는 것이 아니다. 그것은 마치 pleasant time, interesting time, boring time 등에서 수식어들이 제한하거나 특정화하고 가리키는 것이 아닌 것과 마찬가지이다. 즉 이런 경우의 수식어들은 '어떤' 시간인가를 말하는 것이지 '어느' 시간인가를 말하는 것이 아니라는 뜻이다. 반면에 가령 I remember the time I first met her.에서는 time은 화자가 기억하는 많은 때들 중 어느 특정의 때로 제한된, 가리켜진, 즉 '어느' 때인가를 말하는 것이다. 일반적으로 말하면 제한적으로 쓰인 명사에는 우리말로 번역할 때 가리키는 의미의 '그'를 붙일 수 있는데 비제한적으로 쓰인 명사에는 '그'를 붙이기 어렵다. 가령 I had pleasant time at the party.에서 the party는 '그 파티'로 번역되지만 pleasant time은 '그 즐거운 시간'으로 번역되지 않는다.

daily life '일상생활,' country life '시골 생활,' city life '도시 생활,' military life '군대 생활,' married life '결혼 생활,' 등에서는 수식어와 명사가 의미상으로 합쳐져 우리의 의식 속에서 하나의 독립적, 최종적 개념으로 자리 잡고 있다. 각 개념은 정도나 질의 차이에 따라 여러 종류로 분류할 수 없기 때문에 고유명사와 같은 특성을 갖는다. 그러므로 이 같은 어구들은 일반적인 경우 복수가 되거나 관사를 동반하지 않고 무관사로 쓰인다. 이것은 가령 blue cheese, Danish cheese, white cheese 등의 경우와 같은데 이들도 각기 하나의 개체이지 각 개체가 그 속에 어떤 부류를 내포하는 것이 아니다. 다시 말해 이들은 그 물질의 고유명사나 마찬가지이다.

[of + 명사]는 일반적으로 그 앞의 명사구를 제한하는 힘이 강하다. 그러나 언제나 그런 것은 아니다:

- **The steel of the gun** barrels melted.
  총신의 강철이 녹았다.

- **Steel of great strength** is needed for the manufacture of gun barrels.
  총신을 제조하는 데는 힘이 센 강철이 필요하다.

  - of great strength는 strong steel의 의미로 단순히 강철을 묘사한다. 그런 종류의 강철은 어디에나 있을 수 있다. 즉 '어떤 특성을 가진 강철'인가를 말하는 것이지 '어느 특정 강철'인가를 말해 주는 것은 아니다. 반면 그 앞 예의 the steel of the gun barrels는 어느 특정 강철을 나타낸다. 즉 특정 총신의 특정 강철을 나타내기 때문에 the가 필요한 것이다. 가령 the heaviness of his style은 무관사 heaviness of style과는 전혀 다르다. 전자는 특정인의 style이 갖고 있는, 즉 남의 style과 구분되는 그 사람 style의 고유 특징인 heaviness를 의미하는 반면, 후자는 모든 style의 일반적 특징으로서 heaviness를 언급한다. 즉 style이란 누구의 것이든지 다 묵직하다는 뜻이다.

- **The freezing point of alcohol** is much lower than that of water.
  알콜의 빙점은 물의 비등점보다 훨씬 낮다.

  - of alcohol은 freezing point를 제한한다. 즉 여러 빙점들 중에서 무엇의 빙점인가를 지정하는 것이기 때문이다. [of + 명사]의 수식어가 없는 경우들을 보자: Oil has a low boiling point. '기름은 비등점이 낮다.' The relations between Korea and the U.S. almost reached freezing point during the Roh regime. '노 정권 기간 중 한국과 미국의 외교관계는 거의 빙점에 이르렀다.' 이 문장에서 freezing point가 무관사가 된 것은 어느 특정 물질의 빙점이 아니고 일반적 의미, 즉 '냉랭한 상태'라는 의미의 빙점을 말하기 때문이다.

- **The art of the 18th century** has never been surpassed.
  18세기의 예술은 그 후 능가된 적이 없다.

  - the art of the 18th century에서 the art는 18세기에 창작된 예술 전체를 하나의 고유 예술세계로 지칭하고 있다. 그 특정 세기의 예술이 다른 세기의 예술에 의해 능가되지 않았다는 뜻이다. 반면 of 대신 in을 써서 art in the 18th century라고 말한다면 art는 제한적 의미가 되지 못한다. 즉 18세기에 창조된 예술을 전체적으로 하나의 고유 예술세계로 가리키는 것이 아니다. 18세기에 창조된 예술이면 어느 것이든 다 포함한다. 따라서 가령 I want to study the art of the 18th century.는 18세기에 창작된 예술 전체를 하나의 고유 특징을 갖는 예술 장르로서 공부하겠다는 것이고, I want to study art in the 18th century.라고 말한다면 art in the 18th century는 art of the 18th century 또는 18th century art와 같은 뜻으로 그 한계가 모호하며 외형적, 단위적 의미가 되지 못하므로 반드시 18세기에 창작된 예술만을 의미하지 않는다. 18세기 풍과 특징에 토대하여 만든 예술이라는 뜻이다. 그러므로 우리는 지금 21세기에도 '18세기 풍의 예술' 즉 18th century art를 창작할 수 있는 것이다.

지금까지 정관사가 가지는 제한의 의미를 여러 측면에서 살펴보았는데 여기서 또 다른 측면에서 그 개념을 보자. 명사를 '묘사'하는 수식어는 그 명사를 제한하는 것이 아니다. '어떤' 것인가를 설명할 뿐이다. 가령 a house built of brick and clay에서 built of brick and clay는 집을 묘사하며 그런 묘사에 맞는 집들은 얼마든지 있다. 따라서 이 명사구는 어느 집을 특별히 가리키며 말하는 경우가

아니라면 the로 제한할 수 없다. 반면에 He has the strength of an ox.에서 of an ox는 strength를 제한하는 수식어이다. '황소의 힘'은 사람의 힘을 비유적으로 말할 때 우리 모두가 공통으로 느끼는, 즉 우리 모두의 의식 속에 공유하는 그 힘으로 제한된 것이다. 이 힘은 하나이다. 여러 종류나 형태로 존재할 수 없다. 이 점을 나타내기 위해 the를 붙인 것이다. 그러나 가령 pleasure of this kind의 경우에는 of this kind라는 수식어구가 pleasure를 제한하지 않는다. 어떤 pleasure를 의미하는가를 말할 뿐이다. 어느 pleasure인가를 말하는 것이 아니므로 무관사라야 한다. 이처럼 '어느' 것을 의미하는가를 말해주는 수식어는 제한의 수식어이고 '어떤' 것을 의미하는가를 말해주는 수식어는 묘사의 수식어이다. 전자의 경우에는 정관사 the를 붙여 이것을 나타낸다.

the history of China와 Chinese history는 상식적 표현 상황에서는 같은 뜻으로 이해될 수도 있다. 그러나 양 형태간의 근본적 의미는 다르며 상황에 따라서는 이 차이가 크게 드러날 수도 있다. 근본적으로 전자는 어느 나라 역사인가를 말하는 것이고 후자는 어떤 역사인가를 말하기 때문이다. the history of China는 China's history 즉 오직 중국의 역사만을 의미한다. 반면 Chinese history는 한계가 모호하다. 관사를 동반하지 않아서 딱 끊어지는 단위체가 의미되지 않았기 때문이다. 이렇게 되어 외적인 의미가 아니고 내적인 의미로서 중국 역사의 특성을 부각시킨다. 따라서 엄밀하게 말하면 반드시 중국에서만 발생한 일들을 의미한다고는 할 수 없다. 따라서 Chinese history is repeating in this European country now. '중국 역사에 있었던 일과 같은 일들이 지금 이 유럽 국가에서 반복되고 있다.' 같은 표현도 가능한 것이다.

정관사는 복수명사를 동반하면 특별히 제한된 환경이 아닌 경우 그 해당 의미 개체들 전원을 지칭한다:

- **The Muslims say, "We've beaten the Russians in Afghanistan, we've beaten the Americans and the coalition in Iraq. There's nothing we cannot do."**
  회교도들은 말한다. "우리는 아프가니스탄에서 러시아인들을 패배시켰고 우리는 이라크에서 미국인들과 그 연합군을 패배시켰다. 우리는 못하는 것이 없다."
  - 복수 국적명사에 정관사를 붙이면 해당 개체들 전부를 가리킬 수 있다. 개체들 Americans는 물론 통화 상황에서 알 수 있는 특정 미국인들(그 미국인들)을 가리킬 수 있지만 그 같은 특정 미국인이 통화 상황에서 나타나 있지 않은 경우에는 '미국인 전원'을 지칭한다. 미국인들을 다 합치면 '미국 국민'이 되고 국민은 또 국가를 나타낸다. 그러므로 위 예문의 의미는 '우리는 러시아와 싸워 이겼고 미국과 싸워 이겼다.' 이다. French, Japanese, Chinese, British 등과 같이 복수 형태를 갖지 않는 국적 명사들도 있다. 이런 경우에는 이들 명사에 정관사를 붙이면 상황에 따라 국민 전체를 의미할 수도 있고 그 국적을 가진 일반 '사람들'이라는 뜻이 되기도 한다. the Americans, the Koreans, the Russians 등의 경우와는 달리 어느 특정인들을 가리키는 뜻으로는 쓰이지 않는다. 즉 the Chinese는 '중국 국민 전체' 아니면 '일반 중국 사람들'이라는 두 의미 중 하나이다. '그 중국인들'의 의미는 아니다.

- **The British enjoy soccer and so do the French, but the Americans enjoy baseball and American football.**

영국 사람들은 축구를 즐기는데 프랑스 사람들도 그렇다. 그러나 미국 사람들은 야구와 미식축구를 즐긴다.

복수 명사 앞에서 그 복수 개체들 전부를 가리키는 정관사의 기능은 형용사 앞에서도 수행된다. [the + 형용사]는 형용사의 의미를 여러 단위체들로 쪼갠 다음 그 단위체들의 양적 총합을 가리킨다. 따라서 그 형용사가 사람을 가리키는 경우에는 복수의 사람들을 의미한다:

- **Philosophers like to discuss the beautiful, the true, the good.**
  철학자들은 아름다운 것들, 참된 것들, 선한 것들에 대해서 논의하기를 좋아한다.
  - 여기서 [the + 형용사]의 의미는 무관사 beauty, truth, goodness와는 다르다. 이들 후자의 명사들은 무관사가 주는 내적, 연속적, 비단위적, 질적 의미로 각각 '미,' '진,' '선'이라는 추상적 의미이다.

- **The true is often hard to distinguish from the false.**
  참된 것들은 흔히 거짓된 것들과 구분하기 어렵다.

- **The poor are to be pitied, but the idle have to be forced to work.**
  가난한 사람들은 동정을 받아야 하지만 게으른 사람들에게는 일을 시켜야 한다.
  - 여기서 the poor 대신 the poor people, the idle 대신 the idle people을 써서는 안 된다. the poor는 '가난한 사람들'이라는 일반적 의미인 데 반하여 the poor people 등은 '그 가난한 사람들'로서 특정 사람들만을 지칭하기 때문이다.

- **Everest eats the unready and the unlucky. Many of the Everest climbers have failed to make it home.**
  에베레스트 산은 준비되지 않은 사람들과 불운한 사람들을 먹어치운다. 에베레스트를 오르는 사람들 중에 많은 사람들이 돌아오지 못했다.

- **Youth represents renewal, fresh ideas and a yearning for the untried.**
  젊음은 새 출발, 새 생각 그리고 안 해본 것들에 대한 열망을 나타낸다.

고유명사에는 관사가 필요 없다. 세상에 하나밖에 없는 대상에 하나밖에 없는 이름이나 명칭을 붙여놓은 것이기 때문에 따로 가리키지 않아도 그 이름만 가지고도 어느 대상인지 명백한 것이다. 그러나 이런 고유명사에도 관사를 붙여 구분해야 할 경우도 있다. 다음 예문들을 보자:

- **He was tagged to play the twenty-something Deng in a 1988 docudrama.**
  그는 1988년에 공연된 다큐멘터리 드라마에서 스물 몇 살의 등소평 역을 하도록 지정되었다.
  - 등소평은 세상에 하나뿐인 존재였지만 그 한 사람을 나누어 볼 수도 있다. '젊었을 때의 등소평,' '70대의 등소평,' '게릴라 등소평,' '정치인 등소평,' 등의 경우처럼 같은 사람이라도 여러 측면 중의 하나에 초점을 맞추어 나누어 볼 수 있는 것이다. 이런 경우 the young Deng Xiaoping, the Deng

Xiaoping in his 70's, the guerilla Deng Xiaoping, the politician Deng Xiaoping으로 the를 붙여 그 사람의 한 제한된 측면을 다른 측면들과 대조적 차원에서 구별하여 지칭할 수 있다.

- **The Dr. Brown who examined me** yesterday is not **the Dr. Brown who had performed the heart operation** on the President last year.
  어제 나를 진찰한 Dr. Brown은 작년에 대통령의 심장수술을 한 그 Dr. Brown이 아니다.
  - 여기서는 같은 이름을 가진 두 사람을 구분하기 위해 사람 이름에 제한의 기능을 하는 the를 붙인 경우이다.

- The three wise men from the East couldn't have got to **the baby Jesus** without the will of god guiding them.
  그 세 사람의 동방 박사들은 하느님의 뜻이 그들을 인도하지 않았더라면 아기 예수에게 이르지 못했을 것이다.

- India has changed a lot. **The New India** is a vigorous country pursuing democracy and pragmatism, throwing away the stifling socialism of **the Old India**.
  인도는 많이 변했다. 신 인도는 구 인도 시대의 숨막히는 사회주의를 털어버리고 민주주의와 실용주의를 추구하는 활기에 넘친 나라이다.
  - 신 인도를 구 인도와 대조적 의미로서 사용하고 있다. 과거의 인도와 현재의 인도를 합쳐서 하나로 보면 무관사 India이지만 이것을 둘로 쪼개서 각 인도를 언급하는 경우는 India를 제한하는 즉 다른 India와 대조하여 가리키는 정관사가 필요하다.

지리적인 장소나 대상들의 이름은 정관사가 붙는 것들도 있고 안 붙는 것들도 있다. 가령 ocean, sea, river, canal, peninsula, gulf, canyon 등의 이름에는 the가 붙는다. 그러나 street, avenue, square, road, place, bridge, lake, island, park 등의 이름은 무관사이다. 일견 무원칙한 것 같지만 여기에도 정관사의 원리가 작동되고 있는 것을 발견할 수 있다. 즉 ocean, sea 등은 그 한계가 막연한 실체이다. 그 정확한 외형을 우리가 볼 수도 없고 의식할 수도 없다. 이런 것들의 이름에 그 한계를 그어 주고 외형을 갖추어 주는 기능을 하는 정관사를 붙임으로써 현실적으로 막연한 것을 명칭상으로나마 구체적인 모양을 갖춘 실체로 느끼게 하는 것이다. 반면에 street, avenue 등은 정관사의 기능에 의존할 필요가 없다. 왜냐하면 이들은 명확한 윤곽과 한계를 갖고 있는 실체이기 때문이다. 그러나 이 같은 원칙이 언제나 지켜지는 것은 아니다. 가령 일반적으로 관사가 필요 없는 대상의 이름도 the Grand Canyon, the Edgware Road(영국의 어느 길), the Mall Steet (London에 있는 길 이름으로 보통 the Mall로 불린다) 등과 같이 정관사가 들어 가 있는 것들이 있다. 이것은 명칭에 붙은 수식어의 뜻이 강하게 느껴지는 경우이다. '장엄한 계곡,' 'Edgware로 가는 길,' '상점들이 집결되어 있는 거리,'의 의미가 부각된다.

미국에는 주립대학들이 많은데 그 이름이 가령 California State University처럼 된 경우도 있고 the University of California처럼 [of + 주 이름]의 후치 수식어를 붙인 경우도 있다. 주립대학이지만 이렇게 이름이 다르면 물론 각기 서로 독립적인 다른 대학이다. 전자 형태의 명칭에는 관사가 없고(붙인다고 뭐가 잘못 되는 것은 아니지만) 후자 형태의 명칭에는 관사를 붙이는 것이 정상이다. [of + 명사]라는 후치 수식어의 제한하는 힘이 전치 명사구 형태의 수식어보다 강하기 때문이다. 그러나 후자의 명칭도 공식적 환경이 아닌 일반적 환경에서는 흔히 관사를 빼고 부르는 것을 볼 수 있다. 종합대학 내의 단과대학도 [of + 명사구]의 수식을 받을 경우 the를 붙인다: the College of Liberal Arts, the College of Engineering 등.

대학 이름이 고유명사를 포함하는 경우에는 무관사이다. 이런 경우 학교명 전체가 고유명사가 되기 때문이다. 가령 Brown University, Harvard University, Columbia University 등에서 Brown, Harvard, Columbia는 자기 원래의 고유 의미는 사라지고 학교 이름이라는 새로운 고유 가치를 갖고 그 외의 모든 대학과 자신을 구별하는 기능만 한다. 그러나 그 고유명사가 일반적인 단어로서의 의미를 갖는 경우는 다르다. 워싱턴 D.C.에 있는 the American University는 보통 the 없이 불리지만 정식 명칭에는 the가 붙어 있다. the를 빼면 이 대학 명칭의 'American'은 자체의 고유 의미는 거의 없이 Harvard University, Columbia University, London University의 경우처럼 단순히 한 기관을 고유명사로 만드는 기능밖에 수행하지 못한다. 그러나 the American University는 고유명사일 뿐 아니라 'American'이 그 의미를 갖게 되고 또 이렇게 됨으로써 '다른 나라의 대학과 대조되고 구분되는 미국을 대표하는 대학'이라는 의미를 나타내게 된다. 이 경우 the는 the Military Academy, the Naval Academy, the Air Force Academy 등의 the와 같은 기능을 하는 것이다.

I saw the documentary on BBC. 같은 문장에서 BBC는 단순히 방송 채널의 이름일 뿐이다. 마치 John, Mary 등과 같은 하나의 고유명사로서 가령 ABC나 CBS나 NBC나 그 외 다른 어떤 채널이 아니라는 것만 나타낸다. 그러나 I work for the BBC.에서는 the BBC가 the British Broadcasting Corporation이라는 의미를 함축한다. 사람이 근무하는 곳은 회사이지 채널이 아닌 것이다. 따라서 어떤 사람이 회사 BBC를 신임하여 '나는 BBC 뉴스를 시청한다'라고 말하려면 I watch the news on the BBC.가 적절하다. 그러나 가령 'Which channel did you watch the news on?' 같은 질문에 대한 대답의 경우라면 물론 무관사로 I watched the news on BBC last night.가 적절하다. The show will be on ABC tonight.도 마찬가지이다.

기관이나 단체의 이름은 고유명칭이다. 고유명칭도 그 기능이 고유명사와 다를 바 없으므로 the University of California처럼 소유나 소속 같은 제한적 수식어가 붙어 있거나 the를 필요하게 하는 특별한 이유(가령 the United States의 경우 the는 United States가 단순히 주들이 아니고 그들이 합쳐서 하나의 '국가'임을 나타낸다)가 있지 않는 한 사실상 그 명칭이 the를 반드시 동반할 필요는 없다. 이름을 짓는 사람이 명칭의 구성적 의미를 강조하고자 하면 the를 붙이고 사람의 이름처럼 단순히 하나의 고유명칭으로만 의도하면 the를 붙이지 않는다: National Broadcasting Company (NBC), Canadian Broadcasting Corporation (CBC), Columbia Broadcasting System (CBS), National Collegiate Athletic Association (NCAA) 등: the

British Broadcasting Corporation (BBC), the National Basketball Association (NBA), the National Education Association (NEA) 등.

신문의 명칭에는 대부분의 경우 정관사를 붙인다. 사실은 신문 명칭에 정관사가 꼭 붙어야 할 이유는 없다. 그러나 아마 신문이 처음 발행될 때 자기 명칭에 고유성을 부각시키기 위해 그렇게 한 것이 고정적인 관례가 된 것으로 여겨진다. the sun, the Pacific Ocean, the President, the equator, the sky 등에서 보는 것처럼 the의 기능 중에서 하나밖에 없는 대상으로 우리 모두의 의식 속에 공통적으로 존재하는 것을 가리키는 기능을 이용한 것이 아닌가 한다. 예들을 보자. The Daily Telegraph, The Los Angeles Times, The New York Times, The Times, The Guardian, The Sunday Sport, The Financial Times, The Christian Science Monitor, The Washington Post 등은 the를 동반하지만 USA Today, Daily Mail, Today 등은 무관사이다. 반면 연예, 오락 등을 주로 취급하는 즉 정상적인 신문이 아닌 tabloid 신문들은 일반적으로 the를 붙이지 않는다. 잡지명에는 관사를 붙이지 않는 것이 일반적 관행이다: Times, Newsweek, Fortune, Mad Magazine, People 등.

국내적으로나 국제적으로나 언제나 사기범들은 존재한다. 얼마 전 희대의 국제 사기단이 NATO의 서류를 위조하여 무기를 구매한다고 세계 굴지의 기업체들을 속여 수 억 달러어치의 무기 샘플을 납품 받아 자취를 감추었다. 이들의 서류들이 나중에 가짜라는 것이 드러난 것은 그들의 서류에 The North Atlantic Treaty Organization이라고 적혀 있었기 때문이었다. 물론 이 명칭에 잘못된 것은 없다. 그러나 NATO에서는 그들의 full name에 the를 붙이지 않는다는 것을 그 국제 사기단은 몰랐던 것이다.

기관이나 단체 또는 국가명이 두문자어(acronym)로 쓰이는 경우에는 그 두문자들이 합쳐져서 하나의 단어처럼 발음되는 경우에는 그 full name에 the가 있든 없든 그것을 하나의 고유명사로 취급하여 NATO, UNESCO, ASPEC, NASA, OPEC 등에서 보는 것처럼 무관사로 쓰인다. 그러나 두문자를 일일이 읽는 두문자어는 그 full name이 the를 동반하느냐 안 하느냐에 따라 the의 유무가 결정된다: the USA (the United States of America), the UN (the United Nations), the UCLA (the University of California at Los Angeles), the NBA (the National Basketball Association), the WHO (the World Health Organization): GM (General Motors), AP (Associated Press), IBM (International Business Machines), WBA (World Boxing Association) 등.

정관사는 한 부류의 구성 개체들을 합쳐서 일반적 의미를 지닌 하나의 추상적 실체로 만드는 기능을 한다. 한 부류의 모든 개체들을 하나로 총칭하여 다른 부류의 개체들의 총칭과 구분하기 위한 것이다:

- **The American family** consists of 4.67 persons.
  미국 가정은 4. 67명으로 구성되어 있다.

- the American family는 실존하는 어느 특정 미국가정을 지칭하는 것이 아니다. 미국의 모든 가정들을 합쳐서 하나의 이름으로 표현함으로써 일반적인, 그러니까 추상적인 미국가정을 의미하는 것이다. 즉 우리의 머릿속에 존재하는 추상적 실체이다. 따라서 소수점 이하의 수로 서술하는 것이 가능하다. an American family도 일반적 의미가 될 수 있지만 차이는 이것은 한 실제 가정을 예로 들어 일반적인 의미를 나타내는 것이기 때문에 소수점 이하의 수로 서술할 수는 없다는 점이다: *An American family consists of 4.67 persons.

■ ? The doctor is well paid.
의사는 수입이 좋다.

- the doctor가 만일 어느 특정 의사를 의미하도록 의도된 것이라면 The doctor is well paid.는 하자가 없는 문장이다. 그러나 the doctor를 비 실제적인 즉 일반적, 보편적, 총칭적 의미의 의사를 나타내도록 의도된 것이라면 이 문장은 적절한 표현이 못 된다. 돈을 많이 버는 것은 의사의 고유 특성이 아니라 현실의 의사 개개인의 능력의 문제이기 때문이다. the doctor를 복수형으로 바꾸면 '불특정 일반적 의미의 실제 의사들'을 의미하게 되므로 정상적인 문장이 된다: Doctors are well paid. '(일반적으로 말할 때) 의사들은 돈을 잘 번다.'

■ The mouse is smaller than the rat.
생쥐는 쥐보다 더 작다.

- 생쥐는 원래부터 쥐보다 작게 태어났다. 그러므로 일반적 의미의 총칭으로 정관사를 쓸 수 있다. 물론 부정관사를 써도 된다: A mouse is smaller than a rat. 다만 a mouse와 a rat은 실제의 생쥐와 쥐이다. 그러나 가령 *A tree loses its leaves in the fall. '가을에는 나무 잎이 떨어진다.' 라는 말은 성립되지 않는다. a tree는 '아무 나무나 다'를 나타낸다. 그러나 현실은 가을에도 그 잎을 유지하는 나무들이 많이 있다. 그러므로 이런 의미는 The tree loses its leaves in the fall.로 하는 것이 좋다. the tree는 세상의 모든 나무들을 합쳐놓은 추상물을 의미하기 때문에 소수의 예외물들이 들어 있다 해도 나무 전체의 특성에는 크게 영향을 주지 않기 때문이다. 그러나 사실의 정확성에 초점을 맞춘다면 Most trees lose ....로 하는 것이 가장 안전하다.

■ There aren't enough hours in the day.
날이 길지 않다.

- 이 예에서의 the day는 24시간으로 구성된 시간 단위체들의 총칭이다. 이 표현은 할 일은 많은데 시간이 부족하다는 뜻이다. 이런 의미는 day를 총칭으로 써야만 나타낼 수 있다. 위 예문에서 the day 대신 a day를 쓰는 것은 적절하지 않다(a day에 충분한 hours가 없다면 two days에는 충분한 hours가 있다는 뜻인가?). a day는 가령 There are 24 hours in a day. '하루는 24시간으로 구성된다' 와 같은 문장에 맞는다.

■ Do you enjoy the theater?
당신은 연극을 좋아하십니까?

- the theater는 건물이 아니라 건물의 추상적 내용인 '연극' 이라는 일반적 의미이다. 가령 In London

going to the theatre is expensive.는 극장에 가는 교통비가 비싸다는 것이 아니고 연극 관람료가 비싸다는 뜻이다. 그러나 a theater는 외적 단위체인 건물을 의미한다: Let's go to a theater to see a movie tonight. '오늘 밤 영화 보러 극장에 가자.'

- **The horse** is more useful to man than **the dog**.
  말은 인간에게 개보다 더 유용하다.
  - the horse와 the dog는 물론 실존의 개체 동물들이 아닌 추상적 일반화 개념이다.

- **The sequoia** is the biggest tree in the world.
  시쿼이어 나무는 세상에서 제일 큰 나무이다.

- In Korea gasoline is sold **by the liter**, not **by the gallon**. And at this particular moment it costs 1,700 won a liter.
  한국에서는 휘발유가 갤런당으로가 아니라 리터당으로 팔린다. 그런데 지금 이 순간에는 1리터에 1,700원이다.
  - the liter와 the gallon은 총칭적 분배 단위이고, by는 분배 기준을 나타낸다. 그러나 분배의 현실적 경우를 의미할 때는 부정관사를 쓴다. 1,700 won a liter는 분배의 현실적 경우이다.

- **The family doctor** is not very familiar to the Koreans.
  가정의 개념이 한국 사람들에게는 익숙치 않다.
  - 여기서 the family doctor는 어떤 실제 의사를 지칭하는 것이 아닌 개념적인 의미로서의 의사이다.

- **The Grandeur** is bigger and more expensive than **the Sonata**. But the biggest and most expensive car manufactured in Korea is **the Equus**.
  그랜저가 쏘나타보다 더 크고 더 비싸다. 그러나 한국에서 제조된 차 중에서는 에쿠스가 제일 크고 비싸다.

- **The child** is father to **the man**.
  어린이는 어른에게 아버지 같은 존재이다.
  - the child와 the man은 부류 전체를 나타내는 총칭인 반면, 무관사 father는 무형의 특성을 의미한다. 아버지는 자식을 가르치고 자식에게 본을 보이며 이끌어주며 키우는 존재로서 특성을 가진다고 보면 이 문장은 '어린이는 우리 어른들에게 깨우침을 주고 이끄는 존재'라는 의미이다. 다시 말하면 어른들은 어린이를 보고 인간의 원형을 되찾아야 한다는 말이다. 그러나 만일 무관사 father 대신 the father로 하면 유형의 구체적 실물로서 어린이는 어른의 실제 아버지라는 넌센스가 된다.

- Should **the individual** be above **the state** in a democracy?
  민주주의 국가에서는 개인이 국가보다 상위에 있어야 하는가?
  - the individual과 the state는 추상 개념이다. 어느 특정 개인이나 국가가 아니다. 따라서 어떤 개인이나 국가도 다 포함하는 의미이다.

- **The cellular phone** is indispensable to us today.
  휴대 전화는 오늘의 우리에게는 불가결하다.

- **The mobile phone** is converging with **the personal computer and the television**.
  휴대 전화가 개인용 컴퓨터 및 TV 수상기와 합쳐지고 있다.
  - mobile phone은 영국영어, cellular phone은 미국영어이다.

- No one knows when **the wheel** was invented.
  바퀴가 언제 발명되었는지는 아무도 모른다.

- **A:** Does this bus go down Chongno?
  이 버스는 종로로 가는 건가요?

  B: No, that's **the Number 1**. This is a Number 2.
  아니오. 그건 1번 버스인데요. 이것은 2번 버스입니다.
  - the Number 1은 그 번호를 가진 버스들의 총칭이다. a Number 2는 총칭 the Number 2에 속하는 개체들 중의 하나이다.

- Does she play any musical instrument?
  그 여자는 악기를 연주하니?

  She plays **the harp**/**the piano**/**the violin** very well.
  그 여자는 하프/피아노/바이올린을 대단히 잘 연주한다.
  - 악기는 그 형체가 있는 것이어서 그것들의 합을 총칭으로 가리킬 수 있지만 가령 운동 같은 경우에는 악기와는 달리 그 외형이 있는 실체가 아니어서 총칭의 the를 동반할 수 없고 무관사로 해야 한다: play soccer/tennis/baseball. 그러나 가령 운동 명칭 다음에 game을 붙이면 부정관사를 동반하여 play a soccer/tennis/baseball game이라고 말한다.

- Which is more difficult to play, **a**/**the piano** or **a**/**the violin**?
  어느 것이 연주하기 더 어려운가요, 피아노인가요, 바이올린인가요?
  - 악기를 단순히 물체로만 의미할 때는 부정관사를 쓰거나 복수로 할 수 있지만 그 악기가 나타내는 추상적 실체 즉 그것으로 연주하는 음악을 의미할 때는 총칭의 the를 동반해야 한다. 물론 총칭의 the는 그 악기들 전부를 하나의 추상적 실체로 나타낼 수도 있다. 위의 예문은 어느 쪽으로 이해되든 별 차이가 없다. 다음의 예들을 보자: make a violin/violins (*the violin), a knowledge of the piano (*a piano), learn the saxophone (*a saxophone), I love the cello (*a cello), a student of the trumpet (*a trumpet), Who invented the violin(*a violin)?

정관사는 추상화의 힘으로 인해서 다음과 같은 추상적 특성을 나타내는 기능도 갖는다:

- **The pen** is mightier than **the sword**.
  글의 힘이 무력보다 강하다.
  - 여기서 the pen은 pen들의 총칭이다. 총칭이 가리키는 대상은 그 자체로서 현실에 있는 물건이 아니고 사람이 상상하는 추상물이다. 그런 의미의 the pen은 그 물건이 내포하는 질적인 특성 즉 물건으로서

의 pen이 갖는 위력을 의미한다. 만일 pen과 sword에 부정관사를 붙인다면 물건으로서의 pen이 물건으로서의 sword보다 더 강하다는 뜻이 된다. 부정관사는 추상화의 정반대인 구체화의 기능을 갖기 때문이다.

- **He has something of the Cromwell and a good deal of the William Penn.**
  그는 Cromwell의 특성을 좀 지니고 있으며 William Penn의 특성을 많이 지니고 있다.

- **He took to the bottle.**
  그는 과음하기 시작했다.
  - 여기서 the bottle은 술병들의 총칭으로 '술'을 의미한다.

let bygones be bygones

'(좋지 않은) 과거지사를 용서하고 잊다'

gone by '지나간'을 한 단어로 형용사화하여 in bygone days '옛날에는', a bygone era '지난 시대' 등으로 쓰며 또 명사화하여 '지금은 사용하지 않는 옛날 물건이나 기계'라는 의미로도 쓴다. 그러나 관용구가 된 위의 표현에서 bygones는 과거에 있었던 불유쾌한 일, 특히 다툼을 의미한다.

- **A:** Jane always rubs me the wrong way. Last week, for instance, she sought a quarrel with me by calling me 'stupid'. I'm now sick and tired of her and I don't see her anymore.

  A: 제인은 언제나 나를 기분 나쁘게 한다. 가령 지난주에도 나를 '바보'라고 불러 나에게 싸움을 걸었어. 나는 이제 걔에 대해서는 지겹고 싫증이 나. 그래서 이제는 걔를 만나지도 않는다.

  B: Really? I'm sorry to hear that. But you two have been friends for a long time. I'm sure she didn't intend to hurt you. So why not let bygones be bygones and be friends again.

  B: 정말로? 그 말을 들으니 안 됐구나. 그러나 너희 두 사람은 오랜 친구잖아. 아마 제인도 너의 기분을 상하게 하고 싶지는 않았을 거야. 그러니 과거사는 과거사로 돌리고 다시 친구로 지내려무나.

- More than sixty years have gone by since we were liberated from Japan. How much longer should we stay hostile toward Japan? Isn't it time now we let bygones be bygones?

  우리가 일본으로부터 해방 된 지 60년 이상 지났다. 우리는 얼마나 더 일본에 대해서 적개심을 가지고 있어야 하는가? 과거사에 대해서는 다 용서하고 잊을 때가 되지 않았는가?

부정관사의 의미와 기능

부정관사 a(an)는 수사인 one의 의미 측면 하나가 분리되어 독립적으로 발전한 것이다. 이처럼 부정관사의 근본 의미는 '하나'이다. 현대영어에서 부정관사가 갖는 기능들이 모두 이 근본 의미에서 발전했다.

'하나'는 그 의미 특성상 '여럿'의 존재를 전제한다. 따라서 이 같은 의미를 갖는 영어의 부정관사는 그것이 지배하는 명사가 셀 수 있는 단위체들 중의 하나임을 의미한다. 그러므로 부정관사 '하나'는 정확히 말하면 '여럿 중의 하나'를 의미한다. 또한 이 의미는 쓰기에 따라서 '여럿 중의 아무 대상이나 하나'라는 일반적인 대상을 나타낼 수도 있고 '여럿 중의 어느 하나의 대상'이라는 특정 대상을 의미할 수도 있다. 이처럼 부정관사는 명사 앞에 위치하여 명사의 의미를 하나의 '단위체'로 제시하는데 이것이 부정관사의 기본 의미이다. 부정관사는 이 기본 의미로부터 발전하여 하나의 단위체로 하여금 그 단위체 부류 전체를 대신하게 하는 일반화의 기능을 할 수도 있으며, 그 단위체 부류 중의 어느 특정 하나만을 의미하게 하는 특정화의 기능도 할 수 있다.

이처럼 관사의 의미는 간단하고 단순하지만 우리에게는 영어의 가장 어려운 부분으로 남아 있다. 이렇게 된 것은 우리가 영어를 얼마나 오래 배웠든 간에 관사의 의미와 그 기능을 영어의 생산과 이해에 적용하는 훈련을 하지 못했기 때문이다. 이제 부정관사가 영어의 사용 현실에서 이렇게 활용되는가를 알기 위해 우선 이해하기 쉬운 일반화와 특정화의 기능부터 보자:

- **A table** is a useful article of furniture.
  테이블이란 유용한 가구이다.
  - '유용한 가구'라는 표현은 테이블이면 어느 것이든 다 적용됨을 전제한다. 즉 아무것이나 하나로써 테이블 전체로 일반화시킨 것이다.

- There is **a table** over there in the corner.
  저기 방구석에 어떤 테이블이 하나 있다.
  - 이 문장의 a table은 '아무 테이블이나'의 뜻이 아니다. 화자의 마음속에는 어느 특정 테이블이 있는 것이다.

- **A car** is not a luxury today.
  자동차는 오늘날에는 사치품이 아니다.
  - 여기서 a car는 '여럿 중의 아무거나 하나'의 의미이다. 그렇다고 가령 몇억 또는 몇십억 짜리 초호화 자동차도 해당하는 것은 아니다. 우리가 보통 '자동차'라고 말할 때 떠오르는 그런 '일반적인 자동차'들 중 아무거나 '하나'의 의미이다.

- We bought **a car** last week.
  우리는 지난주에 자동차 한 대를 샀다.

- 화자는 자기가 산 그 특정 차를 의미한다.

- **Here it is very difficult to get a taxi late at night.**
  여기서는 늦은 밤에는 택시를 잡기가 대단히 어렵다.
  - a taxi : 일반적 의미

- **I was standing at the curb waiting for my wife's car when a taxi stopped close to me.**
  내 처의 차를 기다리며 길가에서 있었는데 그 때 택시 한 대가 내 옆에 와서 섰다.
  - a taxi : 특정적 의미

일반적 의미의 명사는 복수로 만들 때 명사를 복수화만 하면 되지만 특정화된 명사는 명사형태의 변화 외에 some을 동반하여 쓰인다:

- **Tables are useful articles of furniture.**
  테이블이란 유용한 가구이다.

- **There are some tables over there in the corner.**
  저기 방구석에 어떤 테이블들이 있다.

- **Cars are not luxuries today.**
  자동차는 오늘날에는 사치품이 아니다.

- **Our company bought some cars last week.**
  우리 회사는 지난주에 차를 몇 대 샀다.

우리는 흔히 영어의 명사는 '셀 수 있는' 것과 '셀 수 없는' 것으로 나누어지고 전자에는 부정관사를 붙이고 후자에는 붙일 수 없는 것으로 알고 있다. 그러나 사실 관사는 영어의 거의 모든 명사 앞에 와서 그 명사의 의미 형태의 변화를 일으키는 기능을 수행할 수 있다. 우리가 명사에 어떤 의미 형태를 부과하기로 결정하느냐에 따라 영어의 거의 모든 명사 앞에 관사가 올 수도, 안 올 수도 있는 것이다. 흔히 생각하는 것처럼 명사가 관사의 유무를 결정하는 것이 아니고 관사가 명사의 의미 형태를 결정한다. 가령 명사가 어느 관사를 동반하는 것으로 이미 정해져 있다면 관사는 '옥상옥'과 같은 것으로 사실상 관사 존재의 이유가 있겠는가? 관사가 명사의 지배하에 있는 것이 아니고 명사가 관사의 지배하에 있는 것이다.

물론 명사의 의미 자체가 부정관사의 동반을 어렵게 하는 그런 명사 의미들이 있는 것은 사실이다 (luggage, furniture, luck, news, information, progress, advice, fun, machinery 등). 그리

고 이 같은 명사들 중 일부에 대해서는 부정관사를 붙여 그 의미를 단위화, 개체화시키는 방법이 따로 마련되어 있다: a loaf of bread, an item of news, an article of furniture, a piece of luggage, a stroke of luck, an item of information, a piece of advice, an act of cruelty, a time of fun, a piece of machinery 등.

부정관사가 명사 의미를 하나의 단위체로 제시하는 기능과 그렇게 함으로써 생성되는 새로운 명사 의미를 이해하는 것은 쉽지 않다. 물론 가령 a table, a ear, an idea 등과 같은 경우는 이해하기 어렵지 않다. 즉 '여러 식탁들 중의 하나,' '여러 자동차들 중의 하나,' '여러 생각들 중의 하나' 등 이해하기 어려울 것이 없다. 그러나 가령 고유명사가 부정관사를 동반한 경우를 보자. 원래 고유명사는 하나 밖에 없는 것을 지칭하기 때문에 이론상 '여럿 중의 하나' 라는 부정관사의 근본 의미와 어울릴 수 없는 것이다. 그럼에도 불구하고 실제로는 고유명사가 부정관사를 동반하는 것을 얼마든지 볼 수 있는데 그런 경우 부정관사의 '하나의 단위체인 보통명사로 제시하는 기능' 이 작동한다: a Mr. Brown '브라운이라는 이름을 가진 한 사람(a person named Mr Brown),' 또는 '브라운씨 같은 한 사람(a person like Mr. Brown),' a Mozart '모차르트 같은 한 음악가(a musician like Mozart),' a new Korea '새나라 한국,' a guerilla Deng '한 게릴라로서의 등소평,' a stunned Seoul '경악에 찬 한 도시 서울(즉 경악에 찬 서울 정부당국자들/서울 사람들),' an anguished Hillary '고뇌에 빠진 정치인/후보 힐러리.' 이처럼 부정관사의 단위화 즉 보통명사화 기능으로 인해서 고유명사들이 사실상 보통명사로 쓰이고 원래의 고유명사는 수식어 역할로 전환된다.

고유명사가 무관사로 수식어를 동반하면 수식어가 고유명사와 합쳐져 하나의 고유명사구가 된다. 가령 new Korea는 그 의미가 'New Korea' 가 되어 Korea로부터 독립된 'New' 라는 영속적 특질을 갖는, 마치 New York과 같은 새로운 독자적인 실체로 들리며, guerilla Deng은 Guerilla Deng이나 마찬가지가 되어 Guerilla가 그 사람 이름의 한 부분으로 들린다. anguished Hillary는 anguished가 Hillary의 타고난 영속적인 특질을 나타내게 된다. 이것을 막고 수식어를 그 고유명사의 한 측면으로 제한하기 위해서 부정관사가 쓰인 것이다. a crucified God는 God in a crucified state '십자가에 못 박힌 모습의 하느님' 으로 하느님의 여러 형상 중의 하나를 의미한다. a new you 는 여러 모습의 너를 전제하고 그 중 하나인 '새로워진 모습의 너' 를 의미한다. 이 같은 수식어는 그것이 수식하는 고유명사의 영속적 특성이 아니고 어느 특정 시점이나 때의 특성을 나타낸다.

- Japan's neighbors include a Russia that is in deepening crisis, a North Korea that has the most militaristic and totalitarian regime on earth and a China that could undergo a power struggle of epic proportions.
  일본의 주변 국가들은 깊어지는 위기에 빠져 있는 Russia, 지상에서 가장 군국주의적이고 가장 전체주의적인 북한 그리고 놀라운 규모의 권력 투쟁을 겪을 가능성이 있는 중국을 포함하고 있다.
  - 위의 예문에 나오는 나라들은 각기 Russia, a country that is ...; North Korea, a country that has ...; China, a country that could ....의 의미이다. 즉 부정관사는 고유명사 속에 포함된 보통명사와 연결된 것이다. 이런 경우 [a + 고유명사]는 원래의 고유명사가 갖는 영속적 특성을 의미하는 것이

아니다. 따라서 위의 예에 나오는 국가들의 상태도 그들이 잠재적으로 될 수 있는 여러 상태들 중의 하나로서 현재 상태를 의미하는 것뿐이다.

- **Our soldiers wish to come back to an America where it is safe to walk the streets.**
  우리 병사들은 길을 걷는 것이 안전한 (상태의) 미국으로 돌아오고 싶어한다.
  - 여기서의 an America는 문장의 의미관계로 보아서 현재의 미국이 아니라 상상 속의 미국이다. 상상 속에서는 얼마든지 많은 종류의 미국이 존재한다. a drug-free America '마약이 없는 미국,' a gun-free America '총으로부터 해방된 미국' 등도 상상 속의 미국이다. 만일 도시에서 길을 걷는 것이 안전한 것이 현재의 미국 상태라면 an이 없어야 하고 America 다음에 comma를 찍어 where절을 비제한절로 만들어야 한다. 만일 부정관사 대신에 정관사를 붙이면 안전한 미국과 안전하지 않은 미국이라는 두 종류의 미국을 전제하고 그 중 안전한 미국으로 오고 싶어한다는 뜻이 될 것이다.

- **I have a dream of a new, unified and happier Korea.**
  나는 새로운, 통일된 그리고 더 행복한 한국에 대한 꿈을 갖고 있다.
  - a new, unified and happier Korea도 우리가 우리나라에 대해서 상상하는 여러 상태 중의 하나이다.

- **A new Kim Jung Ill is required for a new North Korea.**
  새로워진 북한을 탄생시키기 위해서는 새로워진 김정일이 필요하다.
  - a new Kim Jung Ill과 a new North Korea도 김정일과 북한에 대해서 상상하는 여러 상태 중의 하나이다.

- **Once in every life time comes a love like this.**
  모든 사람의 생애에서 이와 같은 사랑이 한 번은 온다.
  - 제한되지 않고, 특정화되지 않은 일반적 의미의 '사랑'은 물론 무관사이다 : Where love is, there god is also. '사랑이 있는 곳에 하느님도 계시다.'

통상적으로 무관사 형태로 쓰여 무외형, 비 개체, 추상성 등을 의미하는 명사라도 그것에 수식어가 붙으면 부정관사가 동반되어야 하는 이유가 생기게 된다. 그리고 이 수식어가 많으면 많을수록 부정관사의 필요는 그 만큼 더 커진다. 다음 예들을 보자:

- **She played the piano with sensitivity/*with a sensitivity.**
  그 여자는 감성으로 피아노를 연주했다.
  - 감성 그 자체는 통상 여럿으로 분리하여 생각하지 않는다. 그래서 무관사이다.

- **She played the piano with (a) charming sensitivity.**
  그 여자는 매혹적인 감성으로 피아노를 연주했다.
  - a charming sensitivity는 감성을 일반적 의미의 감성과는 달리 세분된 의미로 제시하는 것이고 무관사 charming sensitivity는 일반적 의미의 감성을 말하는 것이다. 이 경우 charming은 통상적인 감

성의 의미에 포함되는 것으로 감성은 원래 매혹적이라는 의미이다.

- **She played the piano with a sensitivity that delighted the audience.**
  그 여자는 청중을 기쁘게 해준 감성으로 피아노를 연주했다.
  - 수식어를 길게 붙이면 명사를 일반적 의미로 쓰지 않고 세분된 의미들 중의 하나로 쓰고 있음을 보여준다. 위의 a sensitivity that ...는 감성의 종류를 특별한 의미로 분명히 구분하고 있는 것이다.

- **Soon the baby fell into a deep sleep.**
  그 아이는 곧 깊은 잠에 빠졌다.
  - '수면'은 단위적 대상이 아니다. 어떤 의식 상태를 시작과 끝을 염두에 두지 않고 가리키는 말이다. 따라서 무관사라야 한다.(영국영어에서는 have a sleep '잠을 좀 자다'라는 숙어가 있긴 하지만.) 그러나 sleep이 형용사를 동반하면 수면의 질이나 종류를 의미하게 되므로 그런 수면은 있을 수 있는 여러 종류 중의 하나가 된다. 따라서 부정관사가 필요하다: a deep/light/sound/dreamless/fitful sleep '깊은/가벼운/푹 잔/꿈 없는/깼다갔다 한 잠' 등. 그러나 nap은 낮에 잘 수 있는 '한 번의 짧은 잠' 즉 처음과 끝을 염두에 둔 기간이라는 단위적 의미이므로 언제나 a nap이다. 그리고 정관사를 동반한 the long sleep, the eternal sleep, the last sleep이라는 표현들이 있는데 이들은 우리 모두의 의식 속에 공존하는 '영면'을 지칭한다.

원래 그 의미상 부정관사와는 어울리기 어려운 명사에 수식어를 붙이면 그 명사를 일반적 의미로부터 특별한 제한된 종류의 의미로 변화시킬 수 있다. 이 목적을 위해서는 여러 종류 중의 하나임을 나타내는 부정관사의 도움이 필요하다. 가령, society는 '사회'라는 비 특정, 일반적 개념이며 수 개념을 적용할 수 없는 막연한 의미이다. 따라서 부정관사가 필요 없다. 그러나 수식어를 붙이면 America is a multi-racial society. '미국은 다인종 사회이다,' North Korea is an unimaginably abnormal society. '북한은 상상하지 못할 정도로 비정상적인 사회이다,' Do you want a society where the government controls people's lives completely? '당신은 정부가 사람들의 생활을 완전히 통제하는 그런 사회를 원합니까?' The capitalist societies of the West are all democratic. '서 유럽의 자본주의 사회들은 모두 민주국가이다.' 등에서처럼 society도 부정관사가 붙거나 복수가 될 수 있다. 즉 여러 특징의 사회가 있음을 전제하고 단위화하여 수 개념을 적용한 것이다.

그러나 society에 수식어를 붙여도 부정관사가 필요 없는 경우들도 있다. 가령 human society '인간사회,' primitive society '원시사회,' modern society '현대사회,' American/Korean society '미국/한국사회,' 등에서는 무관사이다. 이들 예에서는 수식어인 형용사가 society를 제한하는 의미가 아니다. '다인종 사회,' '비정상 사회,' '자본주의 사회,' 등은 이론상으로 세계에 복수로 존재할 수 있지만 '인간사회,' '원시사회,' '현대사회,' '미국/한국 사회,' 등은 그렇지 않다. 문법적으로는 이들 후자의 '사회'는 그냥 일반적 의미의 '사회'와 다를 바 없는 것이다. 그래서 무관사이다.

- **The civil rights leader has been on a hunger strike for a week now.**
  그 민권운동 지도자는 이제 일주일 동안 단식을 하고 있다.
  - '파업에 돌입하다,' '파업상태에 있다' 는 각기 숙어화하여 무관사로 go on strike, be on strike이다. 그러나 strike에 hunger, unofficial, partial 등의 수식어를 붙여 그 종류를 나타내면 strike는 부정관사를 동반하여 여러 종류 중의 하나임을 표시해야 한다. 같은 예를 하나 더 보자: go/be on vacation '휴가 가다/휴가 중이다'; go/be on a summer/yearly vacation '여름휴가/연가를 가다.'

- **A mole tracks its food by smell alone.**
  두더지는 냄새만으로 먹이를 찾는다.
  - 여기서 a mole은 세상에 있는 어느 mole이나 하나 집어서 mole이라는 동물 전체를 대표하게 하는 경우이다. 문장의 술어가 mole의 특성을 나타내므로 이 문장에서는 부정관사 대신 정관사를 써도 결과적인 의미 차이는 없다. smell은 이 예문에서처럼 '냄새 맡는 능력'의 의미로는 무관사이지만 코를 통해 들어오는 질적 현상으로서의 '냄새'는 단위적 의미이다: a delicious smell '맛있는 냄새,' a fishy smell '비린내,' a musty smell, '곰팡내,' a pungent smell of garlic '마늘의 자극적인 냄새.' smell은 하나의 '행위'로서 '냄새 맡음'이라는 또 다른 단위적 의미도 갖고 있다: Have a smell of this. '이 냄새 한번 맡아보라.'

다음 예문들은 부정관사와 정관사가 다 쓰일 수 있는 경우에 발생할 수 있는 의미 차이를 나타낸다:

- **He has a conviction that the freedom of the individual is worth fighting for.**
  그는 개인의 자유는 얻기 위해 싸울 가치가 있다는 확신을 가지고 있다.
  - = That the freedom of ... is a conviction he has.

- **He has the conviction that the freedom of the individual is worth fighting for.**
  그는 개인의 자유는 얻기 위해 싸울 가치가 있다는 확신을 갖고 있다.
  - = That the freedom of ... is the conviction he has.

위의 두 예문들을 우리말로 번역하면 그 차이를 살리기 어렵지만 영어로는 차이가 분명히 있다. a conviction he has가 이론상으로 그가 갖고 있는 여러 확신 중의 하나를 의미하는 데 비하여 the conviction he has는 그가 갖고 있는 확신을 그의 '유일한 확신'으로 가리킨다. 따라서 the conviction은 그 확신의 강도가 a conviction보다 더 강할 수밖에 없다.

- **An unhealthy body can lead to an unhealthy mind, and an illness of the mind can trigger or worsen diseases in the body.**
  건강하지 않은 육체는 건강하지 않은 정신을 만든다. 그래서 정신의 병은 육체의 병들을 일으키거나 악화시킨다.
  - 인간의 육체는 우리가 공통적으로 가지고 있는 '그 육체(the body)'로 지칭한다. 육체의 부분들, 기관들이나 육체에 내포된 정신에 대해서도 같은 방식으로 나타낸다: the brain, the liver, the head, the

heart, the eyes, the lungs, the soul, the mind, the spirit 등. 그러나 이들이 수식어를 동반하면 우리가 평상시 의식하는 그 육체, 그 육체 부분이 아닌, 특별한 상태에 있는 육체 등을 의미한다. 특별한 상태의 육체나 그 부분은 우리의 통상적인 것이 아니므로 우리가 가리킬 수는 없고 소개를 해야 하는 대상이므로 단수 신체기관에는 소개의 기능을 갖는 부정관사를 동반해야 한다.

- If you have a weak heart, you had better not try to do too many pull-ups at a time.
  당신의 심장이 약하다면 턱걸이를 한꺼번에 너무 많이 하려 들지 마시오.

- He mistakenly believes his heavy drinking doesn't cause him any trouble because he has a strong liver.
  그는 튼튼한 간을 가지고 있어 폭음을 해도 자신에게는 문제가 생기지 않는다고 잘못 믿고 있다.

단수명사 앞에 쓰이면 the는 어느 하나의 특정 대상을 의미하고, a(n)는 여러 대상 중의 하나를 의미하므로 가령 the man like John은 '외모가 John을 닮은 그 사람'의 의미가 되는 반면 a man like John은 '성격이나 능력 면에서 John과 같은 사람'이 된다. 이렇게 의미가 달라지는 이유는 외모가 똑같은 사람은 복수로 존재하기 어렵지만 성격이나 능력 등 내적인 면이 똑같은 사람은 얼마든지 있기 마련이기 때문이다. 다음 예문을 보자:

- A Mr. Jones would be a welcome addition to any enterprise.
  Mr. Jones 같이 유능한 사람은 어느 기업체에게도 환영받는 사람이 될 것이다.

순수 물질을 나타내는 명사나 심지어 부정 대명사, 인칭 대명사까지도 관사의 영향 아래 놓일 수 있다: a good coffee '(여러 품질 중에서) 좋은 품질의 커피,' a California wine 'California에서 생산되는 여러 회사의 포도주 중의 하나,' a large breakfast '많은 양의 아침밥,' create a something out of a nothing '일종의 무에서 일종의 유를 창조하다.' 이 예에서 관사를 빼면 '무에서 유를 창조하다'의 의미가 되어 관사 a가 있는 경우보다 강하고 단호한 의미가 된다.

- Pour all the accumulated learning of your life back into a new you.
  네가 일생 동안 쌓은 배움을 새로운 너를 만드는 데 쏟아 넣어라.

- The driver was not a he, but a she.
  운전사는 남자가 아니라 여자였소.
  - 이 문장은 어떤 사람이 교통사고에 대한 이야기를 하는 중에 운전자를 he로 지칭하니까 그 지칭이 잘못되었다고 고쳐주는 말이다.

질환은 무관사가 정상이다. 질환은 외형이 없는 상태이기 때문이다: suffer from appendicitis/rheumatism/dermatitis/hepatitis/cancer high blood pressure/diabetes 등. 그러나 대부분의 사람들이 흔히 걸리는 종류의 질환은 늘 왔다갔다 하는 것이므로 발병 기간 또는 발병 사건으로 나뉘는 하나의 단위체로 느껴진다. have (got) a cold/a fever/a temperature 등이 그 예이다. 그러나 catch (a) cold '감기에 걸리다'에서는 a가 탈락되어 catch cold가 하나의 숙어로 쓰인다. -ache로 끝나는 병의 경우에는 일반적으로는 부정관사를 동반해도 되고 무관사로 써도 된다. 그러나 엄격하게 말하면 '통증'을 의미하는 경우에는 무관사이고 '발병의 기간이나 사건'을 의미할 때는 부정관사를 동반하는 것이 관사 용법에 맞다: Chocolate gives you toothache. She suffers from backache. I've been troubled by a bad back since I was a child. She often gets a stomachache. 그러나 headache는 그 쓰임새가 넓어 언제나 a를 동반한다. flu '독감,' hiccups '딸꾹질,' measles '홍역,' 등은 애초에는 가리키는 기능의 the를 동반했지만 지금은 격식적인 경우가 아니고는 무관사로 쓰인다.

　　부정관사는 추상 개념도 단위적 개체로 만들 수 있다. kindness는 형태도 한계도 없는 내적인, 추상적인 막연한 의미인 데 반하여 a kindness는 '친절을 실현한 하나의 행동(an act of kindness)'이다. a multi-racial society '(가능한 여러 형태의 사회중의 하나인) 다인종 사회,' a drink '마실 것 한 잔,' a fire '화재 한 건,' a salt '소금 한 종류,' a connected future '모든 것이 통신망으로 연결된 그런 종류의 미래,' a try '한 번의 시도,' a push '한 번의 미는 행위,' a sky under which we all can live together '그 밑에서 우리 모두가 함께 살 수 있는 그러한 종류의 하늘'(우리가 지금 보고 있는 하늘이 아니라 우리가 마음속에 그려보는 여러 종류의 하늘 중 하나이다. 현실의 하늘은 the sky뿐이지만 상상의 하늘은 많은 종류가 있을 수 있으므로 a sky가 된 것이다), a beautiful sky over Jamshil Stadium 'Jamshil Stadium 위의 아름다운 하늘'(이 예의 하늘은 현실의 하늘이다. 그러나 a sky라고 함으로써 현실에 존재하는 여러 가지 하늘상태 중의 하나인 '아름다운 상태의 하늘'이 경기장 위에 펼쳐져 있다는 것을 나타낸다.

- **These primitive tribesmen still believe in a stationary earth.**
  이들 원시 부족민들은 아직도 지구는 정지 상태에 있는 것이라고 믿고 있다.
  - 우리가 통상 언급하는 지구는 가리키는 기능의 정관사를 동반해서 the earth라고 하지만 지구에 대해서 가질 수 있는 여러 가지 상상 또는 인식 중의 한 형태로서의 지구는 부정관사를 동반해야 한다.

- **Should schools teach children how to deal with a treacherous world?**
  학교들이 어린 아이들에게 배신적인 세상을 어떻게 대처해야 하는지 가르쳐야 할까요?
  - a treacherous world는 이 세상이 그렇게 되어 있다는 뜻이 아니다. the world에 대해서 우리가 아는 또는 상상하는 한 측면의 세계를 의미하는 것이다.

- **When you travel like this, you see an America you may never have known.**
  당신이 이렇게 여행하면 당신이 영영 알지 못했을지도 모를 미국의 한 면모를 발견하게 됩니다.

- an America는 사람들이 알지 못하는 여러 가지 형태의 미국이 존재함을 암시한다. 예문의 화자는 청자에게 그 중 하나를 발견하게 될 것이라고 말하는 것이다.

■ Osama bin Laden's jihad was proclaimed in the name of a past that never existed, in order to attain a future that can never be.
빈 라덴의 지하드(회교전쟁)는 존재하지도 않았던 과거의 이름으로, 존재할 수도 없는 미래를 얻기 위해 선포되었다.

- '과거,' '현재,' '미래'는 우리 모두가 의식하는 그런 시간이므로 정관사로 가리켜 지칭한다: the past, the present, the future. 그러나 우리가 인식하는 그런 보편적 의미의 실제 시간이 아니고 상상으로 또는 이론으로 만든 '특별한' 시간을 의미하는 경우는 얼마든지 많은 종류가 존재할 수 있기 때문에 부정관사를 동반한다: An exclusive/inclusive past is a past that excludes/includes the present. '배제적/포함적 과거는 현재를 배제하는/포함하는 과거이다.' (가령 영어의 현재완료 시제는 현재를 포함하는 과거 시간을 의미하고 과거 시제는 현재를 배재하는 과거 시간을 의미한다.)

■ A Power for the Powerless!
힘없는 사람들에게도 (어느 정도의) 힘을 주라!

- 무관사 power는 권력, 영향력, 신체적 힘을 포함하는 포괄적이고 무제한적인 의미이다. a power는 제한적 의미의 '힘'이다. 정도의 제한, 종류의 제한 등 우리가 생각할 수 있는 어떤 류의 제한이 가해진 힘을 의미하는데 이런 힘은 여러 정도, 여러 종류가 있을 수 있으므로 '그러한 정도들, 그러한 종류들 중 하나'의 의미로 부정관사를 붙인 것이다. 예의 구호는 힘없는 사람들에게 무제한적 의미의 힘을 주라는 뜻이 아니다. 그러한 의미라면 Power for the Powerless!라고 해야 할 것이다.

■ Please save a space for me in the queue.
줄 속에 내 자리 하나 확보해 주십시오.

- 여기서 space는 경계가 있는 빈 공간이나 장소를 나타내는 단위적 의미이다.

■ The building has 100 spaces for parking in the basement.
그 건물은 지하에 100대의 주차 공간을 가지고 있다.

- 이 문장에서의 spaces는 선으로 그어 놓은 주차 장소들을 의미한다. 그러나 We really do need more storage space in our new apartment. '우리 새 아파트는 분명 수납공간이 더 필요하다.' the first human in space '우주공간에 진입한 최초의 인간.' This bus is full. It has no room for one more passenger. '이 버스는 만원이다. 한 명도 더 받을 여유가 없다.' 등에서처럼 비 단위적 의미의 '공간'은 무관사라야 한다.

■ The 5-0 defeat is a first for our national team.
이 5 대 0의 패배는 우리 국가대표 팀에게는 사상 처음 있는 일이다.

- a first 와 the first의 차이는 전자는 단순히 '전에 없었던 일'이라는 뜻으로 그 같은 일이 두 번, 세 번 계속 발생할 수 있다는 것을 전제하거나 암시하는 것이 아닌 데 비하여 후자는 순서에 초점을 맞추기 때문에 그런 패배는 앞으로 다시 발생할 수도 있다는 가능성을 열어놓은 표현이라는 점이다.

- I got an "A" on my English test.
  나는 내 영어시험에서 A를 받았다.
  - 시험 성적으로서의 A, B, C, D, F 또는 점수는 성적의 종류이다. 따라서 문법적으로는 가령 an 'A'는 a very good grade와 같은 것이며 a 98도 a very high grade나 마찬가지이다. 즉 글자이거나 점수이거나 다 성적인 이상 어떤 명칭의 성적이든 복수로 존재할 수 있으므로 그 중 하나라는 의미로 부정관사를 동반해야 한다.

- 'Hour' begins with an "h."
  Hour는 "에이치"로 시작한다.
  - 만일 이 문장에서 an "h" 대신 무관사 "h"를 쓴다면 "h"라는 고유 '글자 명'으로 시작한다는 뜻이 되어 우습게 들릴 것이다. 부정관사를 붙인 an "h"는 "h"라는 고유 명칭을 가진 '글자'라는 의미이므로 정상적인 표현이 되며 그 뒤에 's를 붙여 복수를 형태를 만들 수 있다: There are two t's in the word 'written.' 'written이라는 단어에는 t라는 글자가 두 개 들어 있다.'

- The teacher wrote an "85" on the board.
  선생님은 칠판에 85라는 숫자를 적었다.
  - 무관사 "85"는 추상적인 '수'를 의미한다. 그러나 "an 85"는 구체적 의미로 85라는 '숫자' 또는 '번호'를 의미한다. 따라서 그 뒤에 's를 붙여 "85's"라는 복수 형태를 만들 수 있다.

- We serve a God of the living, not the dead.
  우리는 죽은 자가 아닌 산 자를 다스리는 존재로서의 하느님을 섬긴다.
  - 이 예문은 God를 그 특성에 따라 여러 개념으로 분리해 보며 하는 말이다.

어떤 초자연적인 존재를 우리는 God이라고 부른다. 즉 그 존재의 이름은 고유명사이다. 그러므로 관사를 붙이지 않는다. 그러나 a God of the living은 '산 자를 다스리는 신이라고 하는 존재'의 뜻이다. a God은 a being called God과 같다. I believe there is a God.에서 a God도 같은 의미이다. 만일 부정관사 없이 there is God.이라고 한다면 God의 존재를 소개하는 의미로는 적절치 못하다. 가령 I met Mr. Jones.라고 말한다면 Mr. Jones는 화자와 청자 사이에 이미 알려진 사람인 반면 I met a Mr. Jones.라고 말한다면 청자에게는 Mr. Jones가 알려지지 않은 'Mr. Jones라는 사람'이라는 뜻이 되어 소개의 의미가 첨가되는 것과 같다. 그리고 [There + be동사 + 명사]는 '소개'의 의미를 나타내기 때문에 이 구조의 명사는 단수명사에 부정관사를 동반하거나 복수명사가 되어야 한다.

부정관사는 형태 부여와 개체화의 기능을 갖기 때문에 부정관사가 어떤 직이나 역할을 나타내는 명사와 같이 쓰이면 그 직이나 역할을 갖고 있는 사람을 의미한다: a director '이사의 직을 가진 사람,' a headmaster '교장 선생님.' 교장직의 소유자는 한 시점에서는 한 명뿐인데 a headmaster라고 한 것은 '역대 교장 선생님들 중의 하나'라는 뜻이다. 만일 지금의 교장 선생님을 의미하려면 the

headmaster로 해야 한다. 이들 명사를 무관사로 하면 '사람'이 아니라 추상적인 '직'을 나타낸다: elected as director/chairman/headmaster '이사 직에/의장 직에/교장직에 선출되다.'

부정관사는 한계를 긋고 형태를 부여하며 단위화하는 기능을 하기 때문에 동적 의미를 나타내는 명사와 같이 쓰이면 의미 상황에 따라 '일회'의 동작을 의미할 수도 있고 행위의 한 종류를 의미할 수도 있다:

- In talking, Americans are apt to end a statement with a droop of the head, or a lowering of the eyelids. They wind up a question with a widening of the eyes.
  말할 때 미국 사람들은 머리를 숙이는 동작을 한 번 하거나, 눈꺼풀을 한 번 내리는 것으로 진술을 끝내는 경향이 있고, 질문은 두 눈을 한 번 크게 뜨는 동작으로 끝낸다.

- The car stopped with a screeching of tires.
  그 차는 끼익하는 타이어의 마찰 소리를 내며 멈추었다.
  - a screeching은 screeching 소리가 한 번 났다는 뜻이다.

- A ringing of bells marked the end of the old year.
  종들이 울리는 소리가 지난해의 종말을 표시했다.
  - 여기서 a ringing은 '한바탕'의 울림을 의미한다.

- His failure in a controlled eating has worsened his diabetes.
  그는 통제된 식사에 실패함으로써 그의 당뇨병을 악화시켰다.
  - '통제된 식사'는 그것을 하는 사람의 필요에 따라 그 종류가 다양하다. 따라서 예문의 통제된 식사도 여러 형태들 중의 하나라는 뜻으로 부정관사를 붙인 것이다.

부정관사도 정관사처럼 총칭의 기능을 갖는다. 그러나 같은 총칭이지만 정관사와 부정관사 사이에는 차이가 있다. 다음을 보자:

- The madrigal is polyphonic.
  A madrigal is polyphonic.
  다성 중창곡은 다성악이다.
  - 위의 예에서는 아무 다성 중창곡이나 다 다성악이기 때문에 정관사나 부정관사가 다 총칭의 기능을 할 수 있다.

- The madrigal is popular.
  다성 중창곡은 인기가 있다.
  *A madrigal is popular.
  → Madrigals are popular.
  다성 중창곡은 인기가 있다.

- 세상의 어느 다섯 중창곡이든 다 인기가 있을 수는 없다. 인기가 없는 곡도 있을 수 있다. 그러므로 '어느 것이나 다'의 의미인 부정관사는 이런 경우 총칭의 의미로 쓰기에는 맞지 않은 것이다. 그러나 추상적인 의미의 총칭은 소수의 예외를 포함할 수 있다. 복수명사도 반드시 그 category의 구성 개체들 전원을 의미하는 것은 아니므로 정관사와 유사한 총칭 기능을 할 수 있다. the를 동반하지 않은 복수명사는 언급되는 개체들 대부분을 의미한다. 가령 Koreans are industrious.는 곧 한국인 전원이 다 예외 없이 부지런하다는 뜻은 아니다. 대부분이 그렇다는 뜻이다.

- **Wolves** are carnivorous.
  늑대는 육식성이다.

  = A wolf is carnivorous.

  = The wolf is carnivorous.

  - 늑대라는 동물은 육식성이기 때문에 아무 늑대나 한 마리를 예로 들거나 늑대들을 예로 들거나 모든 늑대를 합친 추상 개념의 늑대를 예로 들거나 육식성이라는 명제는 적용된다.

- **The tiger** is becoming extinct.
  호랑이는 멸종되어 가고 있다.

  Tigers are becoming extinct.

  *A tiger is becoming extinct.

  - 대부분의 호랑이가 멸종되어 가고 있는 것이 현실이지만 하나의 종으로서의 호랑이(the tiger) 또는 거의 모든 호랑이들(tigers)이 멸종되어 가고 있는 것이지 지상의 호랑이 전부가 멸종되고 있는 것은 아니다. 자연 상태에서는 보기 어렵지만 동물원 같은 데서는 아직도 호랑이들이 건재하다. 그러므로 이 같은 경우의 총칭에는 부정관사를 써서는 안 된다.

정관사와 복수형태가 다 같이 소수의 예외를 인정하는 총칭의 기능을 하지만 이 두 총칭 방법 사이에는 차이가 있다. 정관사는 한 부류의 실체들을 모두 합쳐서 그 부류의 추상적 전형으로 제시한다. 그러므로 인간 부류에 대해서 쓰일 때 그 부류의 전형적 특징에 맞지 않은 의미와는 연결되기 어렵다. 반면에 복수명사는 총칭으로 쓰일 때 단순히 대부분의 개체들을 의미할 뿐이고 그 외의 어떤 함축적 의미도 없다. 다음의 예들을 보자:

- ?The German is a good singer.

  → **Germans** are good singers.
  독일 사람들은 노래를 잘 부른다.

  - 노래를 잘 부르는 것을 한 국민의 대표적 특성으로 하기는 어려운 것이다.

- **The angel** plays the harp.
  천사는 하프를 탄다.

  - 하프 타는 것이 천사의 본질적인 특성은 물론 아니다. 그러나 우리가 보는 천사의 그림에는 거의 언제나 하프를 타고 있는 모습을 하고 있다. 그러므로 하프를 타는 것은 적어도 우리의 의식 속에서는 천사의 대표적 특성인 것이다. 따라서 이 문장에서는 the angel이 angels보다 더 적절하다.

meet a person halfway

'일부 양보해서 타협하다'

누가 상대방에게 간다면 비유적으로 전부를 양보한다는 뜻이 될 것인데 중간 지점까지만 간다는 것은 상대방으로 하여금 그 지점까지 나오게 하는 것이 되어 결국 양쪽이 절반씩을 양보하는 것이다. 그러면 타협이 되는 것이다.

- The Palestinians and the Israelis are stubbornly sticking to their respective positions and are not prepared to meet each other halfway yet. They respectively find it impossible to let bygones be bygones.

  팔레스타인 사람들과 이스라엘 사람들은 그들 각자의 입장을 고집스럽게 고수하고 있고 아직까지는 서로 양보하고 타협할 준비가 되어 있지 않다. 그들은 각기 과거의 원한을 용서하고 잊어버리는 것이 불가능함을 느끼고 있는 것이다.

- He had a heated argument with his wife last week and they haven't been talking to each other since then. The situation is now getting serious, but none of their friends is willing to intervene in a conjugal matter. All they can do is keep their fingers crossed, hoping the two parties concerned would meet each other halfway soon.

  그는 지난주에 그의 부인과 열띤 논쟁을 벌였다. 그래서 그들은 그 후로는 서로 말도 하지 않고 있다. 이제 상황이 심각해져 가고 있다. 그러나 그의 친구들 중 누구도 부부간의 문제에 관여하고자 하지 않는다. 그들이 할 수 있는 것은 두 당사자가 하루 속히 서로 조금씩 양보하여 타협하기를 바라며 마음 조리고 있는 것뿐이다.